Heinz Thomann

VON SARAJEWO BIS NÜRNBERG

Der zweite dreißigjährige Krieg

Heinz Thomann

Von Sarajewo bis Nürnberg

Der zweite Dreißigjährige Krieg 1914–1945

Die Ursachen
Die Schuldigen
Die Folgen

Eine unkonventionelle Analyse eines verordneten Geschichtsbildes

zur ZEIT
Die Edition

1

Umschlagbilder:
Waffenrock des ermordeten Thronfolgers Franz Ferdinand und die Leiche des durch Selbstmord beim Nürnberger Prozeß verschiedenen Reichsmarschalls Hermann Göring

Vorangegangenes Buch:
DER ZWEITE DREISSIGJÄHRIGE KRIEG
2000 by Diamond Books, Gibraltar (vergriffen)

Basis-Buch:
ZWEI WELTKRIEGE – EINE URSACHE
1993 (vergriffen)

„Zur Zeit"-Edition, Band 1

ISBN 3-900052-03-4
3. Auflage

Lektorat: Dr. Wolfgang Widder
Satz: Ecotext-Verlag, 1010 Wien
Druck: Petit Press a.s., SK-81464 Preßburg/Bratislava

Vae victis

Die Zeitgeschichte
ist mit der Lüge infiziert
wie eine Hure
mit der Syphilis

Schopenhauer

Gewidmet
allen Toten und Überlebenden beider Kriege
besonders aber
der heutigen und zukünftigen Jugend
in einer hoffentlich friedlicheren Welt

Ich glaube an die Wahrheit;
sie zu suchen,
nach ihr zu forschen
in und um uns,
muß unser höchstes Ziel sein.
Damit dienen wir vor allem
dem Gestern und dem Heute.
Ohne Wahrheit gibt es keine Sicherheit
und keinen Bestand.
Fürchtet es nicht,
wenn die ganze Menge aufschreit,
denn nichts auf dieser Welt ist
so gehaßt und gefürchtet
wie die Wahrheit.
Letzten Endes wird aber
jeder Widerstand gegen die Wahrheit
zusammenbrechen
wie die Nacht vor dem Tag.

Theodor Fontane

Inhalt

Vorwort zum Basis-Buch
„Zwei Weltkriege-Eine Ursache“ 9

Geleitwort zum vorangegangenen Buch:
„Der Zweite Dreißigjährige Krieg“ 15

... Und noch ein paar notwendig gewordene
Bemerkungen zum vorliegenden Buch 25

1 Der Erste Weltkrieg und die „Rache der Sieger“......... 29
2 Der Nährboden für den Nationalsozialismus 47
3 Der Einmarsch in Österreich –
Großdeutschland entsteht 57
4 Zwei wenig friedliche Nachbarn Tschechoslowakei
und Polen – Der Zweite Weltkrieg bricht aus 67
5 Deutschland war 1939 weder auf einen Krieg
vorbereitet noch für einen solchen gerüstet 105
6 Die Realität der Neutralität oder die Frage des
Schnelleren – Die USA beginnen sich wieder
in Europa einzumischen 117
7 Unternehmen „Marita“ und „Merkur“ –
Ungewollt Marschrichtung Südost 135
8 Unternehmen „Barbarossa“ – Präventivschlag oder
der „Überfall“, der einem anderen zuvorkam 141
9 Die Heimat als Front – Verbrechen Bombenkrieg 155
10 Vier Staatsmänner – vier Schuldige 169
11 Die verratene Generation... 199
12 Folgen bis in dritte Jahrtausend 241

Nachwort 299

Literaturnachweis 305

Personenregister... 317

Vorwort zum Basis-Buch

„Zwei Weltkriege – eine Ursache“

Neben einem durchwegs positiven Echo auf meine *„Kriegserinnerungen“* wurde lediglich da und dort – besonders von den jüngeren Generationen – meine in diesem Buch gemachte Behauptung, daß *„Deutschland den Zweiten Weltkrieg, der 52 Millionen Tote forderte, weder gesucht noch gewollt hat“*, angezweifelt.

Diese Zweifel waren der Anstoß für das vorliegende Buch. Spätgeborene, welche die Kriegszeit, die bitteren Jahre davor und die harten danach, nicht aus eigenem Erleben kennen, müssen an dieser Behauptung zweifeln, da sie seit Kriegsende nur von *„Kriegsschuld“* und von *„Kriegsverbrechen“* gehört haben, welche ausschließlich die Deutschen und mit ihnen auch wir Österreicher begangen haben.

Diese beiden Ausdrücke von Kriegsschuld und Kriegsverbrechen sind Erfindungen des zwanzigsten Jahrhunderts. Sie sind Spiegelbild kollektiver seelischer und geistiger Belastung und Kennzeichen des psychopathischen Zustandes der Massenherrschaft. Sie stammen aus dem liberalen Westen und wurden von den Westmächten Frankreich, Großbritannien und den USA schon im Ersten Weltkrieg als moralisches Kampf- und Druckmittel gegen die beiden Mittelmächte ins Spiel gebracht. Die Westmächte machten „Kriegsschuld“ und „Kriegsverbrechen“ zur moralischen Grundlage der von ihnen diktierten und den besiegten Staaten aufgezwungenen Friedensverträge von 1919 und führten sie so erstmals ins Völkerrecht ein. Die „Kriegsschuld“ oder besser gesagt die Lüge von der „Alleinschuld“ der Besiegten diente als moralische Grundlage für deren Bestrafung und für ihre Ächtung in der Völkergemeinschaft. Entsprang dieser Gedanke des neuen „liberalen Völkerrechts“ bei den Franzosen alten Haß- und Rachegefühlen gegen das deutsche Volk (insbesondere wegen der Niederlage von 1870/71), so hatte er bei den angelsächsischen Weltmächten seine Wurzel im Alten Testament, im kalvinischen Puritanismus. Der Rückfall in die Barbarei der vorchristlichen Zeit durch praktische Außerkraftsetzung des neuzeitlichen Völkerrechts, wie es sich seit dem sechzehnten Jahrhundert entwickelt und die Menschenrechte der Gefangenen und Besiegten zu sichern bemüht hatte, ist das Werk der Sieger von 1918 und 1945: Frankreichs, Großbritanniens und der Vereinigten Staaten von Amerika als kriegsentscheidende Siegermächte.

Für eine Friedensordnung nach dem Krieg wären die Sieger verantwortlich gewesen. Für den Unfrieden nach dem Ersten Weltkrieg und die Entstehung eines Zweiten Weltkrieges tragen daher die Siegermächte von 1918 die Verantwortung. Ihre Unfähigkeit, eine gerechte Friedensordnung zu schaffen, beschwor das Unheil des Zweiten Weltkrieges herauf; die unmenschliche Behandlung der Besiegten stieg nach beiden Kriegen ins Überdimensionale. Die tatsächlichen Geschehnisse des Krieges wurden bewußt entstellt oder unwahr wiedergegeben; mit einer gezielten Propaganda soll dem deutschen Volk ein *bleibendes Schuldgefühl* eingeimpft werden. Diese Taktik wurde und wird so konsequent durchgeführt, daß sich selbst ein halbes Jahrhundert danach deutsche und in einem besonders großen Ausmaß auch österreichische Politiker, Pseudohistoriker, allen voran aber die große Zahl verschiedenster Medien mehr denn je in solchen Schuldzuweisungen gegen Deutschland ergötzen und diese, wie zu einem Ritual geworden, täglich üben.

Auf einer Lüge kann man keine gerechte Ordnung errichten. Die übermütigen Sieger suchten nach der totalen Kapitulation den Augenblick ihres Sieges dadurch zu verewigen, daß sie den Besiegten alle Möglichkeiten nahmen, für ihr Recht und gegen die Lüge zu kämpfen. Sie nahmen dem besiegten deutschen Volk seine staatliche Existenz und zwangen es, seine Vergangenheit durch die Brille der Sieger zu sehen und so zu der eigenen zu machen.

Der Kampf gegen diese Kriegsschuldlügen unterliegt deshalb bis heute ausschließlich der Privatinitiative und Zivilcourage einzelner mutiger Publizisten des In- und Auslandes. Sie aber wurden und werden von der „veröffentlichten Meinung“ und von Staats wegen meist sehr rasch als „Unbelehrbare“, „Rechtsradikale“ oder gar „Neonazis“ abgestempelt und mittels politischer Justiz mundtot gemacht.

„Umerziehung“ und „Vergangenheitsbewältigung“, wie sie seit Jahrzehnten praktiziert werden, dienen dazu, von der Schuld der Siegermächte und von ihren eigenen Untaten abzulenken, besonders aber von der Tatsache, daß sie, die Sieger, im und vor allem auch nach dem Kriege zumindest ähnlich zu verurteilende Verbrechen begangen haben wie das nationalsozialistische Regime.

Der hemmungslose Bombenkrieg der Briten und Amerikaner gegen die europäische Zivilbevölkerung, der Abwurf der beiden Atombomben auf offene Städte in Japan ohne militärische Notwendigkeit, die Massenvertreibung von fünfzehn bis achtzehn Millionen Deutscher aus ihren angestammten Heimatgebieten, die Ermordung von nahezu fünf Millionen deutscher Menschen, überwiegend Zivilpersonen, *nach* der totalen Kapitulation sind auch eine Form des Holocaust und haben nichts Vergleichbares an Untaten in der europäischen Geschichte.

Objektive Darstellungen dieser Ereignisse sind aber so gut wie unmöglich. Die Sieger von 1945 waren besonders gründlich: Um dem deutschen Volk jede Möglichkeit einer Rechtfertigung von vornherein zu nehmen, wurden große Teile der Wehrmachtsakten vernichtet oder als Kriegsbeute weggeschleppt; so ging vieles für immer verloren. Oder sie werden, wie beispielsweise das „Archiv der Marine“ in England, auch heute noch streng bewacht, unter Verschluß gehalten und sind immer noch „off limits““ . Eine „Kriegsschuldfrage“ ist daher amtlich gar nicht existent. Sie bleibt deshalb auch das Anliegen einiger weniger wahrheitssuchender Menschen, die gegen diese Kriegsschuldlüge als eine Frage der nationalen Selbstbehauptung ankämpfen. Aber ein solches Unterfangen ist gar nicht einfach, weil es in Österreich trotz behaupteter Demokratie immer noch kaum möglich ist, etwas zu publizieren, was nicht in die staatlich verordnete „political correctness“ und in das damit verbundene bewußt unrichtige Geschichtsbild paßt.

Die große Masse des Volkes und in einem ganz besonderen Ausmaß die Nachkriegsgenerationen unterliegen durch sie voll und ganz einer gezielten und konsequent durchgeführten unrichtigen Beeinflussung durch heuchlerische Politiker, Geschichtsfälscher oder Staaten und deren hier lebende Vollstrecker, die noch immer Nutzen aus diesen Lügen ziehen. Unsere fast ausschließlich in ihren Händen befindlichen, von gezielter und bewußter Verlogenheit oder bestenfalls von Unwissenheit und Dummheit geprägten Medien tragen daher die Hauptschuld an einer völligen Verfälschung unseres Geschichtsbildes. Wie soll aber bei so konsequent verbreiteten und selbst in den Schulen unterrichteten Geschichtslügen auch eine an der Wahrheit interessierte Jugend, die nie etwas anderes zu hören bekam, irgendwelche Zweifel an der Richtigkeit dieser Aussagen hegen?

Selbst auf die Gefahr hin, zu jenen reaktionären Unbelehrbaren gezählt zu werden, wage ich es trotzdem, mit diesem Buch dem Versuch der Wahrheitsfindung zu dienen. In diesem Zusammenhang sind aber doch ein paar Worte zu meiner Person notwendig:

Als Angehöriger jener immer wieder angefeindeten Kriegsgeneration habe ich schon als sehr junger Mensch während der Volks- und Mittelschule die mehr als tristen Jahre der sogenannten „Systemzeit“ in Österreich und in der Folge den gesamten Krieg als Offizier der deutschen Kriegsmarine an vorderster Front miterlebt. Jahrelang auf U-Booten im Einsatz bin ich einer von jenen 22 Prozent aller Angehörigen dieser Waffengattung, die diesen mörderischen Kampf überlebten, während 78 Prozent meiner Kameraden für immer in ihren „Eisernen Särgen“ ruhen.

Ich bin in meiner Grundhaltung ein soldatischer Mensch, und bei mir waren Soldaten und Patrioten immer eine Einheit. Daher habe ich stets versucht, Kamerad unter Kameraden unter der im Krieg absolut notwendigen Devise, „gelobt sei, was hart macht“ zu sein; nur so konnte es gelingen, sechs Jahre – oft bis zur totalen Selbstaufgabe in meist mörderische Kämpfe verwickelt – zu überleben. Dazu gehörte auch die Hingabe an eine verlorene Sache! Das Wort „Pflicht“ war und ist in meinem Leben eines der wichtigsten Worte unseres Sprachgebrauches, was sicher dazu beitrug, daß eine große, endgültige Erkenntnis unbedenklich – aber auch glaubhaft aufrichtig – hingenommen wurde. Fast pausenlos im Einsatz habe ich – wie alle meine Kameraden – an die immer wieder versprochenen „Wunderwaffen“ geglaubt und erst sehr spät erkannt, daß dieser Krieg, der damals auch mein Krieg war, verloren ist. Diese Sicht der Dinge stimmt mit der späten – zu späten – Erkenntnis nicht nur meiner engeren Kameraden, sondern mit der von Millionen deutscher Soldaten überein, die sich nicht vorzustellen vermochten, daß alle Hingabe, alle Entbehrungen und Qualen vergeblich gewesen sein sollten; damit bin ich aber bestimmt kein heldischer Ausnahmemensch gewesen. Meine tiefe Enttäuschung über den totalen Zusammenbruch teilte ich uneingeschränkt mit Armeen verführter und verratener Soldaten, die um des Vaterlandes, des Sieges gegen den Bolschewismus willen alles hingaben. Gerade deshalb fühle ich mich aber genau so schuldlos an all dem Geschehenen wie Millionen meiner Generation mit mir!

Vielleicht scheint es gerade im Zusammenhang mit diesem Buch nicht nur erwähnenswert sondern wichtig, daß ich niemals in meinem Leben Mitglied irgendeiner Partei oder einer ihrer Gliederungen war. Dies gilt im besonderem Maße natürlich auch für die NSDAP.

Sogar als man im Jahre 1944 versuchte, erfolgreiche Offiziere zum Eintritt in diese Partei zu bewegen, gehörte ich zu jener relativ bescheidenen Minderheit, die dies trotz eventuell zu erwartender Konsequenzen abgelehnt hat, weil ich damals als Soldat weder Sinn noch Notwendigkeit eines solchen Schrittes einzusehen vermochte.

Die eingangs erwähnten, berechtigten Zweifel der Jugend scheinen mir aber nach einem ereignisreichen Leben, wie es kaum eine andere Generation durchzumachen hatte, Anregung und Anlaß, mit einer sachlich analytischen Untersuchung – auch ohne gelernter Historiker zu sein – zur Wahrheitsfindung über die Ursachen zweier so schrecklicher Kriege beizutragen. Sie ist das Ergebnis eines umfangreichen, jahrelangen Quellenstudiums, dem ich mich schon aus eigenstem Interesse intensiv gewidmet habe. Ich gebe gerne zu, daß auch mein Buch nicht frei von subjektiver Sicht sein kann, weil diese immer vom Standpunkt des Betrachters abhängig ist und es daher eine vollkommen objektive Sicht überhaupt nicht geben kann. Diese subjektive Sicht wurzelt selbstverständlich mehrheitlich im persönlichen Erleben, Fühlen und Leiden und mag schon deshalb objektiver sein als vieles, was auf diesem Gebiet durch Fehlinformation oder nachhaltig bewußte und unbewußt fälschliche Beeinflußung entstanden ist. Wenn in diesem Buch da oder dort Wiederholungen vorkommen, so sind diese bewußt gewollt, um einerseits mir besonders schmerzlich erscheinende Rechtsbrüche noch deutlicher hervorzuheben und andererseits den selektiven Leser einzelner Kapitel mit dem historischen Umfeld der Gegebenheiten besser vertraut zu machen.

In meinen Ausführungen stütze ich mich weitgehend auf Aussagen und Zitate meist ausländischer Historiker, Militärs, Staatsmänner und prominenter Politiker. Dabei lasse ich bewußt mehrheitlich ehemalige Kriegsgegner Deutschlands zu Worte kommen, denen man weder eine faschistoide, noch eine nationalsozialistische Gesinnung nachsagen kann. Einiges stammt aber auch aus eigenem Erleben und eigener Sicht, und es ist ganz einfach die Erinnerung an Ereignisse, die sich besonders tief in mein Bewußtsein eingegraben haben.

Ich war mir schon von Beginn meiner Arbeit an darüber im Klaren, daß sich das Ergebnis in Österreich kaum veröffentlichen läßt und ich möchte dies unter den herrschenden Gegebenheiten in unserem Lande auch gar nicht tun. Im Eigenverlag erreiche ich zwar nur eine relativ kleine Minderheit interessierter Leser; gerade um diesen Personenkreis geht es mir aber ganz besonders, weil ich hoffe, so wenigstens meinen Kindern, Enkelkindern und vielen jüngeren Freunden und Bekannten historische Tatsachen einmal aus einer ganz anderen Sicht näherzubringen, gleichgültig, welches Urteil sie sich dann selbst bilden mögen.

Heinz Thomann
Marbella/Spanien, 1993

Geleitwort zum vorangegangenem Buch

„Der Zweite Dreissigjährige Krieg“

Bedauerlicherweise hat sich seit dem Erscheinen des ersten Buches „Zwei Weltkriege – eine Ursache“, welches diesem Buch als Basis diente, in unserer „Demokratie“ wenig geändert, sieht man von einer vielleicht noch rigoroseren Verfolgung von Personen ab, die nicht bereit sind, in verordneten Dimensionen zu denken.

Die hochgradige Neurotisierung unseres, aber auch des deutschen Volkes hat durch die skandalöse Praxis einer gewaltsamen Umerziehung, wie sie bisher nur in totalitären Staaten üblich war, ein noch nie dagewesenes Schuld- und Reuebewußtsein ausgelöst, und die Stellungnahmen der Politiker und Medien sind kaum anders als in psycho-pathologischen Kategorien zu verstehen.

Zu diesem absoluten zeitgeschichtlichen Tabu gesellt sich nun auch immer mehr ein solches für jede Kritik an der rasch fortschreitenden Überfremdung unseres Volkes, am Asylmissbrauch und an den dadurch ständig zunehmenden Steuerlasten für den ehrlich arbeitenden Bürger.

In einem Land wie Österreich, welches sich – durch eine nun schon beinahe drei Jahrzehnte dauernde, marxistisch dominierte linke Regierungsmehrheit und ein sich in deren Fängen befindendes Bürgertum – immer weiter von seinen demokratischen Grundregeln entfernt hat und so immer mehr zu einer Gesinnungsdiktatur wurde, wollte ich es eigentlich bei meinem ersten Buch bewenden lassen. Und dies, obwohl das Buch durch eine enorme Nachfrage im In- und Ausland schon nach wenigen Monaten vergriffen war.

Vielleicht wäre es auch klüger, mit den Wölfen zu heulen und nichts zu veröffentlichen, was nicht in das beschränkte Bild unserer linken Weltverbesserer paßt. Aber als weder rechts noch links stehender, im besten Sinne des Wortes liberal denkender Bürger, vor allem aber als Angehöriger jener Kriegsgeneration, die man in diesem Land zunehmend zu Verbrechern stempeln läßt, darf und will ich nicht schweigen und stelle mich in die Reihe jener Revisionisten, die zunehmend mit den bisherigen Tabus brechen. Damit erfülle ich aber auch den immer wieder an mich herangetragenen Wunsch vieler Leser meiner vorangegangenen Bücher.

Der Liberale wird immer ein Gegner von Denksperren, Frageverboten und Gewalt – sowohl von rechts, als auch von links – sein, gleichgültig ob diese seinerzeit von Diktatoren oder heute von den Hohepriestern der Inquisitoren einer „political correctness“ kommen.

Es war eine der vielen immer wieder zu Recht angeprangerten Untaten des seinerzeitigen NS-Regimes, nicht genehme Bücher zu verbrennen. Leider hat sich an dieser Praktik aber auch in unserer angeblichen Demokratie wenig geändert. Der einzige wirkliche Unterschied zu damals ist, daß Literatur, die heute nicht ins politische Konzept paßt, zwar nicht verbrannt aber verboten, beschlagnahmt und im Reißwolf vernichtet wird. Ihre Autoren klagt man wie im Dritten Reich wegen nicht konformer Meinung oder Gesinnung an und verurteilt sie zu Gefängnisstrafen, um sie so mundtot zu machen. All dies geschieht ohne größeres Aufsehen, um nicht bewußt zu machen, wie es um die Meinungsfreiheit in unserem Lande tatsächlich bestellt ist.

Möglich ist eine solche Willkür aber nur, weil die große Masse dieser „Tugendwächter“ in Österreich die traurigen Reste jener „68er Bewegung“ oder deren Abkömmlinge sind, die den Marsch durch alle Instanzen geschafft haben. Sind sie damals für die Revolution vermummt auf die Straße gegangen, so versuchen sie nun, inzwischen errungene Machtpositionen mit allen Mitteln zu verteidigen. Sie sitzen heute an den Schalthebeln der Politik, der Justiz, der Massenmedien, des ORF und in den Parteisekretariaten.

Eine bedauernswerte Demokratie, in der wahnwitzige Gesinnungsterroristen und Berufsdemonstranten mit den Bürgern eines angeblich freien Landes machen können, was ihnen beliebt. Die Voraussetzung dafür wird von den herrschenden Politikern durch ständig verschärfte Gesetze geschaffen, welche die Basis für solche Anklagen sind. Dies geht sogar so weit, daß unabhängige Richter abgesetzt werden, wenn sie nicht so urteilen, wie man dies von ihnen verlangt und erwartet.

Das so oft und gerne gebrauchte Schlagwort von der „political correctness“ bedeutet daher nichts anderes als eine immer weiter fortschreitende Diktatur halbgebildeter Marxisten und deren Handlanger über Gesellschaft und Sprache.

Politische Auseinandersetzungen werden so über das Recht einer verpolitisierten Justiz mit eigens dafür geschaffenen Sondergesetzen geführt, wohl der beste Beweis für ein Versagen von Politik und Demokratie.

Aber diese Sondergesetze richten sich leider nicht nur gegen einige verrückte jugendliche Rechtsradikale sondern auch gegen Revisionisten und sogar gegen Richter, Wissenschaftler und Historiker, soferne ihre Ergebnisse der verordneten Lehre nicht entsprechen.

Dabei ist die Vorgangsweise besonders verwerflich: „Ketzer am System“ werden unter Zuhilfenahme der dafür geschaffenen *„Sondergesetze“* einfach der *„Wiederbetätigung“* im Sinne des NS-Gesetzes beschuldigt und als „Neo-Nazi“ diffamiert. So hat man dann die Möglichkeit von Strafanzeigen, Anklagen und Verurteilungen nach dem Verbotsgesetz. Dabei genügt der kleinste Ausrutscher in Wort oder Schrift, um dem Verfolgten zumindest subjektiv den Tatbestand einer „Wiederbetätigung“ unterstellen zu können, auch dann, wenn er sich vorher nie politisch betätigt hat.

So werden Menschen rigoros wegen ihrer Meinung verfolgt, und was die verhängten Gefängnisstrafen für solche „Meinungs- und Gesinnungstäter“ betrifft, so ist unser kleines Land einsame Weltspitze. Wie weit wir gekommen sind beweist wohl am besten die traurige Tatsache, *daß Österreich ausgerechnet im Jahre der Feiern zum Millenium, dem „1.000. Jahrestag seiner Staatsgründung“,* die meisten politischen Gefangenen ganz Europas hatte!

Gewissermaßen als Ausgleich dafür werden dann die Strafen für Verbrechen an Leib und Leben immer milder und es scheint sehr oft beinahe verwunderlich, daß man noch nicht ihre Opfer zu Schuldigen macht.

Ein Staat, der seine Jugend nicht mehr ausreichend schützt, indem er Kinderschänder auf freiem Fuß anzeigt, ein Staat, der Mörder nach wenigen Jahren Haft neuerlich auf seine unschuldigen Opfer losläßt, der aber dafür seine Gefängnisse mit politisch Andersdenkenden füllt, muß krank sein.

Eine Regierung, die selbst integer ist, dürfte auch keine wie immer geartete andere Meinung fürchten, weil sich eine solche ohnehin selbst ad absurdum führen müßte. Dazu sagte schon der dritte Präsident der Vereinigten Staaten von Amerika, Jefferson, einmal so treffend:

„Nur die Lüge braucht die Stütze der Staatsgewalt, die Wahrheit steht von allein aufrecht.“

Noch weniger aber hätte diese Gewalt des Staates das angemaßte

Recht, ein Drittel seiner mündigen Bürger, die unter voller Wahrung aller demokratischen Gepflogenheiten, meist aus Protest gegen diese herrschende Willkür rechts von der Mitte stehen, dadurch zu diskriminieren, daß man sie von jedem politischen Geschehen in unserem Lande ausgrenzt.

Zu dieser Erkenntnis kommt auch der ehemalige Generalintendant des ORF, Gerd Bacher, wenn er in einer Zeitungsnotiz wörtlich feststellte:

„Die ganze linke Partei hat vor vielen Jahrzehnten beschlossen: Wir werden den Faschismus zum Generalfeind für alles erklären und jeden, der nicht unserer Meinung ist, zum Faschisten machen."[2]

Genau in diese Richtung passend ist auch dem überwiegenden Teil unserer Politiker kein Mittel zu schlecht, nicht nur zuzulassen, sondern sogar zu fördern, daß die Kriegsgeneration, ohne deren eisernen Aufbauwillen es den heutigen Wohlstand gar nicht gäbe, zunehmend in den Augen der Jugend herabgesetzt und sogar pauschal als Verbrecherbande abgestempelt wird.

Mehr denn je scheint also jede Lüge, jede Unterstellung, jede Fälschung und jede Gemeinheit willkommen, um neue Rekorde in der Verteufelung der deutschen Soldaten des Zweiten Weltkrieges zu erzielen.

Gerade dieses Geschehen, das nicht einmal vor unseren Gefallenen haltmacht, war es auch, welches in mir den Entschluß reifen ließ, mich mit diesem wesentlich erweiterten und durch neue Erkenntnisse ergänzten Buch noch einmal zu Wort zu melden.

Gipfelpunkt dieser infamen Hetzkampagnen gegen die Kriegsgeneration ist zweifelsohne die Wanderausstellung „Verbrechen der Deutschen Wehrmacht 1941 bis 1944", welche von einem selbsternannten „Institut für Sozialforschung" in Hamburg unter der „wissenschaftlichen" Leitung eines mehrfach vorbestraften und mit Berufsverbot belegten Chaoten namens Heer zusammengestellt oder – besser gesagt – manipuliert wurde.

In einer Zeit, in der gerade freigegebene Dokumente aus sowjetischen Geheimarchiven die grausamen Verbrechen an unseren Soldaten ehrlich offenlegen, versuchen bei uns kryptokommunistische Veranstalter unter dem *„Ehrenschutz"* unserer Politiker die deutsche Wehrmacht pauschal als Verbrecherbande zu kriminalisieren.

Zu dieser von Falsifikaten strotzenden Dreistigkeit wurde der lange Jahre als Historiker im Militärgeschichtlichen Forschungsamt der deutschen Bundeswehr tätige Wissenschaftler Dr. phil. Hartmut

Schustereit beauftragt, ein wissenschaftliches Gutachten zu erstellen, welches detailliert in einem Umfang von 37 Seiten vorliegt.

Nach genauer Prüfung aller durch die Autoren angegebenen Details kommt dieser dafür zuständige Gutachter zu folgendem wissenschaftlich fundierten Resümee:

„Die Aussagen Heers, die er in seinen Beiträgen gemacht hat, haben sich bei ihrer Nachprüfung so oft als *sachlich unhaltbar* und *wahrheitswidrig* erwiesen, daß er mit ihnen keinen Anspruch auf Wissenschaftlichkeit erheben kann.

Die ungewöhnlich kenntnis- und facettenarmen Ausführungen Heers erklären sich aus seiner offenkundigen Unkenntnis der Literatur zur Geschichte des Zweiten Weltkrieges und des neueren oder gar derzeitigen Standes der Forschung. Er geht immer noch von Lehrmeinungen aus, die vor dreißig Jahren veröffentlicht worden sind. Sie sind inhaltlich nicht nur überholt sondern inzwischen auch als sachlich unrichtig widerlegt worden.

Da Heer alles ausklammert, was ihm nicht zu seinem Thema passend erscheint, isoliert er es so, daß er es beliebig behandeln kann, ohne es an Forschungsergebnissen der letzten Jahrzehnte messen zu müssen.

Sind dies alles konkrete Ergebnisse einer methodenwidrigen Arbeitsweise, so ist es die – Heer mehrfach nachgewiesene – Verfälschung von Quellen nicht mehr. Eine Antwort auf die Frage nach dem Zweck dieses Vorgehens läßt sich mit Blick auf die formale Darstellung des Themas finden. Die *Kombination aus Verfälschungen von Quellen und pauschalen Verleumdungen und Verunglimpfungen der Wehrmacht schlechthin,* die sich in der Verwendung von partiell reißerisch-propagandistischen, mit sowjetischem Agitationsvokabular versetzten Formulierungen artikuliert, läßt die eigentliche Zielsetzung erkennen: Es geht ganz offensichtlich darum, „die Wehrmacht“ als Gesamtes so weit wie möglich abzuwerten, um sie kriminalisieren zu können.

Dieses Vorhaben ist Heer wegen methodenwidriger Arbeitsweise, weitestgehender Literaturunkenntnis und oftmaligen Verfälschens von Quellen derart mißlungen, daß das einzig Bemerkenswerte in dem ihm überzeugend gelungenen Nachweis der Nichtigkeit seiner Erkenntnisse besteht.[3]

So gesehen kann dieses Machwerk also nur einem Zweck dienen: Durch einseitige, pauschalierende Verurteilungen und unrichtige Darstellungen des Krieges in Rußland und auf dem Balkan soll die gesamte Wehrmacht als verbrecherische Organisation und damit deren Soldaten als überwiegend am Verbrechen Beteiligte generell diffamiert werden.

Auch wenn – wie in meiner Heimatstadt Graz – trotz totaler Medienunterstützung seitens des ORF, eines roten Bürgermeisters, der den Ehrenschutz übernommen und dafür auch prompt die darauffolgende Wahl verloren hat, einer „Sonderausgabe" der zwar katholischen aber linkslastigen „Kleinen Zeitung", in welcher ein Fahnenflüchtiger seine zu allen Zeiten als verwerflich geltende Tat preisen darf und der gesamten Linken, die als disziplinierte Genossen dieses Machwerk zu besuchen hatten, ein Pleitenrekord von 13.000 Besuchern gegenübersteht, so ist das Verwerflichste an dieser Ansammlung von Falsifikaten zweifelsohne, daß geschätzte *70 Prozent* der Besucher *zwangsrekrutierte Schüler* waren.

Die ganze Niedertracht dieses Hetzwerkes liegt also in der Tatsache, daß man einer Jugend, die über jenen Zeitabschnitt unserer Geschichte informiert werden möchte, diese verzerrte und verlogene Ausstellung schulisch zugänglich macht.

Die Jugendlichen werden dort dann auch noch von unwissenden oder selbst falsch informierten Lehrern, denen im Zuge ihres Studiums schon ein Zerrbild der Kriegsereignisse aufoktroyiert wurde, mit entsprechend unrichtigen Kommentaren „aufgeklärt". Der Schaden, der damit mental bei diesen jungen Menschen angerichtet wurde, ist nicht wieder gutzumachen.

Und was ändert es denn an den grauenvollen Eindrücken, die eine auf diese Weise mißbrauchte Jugend durch den Besuch dieses Machwerkes für immer mit nach Hause genommen hat, wenn kurz vor Drucklegung dieses Buches durch den endlich erbrachten Nachweis effektiver Fälschungen durch polnische und ungarische Wissenschaftler, eine vorübergehende Einstellung dieses Machwerks zur „Bereinigung" angeordnet wurde? Das Herausnehmen von bereits hunderttausendfach gezeigten Fotos von Leichenbergen, Verstümmelten und Gehenkten, die nachweislich Greueltaten des NKWD zeigen, ändert an der verbrecherischen Irreführung junger Menschen und der damit bereits vollzogenen Diskriminierung ihrer Väter und Großväter so gut wie nichts. "Verbrechen an der Jugend" wäre deshalb der treffendere Titel für diese Schmähung unserer Soldaten, die nur einem Zweck dient: Die Ehre der überwiegend tapfer und anständig kämpfenden Soldaten soll beschmutzt und herabgesetzt werden und man reißt, entgegen aller anderslautenden Beteuerungen, damit ganz bewußt neuerlich Gräben auf, um eine weitere Polarisierung in der Bevölkerung zu erreichen, welche voll im Trend dieser Zeit liegt.

Wer aber außer uns wenigen noch Überlebenden dieser so geschmähten Kriegsgeneration wäre noch willens und in der Lage, sich gegen ein solches Fehlurteil zu wehren? Gerade deshalb ist es unsere Pflicht, dafür zu sorgen, daß die Verleumdungen dieser Wehrmacht, der auch wir dienten und eine damit verbundene Diffamierung von Millionen gefallener Kameraden nicht ohne Widerspruch hingenommen wird. *Niemand soll später einmal sagen können, wir haben im Krieg tapfer gekämpft, aber im Frieden feige geschwiegen!*

Deshalb erscheint es mir so besonders wichtig, mit diesem Buch kommenden Generationen ein Zeitdokument zu hinterlassen, welches diese Gemeinheit eines bisher unerreichten Gipfels an Hetze und Geschichtsklitterung widerlegt, die umso niederträchtiger scheint, weil sie nicht von außen kommt, sondern aus einem unbegreiflichen Haß von Deutschen selbst, denen kein Mittel zu schlecht ist, ihr eigenes Nest zu beschmutzen.

Als Autor dieses Buches stehe ich selbstverständlich unverrückbar zu allem, was ich sage und schreibe, zumal ich fest daran glaube, daß auch bei uns wieder eine Zeit kommen wird, in der es jedem Staatsbürger, dem *Menschenrechte, Gesinnungs- und Meinungsfreiheit und die Freiheit von Wort und Schrift* am Herzen liegen, möglich sein muß, das zu sagen und zu schreiben, woran er glaubt, ohne dafür womöglich mit Verfolgung rechnen zu müssen.

Eine Regierung, welche die ekelerregenden Orgien eines Nitsch, die „Fäkalkunst" eines im wahrsten Sinne des Wortes „darstellenden" Künstlers namens Kolig oder die blasphemischen Darstellungen eines ehemaligen Kinderschänders mit der „Freiheit der Kunst" verteidigt, solche Auswüchse fördert und dafür auch noch Volksvermögen verschwendet, hat jedes Recht verwirkt, die Kunst des freien Wortes einzuschränken oder zu verbieten.

Leider gibt es diese Blindheit der Regierenden unverändert und die österreichische Politik scheint gerade deshalb oft so völlig unverständlich, weil unsere Politiker im Rausch ihrer Macht nicht nur am Wählerwillen vorbeihandeln, sondern darüberhinaus eine Politik betreiben, die sogar sehr oft den eigenen Interessen zuwiderläuft. Dadurch kommt es zwischen sicherlich vorhandenen Phasen guten politischen Wirkens immer wieder zu Fehlhandlungen und Instinktlosigkeiten, die dann echte Leistungen weitgehend auslöschen. So bleiben gerade in der Kunst des Regierens die Leistungen der Menschheit weit hinter dem zurück, was sie sonst zu vollbringen imstande wäre.

Deshalb ist es notwendig, daß es heute wie zu allen Zeiten Menschen gab und gibt, die den Mut aufbringen, solche Fehlhandlungen aufzuzeigen und auf historische Tatsachen zu verweisen ungeachtet dessen, daß sich, was die freie Meinungsäußerung betrifft, in unserem Land seit der Monarchie nur wenig geändert hat.

War es doch im Wesentlichen schon immer so, daß man sagen und schreiben durfte, was man wollte, vorausgesetzt man redet und schreibt so, wie es jene wünschen, die gerade am Schalthebel der Macht sitzen. Tat man dies nicht, war man zu allen Zeiten ein Ketzer, ein Verbrecher oder zumindest ein Irrer, der mundtot zu machen war. Der einzige Unterschied ist nur der, daß uns damals totalitäre Regime beherrschten, von deren letztem wir aber angeblich 1945 „befreit" wurden.

Erfreulicherweise gibt es ungeachtet all dieser beschämenden Tatsachen da und dort bereits wieder Journalisten, die optimistisch genug sind, etwas Licht am Horizont der Freiheit zu erkennen und es auch wagen, sich dazu zu äußern. So stellt der unter dem Pseudonym „Eule" firmierende Kolumnist in einer führenden österreichischen Tageszeitung zum Phänomen der politischen Auseinandersetzung anläßlich der Präsidentenwahl 1998 in unserem Lande folgendes fest:

„Die Political Correctness hat eine nicht zu erwartende und schwere Niederlage erlitten. Die Dinge sind dabei gar nicht so leicht durchschaubar. In den letzten Jahren setzte ein von extrem links und publizistischen Gesinnungsfreunden gesteuerter verbaler Aktionismus in diesem Lande ein, der jede auch nur vermeintliche böse Tat begierig aufgriff und einer „rechten" Gesellschaft zuschob. Man scheute nicht einmal davor zurück, auch unser demokratisch und rechtsstaatlich organisiertes System als faschistisch zu denunzieren. Ein heuchlerischer Antifaschismus beabsichtigte, durch ein noch nie dagewesenes Gesinnungsbombardement linke politische Interessen zuerst zu inszenieren und dann zur staatlichen Doktrin umzufunktionieren. Der so ausgeübte unliberale Antifaschismus der Radikalen von links sollte zum Selbstverständnis unseres Staates erhoben werden. So benötigte man für den Fundus dieser Inszenierung stets eine gefährliche Bedrohung der Demokratie durch einen Feind von rechts, der kurz vor seinem Siege steht. Die angeblich so gefährdete Demokratie kann selbstverständlich nur von den Linken gerettet werden.

In dieses Szenarium sollte natürlich auch die Bundespräsidentenwahl eingebettet werden. Es ist Klestils Verdienst, daß er dieser Strategie nicht auf den Leim ging. Absicht der „antifaschistischen Faschisten" wäre es gewesen, die Intensität ihres Wohlwollens für den jeweiligen Kandidaten davon abhängig zu machen, mit welcher Vehemenz sich dieser von einer Beteiligung der FPÖ an der Regierung oder von einer Kanzlerschaft Haiders distanzieren würde. Dies hätte der moralische Gradmesser für die politische Salonfähigkeit der Kandidaten sein sollen. Klestil ließ sich nicht hineinlegen. So grenzte er die FPÖ aus dem demokratischen Spiel der Kräfte nicht aus und versprach Entscheidungen des Volkes respektieren zu wollen. So ist die beabsichtigte Einzementierung einer permanenten Koalition mit sozialistischer Beteiligung wenigstens theoretisch fehlgeschlagen."[4]

Ein winziger erfreulicher Aspekt, aber leider immer noch kein Abschied von der linken Meinungsdiktatur in unserem Lande.

Auch wer glaubt, daß mit unserer „neuen Weltordnung" Kriege aufgehört haben, der irrt gewaltig. Sie sind lokaler begrenzt, aber ansonsten eher häufiger, brutaler und noch schrecklicher geworden.

Dafür besitzen wir heute die Freiheit, uns täglich im Fernsehen den Geschlechtsverkehr in all seinen pervertierten Möglichkeiten ausgiebigst ansehen zu können, und unsere Kinder lernen zwar kaum noch Geschichte, dafür wissen sie wesentlich früher als wir, welche fast unbegrenzten Möglichkeiten es zu ihrer Zeugung gibt.

Es hat sich also tatsächlich wenig geändert: Jedes noch so dumme oder grausame Regime hat in der Geschichte seine fähnchenschwingenden oder Kerzen und Händchen haltenden Massen gefunden, die ihm aus Angst oder noch öfter um ihrer Vorteile willen bedenkenlos zujubeln.

Und so ist es wie eben zu allen Zeiten auch heute nur einigen Wenigen vorbehalten, die Freiheit des Geistes, der Rede und der Schrift unbeirrbar und ohne Rücksicht auf drohende Folgen zu erkämpfen. Diese Wenigen sind es auch, die bereit sind, sich gegen Lügen und Geschichtsfälschungen zur Wehr zu setzen, endlich mit den vorhandenen Tabus zu brechen und als letzte lebende Zeitzeugen den seit Jahrzehnten wissentlich irregeführten jüngeren Generationen eine erlebte und dadurch auch historisch ehrlichere Wahrheit zu hinterlassen.

Heinz Thomann
Spanien, 1999/2000

... Und noch ein paar notwendig gewordene Bemerkungen zum vorliegenden Buch

Nachdem „Eckartbote", „AULA" und einige andere nationale Zeitschriften positive Besprechungen und Hinweise auf mein Buch gebracht hatten, wurde wie erwartet die linke Jagdgesellschaft aktiv und erstattete im Juni 2001 beim Innenministerium Anzeige gegen mich nach dem dafür geschaffenen § 3 des Verbotsgesetzes, in den man so gut wie alles hineininterpretieren kann, wenn man Andersdenkende mundtot machen will.

Als Folge dieser Denunzierung standen am 8. August 2001 überraschend mehrere Beamte der Staatspolizei vor meinem Haus, ausgestattet mit einem richterlichen Hausdurchsuchungsbefehl. Dabei wurden nicht nur mein Buch, sondern auch andere politische, aber keinesfalls verbotene Bücher, weiters alle in irgendeinem Zusammenhang mit meinem Buch stehenden Unterlagen und Akten sowie mein Computer samt Bildschirm und allem was dazu gehört beschlagnahmt. Auch mein Wochenendhaus nahe Graz wurde von drei Beamten einer Hausdurchsuchung unterzogen. Es folgten stundenlange Verhöre in den Räumen der Staatspolizei, während denen ich von den damit befassten Beamten sogar zur Toilette begleitet wurde.

Als Ergebnis dieser Einvernahmen warf man mir in einem nicht weniger als 85 Punkte umfassenden Protokoll eine „Verherrlichung des NS-Regimes" nach § 3d vor, wobei man meist kurze Passagen meines Buches willkürlich aus dem textlichen Zusammenhang riss.

Die meisten dieser punktuell angeführten, vermeintlich inkriminierenden Text-Wiedergaben stammten aber gar nicht aus meiner Feder sondern sind vielmehr wörtlich zitierte Aussagen über Hitler oder das NS-Regime von Politikern wie Churchill, Chamberlain, Stalin u. a. m., bei denen ohnehin die Quellenangabe im Literaturnachweis präzise aufgelistet war.

Solche Aussagen wurden seitens der Stapo mit folgender Bemerkung abqualifiziert: „Die rechtsrevisionistische Argumentation untermauert der Autor vielfach mit Aussagen von Politikern und pseudowissenschaftlichen Veröffentlichungen". Mit solch einem Urteil meinte man, auch ohne Studium oder tiefergehende Kenntnis der Materie fadenscheinige Gründe für eine Strafverfolgung konstruieren zu können.

Die gerade in diesem Buch allseits anerkannte, objektive Verurteilung der Verbrechen des NS-Regimes wurde mit dem nachstehenden ebenso lapidaren Satz entkräftet: „NS-Verbrechen finden gelegentlich, sicher aus taktischen Gründen Erwähnung."

So gesehen darf es nicht verwundern, dass die Staatspolizei in der von ihr verfassten Strafanzeige an die Staatsanwaltschaft zu folgendem Schluß kommt:

„In seinen Ausführungen werden dabei die Kriegsschuld geleugnet, der Nationalsozialismus verharmlost, seine Gräueltaten verniedlicht, NS-Verantwortliche glorifiziert und NS-Ziele gutgeheißen."

Schwere Anschuldigungen, auch wenn diese nicht dem Tatbestand entsprechen. So wäre mir nie und nimmer in den Sinn gekommen, Hitlers Schuld am Zweiten Weltkrieg zu leugnen. Sie ist ebenso unleugbare Realität wie die Tatsache, daß es mehrere andere Staatsmänner gab, die damals Kriegsschuld auf sich geladen haben. Dies auch dann, wenn diese von namhaften Historikern längst anerkannten Fakten der bei uns gültigen „Lehrmeinung" immer noch nicht entsprechen.

Auch einen Nationalsozialismus zu verherrlichen wäre unsinnig und könnte nur einem blinden Fanatiker in den Sinn kommen. Daß es aber wie überall und in allen Epochen der Geschichte auch im NS-Regime besonders anfänglich positive Aspekte gegeben hat, bestätigen inzwischen bedeutende Historiker, die in meinem Buch zu Wort kommen. Sie widerlegen die infantile Meinung, dass es sich dabei schon von allem Beginn an um ein ausschließlich verbrecherisches Regime gehandelt hat.

Aber nachdem „nicht wahr sein kann, was nicht wahr sein darf", versuchte man eben, unter solchen Aspekten die Indizien für einen möglichen Strafprozess zu konstruieren.

Die nachfolgend damit befasste Justiz war nach dem gründlichen Studium meines Buches dann aber wesentlich korrekter und damit auch einer sachlichen Argumentation meinerseits zugänglich. Ein sehr erfahrener Untersuchungsrichter, der sich in einem großen politischen Prozeß bereits einen Namen gemacht hatte, stellte deshalb auch nach dem Studium einer von mir verfassten, äußerst präzisen

Stellungnahme zu jedem einzelnen Punkt der 29 Seiten umfassenden Strafanzeige fest, dass „im vorliegenden Fall dem Autor nach Ansicht des Gerichtes eine Betätigung im nationalsozialistischen Sinne nicht vorgeworfen werden kann“.

Diesem Urteil haben sich dann in der Folge die Staatsanwaltschaft und das zuständige Ministerium angeschlossen; mit Datum vom 13. Dezember 2001 hat dann letztlich auch die leitende Staatsanwaltschaft das Verfahren gegen mich nach § 90 Abs. 1 StPO endgültig eingestellt.

Ich bin sicher, dass bei der Beurteilung durch die Justiz auch insoferne ein Quäntchen Glück mitgespielt hat, als zwischenzeitlich die drei Jahrzehnte dauernde linke Herrschaft in Österreich zu Ende gegangen und durch eine bürgerliche Regierung ersetzt worden war. Durch diesen Wechsel hat bei uns ein gewisses Umdenken eingesetzt, allgemein ein etwas offenerer Revisionismmus um sich gegriffen und linkslinke Institutionen wie Neugebauers „Dokumentationszentrum des österreichischen Widerstandes“ haben nicht mehr die Gewichtung wie unter früheren Regierungen .

Der Mut, mich als Zeitzeuge mit einem Buch den vielen bewusst und unbewusst immer wieder und wieder verbreiteten Unwahrheiten über diese Epoche entgegenzustellen, hat sich also gelohnt und es erfüllt mich mit großer Genugtuung, damit die Ehre meiner so geschmähten und verratenen Kriegsgeneration in ein gerechteres Licht rücken zu können.

Viele Dankschreiben von ehemaligen Angehörigen aller Waffengattungen der Deutschen Wehrmacht und ein unerwartet positives Echo auch von Lesern der Nachkriegsgenerationen, sind der wohl schönste Lohn für meine Arbeit aber gleichzeitig auch so etwas wie Balsam auf die Wunden des vorerwähnten Kampfes gegen Denunziation und Verfolgung.

Da das vorige Buch aber inzwischen auch längst vergriffen ist, entschloß ich mich auf Grund ständiger Nachfrage zu dieser aktualisierten und wesentlich erweiterten Neufassung

Ich hoffe, dass auch dieses Werk in einer fernen, emotionsfreien Zukunft einer objektiven und gerechten Betrachtungsweise dieses vergangenen Jahrhunderts dienen kann, das bei allem, was es meiner Generation bescherte, doch das Unsere gewesen ist.

Heinz Thomann
Graz, Frühjahr 2003

1

Der Erste Weltkrieg und die „Rache der Sieger“

Deutschlands Geschichte ist keinesfalls grausamer als die Englands, Frankreichs, Amerikas oder gar Rußlands, um nur einige Länder zu nennen, die sich in ihrer historischen Vergangenheit verschiedenster Verbrechen gegen die Menschlichkeit zuschulden kommen ließen. Ganz zu schweigen von der Gegenwart, wo fast überall auf der Welt zum Teil noch schlimmere Gräueltaten begangen werden. Europa ist davon nicht ausgenommen.

Mit Lügen und Fälschungen versuchte man schon einmal, Deutschland die Alleinverantwortung für den Ersten Weltkrieg aufzubürden. Niemand wird behaupten wollen, daß Deutschland an den Ursachen des Zweiten Weltkrieges nicht mitverantwortlich war. Alleinverantwortlich ist es nicht gewesen, auch wenn man versucht hat, dies in Nürnberg so hinzustellen.

Einige Wissenschaftler ehemaliger Feindstaaten, die sich auch mit Nürnberg beschäftigt haben, sehen heute diese Prozesse in einem ganz anderen Licht, was die folgenden Aussagen eindeutig belegen:

Der weltweit anerkannte britische Militärhistoriker und kämpferische Jurist F. J. P. Veale, ein unerschrockener Kämpfer für die historische Wahrheit, schrieb schon 1964 zum Nürnberger Tribunal:

„Die Tatsache, daß die Nürnberger Prozesse gleich nach Kriegsende inszeniert wurden, um eine spätere unparteiische Untersuchung im Keim zu ersticken, ist als solche schon ein starker Beweis für das Schuldgefühl der Sieger.“[5]

Ebenso kritisch äußerte sich auch der britische Historiker Prof. A. J. P. Taylor, der bereits 1961 das nachstehende, vernichtende Urteil über das Nürnberger Tribunal abgab:

„Die in Nürnberg vorgelegten Dokumente wurden nicht nur ausgesucht, um die Kriegsschuld Deutschlands zu beweisen, sondern auch um die Kriegsschuld der zu Gericht sitzenden Mächte zu verbergen."[6]

Der amerikanische Admiral Harold R. Stark stellte zur Hinrichtung deutscher Generäle und zur Verurteilung von Admiral Dönitz als Folge dieser Prozesse ausdrücklich fest:

„Von einer rechtmäßigen Grundlage der Kriegsverbrecherprozesse gegen Männer, die ehrenhaft und sauber für ihr Land gekämpft haben, ist mir nichts bekannt. Wie auch schon zur Zeit der Prozesse kommt es mir auch heute noch so vor, daß es eine offenkundige Ungerechtigkeit gewesen ist, Soldaten wegen eidgetreuer Ausführung ordnungsgemäßer Befehle ihrer Staatsmacht vor Gericht zu bringen."[7]

Besonders scharf wandte sich der britische Politiker, Kriegshistoriker und Publizist Lord Maurice Alers Hankey gegen die antideutsche Heuchelei der Sieger und seiner Ansicht nach war der alliierte Kriegsverbrecherprozeß von Nürnberg:

„Ein schamloses und abstoßendes Schauspiel. Im Gegensatz zu dem, was man allgemein glaubt, ist die geschichtliche Darstellung der Tatsachen, auf welcher der Urteilsspruch des Nürnberger Gerichtes beruht, nicht der Wahrheit entsprechend. Der eigentliche Hintergrund des Nürnberger Tribunals sei es gewesen, Völkerrechtsbrüchen der anderen Seite, vor allem der USA, nachträglich den Schein der Gesetzlichkeit zu geben. Was man den Deutschen in Nürnberg vorgeworfen habe, könne man genau so gut Deutschlands Kriegsgegnern anlasten: Verbrechen, wie Deportationen der Zivilbevölkerung, Plünderungen, Meuchelmorde an Kriegsgefangenen und Zerstörungen ohne militärische Notwendigkeit."[8]

Man wollte damit verbergen, daß man sich in Paris, London, Warschau, Moskau und Washington schon lange vor der Machtübernahme Hitlers auf einen Krieg mit Deutschland vorbereitet, diesen für unbedingt notwendig angesehen und ihn deshalb auch herbeigewünscht hat.

Dabei ging es in beiden Weltkriegen weder um die Beseitigung der Hohenzollern noch um den Sturz des angeblich so verhaßten NS-Regimes, sondern vorrangig um das *Ausschalten der europäischen Mitte als einer zentralen Wirtschafts- und Ordnungsmacht in Europa.*

Die Aversion Frankreichs gegen Deutschland ist uralt und hat ihre Wurzeln in der historischen Entwicklung beider Länder. Frankreich wollte – obwohl kleiner als Deutschland – in Europa immer seine Vormachtstellung als „Grande Nation" behaupten. Schon um sie zu erreichen, war jedes Mittel recht und dieses Land unterstützte deshalb bis in unsere Tage die Feinde Deutschlands, egal ob dies die Türken, Schweden, Russen oder Engländer waren. Die Politik einer Schwächung und Zerstückelung des Reiches war stets das Ziel französischer Politik.

So erfolgten bereits zwischen dem 13. und dem 16. Jahrhundert mehr als siebzehn Raubzüge auf deutschem Gebiete.

Zur Zeit des Dreißigjährigen Krieges war das deutsche Volk religiös gespalten und in zwei sich bitter bekämpfende Gruppen zerrissen. Die Franzosen unter Richelieu unterstützten durch finanzielle Zuwendungen damals König Gustav Adolf von Schweden, dem es dadurch möglich war, plündernd und alles verwüstend durch die deutschen Lande zu ziehen.

Als dann die Bevölkerung durch diesen jahrzehntelang andauernden Krieg völlig ausgeblutet war, fielen noch die Heerscharen Ludwigs des XIII. von Frankreich in die deutschen Länder ein, um sich ihren Teil zu sichern, was Frankreich damals reiche Beute, wie beispielsweise das 1633 besetzte Lothringen eintrug.

Was übrig blieb war schrecklich: Die deutschen Städte waren niedergebrannt, mehr als 15.000 Dörfer dem Erdboden gleichgemacht, die Felder verwüstet. Hunger und Pest wüteten von den Alpen bis zur Ostsee und Wolfsrudel terrorisierten den Rest der hungernden Bevölkerung. Mehr als elf Millionen starben damals durch die Eroberer, durch Seuchen und Hunger, und was blieb war ein kläglicher Rest von knapp 16 Millionen verelendeter Menschen. Deutschland glich 1648 einem menschenleeren Trümmerfeld, aus dem es sich nur sehr schwer und vor allem langsam erholen konnte.

Der Westfälische Friede besiegelte dann noch die Ohnmacht von Kaiser und Reich und förderte nicht nur die Rheinlandpolitik Richelieus, sondern erlaubte es auch, die deutschen Reichsstände untereinander oder gegen den Kaiser auszuspielen.

Marodierende französische Truppen fielen ständig in deutsche Lande ein und zerstörten beispielsweise die Pfalz, Heidelberg, Worms und Speyer, was nicht schwierig war, weil das Reich noch um 1800 in viele Kleinstaaten zerfallen bzw. aufgeteilt war, die sich nicht zur Wehr setzen konnten.

Aber auch in den nachfolgenden Jahren waren es wieder die Franzosen, die unter Napoleon brandschatzend, erobernd und nach Bündnissen suchend durch die deutschen Lande zogen und die schließlich im ostpreußischen Tilsit dann einen bitteren Frieden erzwangen.

Es war also Frankreich, welches durch Angriffskriege, Überfälle und Raubzüge jahrhundertelang Schuld auf sich geladen hatte. Erst als es Otto von Bismarck gelang, endlich eine Einigung der Länder und die Schaffung eines Deutschen Reiches herbeizuführen, hörten diese auf.

Frankreich wollte aber um jeden Preis seine Hegemoniestellung in Europa behalten und so kam es schließlich wieder zu Auseinandersetzungen, die letztlich im deutsch-französischen Krieg von 1870/71 mündeten. Er endete mit jener Niederlage Frankreichs, die die Franzosen Deutschland bis heute nicht verziehen haben. Dazu kommt, daß durch den zwar historisch gerechtfertigten Verlust von Elsaß-Lothringen die Rache Frankreichs damals bereits vorprogrammiert war.

Frankreich beobachtete mit Argusaugen, daß das neue, von Bismarck geschaffene Deutschland sich nicht nur sehr rasch erholte, sondern vor allem auch begann, sich zu industrialisieren, wodurch vor allem Deutschlands Wirtschaftspotential rasch anwuchs und damit sein Aufstieg zu einer neuen Weltwirtschaftsmacht unerwartet schnell gelang. Begreiflicherweise blickten Franzosen und Engländer mit wachsendem Argwohn auf dieses erstarkte Deutschland und seine politische Einkreisung war die Antwort der damaligen Westmächte. Schon sehr früh bereiteten sich deshalb auch die Generalstäbe dieser Länder auf einen unausweichlich kommenden Krieg gegen die neue Wirtschaftsmacht Deutschland vor. Natürlich erkannte auch das deutsche Kaiserreich diese Gefahr und traf seinerseits entsprechende Vorkehrungen unter seinem damaligen General-Feldmarschall von Schlieffen. Durch das Bündnis mit dem habsburgischen Österreich war dann der Mord von Sarajewo nur mehr der Funke, dessen es bedurft hatte, um den Ersten Weltkrieg auszulösen. Deutschland und das mit ihm verbündete Habsburgerreich hatten sich 1919 dem bekannten Versailler Diktat zu unterwerfen. Damit war bereits die unausweichliche Basis für den Zweiten Weltkrieg geschaffen worden. Nur blinder Haß und keinerlei politische Einsicht leiteten damals die politischen Führungskräfte der Siegermächte und weder England noch Frankreich waren an einer ehrenvollen Kapitulation interessiert. Man wollte Rache und die Vollstrecker dieses blinden Hasses waren die Franzosen Clemenceau und Poincaré und ihr englischer Bundesgenosse Lloyd George als Totengräber Deutschlands, wo in den verbliebenen Teilen über viele Jahre hinweg als Folge dieses unsagbaren Diktates Hunger, Elend und Verzweiflung herrschte; sie haben dieses Land damit in eine Zwangslage gebracht, aus der es sich letztendlich nur durch einen neuen Krieg zu befreien hoffte.

Der zur Auslösung des Zweiten Weltkrieges im Jahr 1939 hinterlegte Explosivstoff ist daher ganz sicher nicht allein dem Nationalsozialismus oder der Person Adolf Hitlers zuzuschreiben, die effektiven Ursachen dafür liegen viel weiter zurück. Sie sind in der Stärke Deutschlands, in seiner sozialen Struktur und der geopolitischen Lage dieses Landes im Herzen Europas zu suchen.

Damit sich nicht noch einmal in der Geschichte diese Angst vor einem zu starken Deutschland wiederholt, hat Frankreich auch in den letzten Jahren sein ganzes Gewicht in die Waagschale geworfen, um dies besonders auch nach der deutschen Wiedervereinigung durch die Schaffung der Europäischen Union ein für allemal zu verhindern.

Aber zurück zum Jahre 1919: In Versailles wurde im Juni dieses Jahres dem Deutschen Reich von den damaligen Siegermächten im Artikel 231 eines sogenannten Friedensvertrages die *„Alleinschuld"* am Ausbruch des Ersten Weltkrieges diktiert. Aber schon lange vor Beginn dieses Krieges war man sich insbesondere in Frankreich und Großbritannien darüber einig, dem aufstrebenden deutschen Kaiserreich bei der nächsten sich bietenden günstigen Gelegenheit die Flügel zu stutzen. Das Reich war international durch den Aufschwung seiner Industrie, seiner Handelsflotte, seiner kolonialen Erwerbungen und letztlich auch seiner Armee und Flotte zu einer großen Konkurrenz im Welthandel und auf der Welt schlechthin geworden. Schon 1896 schrieb der britische Wissenschaftler Sir Peter Chalmers Mitchel in einer englischen Zeitung zu diesem Thema:

„In allen Teilen der Welt, beim Verfolgen von Handel, Fabrikation und beim Ausbeuten anderer Rassen, rempeln sich Deutsche und Engländer gegenseitig an. Wäre morgen jeder Deutsche beseitigt, es gäbe kein englisches Geschäft noch irgend ein englisches Unternehmen, das nicht sofort wüchse. Macht euch fertig zum Kampf mit Deutschland, denn „Germania est delenda" (Deutschland muß zerstört werden). Und weiter: „Völker haben um eine Stadt oder um das Erbfolgerecht Kriege geführt – sollten sie nicht auch um 250 Millionen Pfund jährlichen Handelsumsatz Krieg führen? Krieg ist der deutliche Ausdruck des Tatsache gewordenen Daseinskampfes."

Und in derselben Zeitung sagt er ein Jahr später: „... und wir könnten dann zu Frankreich und Rußland sagen: Sucht euch die Entschädigung selbst, nehmt euch in Deutschland was ihr wollt. Ihr sollt es haben."[9]

Deshalb stellt auch der spätere Premierminister der südafrikanischen Union, General Louis Botha, richtig fest, wenn er bereits 1909 sagte: „... daß Deutschland einem Krieg mit England nicht entgehen könne, gleichviel was es auch tue."[10]

Die Politik Großbritanniens war also von der Furcht vor einer immer größer werdenden deutschen Konkurrenz bestimmt; um diese auszuschalten, war jedes Mittel recht. In Bündnissen mit gleichgesinnten Regierungen begann man deshalb schon sehr früh systematisch mit der Einkreisung Deutschlands.

Dazu stellt der amerikanische Historiker, Prof. Dr. David Hoggan fest:

„Schon 1907 hatte Großbritannien das diplomatische Bündnissystem gegen Deutschland vollständig entwickelt, einerseits in der künstlich zusammengebrachten englisch-amerikanischen Entente, andererseits in dem festen Bündnis mit Frankreich, Rußland und Japan, das zugleich ein Marineabkommen mit dem Ziel der Vernichtung Deutschlands war. In der bosnischen Krise 1908/09 drängten die englischen Staatsmänner mit aller Schärfe auf einen Krieg, ebenso wie in der zweiten Marokkokrise 1911, doch beide Male ohne Erfolg. Die serbischen Königsmörder gaben dann 1914 endlich Großbritannien den gewünschten und längst erwarteten Anlaß dazu, daß es den zögernden Zar Nikolaus II. und auch Frankreich unter einer von Poincaré geführten, in der Minderheit befindlichen Regierungsclique in den Ersten Weltkrieg stürzen konnte."[11]

Auch in den anderen europäischen Nachbarstaaten fiel die Stimmungsmache gegen Deutschland auf fruchtbaren Boden. Die Einkreisung war also von langer Hand vorbereitet und es bedurfte nur eines Zündfunkens, um einen Weltbrand auszulösen. Die Tatsache des österreichisch-deutschen Bündnispaktes war die beste Gelegenheit, die ohnehin brisanten Verhältnisse auf dem Balkan noch zu schüren. Als dann der österreichische Erzherzog Franz Ferdinand und seine Gemahlin serbischen Anarchisten zum Opfer fielen, war das Signal gegeben. Österreich forderte eine Untersuchung und eine Bestrafung der Täter. Erzherzog Franz Ferdinand machte schon im Sommer 1913 gegenüber Graf Czernin die Bemerkung, „er befürchte ein von Freimaurern ausgehendes Attentat."[12]

Er hatte also seine und der Monarchie Todfeinde richtig erkannt: Freimaurer, Juden und Sozialisten. Die von Freimaurern nachweislich schon 1912 beschlossene und von serbischen Nationalisten mit panslawistisch-russischer Unterstützung durchgeführte Ermordung löste nicht nur den Ersten Weltkrieg aus, sondern führte auch wie von diesen Kräften geplant zum Sturz der monarchischen Ordnung in Rußland, Österreich-Ungarn, Deutschland und dem türkischen Reich. Es war der „Großorient“, die französische Freimaurerloge, welche überall bestrebt war, die Kirche zu vernichten, die monarchische Ordnung zu untergraben, die Staatsgewalt zu lockern, vor allem aber das Germanentum an seinem Lebensnerv zu treffen; so war es auch diese Freimaurererloge, die jene fluchwürdige serbische Agitation betrieb. Nicht nur ihr Anführer Tankosic selbst sondern alle geistigen Urheber waren Freimaurer, die in der „Narodna ohra“ (Schwarze Hand) destruktive Kräfte für das Attentat sammelten, sowie Waffen und Munition zur Verfügung stellten.[13]

Auf Österreichs Note gab Serbien eine ausweichende Erwiderung ab und ordnete sofort die Mobilmachung seines Heeres an. Die Folge war die Kriegserklärung Österreichs an Serbien. Für das Habsburger Reich war der Krieg ein Kampf um die nackte Selbsterhaltung, während Serbien mit russischer Unterstützung um den Preis der Zerstörung der Donaumonarchie die Errichtung eines südslawischen Reiches anstrebte.

Noch hätte sich der Krieg auf den Balkan beschränken lassen können, aber noch am gleichen Tag mobilisierten die Russen ihre Truppen entlang der österreichischen und deutschen Grenzen. Durch das bestehende Bündnis zwischen Österreich und Deutschland wurde auch in Deutschland die Kriegsgefahr akut. Trotzdem beschwor Kaiser Wilhelm II. den russischen Zaren mit den Worten:

„In meinem Bestreben, der Welt den Frieden zu erhalten, bin ich bis an die Grenze des Möglichen gegangen. Die Verantwortung für das Unheil, das nun die ganze zivilisierte Welt bedroht, wird nicht auf mich fallen. Noch kann der Friede Europas durch Dich erhalten bleiben.“[14]

Rußland mobilisierte trotzdem und reagierte auf dreimaliges Ersuchen Deutschlands, die Mobilmachung rückgängig zu machen, mit weiteren Truppenaufmärschen an den deutschen Grenzen. Nicht verwunderlich, wenn man weiß, daß sich schon Zar Alexander III. im Jahre 1892 dem russischen Außenminister Graf Lamsdorff gegenüber wie folgt geäußert hat:

„Wir müssen uns mit den Franzosen einigen und bei einem Krieg zwischen Frankreich und Deutschland sofort über die Deutschen herfallen, um ihnen keine Zeit zu lassen, zuerst Frankreich zu schlagen und dann gegen uns vorzugehen. Man muß die Fehler der Vergangenheit berichtigen und Deutschland bei der ersten Gelegenheit zu Boden schlagen."[15]

Zu den Kriegsursachen gehörte aber auch im besonderen Maße das brutal materielle Interesse der internationalen Hochfinanz, die mit einem Krieg brillante Geschäfte zu machen hoffte. Der New Yorker Erzbischof Kardinal Farley sagte dazu in Lourdes wenige Monate vor Kriegsausbruch:

„Der Krieg, der in Vorbereitung ist, wird ein Kampf zwischen dem internationalen Kapital und den regierenden Dynastien sein. Das Kapital wünscht niemand über sich zu haben, kennt keinen Gott oder Herrn und möchte alle Staaten als große Bankgeschäfte regieren lassen. Ihr Gewinn soll zur alleinigen Richtschnur der Regierenden werden. Das Business, das fast ausschließlich in jüdischen Händen liegt, soll so einzig und allein regieren."[16]

Daß der deutsche Kaiser und seine Regierung sich dem Bündnis mit Österreich verpflichtet fühlte, war Anlaß genug, gegen Deutschland vorzugehen. Aus dem Mord an einem österreichischen Erzherzog und den Beistandsverpflichtungen beider Staaten entstand so ein Weltbrand; ohne von den auslösenden Ereignissen selbst betroffen zu sein, hatten sich folgende Staaten, die damit überhaupt nicht befaßt waren, in die Krise eingeschaltet:

Rußland, Großbritannien, Frankreich, Japan, China, Italien, Rumänien, USA, Brasilien, Peru, Guatemala, Honduras, Ecuador, Kuba, Nicaragua, Panama, Portugal, Uruguay, Haiti und Liberia. Sie alle hatten sich unter dem Druck der Großmächte ohne jeden Grund in den Krieg gegen Deutschland hineinziehen lassen.

Etwa die Hälfte der damaligen Weltbevölkerung befand sich demnach im Krieg gegen Deutschland; auch die französischen und britischen Kolonialvölker, wie Kanada, Neuseeland und Australien mußten gegen die Deutschen zu Felde ziehen.

War Deutschland wirklich so kriegslüstern, daß ein solches Aufgebot nötig war, oder wollte man mit einer solchen Behauptung nur von den begangenen eigenen Sünden ablenken?

Während Deutschland seit 1871, bis auf eine Beteiligung bei der Niederschlagung des Boxeraufstandes in China 1900 und den der Hereros und Hottentotten in Deutsch-Südwestafrika 1904–1908, an keiner kriegerischen Handlung beteiligt war, kämpften allein in diesem Zeitraum von 1871 bis 1914:

…ı die Türkei (1877–1878)
…ı gegen Afghanistan (1878–1880)
…ritrea und Somalia (1881)
…n gegen Ägypten (1882) und den Sudan
…
…Bulgarien (1885)
…hina (1894–95)
…gen Madagaskar (1895)
…Abessinien (1896)
…gegen die Türkei (1897)
…ı Spanien (1898)
…n gegen Südafrika (1899–1902)
…n gegen Somalia (1903)
…n Japan (1904–1905)
…die Türkei (1911–1912)
…iechenland und Montenegro gegen die Türkei
…

- Rumänien gegen Bulgarien (1912) und
- die USA gegen Mexiko (1914)

Darüberhinaus waren Großbritannien und Frankreich in diesem Zeitraum noch in umfangreiche Kolonialkrisen verwickelt; aber über diese Tatsachen hüllt man ganz bewußt den Mantel des Schweigens. Man hatte ja die bösen Deutschen, die der erdrückenden Übermacht einer Welt erlegen waren und die man nun ins Büßerhemd stecken konnte. Aber das damals vergossene Blut reichte natürlich nicht aus, denn nun ging es erst besonders darum, den wichtigsten wirtschaftlichen Konkurrenten aus dem Weg zu räumen. Und dazu war den Großmächten jedes Mittel recht. Mit welchem Haß man dabei Deutschland schon damals verfolgte, ließ derselbe Churchill, damals noch Erster Lord der britischen Admiralität, schon sehr früh erkennen, als er 1915 sagte:

„Wir werden Deutschland an der Kehle würgen, bis sein Herz aussetzt.“[17]

Dieser Wunsch fand dann seine endgültige Erfüllung im sogenannten „Friedensvertrag“ von Versailles, von dem selbst ausländische Politiker und Historiker sagen, daß *er der Bazillus war, der die Pest des Zweiten Weltkrieges in sich trug.*

Deutschland ist gewiß nicht völlig schuldlos an den Ursachen des Ersten Weltkrieges. Es wurde durch eine verhängnisvolle Bündnispolitik in diesen Krieg hineingezogen, der dann vor allem durch den

Verrat Italiens eine so ungünstige Wendung nehmen sollte. So schrieb am 2. September 1914 der Philosoph und Sohn eines englischen Generals, Houston Stewart Chamberlain:

„Wohl niemals in der Weltgeschichte wurde die Irreführung eines ganzen Volkes so schamlos, so ruchlos, so geschickt-schlau durchgeführt, wie die Irreführung Englands in Bezug auf Deutschland. Diese Irreführung trägt die Schuld an dem jetzigen Krieg. Von Anfang an ist England die treibende Macht gewesen. England hat die Entfremdung Rußlands von Deutschland bewirkt und England hat auch Frankreich unablässig aufgehetzt."[18]

Man wollte es sich mit der Zerschlagung der Donaumonarchie und des Deutschen Reiches leicht machen und bot die halbe Welt gegen diese Mittelmächte auf. Man zog alle Register einer Haßpropaganda und schreckte schon damals nicht davor zurück, deutsche Soldaten – genau wie heute – kriegerischer Grausamkeit zu bezichtigen.

Zum Ausbruch dieses Krieges aber sagte sogar der Oberbefehlshaber der russischen Westarmee, Fürst Awaloff-Bermondt 1919 folgendes wörtlich:

„Die Hauptursache des Weltkrieges war die Intrige Englands, das allein diesen Krieg entfachte, um dadurch zwei große Völker, das russische und das deutsche, unschädlich zu machen. Die Hauptschuld am Beginn dieses Völkermordes trifft unzweifelhaft England."[19]

Auch der bedeutende amerikanische Kriegshistoriker und Publizist Prof. Dr. Tansill stellt dazu ausdrücklich fest: „Deutschland trägt keine Schuld am Ausbruch des Ersten Weltkrieges."[20]

Obwohl den Mittelmächten die doppelte Anzahl von Streitmächten der Ententestaaten gegenüberstand, benötigte man selbst mit der Unterstützung Amerikas vier Jahre, um das gemeinsame Ziel der Unterwerfung Deutschlands zu erreichen. Trotzdem wäre das geschwächte deutsche Heer auch 1918 noch zu einem weiteren Widerstand fähig gewesen. *Nicht die Waffen haben diesen Krieg entschieden.* Eine geschickt ausgenützte Subversion durch eine sozialistisch-marxistische Zersetzung des Heeres führte letztlich zum Zusammenbruch.

Diese Tatsache bestätigt auch der jüdische Publizist David Korn, wenn er feststellt:

„Zweifellos trugen Hetze und Sabotage internationalistisch ausgerichteter roter Juden zu Deutschlands Niederlage 1918 bei. Daß von solchen Kräften tatsächlich ein Dolchstoß geführt worden ist, läßt sich ernsthaft nicht bestreiten – zumal dies sogar ihre in zahllosen Publikationen offen bekundete Absicht war.

Das Wort vom „Dolchstoß“ in den Rücken der kämpfenden Front ist übrigens nach 1918 nicht zuletzt durch die Schriften des jüdischen, deutschnationalen Publizisten Paul Nicolaus Cossmann zu einem geflügelten geworden.[21]

Aber auch auf der Gegenseite waren die kriegsführenden Mächte des Kampfes überdrüssig; weder England noch Frankreich konnten es sich militärisch und wirtschaftlich leisten, diesen Krieg noch lange weiterzuführen. Unter der Zusage von vernünftigen und ehrenvollen Friedensverhandlungen hatte man deshalb das Deutsche Reich zur Niederlegung der Waffen veranlaßt, und erst als dies geschehen war, zeigten die Sieger ihr wahres Gesicht.

Als der damalige deutsche Reichskanzler, Prinz Max von Baden, in einer Note an den Präsidenten der USA, Wilson, erklärte, daß Deutschland zu einem Waffenstillstand bereit sei, geschah dies nur auf der Grundlage der von Wilson erlassenen 14 Punkte einer neuen Friedensordnung, deren Fundament – so schien es – das Schlimmste für Deutschland verhindern sollte.

Doch schon das Waffenstillstandsabkommen vom 11. November 1918 ließ dann die *ganze Hinterhältigkeit der Sieger* erkennen. Daß den deutschen Land-, See- und Luftstreitkräften darin die völlige Auflösung und die Ablieferung aller Waffen diktiert wurde, war im Hinblick auf eine zugesagte allgemeine Abrüstung aller beteiligten Staaten noch zu verkraften. Die Forderung der sofortigen Freilassung aller alliierten Kriegsgefangenen, während alle deutschen Kriegsgefangenen weiterhin in Gewahrsam blieben, ließ bereits die Heimtücke der damaligen Sieger erkennen. Am schlimmsten aber war, daß man die Blockade gegen das Reich trotz Kriegsende aufrecht erhielt und damit den Hungerkrieg gegen die deutsche Zivilbevölkerung uneingeschränkt weiterführte.

Unter Vorspiegelung von fairen Friedensverhandlungen, die auch für Deutschland und seine Verbündeten erträglich und zumutbar waren, hatte man so das Deutsche Reich zur Niederlegung der Waffen veranlaßt. Als dieses dann praktisch wehrlos den Siegermächten ausgeliefert war, bekam es die Bedingungen des Vertrages auferlegt, den 70 Bevollmächtigte der 27 Ententestaaten im Spiegelsaal von Versailles, vom 18. Januar bis 18. April 1919 – ohne Beteiligung der deutschen Delegation – ausgehandelt hatten. Diese Bedingungen widersprachen jeder menschlichen Vernunft.

Deutschland verlor insgesamt 70.959 Quadratkilometer mit rund 7,3 Millionen Einwohnern, die nun zum Großteil ihre deutsche Volkszugehörigkeit verbergen oder verleugnen mußten. Elsaß-Lothringen kam ohne Abstimmung zu Frankreich, das Saarland sollte 15 Jahre vom Völkerbund verwaltet, aber wirtschaftlich von Frankreich ausgenutzt werden. Eupen-Malmedy ging an Belgien, und Luxemburg schied aus dem deutschem Staatsverband aus. Die Provinzen Posen und Westpreußen kamen zu Polen. Ostpreußen, das durch die Abtrennung Westpreußens vom Reich abgeschnitten war, verlor das Memelgebiet an Litauen, obwohl zwischen 78 und 98 Prozent seiner Bevölkerung dagegen protestierten. Das Hultschiner Ländchen wurde der erst ein Jahr bestehenden Tschechoslowakei einverleibt. Nordschleswig kam zu Dänemark und Teile Oberschlesiens nahm sich Polen. Danzig wurde als „Freie Stadt“ vom Völkerbund verwaltet. Die deutschen Schutzgebiete Deutsch-Südwest, Wituland, Deutsch-Ostafrika, Kamerun, Togoland, Neuguinea, Samoa, Kiautschou und das Kaiser-Wilhelms-Land in der Antarktis gingen zur Verteilung an den Völkerbund.

Deutschland büßte durch diese Gebietsverluste die jährliche Förderung von 75 Prozent der Zink- und Eisenerze, 28 Prozent der Steinkohle, sowie 1/6 seiner Ernte an Kartoffeln, Roggen, Gerste und Weizen ein. Die großen deutschen Flüsse wurden internationalisiert und in einer 50 Kilometer breiten Zone links und rechts des Rheins durften weder Befestigungen noch Streitkräfte unterhalten werden. Unter Abschaffung der allgemeinen Wehrpflicht, des Generalstabes und des Kadettenkorps, durfte das Heer nur noch eine Stärke von 100.000 Mann, die Marine nur 15.000 Mann haben. Eine Luftwaffe, schwere Artillerie und Panzerwagen waren Deutschland verboten. Deutschland mußte fast seine gesamte Handelsflotte abliefern und deutsches Eigentum im Ausland wurde rigoros beschlagnahmt. An Reparationen forderte man von Deutschland zunächst die utopische Summe von 223 Milliarden Goldmark, reduzierte diesen Betrag später auf 123 Milliarden und eine Abgabe von 26 Prozent seiner jährlichen Ausfuhrwerte.

Im Artikel 231 des Vertrages mußte Deutschland die Urheberschaft des Ersten Weltkrieges anerkennen, und dieser Artikel war dann für die Siegermächte die Begründung ihrer harten Vertragsbedingungen.

Als der damalige deutsche Reichskanzler, Philipp Scheidemann die Vertragstexte zur Kenntnis nehmen mußte, sagte er in der deutschen Nationalversammlung am 12. Mai 1919 unter dem Beifall der Abgeordneten:

„Lassen Sie mich ohne taktische Erwägungen reden. Was unserer Betrachtung zu Grunde liegt, ist dieses dicke Buch, in dem hundert Absätze beginnen: Deutschland verzichtet, verzichtet, verzichtet – dieser schauerliche und mörderische Hexenhammer, mit dem einem großen Volk das Bekenntnis der eigenen Unwürdigkeit, die Zustimmung zu erbarmungsloser Zerstückelung, das Einverständnis mit Versklavung und Helotentum abgepreßt werden soll, dieses Buch darf nicht zum Gesetzbuch der Zukunft werden. Welche Hand müßte nicht verdorren, die sich und uns in diese Fesseln legt. Und dabei sollen wir die Hände regen, sollen arbeiten, die Sklavenschichten für das internationale Kapital schieben, Frondienste für die ganze Welt leisten. Dieser Vertrag ist nach Auffassung der Regierung unannehmbar. So unannehmbar, daß ich heute noch nicht zu glauben vermag, die Erde könne solch ein Buch ertragen, ohne daß aus Millionen und Abermillionen Kehlen aus allen Ländern der Ruf erschallt: Weg mit diesem Mordplan!“[22]

Trotzdem wurde unter dem Druck der Siegermächte, die mit der Besetzung ganz Deutschlands drohten, dieses unsinnige Diktat der Sieger schließlich am 28. Juni 1919 von dem damaligen Außenminister Hermann Müller (SPD) und dem Minister Dr. Johannes Bell (Zentrum) unterzeichnet. Für beide Politiker war es sicher der schwerste Weg ihres Lebens, aber es gab keine Alternative für Deutschland. Man wollte Rache üben und hielt sich nicht mehr an die 14 Punkte Wilsons, obwohl diese nach Meinung führender Völkerrechtler einem Präliminarvertrag gleichkamen und somit für die Friedensverhandlungen verbindlich sein mußten. Doch die Gegner der 14 Punkte Wilsons, Frankreichs Ministerpräsident Clemenceau und der britische Premierminister Lloyd-George, verstanden es sich durchzusetzen.

Mit den Verträgen von St. Germain-en-Laye und Trianon (ein Lustschloß in Versailles, in dem am 4.Juni 1920 der Friedensvertrag zwischen den Alliierten und Ungarn unterzeichnet wurde; Ungarn verlor damals etwa 2/3 seines Staatsgebietes an die Nachbarstaaten. Anm.d.Verf.) wurde parallel zu Deutschland auch die Donaumonarchie zerschlagen. Ein riesiges Kaiserreich, in welchem mehr als fünfzig Millionen Menschen lebten, wurde als „Erste Republik“ zu einem nicht mehr lebensfähigen Kleinstaat von sechs Millionen.

Die Verträge von Versailles und Saint Germain waren das politische Danaergeschenk der Amerikaner an Europa. Ohne Beteiligung Amerikas am Ersten Weltkrieg hätten die damals kriegführenden europäischen Staaten zwangsläufig zu einem Frieden kommen und die realen politischen Zustände, vor allem aber die ethnischen Verhältnisse berücksichtigen müssen.

Frankreich und England dürften ohne Hilfe der USA die Zementierung der Kriegsschuldlüge in diesem Diktat kaum zustande gebracht haben.

Marschall Foch, Oberbefehlshaber der französischen und verbündeten Truppen, prophezeite schon damals, daß *Versailles kein Friedensvertrag, sondern nur ein Waffenstillstand sei, der spätestens in zwanzig Jahren zum nächsten Krieg führen müsse.* Diese Prophezeiung hat sich leider fast auf den Tag genau erfüllt.

Auch der amerikanische Außenminister Lansing schrieb damals über diese Verträge:

„Es mag Jahre dauern, bis diese unterdrückten Völker imstande sind, ihr Joch abzuschütteln, aber so gewiß wie die Nacht auf den Tag folgt, wird die Zeit kommen, da sie den Versuch wagen werden.“[23]

Nicht nur die Deutschen waren verständlicherweise über die Bedingungen dieses Vertrages empört. Auch im Ausland regte sich Kritik. William Bullitt, Mitarbeiter des US-Präsidenten Wilson und der Pariser Verhandlungen, legte aus Protest gegen den Vertrag sein Amt nieder. Er schrieb an Wilson:

„So habe ich meine Überzeugung verloren, daß ich als Diener dieser Regierung noch eine wirkungsvolle Arbeit für eine neue Weltordnung leisten könnte. Rußland, dieser bittere Problemfall guten Willens, für Sie ebenso wie für mich, ist überhaupt nicht verstanden worden. Ungerechte Beschlüsse der Versailler Konferenz über Shantung, Tirol, Thrazien, Ungarn, Ostpreußen, Danzig, das Saargebiet und die Aufgabe des Prinzips der Freiheit der Meere, machen neue internationale Konflikte sicher. Es ist meine Überzeugung, daß der neue Völkerbund machtlos sein wird, diese Kriege zu verhindern und daß die Vereinigten Staaten in solche durch die übernommenen Völkerbundsverpflichtungen zusammen mit Frankreich verwickelt werden könnten. Daher halte ich es als Pflicht der USA-Regierung gegenüber dem eigenen Volk, gegenüber der Menschheit zu raten, diesen ungerechten Vertrag weder zu unterschreiben noch zu ratifizieren. Auch sollten wir nicht dem Völkerbund beitreten und dadurch die Bestimmungen des Versailler Vertrages gutheißen.“[24]

Italiens ehemaliger Ministerpräsident, Francesco Nitti, schrieb im Jahre 1924:

„Frankreich hat den Deutschen Demütigungen und Leiden auferlegt, wie die siegreichen Deutschen es nie versuchten. Was wäre 1870 aus Frankreich geworden, wenn die Deutschen so verfahren wären wie die Franzosen heute mit Deutschland verfahren?

Ich weiß nicht, wie Frankreich die endlose Reihe von Gewalttaten und Beraubungen, das ganze teuflische System berechneter Zerstörung und Zersetzung ertragen hätte, das Frankreich gegen Deutschland in Anwendung brachte; aber das eine weiß ich, daß Deutschland sich niemals mit dem Verbrechen seiner Besieger besudelt hat.

Noch niemals ist ein ernstlicher und dauerhafter Friede auf Ausplünderung, Quälerei und Ruin eines besiegten, geschweige denn eines großen besiegten Volkes gegründet worden. Und dies und nichts anderes ist der Vertrag von Versailles.“[25]

Auf einem Parteitag in Scarborough erklärte der britische Labourabgeordnete J.W. Kneeshaw im englischen Unterhaus:

„Wären wir das besiegte Volk und hätten solche Bedingungen auferlegt bekommen, so würden wir, statt uns ruhig auf sie zu verpflichten, in unseren Schulen und Heimen begonnen haben, unsere Kinder auf einen Vergeltungskrieg vorzubereiten, der das unerträgliche Joch der Eroberer abschüttelt. Diese Bedingungen waren nicht nur ein Anschlag auf Deutschland, auf Österreich und andere besiegte Nationen, sie waren auch ein Anschlag auf das ganze Gewebe der Zivilisation.“[26]

Und sogar einer der Hauptverantwortlichen des Versailler Vertrages, der britische Premier Lloyd – George, gestand 1928:

„Die gesamte Dokumentation, die uns gewisse unserer Alliierten vorgelegt haben, war erlogen und erschwindelt. Wir haben auf Grund von Fälschungen entschieden.“[27]

Eine späte und für den Frieden der Welt schmerzvolle Einsicht, mit der man wahrscheinlich nur von der eigenen Beteiligung ablenken wollte.

Aber auch der französische Ministerpräsident Clemenceau war sich offensichtlich über die zu erwartenden Folgen dieses Vertrages sehr rasch im Klaren, denn zu einem Zeitpunkt, da ein Hitler international noch unbekannt war, sagte er 1919 zum späteren US-Präsidenten Herbert Hoover:

„Es wird zu Ihren Lebzeiten einen Zweiten Weltkrieg geben und man wird Sie wieder in Europa brauchen!“[28]

Die beiden Hauptschuldigen waren sich also bereits vor Vertragsabschluß der Folgen dieser maßlosen Bedingungen voll bewußt und im Klaren darüber, daß die utopisch hohen Vertragsforderungen auf Grund der damaligen Situation von Deutschland unmöglich einzuhalten waren. So wurde, um nur ein Beispiel zu nennen, am 11. Jänner 1923 das Ruhrgebiet durch französische Truppen besetzt, weil Deutschland geringe Rückstände in den Reparationsleistungen an Frankreich hatte. Heute bezichtigt man die deutsche Reichsregierung deshalb des Vertragsbruches. Tatsächlich aber haben sich die Siegermächte bewußt einer unmoralischen Hinterlist schuldig gemacht, indem sie aus den verkündeten vierzehn Punkten Wilsons das Versailler Diktat schufen, das auch bei bestem Willen nicht einzuhalten war.

Ich sage bewußt „Diktat", denn ein Vertrag setzt voraus, daß sich die Vertragsparteien über den Inhalt desselben einig sind. Für die Reichsregierung aber war er unannehmbar und der sozialistische Reichskanzler Scheidemann und sein Außenminister traten deshalb zurück. Man drohte daraufhin mit dem Einmarsch von Truppen und der Besetzung des Reiches, wenn die gestellten Bedingungen nicht innerhalb von 48 Stunden akzeptiert würden. Unter dem Sozialdemokraten Bauer bildete sich daraufhin ein neues Kabinett, welches am 28. Juni 1919 „der übermächtigen Gewalt weichend und ohne damit ihre Auffassung über die unerhörte Ungerechtigkeit der Friedensbedingungen aufzugeben" den Vertrag unterzeichnen ließ. Die Drohung mit der Besetzung war also nichts anderes als eine *eiskalte Erpressung.*

Wie „getreu" sich die Siegermächte selbst an den Vertrag hielten, zeigen die vielen Vertragsbrüche, die sie kurz darauf begingen: Es war die Nichtbeachtung der Souveränität, die Annektion von Teilen Oberschlesiens durch Polen, (trotz einer für Deutschland votierenden Mehrheit), die Annektion des Memelgebietes durch Litauen, die Aneignung deutscher Kolonien entgegen einer zugesicherten „unparteiischen Regelung", die grobe Mißachtung des vertraglich zugesicherten Minderheitenrechtes für die Deutschen in den abgetretenen Gebieten, die Nichteinhaltung der Abrüstungsversprechen und vieles andere mehr. Von diesen Vertragsbrüchen spricht man nicht mehr; man verschweigt sie bewußt. Dafür werden die Vertragsverstöße Deutschlands, die als Folge davon erst viel später geschahen, angeprangert. Eine ganz bewußte Verfälschung der Tatsachen und damit auch der Geschichte.

Obwohl die Siegermächte den Deutschen die eigene Abrüstung feierlich versprochen hatten, wenn die Deutschen damit vorangingen, wurden alle diesbezüglichen Vorschläge der Reichsregierung abgelehnt, und der ehemalige britische Premierminister David Lloyd-George erklärte dazu am 29. November 1934 im englischen Unterhaus:

„Die Signatarmächte des Vertrages von Versailles versprachen den Deutschen feierlich, man würde abrüsten, wenn Deutschland damit vorangehe. Vierzehn Jahre lang hat Deutschland auf eine Einhaltung dieses Versprechens gewartet. In dieser Zeit ist eine ganze Reihe ausgesprochen friedfertiger Minister, die nicht aufgehört haben, die großen Mächte zu beschwören, endlich mit der Einlösung des gegebenen Versprechens ernst zu machen, tätig gewesen. Man hat sich über diese deutschen Minister lustig gemacht. In der Zwischenzeit haben alle Länder, mit Ausnahme Englands, ihre Kriegsbewaffnung gesteigert und sogar den Nachbarn Deutschlands Geldanleihen zugestanden, mit denen diese wiederum gewaltige Militär-Organisationen dicht an Deutschlands Grenzen aufbauten. Können wir uns dann wundern, daß die Deutschen zu guter Letzt zu einer Revolution und Revolte gegen diese chronische Betrügerei der großen Mächte getrieben wurden?“[29]

Während das deutsche Heer bei einer Bevölkerung von rund 66 Millionen Menschen nur die vorgeschriebene Stärke von 100.000 Mann haben durfte, besaß Polen mit einer Bevölkerung von rund 30 Millionen ein Heer von etwa 300.000 Mann. Selbst die kleine, erst seit 1919 bestehende Tschechoslowakei mit ihren 15 Millionen Einwohnern hatte ein Heer von rund 1 Million Soldaten. Alle diese Länder besaßen zudem schwere Artillerie, Panzer und Flugzeuge, die Deutschland verboten waren.

Ein Grund für die harten Forderungen Frankreichs mögen die Niederlagen von 1814/15 und 1870/71 gewesen sein, die Frankreich Deutschland nicht verzeihen konnte.

Und England war nur daran gelegen, den zweitgrößten europäischen Konkurrenten auf dem Weltmarkt vor 1914 zu zerschlagen und von den Weltmeeren zu vertreiben. Tatsächlich hatte der deutsche Außenhandel den britischen in der ersten Hälfte des Jahres 1914 fast eingeholt: der deutsche Export betrug 1,045.000.000 Pfund, der britische 1,075.000.000 Pfund.[30]

„Made in Germany“ war also zunehmend *zur unerträglichen Konkurrenz* geworden und seine weitere Ausbreitung auf dem Weltmarkt

mußte unbedingt verhindert werden. Dazu war jedes Mittel recht – auch ein Krieg!

Auch für den Zweiten Weltkrieg waren die wahren Gründe die selben. Wieder ging es primär um wirtschaftliche Macht und Währungsfragen und der eigentliche Kriegsgrund war die Tatsache, daß Deutschland nicht bereit war, zum Goldstandard zurückzukehren und sich damit neuerlich der internationalen Hochfinanz zu unterwerfen.

Das bestätigt auch Churchill, wenn er später in seinen Memoiren sagt:

„Das unverzeihliche Verbrechen Deutschlands vor dem Zweiten Weltkrieg war der Versuch, seine Wirtschaftskraft aus dem Welthandelssystem herauszulösen und ein eigenes Austauschsystem zu schaffen, bei dem *die Weltfinanz nicht mehr mitverdienen konnte.*"[30a]

Auch der britische Militärhistoriker Fuller bekräftigt diese Feststellung Churchills, wenn er in seinem Buch über den Zweiten Weltkrieg sagt:

„Nicht die politischen Lehren Hitlers haben uns in den Krieg gestürzt; Anlaß war der Erfolg seines Versuches, eine neue Wirtschaft aufzubauen."[31]

2

Der Nährboden für den Nationalsozialismus

Der Erste Weltkrieg war vorüber, die Zerschlagung der Donaumonarchie gelungen, Deutschland lag geknebelt und wehrlos am Boden. Die furchtbaren Fesseln des Versailler Diktates zogen sich immer enger um die Verlierer, um ihre Länder und Völker zusammen.

Auch nach dem Kriegsende dauerte die britische Seeblockade unvermindert an und verhinderte die Einfuhr von Nahrungsmitteln, die vor dem Kriege von Deutschland stets importiert worden waren. Dazu kamen infolge ungünstiger Witterungsverhältnisse schlechte Ernten und vor allem auch das Fehlen großer abgetrennter, landwirtschaftlich genutzter Gebiete. Die Wirtschaft war seit 1918 ruiniert; Organisationsschwierigkeiten in der Verwaltung machten eine sinnvolle und gerechte Verteilung der geringen Bestände an Nahrungsmitteln fast unmöglich. Es kam zu einer Hungersnot in Deutschland, die seit Beginn der Blockade 1915 insgesamt 763.000 Opfer, vorwiegend Frauen und Kinder forderte. Ganze 37 Prozent dieser Opfer starben nach 1918![32]

Der Winter stand vor der Tür. Durch die Deutschland in Versailles aufgezwungenen Kohlelieferungen an Belgien, Frankreich und Italien trat in Deutschland ein großer Mangel ein. Es wurde nicht nur gehungert, es wurde auch gefroren, und durch die Masse der heimkehrenden Soldaten verschärfte sich die Lage noch. Die Meuterei der deutschen Hochseeflotte im Oktober 1918 griff von den Marinestützpunkten und Hafenstädten auch auf die Städte im Landesinneren über.

Im deutschen Volk herrschte eine politische Zerrissenheit, eine Eigenart, zu der die Deutschen in Perioden der Niederlage immer wieder neigen.

Ihrer Gründlichkeit entsprechend gab es auch gleich zwei Republiken: Eine von Philipp Scheidemann ausgerufene „Deutsche Republik“ und die von Karl Liebknecht ausgerufene „Freie Sozialistische Republik“. Der kommunistische Spartakusbund versuchte in Berlin die sozial-demokratische Regierung Ebert/Scheidemann zu stürzen, aber der Aufstand wurde blutig niedergeschlagen. Bayern hatte bereits einen „Republikanischen Freistaat Bayern“ ausgerufen, im Februar 1919 wurde der bayrische Ministerpräsident Kurt Eisner erschossen und blutige Straßenkämpfe setzten der ausgerufenen „Räterepublik“ ein Ende. Auch hier wie andernorts in Deutschland fanden blutige Straßenkämpfe mit grauenhaften Exzessen statt. Es waren die Jahre, in denen rechts- wie linksgerichtete Kreise durch Putschversuche den Sturz der Regierungen herbeiführen wollten. Am 24. Juni 1922 hatte man den deutschen Außenminister Walter Rathenau ermordet. In München ergriff im November 1923 ein Unbekannter namens Hitler die Initiative und brachte den vom deutschen Generalstabskommissar Ritter von Kahr geplanten Putsch zur Durchführung. Aber auch dieser Putsch brach im Feuer der bayrischen Landespolizei vor der Münchner Feldherrnhalle zusammen. Hitler und einige seiner Mitstreiter wurden verhaftet und zu monatelangen Haftstrafen verurteilt.

Wer war nun dieser Hitler? Ein gebürtiger Österreicher, der sich schon 1913 von seiner Heimat abgewandt hatte und in Deutschland eine neue Heimat suchte. Über den Grund dafür schrieb er selbst:

„Widerwärtig war mir das Rassenkonglomerat, das die Reichshauptstadt (Wien) zeigte, widerwärtig dieses Völkergemisch von Tschechen, Polen, Ungarn, Ruthenen, Serben, Kroaten usw., zwischen allem aber als ewiger Spaltpilz der Menschheit, Juden und wieder Juden. Mir schien diese Riesenstadt als eine Verkörperung der Blutschande.“[33]

In Salzburg als untauglich befunden, meldete er sich freiwillig beim bayrischen Heer. Seinem Ersuchen wurde stattgegeben und Hitler rückte in das 2. Bayrische Infanterie-Regiment ein. Schon Ende Oktober 1914 erlebte er in der Schlacht bei Ypern seine Feuertaufe und nahm in der Folgezeit an Kämpfen seines Regimentes an der Westfront teil. Er wurde verwundet und erwarb sich durch Tapferkeit Auszeichnungen, zuletzt das Eiserne Kreuz 1. Klasse.

Wie Hitler-Biograph Werner Maser schildert, war Hitler „ein kameradschaftlicher, umsichtiger, besonders tapferer und von mehreren Kommandeuren hervorragend ausgezeichneter Soldat.[34]

Im Oktober 1918 erlitt er während eines Giftgasangriffes eine Augenverletzung, wodurch er vorübergehend erblindete. Er kam in verschiedene Lazarette und erfuhr hier von der Meuterei der Flotte und dem Ausbruch der Revolution. Ende November 1918 aus dem Lazarett zum Ersatzbataillion seines Regimentes nach München entlassen, beobachtete er noch ganz zurückgezogen seine Umwelt. Von den politischen Vorgängen in Deutschland erschüttert, enttäuscht und verwirrt sah er während des Wachdienstes Gruppen von roten Matrosen und Deserteuren gröhlend durch die Stadt ziehen. Er sah, wie sie Jagd auf Soldaten und Offiziere machten, um ihnen die Auszeichnungen und Schulterstücke herunterzureißen. Er sah die hungernden Frauen und Kinder, deren Männer und Väter gefallen waren oder sich noch im Gewahrsam der Siegermächte befanden. Er sah, wie sich immer mehr das Schieber- und Spekulantentum in Deutschland breit machte. Er sah, wie Gesetzlosigkeit und Korruption rasch um sich griffen und wie daran vorwiegend geschäftstüchtige, rücksichtslose Juden zum Nachteil der hungernden Menschen beteiligt waren. Er, der aus Wien als absoluter Antisemit und „als Todfeind der gesamten marxistischen Weltanschauung"[35] weggegangen war, erlebte nun in Deutschland die wachsenden Einflüsse jüdischer und marxistischer Politiker. So waren die chaotischen Zustände der November-Revolution, der Spartakusaufstände und der Räterepubliken fast ausnahmslos von Führern der Linken herbeigeführt worden, die überwiegend mosaischen Glaubens waren. Das waren Liebknecht, Luxemburg, Jogiches, Levi, Eisner, Landauer, Toller, Levine, Brandes, Lipinksky, Markus, Levinsohn, Grünwald, Kohn und Lilienthal, um nur einige zu nennen. Diese Tatsache blieb auch der Bevölkerung nicht verborgen und wurde so wieder einmal zur Ursache eines weitverbreiteten Antisemitismus'.

Hitler war als Verbindungsmann der Reichswehr mit der rechtsgerichteten „Deutschen Arbeiterpartei" in Kontakt getreten und stellte sich dieser bald als Propagandaobmann zur Verfügung. Im September 1919 trat er dieser Partei bei und wurde im März 1920 aus der Reichswehr entlassen. Zu diesem Zeitpunkt wurde die „Deutsche Arbeiterpartei" in die „Nationalsozialistische Deutsche Arbeiterpartei (NSDAP)" umbenannt. Hitler drängte diese Partei nun immer mehr an die Öffentlichkeit. Schon bald hatte er sein Rednertalent erkannt und diese Erkenntnis war es wohl auch, die ihn in seinem Beschluß bestärkte, Politiker zu werden und in die Geschicke Deutschlands einzugreifen. Am 24. Februar 1920 verkündete Hitler im Münchener Hofbräuhaus vor 2.000 Besuchern das Parteiprogramm der NSDAP. Die darin gestellten politischen Forderungen fielen bei der Bevölkerung unter den gegebenen Zuständen im Lande rasch auf fruchtbaren Boden.

So gewann die NSDAP trotz vieler Rückschläge durch Verhaftungen der Spitzenfunktionäre und Parteiverbot von 1923 bis 1925 immer mehr Mitglieder und im Jahre 1929 waren es bereits 160.000. Hitler war seit August 1921 der Vorsitzende dieser Partei und hatte während seiner sechsmonatigen Haftzeit in der Festung Landsberg am Lech zusammen mit Rudolf Heß an seinem Buch „Mein Kampf" gearbeitet, in welchem er seine Gedanken und Ziele der Öffentlichkeit darlegte.

Die Vorgänge in Deutschland verbunden mit einer ins Uferlose steigenden Inflation waren für ihn die Motivation, wesentliche politische Veränderungen zu schaffen.

In den deutschen Städten nahmen die Auseinandersetzungen zwischen Kommunisten und Nationalsozialisten ständig zu; es gab Tote und Verletzte auf beiden Seiten. Die Zahl der Arbeitslosen war bereits auf 4,4 Millionen angewachsen.

Die NSDAP mit ihrem Vorsitzenden Adolf Hitler verkündete, daß sie mit legalen Mitteln an die Macht kommen will und stellte sich am 14. September 1930 zur Reichtagswahl. Sie erhielt auf Anhieb 18,2 Prozent aller gültigen Stimmen und wurde zweitstärkste Fraktion im Reichstag.

Hitler erwarb 1932 die deutsche Staatsangehörigkeit und konnte nun auch für die Wahl zum Reichspräsidenten kandidieren. Bei dieser Wahl im Jahre 1932 erhielten Hindenburg 19,400.00, Hitler 13,400.000 und Thälmann 3,700.000 Stimmen. Hitler hatte damit die doppelte Anzahl von Stimmen erhalten wie seine eigene Partei im Jahre 1930. Dies schien ihm der Beweis seiner Überzeugungskraft zu sein; das Volk hoffte, daß dieser Mann es aus dem Chaos zu führen imstande wäre. Bei den Wahlen zum Reichstag 1932 wurde dann die NSDAP mit 37,4 % (13,8 Millionen aller Wählerstimmen) die stärkste Partei im Reichstag. Die Sozialdemokraten erhielten 21,6 %, das Zentrum 15,7% und die KPD 14,3 % aller gültigen Stimmen.[36]

Nach dem Rücktritt der Regierung des Generals Schleicher wurde Hitler Kanzler des Deutschen Reiches.

Eines der verbreitetsten, aber völlig unrichtigen Schlagworte, welches man in diesem Zusammenhang immer wieder hört, ist das von der „Machtergreifung" Hitlers, weil es den Eindruck erweckt, als hätte er sich die Macht im Staate gewaltsam als Folge eines Putsches angeeignet. Richtig ist vielmehr, daß er vom damaligen deutschen Staatsoberhaupt, Feldmarschall Paul von Hindenburg, auf völlig legale und demokratische Weise in das Amt eines Reichskanzlers berufen wurde. Und dies, nachdem die Weimarer Republik nach zwanzig aus Moskau gesteuerten, zum Teil blutigen Umsturzversuchen und Aufständen am Ende war. Zu ihnen gesellte sich die schon erwähnte Massenarbeitslosigkeit, die Inflation und die damit verbundene Not als Folge des Versailler Diktates, was eine permanente Instabilität mit zwölf verschiedenen Kanzlern in siebzehn Kabinetten zur Folge hatte.

Hitler hat als Reichskanzler dann in seiner ersten Rundfunkansprache an das deutsche Volk am 1. Februar 1933 unter anderem gesagt:

„Das Erbe, das wir übernehmen, ist ein furchtbares ... Die Aufgabe, die wir lösen müssen, ist die schwerste, die seit Menschengedenken deutschen Staatsmännern gestellt wurde... So groß unsere Liebe zum deutschen Heer, als Träger unserer Waffen und Symbol unserer großen Vergangenheit ist, so wären wir doch beglückt, wenn die Welt durch Beschränkung ihrer Rüstung eine Vermehrung unserer eigenen Waffen niemals mehr erforderlich machen würde... Die Parteien des Marxismus und ihre Mitläufer haben 14 Jahre lang Zeit gehabt, ihr Können zu beweisen. Das Ergebnis ist ein Trümmerfeld." Und er beendete diese Ansprache mit den Worten: „Nun, deutsches Volk, gib uns die Zeit von vier Jahren und dann urteile und richte uns!"[37]

In den vier folgenden Jahren wurden unter der Regierung Hitlers nachstehende Verordnungen bzw. Gesetze erlassen, Organisationen gegründet sowie abgetrennte deutsche Gebiete dem Reich wieder einverleibt:

1. Notverordnung zur Milderung von Härten in der Sozialversicherung und die Reichsversicherungsordnung
2. Notverordnung gegen Verrat am deutschen Volk und hochverräterischer Umtriebe
3. Gleichschaltung der Länder unter Rücktritt der jeweiligen Landesregierungen
4. Ermächtigungsgesetz zur Behebung der Not von Volk und Reich
5. Gesetz zur Verminderung der Arbeitslosigkeit, damit Minderung der Arbeitslosenzahl von über 6 Millionen im Jänner 1933 auf 563.000 im Jahre 1937

6. Schaffung eines Winterhilfswerkes (WHW) zur Linderung der Not im Volk
7. Einrichtung der NS-Volkswohlfahrt (NSV) für Arme und Kranke
8. Ermöglichung sinnvollerer Freizeitgestaltung und Urlaubsmöglichkeiten für die arbeitende Bevölkerung durch die Organisation „Kraft durch Freude" (KdF)
9. Einrichtung eines Arbeitsdienstes (Reichsarbeitsdienst) zur Durchführung von Notstandsarbeiten
10. Bau der Reichsautobahnen und damit Beschäftigung von 15.000 Arbeitern allein bis Frühjahr 1933
11. Wiedereinführung der allgemeinen Wehrpflicht
12. Wiedereingliederung des Saarlandes durch Volksabstimmung, bei der 90 Prozent der Bevölkerung für Deutschland votierten
13. Wiederbesetzung des deutschen Rheinlandes[38]

Diese Erfolge wirkten sich für die Allgemeinheit in Deutschland wohltuend aus und schlugen sich in allen Abstimmungsergebnissen und in den ständig steigenden Mitgliederzahlen der NS-Organisationen nieder. Sicher waren die Mittel zur Durchführung sehr oft radikal. Aber in der Erinnerung an die chaotischen Verhältnisse nach 1918 und das Geschehen in der Weimarer Republik nahm man Maßnahmen gegen sogenannte „Volksfeinde", ob sie politisch oder kriminell waren, gelassen zur Kenntnis.

Auf Grund der negativen Erfahrungen der letzten Jahrzehnte und der fortgesetzten antisemitischen Propaganda wurden auch die Maßnahmen gegen jüdische Staatsbürger, wie z.B. Entfernung aus allen öffentlichen Ämtern, Berufsverbote für jüdische Ärzte, Rechtsanwälte und Künstler von der Masse der Bevölkerung ohne Widerspruch hingenommen.

Die ganze Welt hatte anläßlich der Olympischen Spiele 1936 in Berlin Gelegenheit, die Verhältnisse in Deutschland kennenzulernen und das Vertrauen des Volkes in seine neue Führung zu spüren und zu erleben. Viele der Olympiateilnehmer fuhren begeistert von diesem neuen Deutschland wieder in ihre Heimatländer zurück.

Besonders aussagekräftig erscheint das vom früheren englischen Premierminister David Lloyd-George im „Daily Express" 1936 publizierte Urteil über Hitler nach seinem Besuch in Deutschland:

„Ich bin eben von einem Besuch in Deutschland zurückgekehrt. Ich habe jetzt den berühmten deutschen Führer gesehen und auch etliches von dem großen Wechsel, den er herbeigeführt hat. Was immer man von seinen Methoden halten mag – es sind bestimmt nicht die eines parlamentarischen Landes –, es besteht aber kein Zweifel, daß er einen wunderbaren Wandel im Denken des Volkes herbeigeführt hat...

Zum ersten Mal nach dem Krieg herrscht ein allgemeines Gefühl der Sicherheit. Die Menschen sind fröhlicher. Über das ganze Land verbreitet sich die Stimmung allgemeiner Freude. Es ist ein glückliches Deutschland. Überall habe ich das gesehen, und Engländer, die ich während meiner Reise traf und die Deutschland gut kannten, waren von dem Wandel tief beeindruckt...

Dieses Wunder hat ein Mann vollbracht. Er ist der geborene Menschenführer. Eine magnetische, dynamische Persönlichkeit mit einer ehrlichen Absicht, einem entschlossenen Willen und einem unerschrockenen Herzen.

Er ist nicht nur dem Namen nach, sondern tatsächlich der nationale Führer. Er hat die Deutschen gegen potentielle Feinde, von denen sie umgeben waren, gesichert. Auch schützt er sie gegen die ständige Gefahr des Hungertodes, eine der schmerzhaften Erinnerungen aus den letzten Kriegs- und ersten Friedensjahren. Die Tatsache, daß Hitler sein Land von der Furcht einer Wiederholung jener Zeit der Verzweiflung, der Armut und Demütigung erlöst hat, verschaffte ihm im heutigen Deutschland unumstrittene Autorität.

An seiner Popularität, vor allem unter der deutschen Jugend, besteht keinerlei Zweifel. Die Alten vertrauen ihm; die Jungen vergöttern ihn. Es ist nicht die Bewunderung, die einem Volksführer gezollt wird. Es ist die Verehrung eines Nationalhelden, der sein Land aus völliger Hoffnungslosigkeit und Erniedrigung gerettet hat...

Er ist gegen Kritik immun wie ein König in einem monarchistischen Staat. Er ist noch mehr. Er ist der George Washington Deutschlands, der Mann, der seinem Land die Unabhängigkeit von allen Bedrückern brachte."[39]

Eine bessere und vor allem glaubhaftere Bestätigung, daß es Hitler gelungen war, das deutsche Volk für sich zu gewinnen, kann es wohl kaum geben. Und auch wenn man es heute nicht wahrhaben will, so kann nicht bestritten werden, daß das deutsche Volk damals tatsächlich mit einer überwältigenden Mehrheit hinter ihm stand.

Auch wirtschaftlich ging es Deutschland zunehmend besser und vieles glich fast einem Wunder; dies auch dann, wenn bei uns die Ewiggestrigen wutentbrannt aufheulten, weil es der Oppositionspolitiker Haider wagte, von einer „ordentlichen Beschäftigunspolitik im Dritten Reich“ zu sprechen.

Sebastian Haffner, der nicht gerade zu den Bewunderern Hitlers zählt, sagt dazu in seinem Buch „Anmerkungen zu Hitler“:

„Unter diesen positiven Leistungen Hitlers muß an erster Stelle, alles andere in den Schatten stellend, sein Wirtschaftswunder genannt werden. Den Ausdruck gab es damals noch nicht; er ist erst für die überraschend schnelle Wiederaufbau- und Wiederankurbelungsleistung der Ära Erhard nach dem Zweiten Weltkrieg geprägt worden. Aber er paßt noch viel besser auf das, was im Deutschland der mittleren dreißiger Jahre unter Hitler vor sich ging. Viel tiefer und stärker war damals der Eindruck, daß ein wirkliches Wunder vollbracht wurde; und daß der Mann, der es vollbrachte, also Hitler, ein Wundertäter war.

Im Januar 1933, als Hitler Reichskanzler wurde, gab es in Deutschland sechs Millionen Arbeitslose. Nur Jahre später, 1936, herrschte beinahe Vollbeschäftigung. Aus schreiender Not und Massenelend war allgemein ein bescheiden-behaglicher Wohlstand geworden. Fast ebenso wichtig: An die Stelle von Ratlosigkeit und Hoffnungslosigkeit waren Zuversicht und Selbstvertrauen getreten. Und noch wunderbarer: Der Übergang von Depression zur Wirtschaftsblüte war ohne Inflation erreicht worden, bei völlig stabilen Löhnen und Preisen. Das ist später nicht einmal Ludwig Erhard gelungen.“[40]

Wagt heute jemand, diese Tatsachen bei uns zu erwähnen, wird er sofort mit dem Argument mundtot gemacht, daß Hitler der wirtschaftliche Aufschwung nur deshalb gelingen konnte, weil seine Bestrebungen von Anfang an auf einen Krieg ausgerichtet waren.

Daß auch diese Behauptung, die man gerade bei uns immer wieder hört, wie so vieles unrichtig ist, beweist klar und eindeutig der amerikanische Wirtschaftswissenschaftler mosaischen Glaubens, Prof. Dr. Burton H. Klein in einer Untersuchung zur Wirtschaftspolitik des Dritten Reiches, die er unter Mitarbeit mehrerer anderer Fachleute an der Harvard Universität in den USA herausgegeben hat. Über dieses Buch sagt der amerikanische Professor Dr. Harry Elmer Barnes:

„Dr. Burton Klein weist unwiderleglich nach, daß *Hitler sich wirtschaftlich überhaupt nicht auf einen Krieg vorbereitet hatte.* Deutschland war für einen langen Krieg nicht gerüstet, erst recht nicht für einen Welteroberungskrieg…

Dr. Burton Klein entlarvt in vernichtender Weise die Propagandalüge von einem nationalsozialistischen Deutschland, das alle Kraft für den Aufbau einer auf Kriegsführung zielenden Wehrwirtschaft gerichtet habe, um dann den Krieg zu entfesseln. Wer Dr. Kleins wissenschaftlichen Nachweis des Fehlens einer wirtschaftlichen Vorbereitung Deutschlands auf einen Weltkrieg prüfte, der mußte zur Erkenntnis kommen, daß der Zweite Weltkrieg nicht das Werk Hitlers sein konnte."[41]

Natürlich betrachtete man diese gesamt-positive Entwicklung in Deutschland nicht nur in England mit Argusaugen, sondern auch in den USA zogen bereits in der zweiten Hälfte der dreißiger Jahre die dunklen Wolken eines Zweiten Weltkrieges herauf. Hauptbetreiber war dort der Präsident der Vereinigten Staaten, Franklin D. Roosevelt und die hinter ihm stehenden Kräfte der liberal-kapitalistischen Weltwirtschaft mit ihrem Weltherrschaftsanspruch.[42]

Auch ihnen stand die Wirtschaftspolitik des nationalsozialistischen Deutschland mit seinem neuen Warenverrechnungsabkommen im Wege. Damit hatte sich das deutsche Reich von den die Weltwirtschaft beherrschenden Kräften unabhängig gemacht und bedrohte in zunehmendem Maße die kapitalistischen Handelspositionen in Südosteuropa, in Mittel- und Nordamerika.

Der vom internationalen Judentum im Frühjahr 1933 gegen das nationalsozialistische Deutschland in Gang gesetzte Wirtschafts- und Propagandakrieg hatte sich nach vier Jahren (Vierjahresplan Hitlers und New-Deal-Plan Roosevelts) totgelaufen. Hitlers Vierjahresplan war im wesentlichen ein voller Erfolg, Roosevelts New-Deal-Plan ein totaler Mißerfolg. Das war auch der Grund, warum der ehrgeizige amerikanische Präsident ab der zweiten Jahreshälfte des Jahres 1937 zunehmend auf Interventionspolitik umgeschaltet hat. Auf diese Weise suchte er seine innenpolitischen Schwierigkeiten außenpolitisch zu ventilieren, dabei immer angetrieben und gefördert vom hinter ihm stehenden Weltjudentum. Sein Ziel war damals schon, das Britische Weltreich zu beerben und an dessen Stelle das amerikanische Welthandelsimperium zu setzen, ein Ziel, das die USA erst nach dem Zweiten Weltkrieg voll erreichen sollten.

Zu diesem Zweck schürte er die politischen Spannungen und Gegensätze in Europa im antideutschen Sinne und heizte so einen neuen Krieg in Europa an. Das erkannte auch der auf einen Ausgleich mit Deutschland bedachte britische Premierminister Neville Chamberlain, der sich aber schließlich dem übermächtigen Druck Washingtons beugen mußte. Er stellte nach Kriegsausbruch dazu resigniert fest:

„Amerika und die Weltjuden haben England in den Krieg gezwungen."[43]

3

Der Einmarsch in Österreich – Großdeutschland entsteht

Hitler hatte als erstes getrachtet, Deutschland innenpolitisch zu befrieden und aus dem Chaos zu führen und sah sein nächstes Ziel darin, sich nun um die zum Großteil unter verheerenden Umständen lebenden Deutschen in jenen Gebieten zu kümmern, die durch das Versailler Diktat vom Mutterland ohne Rücksicht auf ethnische Gegebenheiten abgetrennt worden waren.

Im März 1938 kam es in Österreich nach vorherigen bürgerkriegsähnlichen Zuständen und einem damit verbundenen ständigen Erstarken des Nationalsozialismus' zum sogenannten „Anschluß". Er war die friedliche Eingliederung Österreichs nach Durchführung einer Volksabstimmung und eigentlich nichts anderes als die verspätete Vollstreckung eines österreichischen Anliegens, welches bereits am 12. November 1918 (!) von der Österreichischen Nationalversammlung unter dem Vorsitz Karl Renners durch Gesetz beschlossen, aber damals von den Siegermächten verhindert worden war.

Nicht nur in Deutschland, auch bei uns in Österreich findet man kaum noch Menschen, die sich daran erinnern können, wollen oder dürfen, wie begeistert man damals dem „Führer" zugejubelt hat, begeistert von den Erfolgen des Nationalsozialismus', im Glauben an eine gute Sache und vor allem in der Hoffnung auf eine bessere Zukunft. Heute möchte man in Österreich nur allzugerne und mit allen zur Verfügung stehenden Mitteln diesen im März 1938 so bejubelten Anschluß an das Reich ungeschehen machen oder zumindest als Annexion hinstellen. Die „Umerzieher" in Deutschland und Österreich haben – das muß ihnen neidvoll zugestanden werden – in den vergangenen Jahrzehnten diesbezüglich ganze Arbeit geleistet. Daß dabei die geschichtliche Wahrheit mit Füßen getreten wird, spielt keine Rolle, und diejenigen, die dies damals nicht selbst erlebt haben, kennen nur diese unrichtige Darstellung.

War es denn wirklich so, wie es heute so gerne behauptet wird?

Hatte man Österreich tatsächlich Gewalt angetan? Wie fing es an und was waren die wirklichen Ursachen, die dann letztendlich zu diesem Anschluß führten?

Warum wird heute im Geschichtsunterricht verschwiegen, daß der Anschluß Deutsch-Österreichs mit dem Wortlaut „Deutsch-Österreich ist ein Bestandteil des Deutschen Reiches“[44] schon 1918 gesetzlich beschlossen war, zu einer Zeit also, da noch kein Mensch wußte, daß es einen Adolf Hitler gibt?

Warum ist in keinem Geschichtsbuch die Tatsache zu finden, daß der Sozialdemokrat und damalige österreichische Bundeskanzler Karl Renner am 6.September 1919 vor der Nationalversammlung in Wien wörtlich erklärte:

„Deutsch-Österreich wird niemals darauf verzichten, die Wiedervereinigung mit dem Deutschen Reich als Ziel einer friedlichen Politik zu betrachten.“[45]

Warum also verschweigt man heute, daß der Wunsch zum Anschluß an das Deutsche Reich bei Volk und Regierung schon damals gegeben war?

Nur die Tatsache, daß sich Österreich unter einmütigem Protest der Nationalversammlung den Bedingungen der Siegermächte am 10. September 1919 in St.Germain unterwerfen mußte, hat dies verhindert.

Der Österreich diktierte Friedensvertrag von St. Germain war der gleiche Schandvertrag wie der von Versailles. Österreich oder besser gesagt das, was von der einstmaligen riesigen Monarchie noch übrig war, mußte neben extrem hohen Reparationszahlungen den Verlust Südtirols und anderer überwiegend deutsch besiedelter Gebiete wie der Untersteiermark und Unterkärntens sowie den Verzicht auf einen Anschluß hinnehmen.

Das armselige kleine Rumpfgebilde, welches sich Republik Österreich nannte, ging damals einen dornenreichen Weg: Der ständige Verfall der Währung, eine gewaltige Arbeitslosigkeit verbunden mit Elend, Not, Hunger und Kälte mußten fast zwangsweise zu starken innenpolitischen Spannungen führen. So wissen es sicher heute nur noch wenige, daß man in Salzburg und Tirol ohne Billigung der Regierung in Wien schon 1920 und 1921 Volksabstimmungen durchführte, bei denen sich eine überwältigende Mehrheit der Bevölkerung neuerlich für einen Anschluß an das Deutsche Reich ausgesprochen hatte.

In Österreich selbst wurden die wirtschaftlichen Schwierigkeiten immer fataler und der totale Zusammenbruch des Staates konnte nur durch eine Anleihe von 650 Millionen Goldkronen verhindert werden. Diese Summe brachten damals England, Frankreich, Italien und die Tschechoslowakei unter der Bedingung auf, daß Österreich für die Dauer von 20 Jahren auf einen Anschluß an Deutschland verzichtet. Aber auch eine Anleihe von weiteren 300 Millionen Schilling im Jahre 1932 konnte die wirtschaftliche Not nicht lindern .

Nur wer diese schreckliche Zeit der Not, des Elends und der Demütigungen selbst erlebt hat, wird auch verstehen können, wie sehr unter diesen Umständen große Teile unseres Volkes, vor allem aber die Jugend, die neidvoll auf Deutschland blickte, einen Anschluß an das wiedererstarkte Reich herbeisehnten. Dazu muß man kein Nationalsozialist gewesen sein. Das war ein brennender Wunsch, der in einer langen Reihe von bitteren Jahren in einer großen Mehrheit der Bevölkerung gewachsen und gereift war. So ist es aber auch erklärbar, daß in Österreich die Zahl der Anhänger des Nationalsozialismus ständig wuchs, weil nicht verborgen geblieben war, was diese Partei in Deutschland geleistet hatte.

Vielleicht ist die diesbezügliche Situation am besten mit den folgenden Worten erklärt, die der deutsche Dichter Thomas Mann am 17. Juli 1943 in eines seiner Tagebücher schrieb:

„Man sollte nicht vergessen und sich nicht ausreden lassen, daß der Nationalsozialismus eine enthusiastische, funkensprühende Revolution, eine deutsche Volksbewegung mit einer ungeheuren seelischen Investierung von Glauben und Begeisterung war."[46]

Man stempelt heute wegen dieser Begeisterung die damalige Jugend so leicht und gerne zu Idioten oder sogar Verbrechern; verlogene Politiker und mit ihnen die Medien versuchen auch gerade deshalb dieser Kriegsgeneration eine Kollektivschuld für alles was später geschah aufzubürden. Eine solche muß aber immer an der Realität vorbeigehen, weil zu diesem Zeitpunkt niemand ahnen konnte, welche Entwicklung vieles später einmal nehmen sollte.

Zurück zu 1934: Damals herrschten in Österreich bürgerkriegsähnliche Zustände, in deren Verlauf der damalige Bundeskanzler Dollfuß ermordet wurde. Der Staatsnotstand wurde über die Republik verhängt und ein Putschversuch brach binnen weniger Stunden zusammen. Er wurde entgegen anderslautender Behauptungen ohne Wissen Hitlers von der Führung der österreichischen Nationalsozialisten unter Habicht angezettelt.[47]

Hitler war gegen jeden Putsch ob im In- oder Ausland eingestellt.

Seine Erfahrungen, die er im November 1923 in München gesammelt hatte, und der gerade erst niedergeschlagene Röhm-Putsch führten anscheinend bei ihm zu dieser Erkenntnis.

Die Frage eines Anschlusses Österreichs war für Hitler damals noch nicht aktuell, weil er die deutsch-italienische Freundschaft mit Mussolini getrübt hätte, der seinerseits auch mit Dollfuß befreundet war.

Nachfolger von Dr. Engelbert Dollfuß als österreichischer Bundeskanzler wurde Dr. Kurt Edler von Schuschnigg, der alles andere als deutschfreundlich gesinnt war und gegen Sozialisten und Nationalsozialisten kämpfte.

Unzählige Verhaftungen politischer Gegner folgten, und es wird kaum bekannt sein, daß – ausgenommen die Sowjetunion – in Europa 1936 kein Land im Verhältnis zur Bevölkerung mehr politische Gefangene hinter Gittern und Stacheldraht hatte als Österreich.

Erst unter dem Druck der deutschen Reichsregierung ließ Schuschnigg bis zum 1. Jänner 1937 dann 15.583 politische Häftlinge frei, darunter viele Nationalsozialisten, die wegen ihrer politischen Betätigung in konzentrationslagerähnlichen „Anhaltelagern" inhaftiert waren.

Obwohl Schuschnigg auf einer Veranstaltung der „Vaterländischen Front" den Nationalsozialismus zu seinem „ärgsten Feind" erklärt hatte, mußte er sehr bald einsehen, daß er eine Verständigung mit Deutschland nicht verhindern konnte.

Es kam zu einer Begegnung zwischen Hitler und ihm am Obersalzberg. Dort wurde auf der Grundlage eines Vertrages von 1936 eine neue Vereinbarung getroffen, die aber Schuschnigg nur teilweise erfüllte. Unter Umgehung der verfassungsmäßigen Vorschriften wollte Schuschnigg am 13. März 1938 in Österreich eine Volksbefragung durchführen. Von diesem Vorhaben hatte er weder den österreichischen Bundespräsidenten Miklas noch seine Regierungsmitglieder in Kenntnis gesetzt. Voraussetzung für eine Teilnahme an dieser Volksbefragung sollte ein Wahlalter von 24 Jahren, die Zugehörigkeit zur „Vaterländischen Front" und der Verzicht auf Wahllisten sein. Diese Forderungen waren unerfüllbar, weil sie einen Großteil der österreichischen Bevölkerung von der Wahl ausgeschlossen hätten.

Hitler stellte deshalb Schuschnigg das Ultimatum, die Volksbefragung um drei Wochen zu verschieben, um sie dann ordnungsgemäß ohne Wahlausschluß durchzuführen. Schuschnigg lehnte dieses Ultimatum ab. Erst als ihm bekannt wurde, daß Deutschland als Folge seines Verhaltens Truppen für den Einmarsch bereitstellte, stimmte er einer Verschiebung zu. Aber nun war es zu spät. Der österreichische Innenminister Seiß-Inquart, ein Nationalsozialist, stand in telefonischem Kontakt mit der deutschen Reichsregierung und erklärte dieser, daß man zu Schuschnigg kein Vertrauen mehr habe. Schuschnigg trat daraufhin zurück, gab aber dem Bundesheer noch den Befehl, einrückenden deutschen Truppen keinen Widerstand zu leisten.

Weder England noch Frankreich und Italien waren bereit, zu Gunsten Schuschniggs zu intervenieren. Das einzige Land der Welt, das damals dagegen protestierte, war Mexiko.

Göring gab den Befehl zum Einmarsch in Österreich und dieser erfolgte am 12. März 1938 um 9.00 Uhr unter unbeschreiblichem Jubel der Bevölkerung. Bereits am 13. März rückten deutsche Truppen in Wien ein. Hitler selbst war an diesem Tag mit seiner Begleitung in einer Autokolonne bei Braunau über die Grenze gefahren und erlebte eine Triumphfahrt durch begeisterte Menschenmassen. Ein Zeitzeuge berichtet:

„Als ich in später Nachtstunde Linz erreichte, war dort gerade erst die Führerkolonne eingetroffen. Auch diese Stadt befand sich außer Rand und Band. Das Hotel „Weinzinger“, in dem sie alle untergebracht waren, war die ganze Nacht hindurch von einer tausendköpfigen Menschenmenge umlagert, deren frenetisches Rufen selbst uns in den Taumel einer Begeisterung versetzte.“[48]

Auf Grund des „Gesetzes über die Wiedervereinigung Österreichs mit dem Deutschen Reich“ vom 13. März 1938, Artikel 2, wurde in Österreich eine freie und geheime Volksabstimmung durchgeführt, deren Ergebnis hinlänglich bekannt ist und die behauptete „gewaltsame Okkupation“ klar widerlegt: Von 4,471.477 abgegebenen Stimmen sprachen sich 4,453.772 – also rund 98 Prozent – für den Anschluß an das Reich aus. Nur 11.929 Österreicher stimmten dagegen, eine lächerlich kleine Zahl, auch dann, wenn man berücksichtigt, daß Juden damals nicht stimmberechtigt waren.

Die Begeisterung des österreichischen Volkes über den vollzogenen Anschluß kannte keine Grenzen. Sogar die katholischen Bischöfe Österreichs gaben folgende öffentliche Stellungnahme ab:

„Wien, 18. März 1938. – Aus innerster Überzeugung und mit freiem Willen erklären wir unterzeichneten Bischöfe der österreichischen Kirchenprovinz anläßlich der großen geschichtlichen Geschehnisse in Deutschösterreich: Wir erkennen freudig an, daß die nationalsozialistische Bewegung auf dem Gebiet des völkischen und wirtschaftlichen Aufbaues sowie der Sozialpolitik für das deutsche Reich und Volk, namentlich für die ärmsten Schichten des Volkes, Hervorragendes geleistet hat und leistet. Wir sind auch der Überzeugung, daß durch das Wirken der nationalsozialistischen Bewegung die Gefahr des alleszerstörenden, gottlosen Bolschewismus abgewehrt wurde. Die Bischöfe begleiten dieses Wirken für die Zukunft mit ihren besten Segenswünschen und werden auch die Gläubigen in diesem Sinne ermahnen. Am Tage der Volkabstimmung ist es für uns Bischöfe selbstverständliche nationale Pflicht, uns als Deutsche zum Deutschen Reich zu bekennen, und wir erwarten auch von allen gläubigen Christen, daß sie wissen, was sie ihrem Volke schuldig sind."[49]

Unterzeichnet war diese Erklärung von Kardinal Innitzer, Fürstbischof Adam Hefter, Fürstbischof Ferd. Pawlikowski, Michael Memlauer und J. M. Gföllner.

Wen sollte es da noch wundern, daß das Volk begeistert war, wo doch selbst die hohen Kirchenfürsten dem Anschluß Beifall gezollt und ihren Sanctus dazu gegeben hatten?

Warum verschweigt man diese Tatsachen bewußt in unseren Schulen und tischt der Jugend die Lüge von vollzogener Gewalt auf? Warum bezeichnet man Österreich auch heute noch als bemitleidenswertes „Erstes Opfer des Nationalsozialismus'"? Dieser Terminologie bediente sich erstmalig Stalin nach dem Einmarsch der Russen in Österreich. Man verfälscht damit bewußt und gezielt die Geschichte, damit auch künftige Generationen die Wahrheit nicht erfahren. Ob es aber für alle Zeit gelingen wird, die Wahrheit in ein dunkles Meer von Lügen zu versenken, sei dahingestellt.

Abschließend vielleicht noch eine Stimme aus dem Ausland, die den Anschluß Österreichs betrifft: Der Korrespondent der Londoner „Times", Major F. Yales Brown, beschrieb in seiner Zeitung seine persönlich gewonnenen Eindrücke wie folgt:

„Der Umschwung der öffentlichen Meinung würde unglaubhaft sein, wenn ich ihn nicht mit eigenen Augen gesehen hätte. Die Wahrheit ist, daß die Wien und München trennende Grenze immer nur künstlich war... Die Menschen sprechen die gleiche Sprache, denken dasselbe... natürlich wünschen sie ein Volk zu sein. Es kann nicht zu oft wiederholt werden: Schuschniggs Plebeszit war ein Akt der Schikane. Vom Londoner Blickwinkel gesehen mag der deutsche

Marsch über die Grenze wie ein Akt der Aggression aussehen. Von hier aus gesehen sind die Truppen als Brüder gekommen, um Österreich zu retten…“[50]

Der Anschluß Österreichs war also mit voller Zustimmung von über 98% der Bevölkerung vollzogen worden, auch wenn man anläßlich der 50. Wiederkehr dieses Tages bei uns einmal mehr Österreich als bedauernswertes Opfer deutscher Aggression hingestellt hat.

Dabei war der Anschluß in dieser Form von Hitler damals gar nicht geplant. Ihm schwebte nur eine Personalunion vor, aber die unerwartet große Begeisterung und das Ergebnis der Volksabstimmung bewirkten auch bei ihm eine Änderung seines ursprünglichen Entschlusses. Natürlich war ihm diese Entwicklung lieber, zumal er die verhältnismäßig gelassenen Reaktionen des Auslandes sah, die ihn in der Folge zu weiteren ähnlichen Taten anspornen sollten.

So marschierten auch entsprechend dem Münchner Abkommen vom September 1938 deutsche Truppen im Oktober desselben Jahres kampflos in das Sudetenland ein.

Ein weiteres Jahr später kam es dann zur Besetzung der Tschechoslowakei, nachdem der tschechische Staatspräsident Dr. Hacha sich unterworfen, und „das Schicksal seines Volkes und Landes in die Hände des Führers des Deutschen Reiches gelegt hatte.[51]

War die Befreiung des Sudetenlandes unter dem Hinweis auf das Selbstbestimmungsrecht der Völker eine Aktion, wogegen die Westmächte keinen Einspruch erhoben, so stellt der Einmarsch in Prag und die Besetzung Böhmens und Mährens eine möglicherweise völkerrechtswidrige Aktion dar, auch wenn durch das Verhalten Hachas, den man offenbar unter Druck gesetzt hatte, anscheinend eine politische Rechtfertigung dafür vorhanden war.

Mit der Schaffung des Protektorates Böhmen und Mähren hat Hitler sein in München abgegebenes Versprechen gebrochen, in Europa keine territorialen Ansprüche mehr zu stellen.

Ein sicher folgenschwerer Fehler, der zu einer Verstimmung der Westmächte führte und besonders in England Churchills ohnehin vorhandene Kriegsbereitschaft noch verstärkt hat. Der englische Außenminister Lord Halifax nannte es deshalb damals auch eine Pleite der Verständigungspolitik, die in Prag zu Grabe getragen wurde.

Deutschland war unter Hitler aber auch ohne das Protektorat Böhmen und Mähren inzwischen zu einem „Großdeutschland“ mit fast 90 Millionen Einwohnern angewachsen. Und dies war vor den

Augen der Welt bis zum September 1939 geschehen, ohne daß nur ein einziger Schuß abgegeben oder dagegen protestiert worden wäre.

Ganz im Gegenteil. Hitlers Persönlichkeit fand damals sogar die Bewunderung in- und ausländischer Politiker. So schrieb beispielsweise der spätere erste Bundespräsident der Bundesrepublik Deutschland, Theodor Heuss, bereits 1932:

„Und niemand kann der Unverdrossenheit des Mannes (Hitler, d. Verf.) die Anerkennung versagen, der von der Festung entlassen, sorgfältig, zäh, bewußt aus den Scherben ein neues Gefäß zu fügen und formen verstand.“[52]

Selbst Winston Churchill, brit. Premierminister von 1940 bis 1945 und von 1951 bis 1955, schrieb 1935 in einem Artikel unter dem Titel: „Die Wahrheit über Hitler“ folgendes:

„Während alle schrecklichen Veränderungen in Europa sich ereigneten, kämpfte der Gefreite Hitler seine lange ermüdende Schlacht um das deutsche Herz. Die Geschichte dieses Kampfes kann nicht gelesen werden ohne Bewunderung für den Mut, die Aufrichtigkeit und Kraft der Persönlichkeit, die ihn dazu befähigten, herauszufordern, zu trotzen, zu überwältigen und zu versöhnen – jedenfalls sich durchzusetzen gegenüber allen Autoritäten, die seinen Weg versperrten. Er und die immer wachsenden Scharen derer, die sich ihm anschlossen, zeigten in ihrem patriotischen Feuer und ihrer Vaterlandsliebe, daß es nichts gab, was sie nicht zu tun oder zu wagen bereit wären, kein Opfer von Leben, Gesundheit, Freiheit, das sie nicht selbst bringen oder ihren Gegnern auferlegen würden.“[53]

Auch der ehemalige amerikanische Präsident Herbert Hoover faßte seine Eindrücke über einen Besuch bei Adolf Hitler im Jahre 1938 wie folgt zusammen:

„Hitler machte Eindruck, schien hochintelligent, ließ ein bemerkenswertes und zuverlässiges Gedächtnis erkennen, zeigte sich gründlich unterrichtet und war fähig zu klarer Darstellung.“[54]

Schließlich berichtete der britische Botschafter in Berlin, Neville Henderson, an seinen Außenminister im März 1939:

„Ich bekenne, daß es mir immer als leichtfertig irreführend erscheint, von Deutschland zu sprechen, als ob es nach Weltherrschaft strebe. Einige Deutsche mögen wohl solch wilde Phantasien haben, aber ich halte Herrn Hitler bei weitem zu vernünftig, um solch ein Hirngespinst zu hegen.“[55]

Eine sachliche Beurteilung der durch Hitler in Deutschland hervorgerufenen völkischen Bewegung gab auch der Engländer Sir Philip Gibbs 1937 ab, wenn er sagte:

„Gesetzt den Fall, unser englisches Volk hätte den Krieg (1914–1918) verloren, wäre der Hoheitsrechte über sein eigenes Land beraubt, dem Diktat fremder Mächte und einem verhaßten Vertrag unterworfen worden, wir hätten genauso für unsere Wiedererstarkung und für die Wiedererlangung unserer alten Freiheit gekämpft. Wir hätten genauso jedem Führer zugejubelt, der unseren Stolz wieder aufgerichtet und unsere Ketten zerbrochen hätte. Wir hätten über die Vaterlandsliebe der englischen Jugend frohlockt, die nach Jahren der Erniedrigung, der Bitterkeit, des Unglückes und der Demoralisierung zum wahren Geist zurückgefunden hätte und wir hätten aller Welt verkündet: Frei ist unsere englische Erde! Wir stehen da wie früher, frei und unerschütterlich. Wir haben diesen schamlosen Vertrag beiseite geschleudert! Ebenso würde Frankreich über einen Führer und Geist froh sein, der nach Niederlage und Knechtung solche Dinge vollbrächte. Haben wir denn gar keine Einbildungskraft mehr, keinen Edelmut, kein Mitgefühl mit einem Volk, das seine Ketten zerbrach?“[56]

In all diesen Äußerungen prominenter Politiker war mit keinem Wort von einem größenwahnsinnigen, eroberungssüchtigen oder gar kriegslüsternen Tyrannen die Rede. Ganz im Gegenteil: man anerkannte Hitlers Leistungen und hielt ihn sogar für hochintelligent und versöhnlich.

Das bei Hitler sicher vorhandene Defizit an politischer Intelligenz war nicht größer als bei den damals Regierenden in England, Frankreich und den USA; es hat sich eigentlich bis in unsere heutige Zeit lückenlos fortgesetzt, was wohl die Vorgänge im ehemaligen Jugoslawien, vor allem aber die Haltung Europas und der übrigen Welt dazu am deutlichsten beweisen.

Ein Volk, das aus der Niederlage, aus Demütigungen, systematischer Demoralisierung, aus Hunger und Elend, aus politischer Zerrissenheit zu einem geordneten Leben in sozialem Wohlstand in einem wiedererstarkten und wirtschaftlich unabhängigen Staat zurückgeführt wurde, vertraute begreiflicherweise jenem Manne, der dies zuwege gebracht hatte. Auch die Tatsache, daß ausländische Staatsmänner und Regierungen mit diesem Führer verhandelt und ihn als gleichberechtigten Partner anerkannt hatten, mußte ja das Volk in dieser Haltung noch bestärken.

Hitlers Ziel war zur damaligen Zeit die möglichst friedliche Zusammenführung der deutschen Volksstämme, insbesondere derer, die durch den Versailler Vertrag in anderen Staaten um ihre völkischen Minderheitenrechte kämpfen mußten.

Diese legitime Aufgabe eines deutschen Staatsmannes war ihm bisher so gut wie ohne Widerstand gelungen.

4

Zwei wenig friedliche Nachbarn: Tschechoslowakei und Polen – Der Zweite Weltkrieg bricht aus

Durch die Schaffung der Tschechoslowakei war 1918 ein neuer „Staat" entstanden; ein Kunstgebilde, das durch seine völkische Zusammensetzung von allem Anfang an die Gefahr eines neuen Unruheherdes in sich barg.

Dieser Staat ging aus der alten Donaumonarchie durch die Machenschaften eines ehemalig mährischen Abgeordneten des Wiener Reichsrates namens T.G. Masaryk hervor und hatte eine vielseitige ethnische Zusammensetzung: 7 Millionen Tschechen, 3,5 Millionen Deutsche, 2,5 Millionen Slowaken, 0,9 Millionen Ungarn, 0,6 Millionen Karparto-Ukrainer und 0,08 Millionen Polen lebten innerhalb der künstlich festgelegten Grenzen; keine dieser Volksgruppen war je gefragt worden, ob sie zusammenbleiben wollten. Kein Staat, sondern ein künstliches Gebilde, das erst 1992 – nach 74 Jahren – endgültig auseinandergebrochen ist.

Das Vorhandensein einer im ersten Weltkrieg aus Überläufern und Kriegsgefangenen gebildeten „Tschechischen Legion" führte bei den Ententemächten zu einem besonderen Vertrauen gegenüber dem sogenannten „Tschechischen Nationalrat". So kam es durch die Unterstützung Masaryks, der nach Amerika ausgewandert war und eine Amerikanerin zur Frau hatte, zum Pittsburgher Vertrag, in dem sich Tschechen und Slowaken ohne Rücksicht auf die anderen dort lebenden Volksgruppen zu einem Staat zusammenschlossen. Dabei übersahen die Alliierten bewußt, daß dieser Vertrag nur von einigen wenigen in den USA lebenden Slowaken gebilligt wurde. Daß die Tschechen die Herrschaft über ganz Böhmen und Mähren beanspruchten und ihre Truppen im Winter 1918/19 das sudetendeutsche Siedlungsgebiet besetzten, berührte die Siegermächte nicht.

Das Selbstbestimmungrecht der Deutschen, die nach der Volkszählung von 1921 mit 23 % den zweitgrößten Bevölkerungsanteil stellten, sollte wenn nötig auch im Blut erstickt werden. So kam es dann auch sehr bald zu den ersten blutigen Zusammenstößen.

Die Politik der tschechischen Zwischenkriegsregierungen zielte zunehmend darauf ab, diesen deutschen Bevölkerungsanteil systematisch soweit wie möglich zu reduzieren.

Die Verweigerung von Grundrechten, politische Schikanen, Zwangsenteignung und Demontage deutscher Wirtschaftsbetriebe und brutaler Terror waren die Mittel, derer man sich bediente.

Die tschechische Polizei und das Militär zeigten schon sehr früh rücksichtslos ihre Macht. So wurde beispielsweise eine friedliche Demonstrationen für den Verbleib bei Deutsch-Österreich schon am 4. März 1919 mit Waffengewalt gesprengt, wobei in Kaaden 54 Tote zu beklagen waren; es folgten weitere brutale Unterdrückungsversuche, die blutig endeten. Als Folge derselben flohen tausende Sudetendeutsche in den zwanziger und dreißiger Jahren, um dem Terror dieser neugeschaffenen „Insel der Demokratie“ zu entkommen, wie Ministerpräsident Zeman in der FAZ vom 21. Jänner 2001 dieses neu geschaffene Staatsgebilde nannte.

Sehr bald hatten auch die Siegermächte die Fehler bei der Schaffung dieses Staates erkannt. So schrieb der englische Zeitungsbesitzer Viscount Rothermere schon 1927 unter der Überschrift „Europas Pulverfaß“:

„... aber die Schaffung der Tschechoslowakei *war ein Kunstverfahren, welches nur unter grober Verletzung des Nationalitätenprinzipes* durchgeführt wurde, dem es gerade dienen sollte. *Einen Staat oder eine Nation dieses Namens hat es nie gegeben,* wohl aber im Mittelalter ein Königreich Böhmen, dessen Unabhängigkeit 1620 ihr Ende fand. Die Grenzen dieses Staates wiesen jedoch keine Ähnlichkeiten mit der Nachkriegsbildung der Tschechoslowakei auf. Diese verdankte ihre Selbständigkeit tatsächlich nur der Menschenliebe Großbritanniens, Frankreichs, Italiens und der Vereinigten Staaten.“[57]

Die weitere Entwicklung zeigte, daß in diesem neuen Staat von Menschenliebe keine Rede sein konnte, denn rücksichtsloser konnte man sich gegen die vorhandenen Minderheiten nicht verhalten.

Derselbe Rothermere in der gleichen Zeitung drei Jahre später:

„Wahrscheinlich ist, daß Deutschland, wenn eine nationalsozialistische Regierung zur Macht kommt, unter der tatkräftigen Führung dieser Partei selbst den Weg zur unverzüglichen Behebung des schreienden Unrechtes zeigen wird. Damit wird es etwas Größeres erreichen, als die Vereinigung mit Österreich – oder den Anschluß – den weite Kreise der deutschen öffentlichen Meinung erstreben. Als Ergebnis solcher Entwicklung könnte die Tschechoslowakei, die den Friedensvertrag durch ihre Bedrückung völkischer Minderheiten und die Verweigerung einer Abrüstung so systematisch verletzt hat, über Nacht aus dem Dasein gedrängt werden."[58]

Der einflußreiche britische Zeitungsverleger hat also die Entwicklung der tschechischen Situation prophetisch beurteilt.

Aus Angst vor dieser drohenden Entwicklung schloß die Tschechoslowakei bereits am 16. Mai 1935 einen Beistandspakt mit der Sowjetunion, die 300 Kriegsflugzeuge lieferte und schon damals dieses Land als einen Flugstützpunkt gegen Deutschland betrachtete.

Wie umfangreich aber die tschechische Rüstung wirklich war, konnten die Deutschen im März 1939 feststellen, als ihnen die Rüstungsprodukte in die Hände fielen. Allein 1.000 Panzerkampfwagen des tschechischen Heeres bildeten zumindest in den ersten Jahren des Zweiten Weltkrieges eine wesentliche Stärkung der deutschen Panzerwaffe.[59]

Winston Churchill berichtete, daß die tschechische Armee im Sommer 1938 eineinhalb Millionen Soldaten unter Waffen hatte.[60]

Unter solchen Umständen konnte man sich natürlich stark fühlen und deshalb auch die Funken bis zur lodernden Flamme schüren.

So war jener tschechische Redner keine Ausnahme, der schon 1923 in einer Versammlung in Podersam in seinem Größenwahn sagte:

„Wir Tschechen müssen trachten, daß wir die Industrie an uns reißen. Solange nicht der letzte Kamin der Deutschen verschwunden und solange nicht das deutsche Kapital in unseren Händen ist, solange müssen wir kämpfen."[61]

Man wollte also mit allen Mitteln die bestehenden Verhältnisse zugunsten der Tschechen verändern und man setzte diese auch entsprechend rigoros und rücksichtslos ein.

Der bereits mehrfach zitierte Rothermere kannte die Zustände in diesem Lande nur allzugut und urteilte darüber 1937 wie folgt:

„Als Gefangene (die Sudetendeutschen, d. Verf.) eines wegen seiner kleinlichen Niederträchtigkeit berüchtigten Volkes sind sie der kaltblütigen Enteignung und Bedrückung unterworfen. Man hat keine Bemühungen unterlassen, ihre Sprache auszumerzen und die tschechische Polizei hat versucht, die Leute durch ständige Verfolgung seelisch zu brechen. Im vergangenen Jahr ist ein Gesetz durchgekommen, auf Grund dessen jeder Deutsche oder Ungar nach dem Belieben der tschechischen Behörden unverzüglich von seinem Sitz an der Grenze in das Landesinnere abgeschoben werden kann.

Beutebeladen, wie sie sind, haben die Tschechen ein schlechtes Gewissen. Unbekümmert um den Geist des Versailler Vertrages, dem sie doch ihr Zufallsdasein verdanken, haben sie intensiv gerüstet."[62]

Erwartungsgemäß haben sich die Minderheiten gegen die ständige Mißachtung der zugesicherten Rechte gewehrt. Natürlich kämpften auch die Deutschen um ihr Recht und Konrad Henlein gründete 1933 die spätere „Sudetendeutsche Partei". Als sich dann am 21. März 1938 bei den Gemeindewahlen eine Mehrheit von 90 Prozent für die deutschen Listen entschied, reagierte die tschechische Regierung mit der Besetzung des Gebietes durch tschechisches Militär. Übergriffe gegen Deutsche waren an der Tagesordnung, sodaß die Deutsche Reichsregierung versuchte, den sudetendeutschen Brüdern und Schwestern und deren Forderungen bei der tschechischen Regierung Gehör zu verschaffen.

Als diese gewiß rechtmäßigen Versuche erfolglos blieben, forderte die Reichsregierung den Anschluß des Sudetenlandes an das Reich. Da beide Seiten hart blieben, lag die Gefahr eines Krieges nahe.

Allein im Monat Mai 1938 wurden 47 Terrorüberfälle auf Sudetendeutsche verübt und am 21. Mai verfügte die Tschechoslowakei unter Hinweis auf eine deutsche Truppenkonzentration – die eine glatte Unwahrheit war – die Teilmobilmachung der Armee.

Zu dieser Behauptung der Tschechen berichtete der britische Botschafter in Berlin, Neville Henderson im Mai 1938, nachdem er die deutschen Grenzräume beobachten ließ, auftragsgemäß nach London:

„Am Morgen des 21. Mai (dem Tag der tschechischen Mobilmachung, d. Verf.) sandte ich beide Militärattachés zu ausgedehnten Erkundungsfahrten durch Sachsen und Schlesien. Sie konnten keine Anzeichen irgendeiner ungewöhnlichen oder bedeutenden deutschen militärischen Tätigkeit entdecken und ebensowenig konnte dies auch einer der Militärattachés der anderen fremden Mission in Berlin."[63]

Es wäre aber aus deutscher Sicht anläßlich der gegebenen Situation ein großer Fehler gewesen, wenn die militärische Führung in dieser Krisenlage nicht auch ihre Vorbereitungen getroffen hätte. Die für die Besetzung des Sudetenlandes vorgesehenen Truppen lagen abmarschbereit in ihren Standorten und bewegten sich erst in den letzten Septembertagen in Richtung Tschechoslowakei.

Am 17. September wurden Ausnahmezustand und Standrecht verhängt: Zehntausende von Sudetendeutschen flüchteten über die Grenze nach Deutschland, wobei es bei der Verfolgung der Flüchtigen durch tschechisches Militär wiederholt zu Grenzverletzungen kam.[64]

Am 23. September ordnete die tschechoslowakische Regierung die Gesamtmobilmachung der Armee an. Obwohl die Regierungen von England und Frankreich nach Prag signalisiert hatten, daß die Tschechoslowakei nicht mit ihrer militärischen Hilfe rechnen könne,“[65] verkündete Benesch, der Totengräber Mitteleuropas, in seiner Rundfunkrede vom 22. September 1938:

„Er hielte einen Krieg mit Hitlers Deutschland für unvermeidbar und wünsche ihn sich sofort.“[66]

Am 27. September erfolgte die Verhaftung von rund zwanzigtausend Sudetendeutschen; alle Rundfunkgeräte, die sich in ihrem Besitz befanden, wurden durch die Tschechen beschlagnahmt. Die Zustände waren untragbar geworden.

Zwischen den Regierungen von England, Frankreich und Deutschland war es zu Verhandlungen gekommen; am 19. September 1938 teilten England und Frankreich der tschechoslowakischen Regierung in einer Note mit, daß im Hinblick auf die jüngsten Ereignisse der Zeitpunkt gekommen ist, in dem der Verbleib des überwiegend von Deutschen bewohnten Gebietes innerhalb der Grenzen des tschechischen Staates nicht mehr zu vertreten sei. Am 30. September gab daraufhin die Regierung der Tschechoslowakei ihre Einverständniserklärung, das Münchener Vier-Mächte-Abkommen auch ihrerseits zu akzeptieren.

Es ist daher eine Entstellung historischer Vorgänge, wenn man heute so tut, als wäre dieses Abkommen unter dem Zwang Hitlers zustande gekommen; der Druck kam auf Grund selbst herbeigeführter Zustände von den eigenen Verbündeten und beseitigte nur ein aus dem Versailler Vertrag entstandenes Unrecht. Benesch trat daraufhin zurück, und am 1. Oktober 1938 marschierten dann unter dem Jubel der Bevölkerung deutsche Truppen im Sudetenland ein.

Nach diesem Sieg der Sudetendeutschen sahen auch die anderen Minderheiten die Stunde ihrer Freiheit für gekommen. Slowaken und Ruthenen sowie Polen und Ungarn stellten ihre Forderungen. Der neue tschechische Ministerpräsident Dr. Hacha ließ daraufhin den slowakischen Ministerpräsidenten Dr. Tiso verhaften. Dieser floh aber nach Berlin und wandte sich an Hitler um Hilfe; der aber erklärte, daß nur eine selbständige Slowakei mit Hilfe von außen rechnen könne. Dr.Tiso fuhr deshalb nach Preßburg zurück und verkündete am 14. März 1939 die Unabhängigkeit der Slowakei.

Die erste Stellungnahme dazu kam aus London mit der Feststellung, daß es nun keine Tschechoslowakei mehr gäbe.[67]

Daraufhin fuhr Dr. Hacha nach Berlin, wo er von Hitler empfangen wurde. Dieser führte ihm bei der folgenden Besprechung die Fehler vor Augen, die von tschechoslowakischer Seite begangen worden waren. Am Ende dieses Gespräches unterwarf sich Dr. Hacha den deutschen Forderungen, die alten deutschen Reichslande Böhmen und Mähren, die jahrhundertelang zum Deutschen Reich gehörten, dem Reich als Protektorat anzugliedern.

Deutsche Truppen rückten noch am gleichen Tag in Böhmen und Mähren ein und besetzten Prag. Dr. Hacha blieb bis zu seinem Tod Staatspräsident. Er verstarb nach Kriegsende 1945 in einem Prager Gefängnis.

Man will heute nicht wahrhaben, daß das Versailler Gebilde einer tschechoslowakischen Republik durch die Unabhängigkeitserklärung des slowakischen Landtages bereits auseinandergebrochen war, noch bevor Hitler seinen Fuß auf tschechischen Boden gesetzt hat.

Sogar Henderson, der damalige britische Botschafter in Berlin, riet dem tschechischen Gesandten, seine Regierung sollte mit der deutschen Regierung Kontakt aufnehmen, was sie in der Folge auch tat. Auf ihre eigene Bitte hin wurden der tschechische Staatspräsident und sein Außenminister in Berlin empfangen, wo diese dann für die tschechische Rumpfrepublik, d.h. für Böhmen und Mähren, dem Status eines Protektorates zustimmten und sich so unter den Schutz Deutschlands stellten. Erst nach dieser Entscheidung rückten die deutschen Truppen vereinbarungsgemäß in Prag ein. Daran änderte auch der Umstand nichts, daß die Deutschen vorher vermutlich durch einen moralischen Druck an der Spaltung der Tschechoslowakei nicht unbeteiligt waren.

Ein Prozeß, der aber auch ohne Zutun der Deutschen viele Jahre später im Jahre 1992 zur Realität wurde, als ein zur „Strafe“ Deutschlands für den verlorenen Ersten Weltkrieg künstlich gebildetes Staatengebilde endgültig zerbrach, weil es in dieser Form nicht existenzfähig war.

Die Tschechen hatten keine Opfer zu beklagen: Weder seitens der Sudetendeutschen noch durch die Schaffung des Protektorates.

Verglichen mit den übrigen Gebieten Europas, die in den Kriegswirren zerstört wurden, war Böhmen und Mähren auch während der

Jahre des NS-Regimes ohne Luftangriffe geradezu eine Insel des Friedens geblieben.

Umso unverständlicher ist es daher, daß von Seiten der Bevölkerung dieser Länder nach der Kapitulation Deutschlands jene bestialischen Gewalttaten erfolgten, die in der Menschheitsgeschichte ziemlich einmalig dastehen.

Sie sind nur damit zu erklären, daß dieses Volk von einem so unbändigen Deutschenhaß erfüllt war, daß es dann maßgeblich an jenen weit über zwei Millionen getöteter deutscher Menschen beteiligt war, die nach Beendigung des Krieges im Osten und Südosten Europas bestialisch ermordet, erschlagen oder erhängt wurden bzw. verhungerten oder im Zuge ihrer Deportation an Erschöpfung zugrunde gingen.

Warum durfte sechs Jahrzehnte lang niemand diesen *millionenfachen Holocaust erwähnen, bei dem Deutsche die Opfer waren?*

Erst heute wagt man es, nach und nach aufzuzeigen, was damals wirklich geschehen ist:

Todesmärsche und Massenerschießungen bildeten das grausige Los der deutschsprachigen Bevölkerung. Wie Fackeln brennende Menschen, Leichen mit abgeschnittenen Extremitäten und Geschlechtsteilen, Verwundete die aus den Fenstern geworfen oder zu Tode getrampelt wurden, nackte Frauen, die man durch die mit Glasscherben bestreuten Straßen Prags peitschte, Kinder und Kinderwagen mit Säuglingen, die in die Moldau und Elbe geworfen wurden, um dann mit Maschinengewehren beschossen zu werden, Köpfe toter Mütter und ihrer Babys aus dem Unrat von Lagerlatrinen ragend, blutige Bündel von Gefolterten auf dem Boden, die Menschenkot schlucken mußten. Hunderttausende, die so durch diese Folterhölle gehen mußten, ehe sie erschlagen, erschossen oder ertränkt wurden.

Bücher wie das des österreichischen Journalisten und Autors Ingomar Pust, der in seinem Buch „Schreie aus der Hölle ungehört“ unter der Bestätigung von Zeitzeugen all diese Gräuel schon vor Jahrzehnten beschrieb, wurden unterdrückt und als Lügenpropoganda abgetan.

Pust klagte zu Recht schon damals an, „daß im Zuge dieser Untaten allein in der damaligen Tschechoslowakei hunderttausende unschuldiger deutscher Soldaten und Zivilisten zu Tode gemartert, erschlagen oder in Stacheldraht eingewickelt in der Moldau ertränkt wurden. Verwundete deutsche Soldaten wurden in den Lazaretten, in denen sie mit blutverschmierten Verbänden lagen, aus ihren Betten gezerrt und auf Lastwagen geworfen. Dann stieß man sie aus fahrenden Autos auf die Straße, wo tschechische Soldaten auf ihren Pferden über sie hinwegritten. Die Schwerkranken entmannte, erschlug oder erdrosselte man gleich in ihren Betten. Prag wurde so am 5. und 6. Mai 1945 zu einem Meer der Unmenschlichkeit mit dem wesentlichen Unterschied, daß kaum ein Tscheche damals diese Bestialitäten unter Befehlszwang auszuführen hatte. Diese Unmenschen wurden vielmehr freiwillig aus einem blinden Haß gegen alles Deutsche zu grausamen Bestien".

Sogar Englands damaliger Aussenminister Ernest Bevin, sagte dazu im November 1945 im englischen Unterhaus wörtlich:

„Wahrhaftiger Gott, es ist der Höhepunkt menschlichen Wahnsinns! Es war ein fürchterliches Schauspiel."[68]

Und was wohl das Schlimmste daran ist, es traf Menschen, die zum überwiegenden Teil persönlich völlig schuldlos an den Untaten des NS-Regimes waren, die Hab, Gut und Leben verloren, nur weil sie deutscher Muttersprache waren.

„Nemcum Smrt" – „Tod den Deutschen" war der Schlachtruf der diese entmenschten Massen zum Mord an 240.000 Altösterreichern mit deutscher Muttersprache und 250.000 deutschen Soldaten trieb.

Menschen mit aberwitziger Unkenntnis versuchten und versuchen auch heute noch diesen Ausbruch des Hasses mit der Unterdrückung der tschechischen Souveränität zu rechtfertigen. Dann hätten aber auch die Sudetendeutschen 1938 die Tschechen massakrieren müssen, die sie nicht nur sieben, sondern ganze 20 Jahre ihrer Souveränität beraubt hatten. Aber die bösen Deutschen haben den so „bedauernswerten" Tschechen kein Haar gekrümmt.

Aufforderung zu diesem durch nichts begründeten Genozid waren die erst seit kurzem in aller Munde stehenden *Benesch-Dekrete!*

Bewußt totgeschwiegen waren sie aber genau wie das Thema der Vertreibung und Ermordung von Millionen unschuldiger deutscher Menschen immer existent. Nur ganze Generationen sollten oder wollten davon nichts wissen und wer sie erwähnte, wurde als unverbesserlicher Revanchist bloßgestellt.

Erst in allerletzter Zeit wird im Zuge der Osterweiterung der EU dieses durch die Tschechei begangene Unrecht auch von Teilen der Politik artikuliert und ebensolchen der Presse publiziert. Erschütternde Details dieser damals begangenen Unmenschlichkeiten werden damit erstmals einer breiteren Bevölkerung zur Kenntnis gebracht und man scheut sich auch nicht mehr auszusprechen, daß Benesch, der diese Dekrete schuf, der moderne Schöpfer ethnischer Säuberungen war. Dies umsomehr, als sich dieser tschechische Politiker nachweislich schon lange vor dem Einmarsch Hitlers mit diesen beschäftigt hat.

Sie waren also gedanklich bei ihm längst ausgereift gewesen und wurden von ihm dann 1945 zum Gesetz erhoben. Diese berühmt-berüchtigten Dekrete enthalten 143 Erlässe, von denen sich 13 mit der Entrechtung, Enteignung und Vertreibung der deutschen Bevölkerung befassen, die in Böhmen, Mähren und Schlesien seit Jahrhunderten siedelte und so diesen Ländern zu Reichtum und Wohlstand verhalf.

Obwohl diese mit dreieinhalb Millionen mehr als 25 Prozent der Staatsbevölkerung ausmachten (der Anteil der Slowaken betrug nur 2,2 Millionen), wurde entgegen den Versprechungen von 1918 diese ethnische Säuberung in der geschilderten, mehr als grausamen Weise nach Kriegsende ab 1945 vollstreckt.

Neben den Enteignungsdekreten ist es besonders das Straf-Freistellungs-Gesetz, welches diesen Genocid bis heute ungesühnt läßt. Ein Völkermord, dessen bewußt forcierte Verdrängung bis zur Gegenwart einem problemlosen Zusammenwachsen Europas nicht förderlich sein kann.

Erst jetzt, wo die Erlebnisgeneration beinahe abgetreten ist, wird nicht zur Freude der Linken und vor allem auch der Grünen ein bisheriges Tabu-Thema gesellschaftsfähig, dessen Aufarbeitung aber ebenso notwendig ist wie es die seitens der Deutschen begangenen Verbrechen waren.

In einem Vereinten Europa, das wir anstreben, darf und kann für solche Unrechtgesetze kein Platz sein, zumal diese den Grundsätzen der EU diametral widersprechen.

Wenn dann noch tschechische Politiker wie ein Vaclav Klaus die Unverfrorenheit besitzen, die EU aufzufordern, die fortdauernde Verankerung dieser menschenrechtswidrigen Bestimmungen als nationales *„Recht“* der Tschechei abzusichern, dann muß diese Staatengemeinschaft reagieren, will sie ihre Grundsätze nicht über Bord werfen.

Dann müßte sie erklären, mit welchem Recht man Milosevic und andere Kriegsverbrecher aus dem ehemaligen Jugoslawien vor dem Haager Tribinal anklagt, für deren Verbrechen genau diese Dekrete Vorbild und Legitimation gewesen sind?

Dekrete, die klar und deutlich ethnische Säuberungen legetimieren, dürfen daher in einem europäischen Rechtsstaat nichts verloren haben.

Deshalb kommen auch blinde oder heuchlerische Integrationspolitiker wie Verheugen oder Busek nicht um die Frage herum, ob es sich die Europäische Union leisten kann, einen *offenkundigen Genozid* (so Professor Ermacora im Rechtsgutachten für die bayrische Staatsregierung) zu legalisieren und dadurch die Genozid Convention der Vereinten Nationen zu brechen?

Wenn aber Grüne und Linke auch heute noch der Meinung sind, daß es besser sei, die Augen weiter vor dieser schrecklichen Wahrheit zu verschließen oder man sogar zu hören bekommt, eine Veröffentlichung dieser Gräuel widerspräche christlichem Geist, weil sie den Völkerhaß schüre, dann ist eine solche Argumentation umso unverständlicher, wenn man im gleichen Augenblick zuläßt und fördert, daß die deutschen Soldaten pauschal als Verbrecher hingestellt werden dürfen.

Wären wir nicht vielmehr verpflichtet, unserer Jugend warnend zu zeigen, in welche Abgründe der Grausamkeit zivilisierte Menschen – gleichgültig welcher Nation – stürzen können, wenn sie die Wertordnung des Christentums verlassen?

Aber die grausamen Verbrechen der Sieger und ihrer Verbündeten aufzuzeigen, ruft bei uns immer noch Proteste hervor und sofort werden die alten Schlagworte von „Aufrechnung" und „Unvergleichbarkeit" aus dem Hut gezaubert. Dabei sind von beiden Seiten begangene Gräuel dasselbe Unrecht, und Massenmord ist und bleibt Massenmord, genau so wie Opfer immer Opfer bleiben, gleichgültig welcher Nation sie angehören. Jedes Leben hat denselben Stellenwert und deshalb bleibt Mord auch dann Mord, wenn er aus Haß oder Rache begangen wird.

Man will sich heute nicht mehr daran erinnern, daß es Polen und die Tschechoslowakei als einzige Staaten Europas ablehnten, die Minderheitenverträge des Völkerbundes einzuhalten. Sie bezeichneten eine Erfüllung dieser Verträge als „unerträgliche Beeinträchtigung ihrer nationalen Souveränität". Der Grund der Ablehnung war jedoch die Tatsache, daß gerade das neue willkürlich geschaffene Staatengebilde der Tschechoslowakei damit freie Hand in der *Unterdrückung ihrer ethnischen Minderheiten* haben wollte, deren größte die der Sudetendeutschen war.

Polen, das ebenfalls große deutsche Minderheiten innerhalb seiner neugeschaffenen Grenzen zu unterdrücken hatte, verfolgte damit dieselben Ziele und hat sich bereits 1934 von diesem Minderheitenschutzabkommen losgesagt.

Chamberlain hat am 3. Oktober 1939 im Unterhaus deshalb auch wörtlich erklärt:

„Polen ist zwar die direkte Gelegenheit zum Krieg gewesen, jedoch nicht die fundamentale Ursache dazu."[69]

Im deutschen Volk herrschte großer Jubel über die Eingliederung Österreichs und des Sudetenlandes ohne Blutvergießen und wesentliche ausländische Proteste.

Nun erwarteten auch die anderen Deutschen, die noch als Minderheit im Ausland leben mußten, Hilfe und Unterstützung aus dem Reich. Da gab es die Deutschen, die im urdeutschen Memelland lebten und die entgegen anderslautender Zusagen und entgegen ihrem durch Abstimmung kundgetanen Willen im Jahre 1924 Litauen einverleibt wurden.

Auch hier kam es zu Schikanen und 1934 zu dem Versuch, die deutsche Sprache in den Schulen abzuschaffen. Dann folgten Verhaftungen deutscher Memelabgeordneter durch die litauische Polizei und Zuchthausstrafen mit Todesurteilen des litauischen Militärgerichtes gegen deutsche Memelbürger.

Am 29. September 1935 wählte das unter litauischer Verwaltung stehende Memelgebiet seinen neuen Landtag. Dabei entschieden sich fast 83 % der stimmberechtigten Bevölkerung für die deutsche und nur 17 % für die litauische Liste.[70]

Hitler gab seinem Reichsaußenminister Anweisung, mit der litauischen Regierung Verhandlungen über die Rückgabe des Memellandes einzuleiten. Litauen zeigte sich dann aber doch auf Grund des Abstimmungsergebnisses verhandlungsbereit; am 23. März 1939 wurde das Memelgebiet in das Deutsche Reich eingegliedert.

Die Rückgliederung des Memelgebietes in das Reich beantworteten die Polen mit der Teilmobilmachung ihrer Streitkräfte und Verlegung von Truppenverbänden in den Raum Danzig.[71]

Hier in dieser alten deutschen Hansestadt lag Hitlers nächstes Ziel, von dem er glaubte, es genau so wie die Rückkehr des Sudeten- und Memellandes und die Schaffung des Protektorates auf friedlichem Wege erreichen zu können. Auch die Herstellung eines Korridors als Verbindung zum isolierten Ostpreußen, den Deutschland schon früher besaß, war ein lange gehegter und verständlicher Wunsch.

Damit hätte er sein letztes Ziel erreicht und aus dem seinerzeit willkürlich und in blindem Haß zerstückelten Deutschland endlich wieder ein Großdeutschland geschaffen.

Hier aber begann der Irrtum Hitlers, der nicht glauben wollte, daß seine Gegner wegen Danzig einen Krieg riskieren würden; so nahm die Katastrophe ihren Lauf, trotz aller nachfolgenden Bemühungen, einen Krieg zu verhindern.

Das einstmalige polnische Königreich dehnte sich 1740 noch vom Herzogtum Kurland im Norden bis Galizien im Süden und von Witebsk im Osten bis vor Landsberg an der Warthe im Westen aus. Ein Riesenreich, dessen König August III. auch Kurfürst von Sachsen war. Er verstarb 1763 und hinterließ ein völlig desorganisiertes und schwaches Land. Der Primas von Polen, der bis zur Neubesetzung des Thrones die Regierungsgeschäfte zu führen hatte, verkündete damals prophetisch:

„Polen muß entweder ein Raub seiner Feinde – oder sich selbst überlassen eine tatarische Wüste werden.“[72]

Und so kam es dann auch: Rußland, Österreich und Preußen nahmen sich ohne Befragen der Bevölkerung polnisches Land. Mit diesen Gebieten verlor Polen rund 5 Millionen seiner Bevölkerung, von denen allerdings die Mehrheit von über 3 Millionen keine Polen sondern Russen, Letten, Ukrainer und Deutsche waren. Preußen erhielt von diesem polnischen „Kuchen“ das kleinste Stück und gewann lediglich eine schmale Landverbindung nach Ostpreußen. Von Seiten der anderen europäischen Staaten sah man diesen Vorgängen gelassen zu. England rührte keinen Finger und Frankreich hatte seine Versprechen gegenüber Polen vergessen. Rußland, das schon immer die Beseitigung Polens im Schilde führte, hat sich damals den größten Teil dieses Königreiches angeeignet.

Erst einhundertdreiundfünfzig Jahre später kam es in der Folge von Ereignissen des Ersten Weltkrieges zur Wiederherstellung der polnischen Unabhängigkeit. Nach dem Abkommen zwischen Österreich-Ungarn und dem Deutschen Reich verkündete als Folge der Siege über die russische Armee der damalige Gouverneur des von Deutschland besetzten Gebietes, General von Beseler, am 5. November 1916 eine polnische Unabhängigkeit.

Daß es also die Deutschen waren, durch die eine polnische Selbständigkeit nach fast eineinhalb Jahrhunderten möglich wurde, hatte man dort sehr rasch vergessen.

Marschall Pilsudski wurde Staatschef. Obwohl er während des Krieges als Referent für Heeresangelegenheiten sehr eng mit den deutschen Militärbehörden zusammengearbeitet hatte, begann er sofort, seine Forderungen zu stellen und nach dem Zusammenbruch der Mittelmächte auch mit Gewalt durchzusetzen. Nach dem polnischen Aufstand vom 27. Dezember 1918 nahm sich Polen die Provinz Posen und 1919 das Gebiet Ostgalizien und den Nordosten von Wilna.

Man forderte darüberhinaus auch noch die deutschen Industriegebiete in Oberschlesien, die südlichen Randgebiete Ostpreußens und die Stadt Danzig. Ostpreußen, seit Jahrhunderten zu Deutschland gehörend, sollte ein separater Staat unter polnischer Aufsicht werden, und schließlich wünschte man sich noch einen Teil Mittelschlesiens.

Weiters forderte Pilsudski auch die Gebiete östlich der polnischen Grenze bis zur alten polnisch-russischen Grenze von 1772.

Es kam zu kriegerischen Auseinandersetzungen zwischen Polen und der Sowjetunion, die durch militärische Unterstützung Frankreichs mit einem Sieg für Polen und dem Frieden von Riga 1921 endete. Die polnische Grenze verlief nun rund 300 Kilometer weiter östlich und brachte mindestens 4,5 Millionen Ukrainer und 1,75 Millionen Weißrussen unter polnische Herrschaft. Es war aber damit noch immer nicht genug und auf Grund des Versailler Diktates hatte man auch noch Westpreußen erhalten.

Ein Staat, der also eineinhalb Jahrhunderte überhaupt nicht mehr existiert hatte und von der Landkarte verschwunden war, eignete sich nun riesige Gebiete an, in denen nur geringe Minderheiten die polnische Volkszugehörigkeit besaßen und zu deren wirtschaftlicher Nutzung man auch schon damals nicht in der Lage war.

Trotzdem gingen die Forderungen Polens immer noch weiter, und ein hoher polnischer Generalstabsoffizier namens Baginski schrieb in seinem von der „Polnischen Kommission für internationale Zusammenarbeit" preisgekrönten Buch:

„Solange wird nicht Frieden in Europa herrschen, bis nicht die polnischen Länder vollkommen an Polen zurückgegeben sein werden, solange nicht der Name Preußen, der ja der Name eines nicht mehr vorhandenen Volkes ist, von der Karte Europas getilgt sein wird und solange nicht die Deutschen ihre Hauptstadt Berlin weiter nach Westen verlegen, zur ehemaligen Hauptstadt Magdeburg an der Elbe oder Merseburg an der Saale..."[73]

Diesem Herrn Baginski hätte Nachhilfeunterricht in Geographie und Geschichte gutgetan; seine Aussage ist aber bezeichnend für die unersättliche Gier dieses Landes und er stand mit solchen Forderungen gegen Deutschland durchaus nicht allein da.

So sagte auch der polnische Generalkommissar von Danzig, Lallicki schon 1923:

„Wir können heute den Tag und die Stunde nicht nennen, an welchem der Versailler Vertrag korrigiert wird. Nicht nur die Polen aus Danzig (ihr Anteil an der Gesamtbevölkerung der alten deutschen Hansestadt betrug damals nicht einmal ganze dreieinhalb Prozent, d.Verf.) sondern auch die von germanischem Haß geknechteten Brüder in Ostpreußen (2,2 Prozent votierten bei der Volkabstimmung 1920 für Polen, d. Verf.) kehren wieder in den Schoß des Vaterlandes zurück.

Es kommt der Tag – ja, er ist schon angebrochen –, da Danzig dem Vaterland zurückgegeben wird."[74]

Und die polnische Zeitung „Gazette Gdansk" schrieb am 9. Oktober 1925 hetzerisch:

„Polen muß darauf bestehen, daß es ohne Königsberg (1255 vom Deutschen Orden gegründet, d. Verf.), ohne ganz Ostpreußen nicht existieren kann. Wir müssen in Locarno fordern, daß ganz Ostpreußen liquidiert wird."[75]

Diese ununterbrochenen, maßlosen Forderungen der Polen waren sicherlich eher alles andere als ein Beweis für eine friedliche Nachbarschaft. Wie spannungsgeladen die deutsch-polnischen Beziehungen bereits vor 1933 waren, zeigt die Tatsache, daß bis 1923 über eine halbe Million Deutsche ihre Heimat Posen und Westpreußen verlassen mußten und daß diese Zahl nach polnischen Angaben bis 1931 sogar auf über eine Million angestiegen war."[76]

Gegen die Rechtlosigkeit der Deutschen in Polen hatten bereits im Mai 1924 die vier ehemaligen französischen Ministerpräsidenten, Peinleve, Blum, Herriot und Paul Boncour, eine Protestschrift veröffentlicht, in der es heißt:

„Eine Woge von Terror ergießt sich in diesem Augenblick über Polen. Das ist in ihrer ganzen Abscheulichkeit die Herrschaft der Polizei und ihre wilden Gewaltmaßnahmen. Im Namen der einfachsten Menschlichkeit erheben wir Einspruch gegen solche Mißbräuche und verlangen, daß die elementaren Forderungen der Gefangenen erfüllt werden."[77]

Alle diese Vorgänge in Polen gegen das Deutschtum hatten mit Hitler nichts zu tun und geschahen vielmehr zu einem Zeitpunkt, als die Weimarer Republik noch mit sich selbst beschäftigt war und gar nicht daran denken konnte, gegen irgendeinen Nachbarn in den Kampf zu ziehen.

Aber in Polen gab es bereits 1923 Aufmarsch- und Operationspläne gegen Deutschland, die in Zusammenarbeit der polnischen und französischen Generalstäbe erstellt wurden.[78]

Den drei deutschen Reichswehr-Infanterie-Divisionen in Königsberg, Stettin und Berlin, sowie zwei Reichswehr-Kavallerie-Divisionen in Frankfurt/Oder und Breslau standen vor 1933 mehr als 15 polnische Divisionen gegenüber; seit 1931 gab es an der polnischen Westgrenze „Probemobilmachungen". Nur die Weigerung der französichen Regierung und die Furcht Polens vor einem sowjetischen Eingreifen verhinderten den wiederholt geplanten Krieg gegen Deutschland.[79]

Neben der permanenten militärischen Bedrohung gingen auch die Schikanen gegen die deutsche Bevölkerung in den Gebieten Posens, Westpreußens und anderen Gebieten Polens weiter. Man verbot deutschsprachige Zeitungen, ließ deutsche Schulen schließen und provozierte tätliche Übergriffe gegen Deutsche. Daß es daher schon vor 1933 hunderttausende Volksdeutsche vorgezogen haben, über die Grenze ins Reich zu flüchten, um diesen Schikanen zu entgehen, wurde bereits erwähnt. Daß sich diese Flucht auch nach 1933 fortsetzte, beweist, daß bis Ende August dieses Jahres 70.000 Deutsche aus Polen in den Lagern im Reich untergebracht werden mußten.

Das erste Blut, das also lange vor Beginn des Zweiten Weltkrieges in Polen geflossen ist, war das Blut volksdeutscher Menschen. 20.000 Ermordete hatten die Volksdeutschen in Polen vor und nach Beginn der Kampfhandlungen zu beklagen, wovon 12.500 namentlich identifiziert werden konnten.[80]

Während des gesamten Polenfeldzuges sind 10.572 deutsche Soldaten gefallen. Man ermordete also mehr wehrlose Männer, Frauen und Kinder, als dann Soldaten im Kampf gefallen waren.[81]

Über die Ausschreitungen gegenüber den Volksdeutschen in Polen liegen umfangreiche Nachkriegsermittlungen im deutschen Bundesarchiv vor.

Die Polen, die sich heute in der Rolle des überfallenen Opfers sehen, haben durch ihr jahrelanges rücksichtsloses und brutales Verhalten gegenüber der deutschen Minderheit jegliche Bereitschaft für gutnachbarliche Beziehungen, geschweige denn ein menschliches Miteinander von Polen und Deutschen in ihrem Land vermissen lassen. Ganz im Gegenteil: ihr Verhalten war eine Herausforderung, an der auch der deutsch-polnische Nichtangriffspakt vom 26. Jänner 1934 nichts änderte.

Die maßlosen Gebietsansprüche, die ständige Mißachtung der Minderheitenrechte und die antideutsche Hetze in Presse und Rundfunk trieben die Dinge immer mehr auf die Spitze. Das Verhalten der Polen war die unverschämte Herausforderung eines Staates, der gerade vor zwei Jahrzehnten dank deutscher Unterstützung seine Souveränität erhalten hatte.

In Warschau verkannte man die Realitäten. Offensichtlich war man auch 1939 noch der Meinung des polnischen Staatspräsidenten Mosciki, der bereits 1937 erklärt hatte:

„Wir fürchten nichts! Rußland wird nicht erlauben, daß Deutschland uns anrührt, Deutschland wird Rußland daran hindern, uns etwas zu tun.“[82]

Diese Äußerung läßt die Vermutung aufkommen, daß Polen aber doch Angst vor einem Angriff aus Ost oder West hatte, was angesichts der ständigen Hetze gegen Deutschland auch nicht verwunderlich gewesen wäre.

Am 25. März 1939 gab der britische Botschafter in Warschau Kennard unumwunden zu, „daß viele ausländische Diplomaten in Warschau glauben, Polen sei darauf aus, einen Krieg zu provozieren.[83]

Ebenso war der französische Botschafter in Warschau Noel über den Optimismus der polnischen Militärs entsetzt. Am 25. März 1939 teilte Kennard deshalb auch seinem Chef in London mit:

„Die gegenwärtige öffentliche Meinung ist hier kriegerisch und darauf gerichtet, die Regierung in jeder Verteidigung von Lebensinteressen zu schützen.“[84]

Welche Art von Lebensinteressen mögen hier wohl gemeint gewesen sein? Die Geschichte Polens zeigt, daß man in Jahrhunderten nicht erreicht hat, ein vernünftiges, den tatsächlichen ethnischen Gegebenheiten entsprechendes Staatswesen zu schaffen und trotz erheblicher Zugewinne an Land und reichen Bodenschätzen nicht in der Lage war, die wirtschaftlichen Nöte in den Griff zu bekommen.

Der polnische Kriegsminister General Kasprzycki erklärte am 18. Mai 1939 in Paris auf die Frage französischer Generalstäbler nach polnischen Befestigungen entlang der deutsch-polnischen Grenze:

„Wir haben keine, denn wir beabsichtigen einen Bewegungskrieg zu führen und von Beginn der Operation an in Deutschland einzumarschieren.“[85]

Heute aber wird nur von einer Kriegsplanung Hitlers gesprochen und so stellt sich angesichts dieser Aussage des polnischen Kriegsministers doch zumindest die Frage, wer hier tatsächlich Kriegsabsichten hatte?

Verständlicherweise suchte auch die deutsche Reichsregierung auf Grund der durch das Versailler Diktat erzwungenen Abtrennung Ostpreußens vom Mutterland nach einem exterritorialen Landzugang nach Danzig und Ostpreußen, aber immer im Verhandlungswege und nicht durch Kriegsdrohungen oder gar einen beabsichtigten Krieg. Das beweist wohl am besten die versöhnliche Rede, die Hitler am 26. September 1938 im Berliner Sportpalast hielt und in der er zu diesem Thema wörtlich sagte:

„Wir sehen ein, daß hier zwei Völker sind, die nebeneinander leben müssen und von denen keines das andere beseitigen kann. Ein Staat von 33 Millionen wird immer nach einem Zugang zum Meer streben. Es muß daher ein Weg der Verständigung gefunden werden. Er ist gefunden worden und wird immer weiter ausgebaut. Das Entscheidende ist, daß beide Staatsführungen und alle vernünftigen und einsichtigen Menschen in beiden Völkern und Ländern den festen Willen haben, das Verhältnis immer mehr zu bessern.“[86]

Waren das wirklich die Worte eines „kriegslüsternen Machthabers“? Hatte Hitler nicht eine vernünftige und friedliche Lösung des Korridorproblemes gefordert, während man in Polen den „Marsch nach Berlin“ herbeisehnte? Gegen die maßlosen polnischen Gebietsansprüche waren nachfolgende sieben Marienwerder Vorschläge der Reichsregierung zur Lösung der Danziger- und Korridorprobleme eindeutig von der Verantwortung zum Frieden geleitet:

1. Die freie Stadt Danzig kehrt zum Reich zurück
2. Durch den Korridor (der sogenannte polnische Korridor, ehemals Westpreußen, d.Verf.) wird eine exterritoriale, Deutschland gehörende Reichsautobahn und eine dazugehörige, exterritoriale Eisenbahn gelegt
3. Polen erhält im Danziger Gebiet ebenfalls eine exterritoriale Straße oder Autobahn, eine Eisenbahn und einen Freihafen
4. Polen erhält eine Absatzgarantie für seine Waren im Danziger Gebiet
5. Die beiden Nationen garantieren ihre gemeinsamen Grenzen

6. Der deutsch-polnische Vertrag (vom Jahre 1934, d.Verf.) wird um 10 bis 25 Jahre verlängert
7. Die beiden Länder fügen ihrem Vertrag eine Konsultationsklausel bei

Obwohl Polen in Gdingen nahe Danzig seit 1920 einen eigenen Kriegs- und Handelshafen ausbaute, der bereits 1933 einen um eine Million höheren Warenumschlag als der Danziger Hafen hatte, bot Hitler den Polen dennoch die Möglichkeit eines Freihafens in Danzig an.[87]

Dieses mäßige und vernünftige Angebot der deutschen Reichsregierung an Polen stammt vom 24. Oktober 1938. Der darauf folgende Besuch des deutschen Außenministers in Polen blieb aber ohne das gewünschte Ergebnis; Polen lehnte jedwede Verhandlung zur friedlichen Lösung kategorisch ab. Trotzdem fand Hitler in seiner Reichstagsrede vom 30. Jänner 1939 gegenüber Polen versöhnliche Worte. Am 25. März 1939 gab Hitler seinem Außenminister die Weisung:

„Der Führer wünscht nicht, die Danziger Frage gewaltsam zu lösen. Er wünscht nicht, Polen hiermit in die Arme Großbritanniens zu treiben. Eine eventuelle militärische Besetzung Danzigs käme nur in Betracht, wenn L. (gemeint war Lipski, poln. Botschafter in Berlin, d.Verf.) durchblicken läßt, daß die polnische Regierung eine freiwillige Rückgabe Danzigs ihrem Volk gegenüber nicht vertreten könne und ihr die Lösung durch ein fait accompli erleichtert würde."[88]

Der britische Historiker A. J. P. Taylor war der Meinung: "...daß Hitlers Ziel nicht die Zerstörung Polens war, sondern mit Polen zu einem Bündnis zu kommen. Dafür sprachen auch seine maßvollen Forderungen."[89]

Doch der polnische Botschafter Lipski kehrte am 26. März 1939 nach Berlin zurück und teilte der deutschen Führung die Weigerung seiner Regierung mit. Derselbe Lipski war es auch, der später und zwar am 31. August 1939 dem britischen Botschaftsrat Forbes in Berlin mitteilte:

„...daß er in keiner Weise Anlaß habe, sich für die Noten von deutscher Seite zu interessieren. Er kenne vielmehr die Lage in Deutschland nach seiner fünfeinhalbjährigen Tätigkeit als Botschafter gut und habe intime Verbindung zu Göring und anderen aus maßgeblichen Kreisen; er erklärte, davon überzeugt zu sein, daß im

Falle eines Krieges Unruhen in Deutschland ausbrechen und die polnischen Truppen erfolgreich gegen Berlin marschieren würden."[90]

Solche und ähnliche, bewußt falsche Informationen einzelner Kriegshetzer trugen wesentlich zum Kriegsentschluß der britischen und französischen Regierung bei. Auch der polnische Außenminister Beck verkannte bewußt die Realitäten, als er am 5. Mai 1939 vor der Sejm, dem polnischen Reichstag, wörtlich erklärte:

„Ein Staat mit Selbstachtung macht keine Zugeständnisse. Wo bleibt denn die Gerechtigkeit? Den deutschen Vorschlägen geht in dieser Hinsicht jede Klarheit ab."[91]

Eine völlige Fehleinschätzung der politischen Gegebenheiten, denn gerade Deutschland machte ja Zugeständnisse, aber man wollte eben keine friedliche Verständigung mit dem deutschen Nachbarn.

Das beurteilte auch der britische Botschafter in Berlin Henderson so, wenn er am 26. April 1939 an seinen Außenminister schrieb:

„Wenn Danzig vor sechs Monaten an Deutschland gefallen wäre, würde kein Hahn danach gekräht haben und ein exterritorialer Korridor durch den Korridor hindurch ist eine durchaus gerechte Regelung. Wenn Schottland von England durch einen irischen Korridor getrennt wäre, würden wir mindestens so viel verlangen, wie es Hitler jetzt verlangt. Wenn man diese Forderungen an und für sich betrachtet, würde es etwas Schlechtes sein, wegen solcher Punkte in einen Weltkrieg hineinzutreiben."[92]

Wenige Tage später äußerte sich derselbe Henderson abermals dazu in seinem Schreiben vom 4. Mai 1939:

„Ich bin von düsteren Ahnungen erfüllt und ich fürchte einen Krieg mehr als im letzten September. Wieder einmal ist die deutsche Sache, was die unmittelbare Frage angeht, weit davon entfernt, ungerechtfertigt oder unmoralisch zu sein. Wenn ein unparteiischer Marsbewohner als Schiedsrichter amtieren müßte, so kann ich nicht glauben, daß er ein anderes Urteil fällen würde als eines, das mehr oder weniger in Übereinstimmung mit dem Angebot Hitlers ist. Der Großteil der gemäßigten Deutschen, die gegen einen Weltkrieg sind, steht hinter Hitlers Angebot an Polen. Nur die Radikalen werden sich freuen, wenn Polen kompromißlos ist. Die Polen spielen derzeit nur das Spiel der Radikalen in Deutschland.

Nach Aussagen meines belgischen Kollegen betrachten fast alle diplomatischen Vertreter hier das deutsche Angebot als ein überraschend günstiges. Der holländische Gesandte, der amerikanische Geschäftsträger und mein südafrikanischer Kollege haben zu mir in diesem Sinne gesprochen.

Mir aber graut bei dem Gedanken, daß unser Schicksal in den Händen der Polen liegt. Sie sind ohne Zweifel heroisch, aber auch Narren und fragen sie jemand, der sie kennt, ob man ihnen trauen kann."[93]

Hamilton Fish, ein Insider der amerikanischen Politik des Zweiten Weltkrieges sagt in seinem Werk „Der zerbrochene Mythos" zu Danzig:

„Die Rückgabe Danzigs hätte dies alles verhindert: Die Invasion Polens, das Wirksamwerden des Hitler-Stalin Paktes, die Sowjetisierung des Landes und schließlich Hitlers Vernichtungspolitik gegenüber den polnischen Juden."[94]

Der Historiker M. Freund, der durchaus nicht zu den Bewunderern Hitlers gehörte, schrieb dazu korrekt und nüchtern:

„Es ist in der Tat schwer zu bestreiten, daß keine deutsche Regierung weniger fordern konnte, als es Hitler in seinen Vorschlägen tat."[95]

Leider ging es aber innerhalb der westlichen Regierungen nicht darum, die maßvollen Vorschläge Deutschlands, sondern vielmehr die maßlosen Forderungen Polens zu unterstützen. Der amerikanische Historiker David Hoggan schrieb dazu:

„Hitlers Angebot vom Oktober 1938 war der vernünftigste Vorschlag, den Polen seit 1918 erhalten hatte."[96]

Die Deutschen, die trotz eines wiederaufstrebenden Staatswesens noch immer die Niederlage von 1918 mit all ihren Folgen vor Augen hatten, wollten keinen Krieg. So berichtete beispielsweise auch der US-Geschäftsträger Geist am 6. April 1939 aus Berlin:

„Die friedliche Stimmung in der Reichshauptstadt steht in starkem Gegensatz zu Paris und London, wo Kriegsgerüchte und Kriegsgerede das Thema des Tages sind. In Berlin dagegen herrscht allgemein das Vertrauen, man könnte 1939 den Frieden erhalten."[97]

Währenddessen wurde überall in Polen, wo Deutsche seßhaft waren, der Haß gegen alles Deutsche weiter geschürt, was schließlich dann in *unmenschlichen Blutbädern* endete, denen wehrlose deutsche Männer, Frauen und Kinder ausgeliefert waren.

Diese fanden ihren Höhepunkt im bereits historischen „Bromberger Blutsonntag" vom 12. September 1939. (Diese Stadt hatte bevor die Vertreibungen und Verschleppungen begannen einen deutschen Bevölkerungsanteil von rund 70 Prozent, d. Verf.) Dem bestialischen

Abschlachten der Deutschen an diesem Tag, ging der Geheimbefehl Nr. 59 an alle Wojewoden voraus, wodurch eindeutig feststeht, dass es sich dabei um eine zentral organisierte Aktion gehandelt hat. Das Verhör der an dieser Bartholomäusnacht in Bromberg beteiligten Verhafteten hat dann noch ergeben, dass die jeder Beschreibung spottenden Grausamkeiten von zwei britischen Agenten des Secret Service planmäßig vorbereitet und unter Mithilfe des Hetzjournalisten Stanislaw Strombski durch Teile der polnischen Bevölkerung dann bestialisch ausgeführt, die noch vorhandene deutsche Bevölkerung weitestgehend ausgerottet wurde. Diese Verbrechen gegen ethnische Minderheiten wurden also schon damals nicht nur toleriert, sondern vom Geheimdienst eines angeblich kultivierten Staates auch noch gefördert.

Zur Schuldfrage des Zweiten Weltkrieges scheint auch ein schon 1939 in deutscher Übersetzung erschienenes Buch des französischen Publizisten Pierre Valmigere außerordentlich aufschlußreich zu sein. Der Verfasser warf darin den Herrschenden in Paris vor, ein gefährliches Spiel mit Polen gegen Deutschland zu treiben. Wörtlich sagt er dort:

„Deutschland will mit Frankreich Frieden. Es erkannte endlich die Grenze fest an, die Jahrhunderte hindurch schwankte. Was wollt ihr also noch? Ihr stützt euch auf etwas Ungewisses: den polnischen Nationalismus. Was sage ich? Auf etwas Ungewisses, auf einen sicheren Konflikt! ... Weiß Frankreich, daß dieses Polen noch nicht zufrieden mit seinen vierzig Prozent Fremdstämmigen ist, daß es die Großmannssucht und den Kilometerwahnsinn so weit treibt, daß es Schlesien von Beuthen bis Oppeln, die ganze Ukraine, Danzig und Ostpreußen aufsaugen will? Ich habe hier die Reden seiner Staatsmänner, seine Zeitungen und Bücher vor mir liegen. Niemals ist in der Geschichte der Heißhunger nach Land bis zu einem derartigen Wahnsinn getrieben worden. Und die Völker, deren es sich bemächtigt hat, die tyrannisiert es, beleidigt es, zermürbt es. Und wir sollen für dieses Polen mit Deutschland Krieg führen?“[98]

Auch der amerikanische Historiker polnischer Herkunft, Edward J. Rozek, sagt zu Polen in seinem 1958 in New York erschienenen Buch:

„...daß es für Polen besser gewesen wäre, sich 1939 friedlich mit Deutschland zu verständigen, statt auf London, Paris und Washington zu hören, die zur Hartnäckigkeit rieten.“ „Vermutlich wäre“, so spinnt er den Faden weiter, „eine Kriegsbeteiligung auf deutscher

Seite für Polen günstiger gewesen. Frankreichs und Englands Haltung ist nie auf den Gefühlen aufrichtiger Freundschaft zu Polen begründet gewesen. Die Garantieerklärung für Polen sei 1939 nur aus Selbstsucht erteilt worden, weil London eine europäische Neuordnung zu Lasten Englands befürchtet hat."[99]

Aber die Polen zusätzlich noch mehr zum Größenwahn getrieben hat die Erklärung Roosevelts, der Warschau durch seinen Adlatus Bullitt wissen ließ, daß Amerika zwar nicht sofort, aber zu einem späteren Zeitpunkt ganz sicher in den Krieg eingreifen würde, um diesen dann zu Gunsten Polens und der Westmächte zu entscheiden. Sie hat also die Polen endgültig zu einer harten und intoleranten Haltung bewogen. In die Friedensbemühungen Hitlers platzte daraufhin die Bombe von der polnischen Teilmobilmachung am 23. August 1939, der dann am 30. August die Generalmobilmachung folgte.

Einen Tag nach dieser provokanten allgemeinen Mobilmachung erschien der polnische Botschafter Lipski bei Ribbentrop, um eine Weisung seiner Regierung zu verlesen. Da es aber der deutschen Abwehr zwischenzeitlich gelungen war, eine geheime Depesche des polnischen Außenministers Beck an Lipski zu dechiffrieren, wußte man bereits, daß Letzterer keinerlei Vollmachten für weitere Verhandlungen besaß, weshalb ihn Ribbentrop nach wenigen Minuten wieder hinausbegleiten ließ.

Da aus diesem Verhalten die Absicht Polens, es mit Deutschland auf einen Krieg ankommen zu lassen, klar hervorging, sah Hitler alle seine Bemühungen um eine friedliche Lösung als gescheitert an und erließ am 1. September 1939, dem Beginn der Kampfhandlungen, folgenden Befehl:

„Jetzt, da sich alle politischen Möglichkeiten erschöpft haben, mit friedlichen Mitteln einer Lage an der östlichen Front Herr zu werden, die für Deutschland unerträglich ist, habe ich mich zu einer Lösung durch Gewalt entschlossen."

In den Morgenstunden dieses 1. September haben dann deutsche Truppen die polnische Grenze überschritten und Hitler hielt dazu eine Rede vor dem Reichstag, die mit den Worten begann:

„Seit 5 Uhr 45 wird jetzt zurückgeschossen und von jetzt an wird Bombe mit Bombe vergolten..."

Schon einen Tag später schien Polens Lage so gut wie aussichtslos und dies, obwohl seinen 80 Divisionen nur 53 auf deutscher Seite gegenüberstanden.

An dieser sich anbahnenden Niederlage änderte auch ein letzter Vermittlungsversuch Mussolinis nichts mehr, weil dabei die Briten verlangten, daß die deutschen Truppen zuerst alle bereits eroberten Gebiete räumen sollten. Da aber bei einem Waffenstillstand alle Truppen dort Gewehr bei Fuß verhalten, wo sie gerade stehen, hätte keine siegreiche Armee der Welt ein solch widersinniges Verlangen akzeptiert. Polen schlitterte also seinem Untergang entgegen, ohne daß die Verbündeten, die es in diesen Krieg gehetzt haben, auch nur einen Finger zu seiner Unterstützung gerührt hätten. Dazu kam noch, daß nur etwas mehr als zwei Wochen nach diesem Kriegsbeginn Hitlers auch die Rote Armee die Ostgrenze Polens überschritt, um sich jenen Teil dieses Landes zu sichern, der ihr im Hitler-Stalin-Pakt zugesichert worden war.

Dieser zweite Schlag besiegelte endgültig das Schicksal Polens, das in seinem Größenwahnsinn überzeugt davon war, in wenigen Tagen vor Berlin zu stehen.

Wie gleichgültig aber das Schicksal Polens den Westmächten tatsächlich gewesen ist, beweist auch die Tatsache, daß man tatenlos und ohne Protest hingenommen hat, daß durch diesen Schritt Stalins dreizehn Millionen polnischer Staatsbürger der ukrainschen Sowjetrepublik einverleibt wurden, von denen dann ein beachtlicher Teil der Oberschicht in Katyn im Frühjahr 1940 liquidiert wurde. In diesem Dorf westlich von Smolensk haben die Sowjets nicht weniger als 25.000 Mann polnischer Militärs, größtenteils Offiziere, durch Genickschuß getötet und in Massengräbern verscharrt: Ein Admiral, zwölf Generäle, einhunderteinundvierzig aktive Offiziere im Range eines Oberst und tausende Reserveoffiziere, die im Zivilberuf Rechtsanwälte, Richter, Staatsanwälte, Priester, Ärzte und Gutsbesitzer waren, wurden dort brutal ermordet und so Polen einer gesellschaftlichen Klasse, nach der marxistischen Ideologie Klassenfeinde, beraubt.

Für dieses grausame Verbrechen wurden noch im Jahre 1947 vier hohe deutsche Offiziere von einem sowjetischen Gericht zum Tode verurteilt und hingerichtet.

Aber zumindest genau so verlogen und hinterhältig ist die Tatsache, daß wegen desselben Massenmordes der Sowjets deutsche Generale in Nürnberg verurteilt und gehenkt wurden, obwohl Engländer und Amerikaner schon 1943 *nachweislich wußten,* daß es sich bei Katyn um ein *Verbrechen der mit ihnen verbündeten Russen* handelt. Nur um die Allianz mit dem Massenmörder Stalin nicht zu gefährden, deckten Churchill und Roosevelt eines der grausamsten Verbrechen dieses Krieges und reihten sich auch damit würdig in die Liste der Kriegsverbrecher des Zweiten Weltkrieges ein.

Der Einmarsch Hitlers in Polen war genau jener Schritt, den sich die Kriegstreiber Churchill und Roosevelt wünschten, aber der wahre Aggressor ist ja bekanntlich derjenige, der seinen Gegner zwingt, zu den Waffen zu greifen.

Trotz vieler Hinweise ausländischer Diplomaten auf die vernünftigen deutschen Angebote und die friedliche Stimmung in Deutschland wurde im Gegensatz dazu in London, Paris und Washington alles getan, um die bestehenden Spannungen noch zu erhöhen und weiter zu schüren. Es war aber nicht nur die Intransigenz der polnischen Regierung gegenüber allen deutschen Vermittlungsvorschlägen, sondern insbesondere auch die Entschlossenheit der deutschfeindlichen Kräfte vor allem in London, die darauf aus waren, um jeden Preis einen Krieg zu entfesseln.

Die öffentliche Meinung Londons wurde wesentlich von Churchill beeinflußt, dem es nicht um die Zerstörung des Kaiserreiches, der Weimarer Republik oder des NS-Regimes ging, sondern der sein Ziel einzig und allein in der Niederwerfung und völligen Vernichtung Deutschlands sah.

Nach dem Blitzkrieg und dem Sieg über Polen tat sich dann auf militärischem Gebiet sieben Monate lang so gut wie nichts. Da es aber Hitlers feste Absicht war, damit diesen Krieg zu beenden, hat sich Deutschland während dieser Zeit intensiv bemüht, mit England zu einem Kompromißfrieden zu kommen und Hitler, der keinerlei territoriale Ansprüche stellte, fragte in seiner Reichtagsrede vom 6. Oktober 1939 berechtigterweise: „Wozu soll nun ein Krieg im Westen stattfinden?“

Diese Friedensbemühungen durchkreuzten natürlich die Pläne Churchills; er und Chamberlain erteilten ihnen deshalb auch prompt eine klare Absage. Erst danach begann sich Deutschland auf eine Westoffensive vorzubereiten.

Der Frankreichfeldzug wurde dann zum größten militärischen Erfolg nicht nur seitens der Deutschen Wehrmacht sondern auch Hitlers als Feldherr, weil er diesen nachweislich aus der großen Enttäuschung über die endgültige Ablehnung seiner Friedensbemühungen selbst geplant hatte.

Frankreich hatte Deutschland den Krieg erklärt und wurde trotz der als uneinnehmbar geltenden Maginotlinie, die die Großmacht schützen sollte und der sie vertraute, in knapp mehr als sechs Wochen besiegt und zur Kapitulation gezwungen.

Mit diesem spektakulären Sieg der Deutschen Wehrmacht wurde eine völlig neue strategische Lage geschaffen, denn zwischen der Roten Armee und der Atlantikküste stand nun nur noch die Deutsche Wehrmacht. Und deshalb ist es auch ausschließlich dem deutschen Soldaten zu verdanken, daß nicht ganz Kontinentaleuropa unter die Gewaltherrschaft Stalins gekommen ist. Eine historische Tatsache, die der heute gültige Konformismus und mit ihm die verlogenen Hohepriester des Schuldkultes wohlweislich verschweigen.

Hitlers wiederholte Friedensangebote konnten einfach nicht in Churchills Pläne passen. Hatte er sich doch bereits 1936 gegenüber dem US-General Wood wie folgt geäußert:

„Deutschland wird zu stark, wir müssen es zerschlagen!“[100] Und nun sollte er so kurz vor der Verwirklichung dieses Zieles das Erreichte aufgeben? Das schien ihm damals nicht opportun und er gab sogar 1946 – also zehn Jahre später – nochmals zu, daß:

„der Krieg nicht allein um die Beseitigung des Faschismus in Deutschland, sondern um die Erringung der deutschen Absatzmärkte geführt wurde.“[101]

Ein bedeutendes, revisionistisches Buch des jungen englischen Historikers John Charmley, Dozent für Geschichte an der Universität of East Angela, welches in Großbritannien vor kurzem unter dem Titel „Churchill: The End of Glory“ erschienen ist, hat das britische Establishment erschüttert. Dies umsomehr, als ihn dabei ein ehemaliger Verteidigungsminister in der Person Alan Clarks unterstützt. Beide vertreten die Meinung, daß Churchill der Welt „Blut, Schweiß und Tränen“, die der Krieg seine Landsleute kostete, ersparen hätte können, wenn er zumindest das Friedensangebot, das Hitlers Stellvertreter Rudolf Heß mitbrachte, als er über Schottland absprang, angenommen hätte. Hinsichtlich der Kriegsschuldfrage spielte dieser bravouröse Flug von Heß am 10. Mai 1941 immer schon eine besondere Rolle. Charmley bestätigt nun, daß es im Frühjahr 1941 durchaus die Möglichkeit gegeben hätte, den damals auf Europa begrenzten Krieg zu beenden, bevor er zum Weltkrieg wurde, wenn in England nicht der Kriegstreiber und Ehrgeizling Churchill im Amt gewesen wäre. Anstatt aber von den Briten angehört zu werden, wurde Heß ins Gefängnis geworfen und blieb lebenslang hinter Gitter. Kurz vor seiner Freilassung aus der Festung Spandau wurde er dann 1987 vermutlich von britischen Agenten ermordet. Der Autor Charmley untergräbt darin eindeutig Churchills Ruf als Retter Britanniens im Zweiten Weltkrieg.

Bemerkenswert daran ist, daß es das erste Werk des „Establishments“ ist, das den Mythos um Churchill in Frage stellt, obwohl zahlreiche andere revisionistische Historiker, darunter Francis Neilson, Harry Elmar Barnes und in jüngerer Zeit David Irving schon lange die Wahrheit über Churchill berichtet haben. Der ehemalige Verteidigungsminister Clark sagt zu Charmleys Buch:

„Diese Tatsachen zum Ausdruck zu bringen war Ketzerei. Churchills Amtszeit als Premierminister war die Geschichte eines Rattenfängers über verpaßte Gelegenheiten, nutzlose Erniedrigung, die wir erdulden, und schmerzhaftes Lösegeld, das wir mit Blut und Wohlstand bezahlen mußten.“[102]

„Dr. Charmleys Buch hat ein vierzig Jahre altes Tabu durchbrochen und eine überhebliche historische Orthodoxie aus den Angeln gehoben. Die heutige historische Ketzerei hat die nervös machende Tendenz, morgen zur grauen Orthodoxie zu werden“,[103] hieß es in einem Artikel der „London Times“, ohne Namensnennung des Verfassers.

Es ist bezeichnend für die Verlogenheit unserer Zeit, daß diese neueste Biographie kein amerikanisches Verlagshaus veröffentlichen will, obwohl es im bekannten englischen Verlag Hodder & Stougthon in London erschienen ist. Trotzdem tragen solche mutigen Veröffentlichungen dazu bei, daß die von den Siegern nach 1945 aufgebauten Geschichtslügen mehr und mehr in sich zusammenstürzen.

Einen Gesinnungsgenossen und Bündnispartner fand Churchill in dem damaligem US-Präsidenten Roosevelt, der ihn bereits zu einer unnachgiebigen Haltung gegenüber Deutschland ermuntert hatte und vor dem amerikanischen Kongress sagte:

„Die kriegslüsternen Banden von Militaristen in Deutschland müssen ausgerottet werden. . .Wenn wir den Raubtieren dieser Welt nicht die Fangzähne reißen, vermehren sie sich, nehmen an Kraft zu. In knapp einer Generation werden sie uns wieder an die Kehle springen.“[104]

Dieser Deutschenhasser Roosevelt spielte sich also seit vielen Jahren als Moralapostel auf, der sich heuchlerisch den Mantel christlicher Nächstenliebe umhängte, aber das amerikanische Volk bewußt in einen Krieg hineintrieb, mit dem es überhaupt nichts zu tun hatte. Dabei hatte er bewußt vergessen, daß es Amerika war, das im Ersten Weltkrieg Deutschland „an die Kehle sprang“ und daß die

„kriegslüsternen Banden in Deutschland" seit der amerikanischen Verfassung (1788) weniger Kriege geführt hatten als die Vereinigten Staaten."[105]

Der britische Militärhistoriker J. F. C. Fuller schrieb zur damaligen Kriegssituation:

„Weigand, der älteste der amerikanischen Journalisten in Europa, erzählte, daß er am 25. April 1939 zum US-Botschafter in Paris Bullitt gerufen wurde, der ihm erklärte, der Krieg in Europa ist eine beschlossene Sache. Amerika wird in den Krieg eintreten, nach Frankreich und Großbritannien."[106]

Man war sich also seit langem darüber einig, daß der so lang erhoffte Kampf gegen Deutschland vor der Türe stand. Man brauchte daher nichts anderes zu tun, als die Spannungen zwischen Polen und Deutschland zu schüren. Man bot den Polen Beistandsgarantien an und gab ihnen das Gefühl der Sicherheit, in einer kriegerischen Auseinandersetzung mit Deutschland nicht allein zu sein. So erklärte der britische Premier Chamberlain ganz offen schon am 31. März 1939:

„Jede Veränderung in den Rechtsverhältnissen zwischen Polen und Deutschland bzw. Danzig lösen den Krieg gegen England aus, falls die Polen der Auffassung sind, daß eine Beeinträchtigung ihrer Rechte vorliegen sollte."[107]

Wie ehrlich und aufrichtig aber die Beistandserklärungen tatsächlich gemeint waren, erfuhren die Polen dann im September 1939, als sie ihrem Schicksal überlassen wurden, aber auch nach 1945, als man sie gnadenlos den sowjetischen Machthabern auslieferte. Beides hatten die Polen nicht geahnt. Sie glaubten den westlichen Versprechungen und ihr Glaube war Grundlage der starrköpfigen Haltung, die in ständigen Haßtiraden gegenüber Deutschland gipfelte. So schrieb am 10. August 1939 die angesehene Zeitung „Kurjer Polski":

„Wir fordern die Zerstörung Deutschlands, so wie Karthago vor zweitausend Jahren hatte zerstört werden müssen."[108]

Aus deutscher Sicht mußte man aber trotzdem annehmen, daß es sich um ein verbales Säbelgerassel handelt. Man konnte und wollte nicht wahrhaben, daß es nach den bisher unblutigen Erfolgen bei der Rückführung deutschen Bodens und vor allem deutscher Bevölkerung in den verschiedenen Gebieten wegen der rechtmäßigen Forderung nach einem exterritorialen Korridor und der Rückgliederung der uralten deutschen Hansestadt Danzig tatsächlich zu einem Krieg kommen würde.

Die vorangegangenen Erfolge machten Hitler Mut, auch in der Danziger Frage ein „Vabanquespiel" zu wagen. Er konnte sich nicht vorstellen, daß England und Frankreich wegen dieser Frage einen Krieg riskieren würden. Er war der Meinung, daß ein schneller Präventivschlag gegen Polen zumindest England zum Einlenken bewegen sollte. Aber das war ein Irrtum, denn auf eine solche Gelegenheit hatte man ja schon lange gewartet: Polen hatte einen Großteil seiner Kräfte an der deutschen Westgrenze zusammengezogen; es war zum Kampf bereit. Und Churchill sagte dazu im November 1939:

„Dieser Krieg ist ein englischer Krieg und sein Ziel ist die Vernichtung Deutschlands."[109]

Deutlicher konnte man es wirklich nicht mehr sagen! Es ging nicht um den Beistand Polens sondern um die Vernichtung Deutschlands und seiner Wirtschaftskraft. Erst 13 Jahre später hat dann Churchill am 30. Juli 1952 vor dem Unterhaus diesen Fehler mit den bekannten Worten zugegeben:

„Wir haben das falsche Schwein geschlachtet!"[110] und bestätigte damit auch indirekt Hitlers berechtigte Mahnungen vor der Gefahr einer Bedrohung Europas durch den Bolschewismus.

Daß Churchill – im Gegensatz zu Roosevelt – später seine begangenen Fehler wenigstens teilweise eingesehen hat, beweist auch die folgende Festellung in seinem Buch „Der Zweite Weltkrieg", wo er 1948 schreibt:

„Eines Tages sagte mir Präsident Roosevelt, daß er die Öffentlichkeit um Anregungen ersuche, wie der Krieg benannt werden sollte. Ich erwiderte sofort: *„Der unnötige Krieg"*. Denn niemals hätte sich ein Krieg leichter verhindern lassen als dieser, der soeben alles vernichtet hat, was von der Welt nach dem vorangegangenen Kampf noch übrig geblieben war."[111]

Trotzdem gibt es seit dem Nürnberger Tribunal für den Ausbruch des Zweiten Weltkrieges nur einen einzigen Schuldigen und der heißt Hitler. Diese Geschichtslüge wurde zur historischen Tatsache hochstilisiert und findet sich nicht nur immer wiederkehrend in Medien und Geschichtsbüchern sondern wird sogar von deutschen Politikern benützt, um damit ihr eigenes Volk zu diskriminieren.

So sagte der ehemalige deutsche Kanzler Kohl, der mit der Wahrheit öfter Probleme hatte, anläßlich des 50. Jahrestages des Kriegsausbruches mit Polen:

„Hitler hat den Krieg gewollt, geplant und entfesselt. Daran gibt es nichts zu deuteln."

Obwohl dieser im Zuge der Nürnberger Siegerjustiz aufgestellten Unwahrheit namhafte Historiker des In- und vor allem auch des ehemals feindlichen Auslandes längst widersprechen, wird sie nicht nur von Politikern wie Kohl schändlicherweise verwendet, sondern sie hat nach wie vor in unseren Geschichtsbüchern und Medien immer noch Gültigkeit. Wer dieser Geschichtslüge zu widersprechen wagt, kann deshalb auch nichts anderes als ein unverbesserlicher Faschist sein.

Und wenn ein so namhafter Historiker wie der britische Professor Percival Taylor dazu klar sagt:

„...daß er in Hitler einen Politiker mit maßvollen und durchaus legitimen Forderungen sieht, der 1939 weit von der Absicht entfernt war, einen europäischen Krieg entfesseln zu wollen", dann kann man diesen nur totschweigen und auch seine klar definierte Feststellung, daß „...der Stand der deutschen Rüstung 1939 den entscheidenden Beweis dafür liefert, daß Hitler nicht an einen allgemeinen Krieg dachte und wahrscheinlich überhaupt keinen Krieg wollte",[112] nur ebenso bewußt ignorieren.

Wie sehr Hitler dieser Krieg, in den er hineingezwungen worden war, bedrückte und mit Sorgen erfüllte, geht wohl am besten aus einem Gespräch hervor, das er mit seinem Jugendfreund August Kubizek anläßlich der Eröffnung der Wagner-Festspiele am 23. Juli 1940 in Bayreuth geführt hat. Dieser Autor, der als eine der wenigen, international anerkannten Quellen aus dieser frühen Zeit Hitlers gilt, sagt dazu in seinem Buch:

„Hitler führte mich gegen die Längswand des Raumes. Hier stehen wir allein, während die Gäste abseits von uns ihre Gespräche fortführen. Er hält meine Hand fest, blickt mich lange an und sagt: "Diese Aufführung ist heuer die einzige, die ich besuchen kann. Aber es geht nicht anders, es ist Krieg." Und mit einem grollenden Unterton in der Stimme: "Dieser Krieg wirft uns um viele Jahre in der Aufbauarbeit zurück. Es ist ein Jammer. Ich bin doch nicht Kanzler des Großdeutschen Reiches geworden, um Krieg zu führen... Dieser Krieg nimmt meine besten Jahre. Sie wissen, Kubizek, wieviel ich noch vor mir habe, was ich noch bauen will. Das möchte ich aber noch selbst erleben, verstehen sie mich? Sie wissen am besten, wie viele Pläne mich von Jugend auf beschäftigten. Nur wenige davon konnte ich bisher in die Tat umsetzen. Noch habe ich unerhört viel zu tun. Wer soll es machen? Und da muß ich zusehen, wie mir der Krieg die wertvollsten Jahre nimmt. . . Die Zeit bleibt nicht stehen.

Wir werden älter, Kubizek. Wie viele Jahre noch – und es ist zu spät, um das zu verwirklichen, was noch nicht geschehen ist."[113]

Wenn also gebetsmühlenartig immer wieder dieselben Anschuldigungen bezüglich Polens wiederholt werden, so muß ebenso klar im Detail gesagt werden: Deutschland hat Polen im Jahre 1939 nicht grundlos angegriffen, auf keinen Fall aber aus reiner Macht- oder sogar Eroberungspolitik. Die wiederholten Forderungen nach deutschen Gebieten wie Ostpreußen, Danzig, Pommern und Schlesien, die Mißachtung der Minderheitenrechte der Volksdeutschen in Polen, die auch von ausländischen Persönlichkeiten bestätigten Haßausbrüche gegen Deutschland in den polnischen Medien und die Kriegsvorbereitungen der polnischen Armee, vor allem die Truppenkonzentrationen an der Westgrenze widerlegen deutlich diese Behauptung von einem „geplanten Überfall Hitlers auf Polen."

Welch provokativ-schändliches Spiel die Polen trieben, geht auch aus dem folgenden Vorgang hervor, der sich vor der deutschen Kriegserklärung zugetragen hat:

Lipski, der bereits erwähnte polnische Botschafter in Berlin, wurde vom britischen Botschafter Henderson beschworen, die so maßvollen Vorschläge Hitlers anzunehmen, was dieser ablehnte und seinerseits erklärte, daß, wenn England und Frankreich Polen im Stich lassen würden, sein Land bereit sei „to fight and die alone" (allein zu kämpfen und zu sterben, Anm.d.Verf.) Er sei überzeugt, daß im Falle eines Krieges zwischen Polen und Deutschland eine Revolution in Deutschland ausbrechen und die polnischen Truppen innerhalb von 14 Tagen siegreich nach Berlin marschieren würden.

Diese Äußerungen Lipskis hat der schwedische Vermittler Birgher Dahlerus als Zeuge unter Eid vor dem Nürnberger Militärtribunal bestätigt.

Der schwedische Gelehrte und Forscher Sven Hedin schrieb in seinem Buch „Amerika im Kampf der Kontinente":

„Die diplomatischen Akten der neueren Geschichte werden kaum ein Schriftstück aufweisen, das diesem Vorschlag an Mäßigung, an Entgegenkommen und Verständnis für die Bedürfnisse eines anderen Landes entgegenkommt. Daß die Polen ihn trotzdem nicht einmal einer Empfangsbestätigung für wert hielten, kann nur durch die inzwischen bekanntgewordene Tatsache erklärt werden, daß es sich nicht nur auf seine europäischen Freunde Großbritannien und Frankreich verließ, sondern vor allem auch auf die Unterstützung der Vereinigten Staaten. Roosevelt hatte sie ihm durch seine Botschafter in

Warschau und Paris zusagen lassen. In London ist behauptet worden, daß der deutsche Vorschlag so spät abgesandt wurde, daß die Warschauer Regierung gar nicht darauf antworten konnte. Der deutsche Einmarsch in Polen sei so schnell erfolgt, daß der ganze Vorschlag wahrscheinlich nicht ernst gemeint war. Diese Behauptung ist unwahr.

Man kann beim Studium der Geschichte der neuen Zeit selten mit Sicherheit sagen, daß ein Krieg zwischen zwei Ländern oder Mächten an dem Tag und zu der Stunde der Kriegserklärung oder der ersten Kampfhandlungen begann.

Auch bei beiden Weltkriegen, die über Europa hereinbrachen, reichen die Ereignisse, die diese Kriege schließlich unabwendbar machten, weit zurück. Die Schüsse von Sarajewo fielen nicht von ungefähr, sondern zerrissen mit ihrem Schall das dunkle Gewölk, das sich schon lange am Himmel über Europa zusammenbraute. Noch weniger hat der Zweite Weltkrieg am 1. September 1939 in dem Augenblick begonnen, in dem deutsche Truppen die polnische Grenze überschritten. Er wurde aus dem Ersten Weltkrieg geboren, zumindest in der Stunde, da die Vertreter von 32 Nationen im Spiegelsaal von Versailles ihre Unterschrift unter ein Dokument setzten, das man fälschlicherweise als Friedensvertrag bezeichnete."[114]

In den Generalstäben aller Armeen werden vorsorglich für eventuelle Kriegsfälle Pläne für Angriff und Verteidigung ausgearbeitet. Nach der alten Regel: Angriff ist die beste Verteidigung, gilt auch heute noch der „Erstschlag" als die erfolgreichste strategische Lösung. Nach dieser Regel verfuhr also gezwungenermaßen in Polen nicht nur die deutsche Wehrmacht sondern handelten auch vorher und nachher die Armeen vieler anderer Mächte. So erfolgte der Einmarsch sowjetischer Truppen in Polen im September 1939 ebenfalls ohne jegliche Vorwarnung oder Kriegserklärung. Auch der Angriff sowjetischer Truppen auf das finnische Nachbarland im November 1939 geschah ohne Kriegserklärung. Die Sowjetunion tat dies nur zur Realisierung ihrer politischen Ziele, nämlich der Herbeiführung direkter Grenzen zu Deutschland. Für Stalin war der Nichtangriffspakt mit Hitler nur Mittel zum Zweck. Mit der Zusatzvereinbarung gegenseitiger Interessensgebiete hatte Stalin auch Einfluß auf das gesamte Baltikum gewonnen und verleibte sich 1940 Estland, Lettland und Litauen ein. Die Sowjetunion hatte damit ihre Grenzen um zwei- bis dreihundert Kilometer westwärts verschoben und den direkten Grenzkontakt zum Deutschem Reich gewonnen. Ohne diese Tatsache hätte es niemals zu dem angeblichen Überfall auf die Sowjetunion kommen können.

Auch nach 1945 wurden Angriffskriege ohne Kriegserklärung geführt. England, Frankreich und Israel hatten 1956 Ägypten angegriffen. Israel führte 1967 einen Angriffskrieg gegen Ägypten. Die USA kämpften unter großen Opfern vergeblich in Vietnam, um jenes bolschewistische Regime zu vernichten, welches einst ihr Verbündeter gegen Deutschland war. Die Sowjets und die USA (2001) kämpften in Afghanistan und England griff 1982 Argentinien wegen des Falklandkonfliktes an. Nur ein paar Beispiele von Angriffen auf andere Staaten, die sich viel später Regierungen jener Staaten zuschulden kommen ließen, die 1945 über Deutschland zu Gericht saßen. Was moralisch verwerflich ist, kann auch in der Politik unmöglich richtig sein. Aber die Sieger umgaben sich wie so oft in der Geschichte mit dem Mantel völliger Unschuld; warum sollte man nicht einmal mehr den bösen Deutschen alle Schuld in die Schuhe schieben?

Dies ist hinreichend geschehen und geschieht leider auch heute noch, weshalb es wichtig erscheint, gerade auch zu dieser Frage einige Kriegs-Historiker und Wissenschaftler der ehemaligen Feindmächte zu Worte kommen zu lassen.

So stellt der weltweit anerkannte und kaum deutschfreundliche englische Militärschriftsteller Sir Lidell Hart in seiner „Geschichte des Zweiten Weltkrieges“ zur Kriegsschuldfrage ausdrücklich folgendes fest:

„Die deutsche Armee war im Jahre 1939 nicht bereit für einen Krieg, einen Krieg, den auch seine Generale nicht erwarteten. Nach dem Zusammenbruch Frankreichs 1940 seien den Deutschen die Papiere der alliierten Planungen in die Hände gefallen. Sie zeigten, daß die alliierten Stäbe den Winter über Angriffspläne rings um Deutschland ausgearbeitet hatten. Sie wollten über Norwegen, Schweden und Finnland, Deutschland im Rücken angreifen; sie wollten durch Belgien ins Ruhrgebiet vorstoßen; sie wollten an der fernen Ostflanke, durch Griechenland und den Balkan vorrücken und Deutschlands Ölversorgung abschneiden, indem sie gegen die großen russischen Ölfelder im Kaukasus vorgingen.“[115]

Wer waren also, so gesehen, die wirklichen Aggressoren und Kriegstreiber zu Beginn des Zweiten Weltkrieges? England und Frankreich, die gedrängt von Amerika Deutschland den Krieg erklärt haben, um es von Neuem zu zerschlagen. Daß sie dabei den polnischen Terror und das Versailler Schanddiktat verteidigten, störte sie nicht.

Sicher kann man heute sagen, Hitler hätte sich trotz der ständigen Provokationen Polens und der Unnachgiebigkeit in der Danzig-Frage nicht hineinziehen lassen sollen, das wäre sein Fehler gewesen. Aber ist nicht der wahre Schuldige derjenige, der das Unrecht verursacht und nicht der, der es nicht mehr zu ertragen oder hinzunehmen bereit ist?

Der amerikanische Professor für Geschichte Harry Elmer Barnes stellt zu dieser Frage eindeutig fest:

„Die letzte Verantwortung für den Ausbruch des deutsch-polnischen Krieges lag bei Polen und England, und für die Ausweitung dieses Konfliktes zu einem europäischen Krieg ist in erster Linie England verantwortlich gewesen... Er (Hitler) hatte Polen die größtmögliche Konzession angeboten, welche die Weimarer Republik niemals auch nur im entferntesten unterstützt hätte, nämlich die im Versailler Vertrag festgesetzte Grenze Polens zu garantieren. In der Tat, in Wirklichkeit war es Deutschland und nicht England, das Polen 1938/39 eine bona-fide-Garantie angeboten hat.“[116]

Warum aber findet man bei so klaren und eindeutigen Richtigstellungen durch international anerkannte Wissenschaftler in den Geschichtsbüchern unserer Schulen immer noch die Definition vom längst widerlegten „feigen Überfall Hitlers auf das arme Polen“?

Der bereits vorhin zitierte Lidell Hart liefert in seinem umfangreichen Werk die Erklärung für das Entstehen dieser Fehldefinition:

„Für die Zwecke des Nürnberger Prozesses genügte die Unterstellung, daß der Krieg mit all seinen Folgen auf Hitlers Aggression zurückzuführen sei. Aber diese Erklärung ist zu simpel und sie entspricht auch nicht den Tatsachen. Nach dem Kriegsende sind die wesentlichen deutschen Archive in die Hände der Alliierten gefallen und wir können uns ein präzises Bild von dem außerordentlichen Grad der Kriegsfurcht in den führenden deutschen Kreisen machen. Die plötzliche Kehrtwendung Englands im März 1939 (Abwendung vom Appeasement) hat den Krieg unvermeidbar gemacht.“[117]

Wenn solche eindeutigen und klaren Aussagen durch anerkannte Wissenschaftler unserer ehemaligen Kriegsgegner bei uns immer noch zu keiner Berichtigung eindeutig falscher Geschichtsunterlagen geführt haben, so kann dahinter eigentlich nichts anderes als blinder und dummer Haß stecken.

Auch zum Kriegseintritt Amerikas liegen viele eindeutige Aussagen ehemaliger Kriegsgegner vor, die diesen längst in ein korrekteres Geschichtsbild rücken.

So ist es in Europa kaum bekannt, daß Amerikas Fliegerheld, Charles Lindbergh jr., bereits 1941 in den USA eine Bewegung organisierte, die gegen den Kriegseintritt Amerikas war. Dazu sagte er 1941 in der „New York Times“:

„Wir sind durch eine Minderheit unseres Volkes dem Krieg entgegengeführt worden. Diese Minderheit hat Macht und Einfluß.“[118]

Gemeint war das amerikanische Judentum und es waren daher vorwiegend jüdische Kreise, die ihn auf Grund dieser Aussage denunzierten und auch nicht davor zurückschreckten, ihn als „Nazi“ und „Antisemiten“ zu diskriminieren.

Erst 1954 erfolgte seine Rehabilitierung und die Beförderung zum Brigadegeneral. In seinem „Kriegstagebuch“ hält er weiters ausdrücklich fest, daß „niemand, nicht einmal Deutschland, für die Bedingungen, die den Krieg verursachten, mehr verantwortlich waren, als England und Frankreich ... Wir, die wir behaupten, die Deutschen hätten durch ihre Behandlung der Juden die gesamte Menschheit beschmutzt, haben mit unserer Behandlung der Japaner bewiesen, daß wir um kein Haar besser sind.“[119]

In seinem Buch: „Of flight and life“ zog derselbe Lindbergh eine ernüchternde Bilanz von Sieg und Befreiung. Er schreibt dort:

„Unser Sieg hat nichts zur Lösung der Schwierigkeiten beigetragen, die durch die Einmischung entstanden sind. ... Hunger, Verzweiflung und Millionen Tote sind Belastungszeugen gegen uns. Unsere Bomben haben in wenigen Sekunden Städte zerstört, die von früheren Geschlechtern in Jahrhunderten aufgebaut wurden. Wo sich einst Dome erhoben, gähnen heute Bombentrichter. Düstere Kreuze werfen ihre Schatten über die Gräber der Toten... Kann heute ein Mensch von Kultur um sich blicken und sagen: Wir sind die Sieger?“[120]

Wer waren also, aus der Sicht dieses amerikanischen Generals gesehen, die wirklichen Aggressoren und Kriegstreiber am Beginn des Zweiten Weltkrieges? England und Frankreich, denn sie haben Deutschland in den Krieg getrieben und diesen dann auch letztlich erklärt.

In seinem 1965 erschienenen Buch behauptet auch ein weiterer amerikanischer Historiker, Professor Dr. Kurt Glaser von der Universität Chicago, daß es so gut wie unmöglich sei, die Frage der Kriegsschuld zu beantworten. Wörtlich sagt er dazu:

„Beide Seiten haben gegen die Freiheit und die Menschenwürde gesündigt; beide haben verhängnisvolle Entscheidungen gefällt; beide haben die Strategie der Vernunft vergessen und sich von den Wogen kriegerischer Leidenschaft treiben lassen. Die Völker der ehemaligen Alliierten und die ehemaligen Achsenmächte sind in kaum unterscheidbarem Maße schuldig oder unschuldig. Das deutsche Volk hat daher als Ganzes sicher keine Gründe für besondere Schuldgefühle.“[121]

Frederick John Partington Veale, der britische Jurist und Publizist, hat mehrere Werke herausgebracht, in denen er sich ebenfalls ohne jede Verherrlichung der verbrecherischen NS-Gewaltherrschaft vehement gegen die deutsche Alleinschuld wendet. Er verurteilt dort die antideutschen Gräuellügen und die Siegerheuchelei. Er rät dem deutschen Volk, nicht in einen Nationalmasochismus zu verfallen – leider vergeblich.

„Länger als bei den Siegern haben sich leider bei den Besiegten die Propaganda-Mythen der Alliierten gehalten“, bedauert auch dieser Brite und er fährt fort:

„Während des ersten Weltkrieges ist auch viel über die deutsche Arroganz geschrieben worden, und es wurden viele pittoreske Geschichten erfunden, um sie zu kennzeichnen. Es will heute scheinen, daß dieses Propagandabild doch ein Körnchen Wahrheit enthält. Es ist ganz entschieden eine Art Arroganz, wenn das deutsche Volk als einziges Volk der Welt die Last der „Kollektivschuld“ auf sich nimmt und vor aller Welt seiner Zerknirschung Ausdruck verleiht. Und dies, während andere Völker, die ganz genau so das Recht hätten, an dieser Bürde mitzutragen, es bescheiden vorziehen, ein diskretes Stillschweigen zu bewahren. Diese Anmaßung Germanias, allein in Sack und Asche dasitzen zu wollen, wird aber durch die Tatsachen nicht gerechtfertigt.“[122]

Solche Worte sollten doch endlich einmal auch bei uns Pseudohistoriker und Politiker zur Kenntnis nehmen, die im Namen des Volkes, dem sie angehören und das sie vertreten, immer noch nicht laut genug „mea culpa“ rufen können.

Isaak Goldstein, der aus Budapest stammende und später in Paris wirkende jüdische Geistliche, dessen Familie unter Hitlers Judenverfolgung schwer zu leiden hatte, sagte in einem im Februar 1960 in einer deutschen Zeitung erschienenen Interview über die ständigen Selbstanklagen des deutschen Volkes folgendes:

„Die Deutschen sind nicht schöner als wir, aber auch nicht häßlicher, sie sind nicht besser, aber auch nicht schlechter. Man soll sie nicht bevorrechten, man darf sie aber auch nicht benachteiligen. Sie müssen in ihrem eigenem Land noch frei atmen dürfen. Im Krieg ward ihr Helden und von einer bewunderungswürdigen Tapferkeit. Doch offenbar sind alle Tapferen gefallen. Die Deutschen sollen nicht beschämt sein und sie sollen nicht bitten. Was ich der Bundesregierung zum Vorwurf mache ist die Tatsache, daß sie gegenüber manchen jüdischen Forderungen zu wenig fest ist. Auf lange Sicht belastet das dauernde Nachgeben das deutsch – jüdische Verhältnis mehr als Geradheit und Offenheit."[123]

Ein mutiges Wort eines nicht von Haß geblendeten jüdischen Priesters, welches sich deutsche und österreichische Volksvertreter, die vor einem haßerfüllten amerikanischen Judentum förmlich im Staube liegen, hinter ihre Ohren schreiben sollten. Sie müßten sich bei diesen klaren Feststellungen eines jüdischen Großrabbiners eigentlich schämen, würde die Politik den Charakter nicht allzuoft so sehr verändern, daß solche Kreaturen dann auch ohne Rückgrat aufrecht stehen können.

Schon 1961 verblüffte ein aus der Feder des als Deutschenhassers bekannten Historikers Professor Dr. Alan John Percevale Taylor erschienenes Buch, welches sich mit der Kriegsschuldfrage 1939 auseinandersetzt. Dieser extrem links stehende Oxford-Wissenschaftler erklärt darin fast alles, was das britische Establishment über die Kriegsschuld von 1939 verbreitet hatte, als „Lug und Trug". Die Dokumente beim Nürnberger Tribunal seien nicht nur so ausgewählt worden, „daß sie die Kriegsschuld der Angeklagten demonstrieren, sondern besonders auch um die Schuld der Siegermächte zu verbergen. Deutschland sei 1939 gar nicht für einen längeren Krieg gerüstet gewesen; der Zustand der deutschen Bewaffnung liefere den entscheidenden Beweis, daß Berlin keinen allgemeinen Krieg erwogen und wahrscheinlich Krieg auch überhaupt nicht beabsichtigt habe". Rückblickend lasse sich deshalb sagen, „daß zwar viele Schuld trugen, doch niemand unschuldig war. Der Krieg sei 1939 also keineswegs vorsätzlich durch Deutschland ausgelöst worden. Die Torheit der Westmächte, politischer Starrsinn und die Ungeschicklichkeit Hitlers stürzten die Menschheit in den Zweiten Weltkrieg. Hitler habe ohne Krieg Erfolge erringen wollen oder nur durch einen so geringfügigen Krieg, daß man diesen kaum von einem diplomatischen Schachzug hätte unterscheiden können. Unter Hitlers Regie wurde Deutschland dafür gerüstet, den Nervenkrieg zu gewinnen, den einzigen den es verstand und schätzte; es war aber nicht dazu gerüstet, Europa zu erobern. In London, Paris oder Warschau möge man sich nicht aufs hohe Roß setzen. „The morality of Hitler was very little different from that to the European statesmen opposing him.“[125] Die Moral Hitlers hat sich also sehr wenig von der Moral der europäischen Staatsmänner Europas unterschieden, die ihm feindlich gegenüberstanden.

In seiner „English History 1914–1945“ befaßte sich Prof. Taylor dann auch besonders mit der Frage der Schuld am Luftkrieg. Zitat daraus:

„Die britische Initiative ist völlig klar. Die deutschen Bombardierungen von Warschau und Rotterdam waren Teil eines militärischen Feldzuges, eine Ausdehnung vorangegangener Artilleriebeschießung verteidigter Städte. Der Blitz (die deutschen Luftangriffe auf London, Anm.d.Verf.) begann erst, nachdem die Briten schon fünf Monate lang deutsche Städte bombardiert hatten.“[125]

Als Taylor starb, widmete die britische Presse dem Wissenschaftler ausführliche Nachrufe, in denen sein Mut zum Nonkonformismus anerkannt wurde. Die Fälscher unserer Geschichtsbücher waren hingegen sicher nicht böse darüber, daß dieser Mann von der Bildfläche verschwunden ist; sein Tod wurde bei uns mit keiner einzigen Silbe erwähnt. Kann man doch ohne solche revisionistischen Feststellungen unserer Jugend gegenüber die verordnete Lüge von der Alleinschuld Deutschlands auch weiterhin vertreten.

„Moralische Schwindler von Olympiaformat“, nannte der britische Kriegsgeschichtler und Publizist Captein Russel Greenfell, der im Zweiten Weltkrieg dem britischen Admiralstab angehörte, die Alliierten schon 1954 in seinem in New York erschienenen Buch „Unconditional Hatred“. Und er sagt darin weiter:“ Die Nürnberger Prozesse seien ein epochemachendes Beispiel von Heuchelei gewesen, denn man braucht nur daran zu denken, daß US-Amerika in Hiroshima und Nagasaki Massenmord mit der Atombombe betrieben haben, um dann den führenden Deutschen wegen „Verbrechen gegen die Menschlichkeit“ den Prozeß zu machen.“

In einem weiteren Kapitel stellt er fest: „Kreuzzug für die Demokratie: Offene Städte dem Erdboden gleichzumachen und mit Atombomben heimzusuchen, mitternächtliche Unterwelts-Halsabschneider zu bewaffnen und anzuspornen, sich als „Widerstandsbewegung“ zu maskieren, das sind keine geeigneten Mittel, der Menschheit christliche Rechtschaffenheit einzuimpfen. 1945 sei daher keine Befreiung der Deutschen erfolgt, sondern ein Willkürregime sei durch ein anderes ersetzt worden."[126]

Das Züricher Blatt „Die Tat" schrieb in einer Besprechung zu diesem Buch:

„Ein vernichtenderes Urteil über die Siegerpolitik von 1918 bis jetzt ist kaum denkbar. Hat sich der erste Entrüstungssturm aber einmal gelegt, wird dieses vorzüglich geschriebene, historisch richtige und politisch kluge Buch hoffentlich ein sachliches Echo finden."[127]

Leider hat der Rezensent bei dieser seiner Hoffnung nicht ahnen können, daß dies unter den gegebenen Umständen nicht so rasch möglich sein wird, weil unseren durch Fehlinformationen und Lügen längst „umerzogenen" Generationen schon viel zu lange ein falsches Geschichtsbild aufoktroyiert worden ist.

5

Deutschland war 1939 weder auf einen Krieg vorbereitet noch für einen solchen gerüstet

Hitler und die deutschen Militärs hatten mit dem Ausbruch eines Krieges 1939 nicht gerechnet; dies bestätigen heute die verschiedensten damit befaßten Wissenschaftler ehemaliger Feindmächte. Außerdem war das deutsche Kriegspotential für einen solchen Krieg zu diesem Zeitpunkt völlig unzureichend gewesen. Lassen wir aber, bevor wir auf das Ausmaß des Arsenals eingehen, auch hier wieder Historiker zu Wort kommen, die bestätigen, daß Hitler mit seinen wiederholten Friedensangeboten alles tat, um diesen Krieg selbst und seine Ausweitung zu verhindern.

So stellt der weltbekannte britische Militärhistoriker Lidell Hart schon 1949 in der Londoner „Picture Post" fest:

„Hitler wollte alles andere als einen Weltkrieg. . . Nach Kriegsende sind die wesentlichen deutschen Archive in unsere Hände geraten, und wir können uns ein präzises Bild von dem außerordentlichen Grad der *Kriegsfurcht* in den deutschen Kreisen machen... Die plötzliche Kehrtwendung Englands machte den Krieg unvermeidbar."[128]

Ein weiterer englischer Geschichtsforscher Reverend Peter Nicoll, der seine beiden Söhne im Krieg gegen Deutschland verloren hat, sagt dazu:

„Hitler bemühte sich weit mehr, den Frieden zu erhalten als Kaiser Wilhelm II. dies 1914 tat, doch waren seine Versuche ebenso fruchtlos wie jene des Kaisers."[129]

Und der französische Historiker, Professor Paul Rassinier, der als Widerstandskämpfer in deutschen Konzentrationslagern inhaftiert war und als Voll-Kriegsinvalide nach Frankreich zurückkehrte, stellt zur Frage, wer diesen Krieg wirklich gewollt hat, ausdrücklich fest:

„...daß die amerikanische und englische Regierung als krankhafte Deutschenhasser, Freunde der Sowjets und fanatische Kriegstreiber, den Krieg mit Versessenheit bis zum Ende hin wollten, trotz all der höchst annehmbaren Friedenschancen, die sich ihnen boten. Männer, die durch die etwa 50 Millionen Toten, die sie auf dem Gewissen haben, nicht sehr in Verlegenheit gebracht zu sein scheinen."[130]

Deutschland wollte also entgegen der bei uns immer noch üblichen „Lehrmeinung" 1939 *keinen Krieg.* Es wurde aber dazu von Polen ständig in einem unerträglichen Ausmaß provoziert; wenn einen Krieg zwei Staaten wirklich gewollt hatten, dann waren dies England und Frankreich, denen die noch völlig unzureichende Rüstung Deutschlands zu diesem Zeitpunkt natürlich nicht unbekannt war.

Um einen Angriffskrieg zu führen, muß der Angreifer ausreichend gerüstet oder er muß verrückt sein; das ist eine alte Weisheit. Diese Rüstung war und ist zu allen Zeiten die entscheidenste Voraussetzung für einen Krieg. Wie sah es aber damit 1939 im Deutschland Adolf Hitlers tatsächlich aus?

Deutschland war durch das Versailler Diktat so gut wie schutz- und wehrlos geworden. Hingegen hatten sich seine Nachbarstaaten Polen und die Tschechoslowakei bis an die Zähne bewaffnet. Sie hielten im Verhältnis zu ihrer Bevölkerung eine viel zu große Zahl von Soldaten unter Waffen und begannen unmittelbar nach Ende des Ersten Weltkrieges mit der Bedrohung Deutschlands durch direkte Angriffe auf das Reichsgebiet und Übergriffe auf deutsche Minderheiten. Noch vor dem Abschluß des „Friedensvertrages" besetzten polnische Truppen fast die gesamte Provinz Posen. Die alliierten Siegermächte sanktionierten diese Besetzung, indem sie den Rückzug der deutschen Truppen aus der Provinz verlangten.

In Oberschlesien versuchten es die Polen auf die gleiche Weise, doch hier trat ihnen der deutsche Widerstand in Form des Freikorps entgegen. Es kam zu Kämpfen und zum Einschreiten der Siegermächte, worauf diese eine Volksabstimmung durchführten, nach der sich 62 Prozent der Bevölkerung für Deutschland aussprachen. Trotzdem wurde Oberschlesien durch den Völkerbund geteilt : Polen erhielt am 20.Oktober 1921 fünf Sechstel des umstrittenen Industriegebietes, alle Eisengruben, fast alle Zink- und Bleigruben und 80 Prozent des Kohlereviers zugesprochen.

So wurde rücksichtslos Waffengewalt zur wirtschaftlichen Zerschlagung eines wehrlosen Deutschlands eingesetzt.

In der neu entstandenen Tschechoslowakei konnte man bereits 1919 in der Zeitung „Zlata Praha" lesen, daß man: „...die Deutschen über die Grenzen peitschen müsse".[131]

Die nicht weniger perfide „Ceske Slovo“ vom 29. Oktober 1920 verlangte sogar, man solle: „...den Deutschen nicht die Gleichberechtigung geben, sondern sie lieber an Galgen und Kandelabern aufhängen.“[132]

Eine Empfehlung, der die Tschechen 1945 auf grausamste Weise nachkamen, indem sie rund 250.000 wehrlose Deutsche ermordeten.

Aber nicht nur die Zerstückelung Deutschlands ging weiter, sondern Polen und die Tschechoslowakei wurden mit Hilfe Englands und Frankreichs auch gewaltig aufgerüstet und die Engländer selbst hatten ihr neues Luftrüstungsprogramm begonnen. Rund um Deutschland also Aufrüstung, obwohl im Versailler Vertrag eine allgemeine Abrüstung beschlossen worden war. Als Begründung dafür erklärte Sir Stanley Baldwin am 30. Juli 1934 im englischen Unterhaus:

„Wenn man an die Verteidigung Englands denkt, so denkt man nicht mehr an die Kreidefelsen von Dover sondern an den Rhein, dort liegt heute Englands Grenze.“[133]

Man forderte für die englischen Luftstreitkräfte 5.000 Flugzeuge und begründete dies damit, daß die Franzosen 3.000, die Italiener 1507 und die Amerikaner 2.826 Kriegsflugzeuge besitzen.[134]

Am 30. Jänner 1935 verfügte die Armee der Sowjetunion über eine Million Soldaten unter Waffen. Mit der Vereinbarung über einen französisch-sowjetischen Beistandspakt, der am 2. Mai 1935 abgeschlossen wurde, waren neuerlich erhebliche Rüstungsmaßnahmen in beiden Ländern verbunden. Der Chef des sowjetischen Politbüros L. Kaganowitsch, schrieb dazu bereits am 27. Jänner 1934 in der „Iswestika“:

„Ein neuer deutsch-französischer Krieg würde den Interessen der Sowjetunion sehr entgegenkommen. Die Meinungsverschiedenheiten zwischen den europäischen Ländern müssen vertieft werden.“[135]

Im selben Jahr trat in Frankreich und in der Tschechoslowakei die zweijährige Militärdienstpflicht in Kraft. Am 14. März 1935 wurde ein Abkommen über britisch-französisch-belgische Generalstabsbesprechnungen abgeschlossen. Auf Grund des Beistandspaktes zwischen der Sowjetunion und der Tschechoslowakei vom 16. Mai 1935 hatte die Sowjetunion dem neuen Vertragspartner bereits 300 Kriegsflugzeuge geliefert.[136]

Frankreich und die Sowjets waren an einer militärisch starken Bastion gegen Deutschland interessiert.

Angesichts dieser Tatsachen ist leicht erkennbar, daß die Einkreisung Deutschlands bereits zu einem Zeitpunkt vollzogen wurde, zu dem Deutschland einer solchen Übermacht noch völlig wehrlos ausgeliefert war. Das deutsche Heer verfügte 1935 über 24 Infanterie-, drei Panzer-, eine Gebirgs- und zwei Kavalleriedivisionen sowie ein Kavalleriebrigade.[137]

Die Luftwaffe war erst im Aufbau begriffen und bestand im Oktober 1935 aus 13 Fliegergruppen und 11 selbständigen Staffeln. Insgesamt verfügte Deutschland zum damaligen Zeitpunkt über etwa 2.500 Flugzeuge.[138]

Die erwähnten drei Panzerdivisionen wurden erst im Oktober 1935 aufgestellt und ihre Ausbildung und Ausrüstung war noch längst nicht abgeschlossen. Bei der Luftwaffe war es ähnlich.

Für die Nachbarn Deutschlands bestand also, was die Aufrüstung betraf, zum damaligem Zeitpunkt absolut keine Gefahr eines deutschen Angriffes. Der damalige Reichskriegsminister Generaloberst von Blomberg erklärte dazu auch in einer Rede zum Heldengedenktag 1935:

„Für das innen- und außenpolitische Leben unseres Volkes aber ist die deutsche Wehrmacht im Begriff, langsam wieder das zu werden, was sie einst war und was sie sein muß. Nach innen eine Schule der Nation für die Erziehung unserer Jugend im Geiste der Wehrhaftigkeit und opferbereiten Vaterlandsliebe, nach außen der völlig gleichberechtigte und gleichbefähigte Hüter und Wächter des Reiches. Europa ist zu klein geworden als Schlachtfeld für einen zweiten Weltkrieg; zu wertvoll sind seine Kulturgüter, um sie aufs neue der zerstörerischen Wirkung neuzeitlicher Waffen auszusetzen. Da alle Staaten über diese Kriegsmittel verfügen, käme ein neuer Krieg der Selbstzerfleischung gleich. Wir Deutschen brauchen keine Revanche, weil wir in vier Jahren des großen Krieges Ruhm genug für kommende Jahrhunderte geerntet haben. Wir glauben an die Möglichkeit einer Neuordnung Europas und der Welt auf friedlichem Wege…“[139]

Und nur wenige Tage später erklärte dann Hitler vor dem Reichstag am 21. März 1935:

„Was könnte ich anderes wünschen als Ruhe und Frieden? Wenn man aber sagt, daß dies nur der Wunsch der Führung sei, so muß ich darauf folgende Antwort geben: Wenn nur die Führer und Regierenden Frieden wollen, die Völker selbst haben sich noch nie den Krieg gewünscht. Deutschland braucht den Frieden und es will den Frieden!“[140]

Und was sagte dagegen Winston Churchill 1937, also knapp zwei Jahre später, in London dem deutschen Botschafter Ribbentrop ins Gesicht?

„Wenn Deutschland zu stark wird, wird es wieder wie 1914 zerschlagen werden!"[141]

Das ließ an Deutlichkeit wohl kaum zu wünschen übrig!

Trotzdem werden Männer wie Churchill und Roosevelt auch heute noch weitgehend als „Friedensapostel" dargestellt und ihre nur auf einen Krieg ausgerichteten Aktivitäten werden bewußt verschwiegen. Schließlich kann und darf es nur einen Schuldigen geben und der heißt: Deutschland!

So wird auch dem Dritten Reich immer wieder unterstellt, es habe in einem Umfang Kriegsrüstung betrieben, die für Europa eine große Gefahr gewesen sei. Daß aber andere Mächte, allen voran auch die Sowjetunion viel stärker gerüstet hatten, übersieht man geflissentlich.

Entsprechend der zentralen Lage in Europa und umgeben von waffenstarrenden Nachbarn mußte sich Hitler wohl oder übel veranlaßt sehen, die Fesseln des Versailler Diktates abzustreifen, eine allgemeine Wehrpflicht wieder einzuführen, um so schnell wie möglich einen militärischen Gleichstand mit anderen Staaten zu erreichen. Aber das brauchte seine Zeit und Generaloberst Jodel erklärte am 4. Juni 1946 vor dem internationalen Militär-Tribunal (ITM) in Nürnberg dazu:

„Als wir im Jahre 1935 im Reich 36 Divisionen aufstellten, da besaßen Frankreich, Polen und die Tschechoslowakei 90 Friedensdivisionen und im Kriegsfall 190 Divisionen. Wir hatten kaum schwere Artillerie und die Panzerwaffe war erst in den primitivsten Anfängen... Die wirkliche Aufrüstung wurde erst nach Kriegsbeginn durchgeführt. Wir traten in diesen Weltkrieg mit 75 Divisionen ein. 60 Prozent der gesamten wehrfähigen Bevölkerung waren unausgebildet, das Friedensheer war ganze 400.000 Mann stark gegenüber 800.000 Mann im Jahre 1914. Die Vorräte an Munition und Bomben waren geradezu lächerlich. Für 10 bis 15 Tage hatten wir Munition. Und daß wir nicht schon 1939 zusammenbrachen kam nur daher, daß die rund 110 französischen und englischen Divisionen im Westen während des Polenfeldzuges gegenüber den 23 deutschen Divisionen an der Westgrenze völlig untätig blieben."[142]

Sieht so eine Armee aus, deren Führung die Absicht hat, gegen seine waffenstarrenden Nachbarn einen Angriffskrieg zu führen?

In seiner „Geschichte des Zweiten Weltkrieges" stellt dazu der britische Militärhistoriker Sir Liddell Hart fest:

„Die deutsche Armee war im Jahre 1939 nicht bereit für den Krieg – einen Krieg, den die Generäle nicht erwarteten, weil sie auf Hitlers Zusicherungen vertrauten, daß es keinen Krieg geben werde. Sie hatten sich nur unwillig Hitlers Wunsch gefügt, die Armee rasch zu vergrößern, da sie einen schrittweisen Aufbau gründlich ausgebildeter Kerntruppen vorzogen. Hitler hatte ihnen wiederholt versichert, sie hätten zu einer solchen Ausbildung genügend Zeit, da er vor 1944 keinen Krieg riskieren könne. Auch die Ausrüstung war unzureichend, gemessen an der Größe der Armee."[143]

Trotzdem nahm man später allgemein an, Deutschlands rasche Siege im Anfangsstadium des Krieges seien einer überwältigenden Überlegenheit an Waffen und Mannschaftsstärke zuzuschreiben gewesen. Diese Illusion verblaßte nur langsam. Selbst Churchill schrieb in seinen Kriegsmemoiren, die Deutschen hätten 1940 „mindestens 1.000 schwere Panzer" gehabt. In Wirklichkeit besaßen sie nur eine Handvoll mittelschwerer Panzer, die knapp 20 Tonnen wogen. Die meisten in Polen eingesetzten Panzer waren sehr leicht und nur schwach armiert.[144]

Zum Kräfteverhältnis Frankreich – Deutschland äußerte sich dann Churchill schon wesentlich richtiger:

„Im Jahre 1935 hätte Frankreich auch ohne Hilfe seiner früheren Verbündeten fast ohne ernsten Kampf in Deutschland einmarschieren können. Auch 1936 stand eine weit überlegene Stärke noch außer Zweifel. Aus deutschen Enthüllungen wissen wir heute, daß diese Lage im Jahre 1938 immer noch bestand. Im Jahre nach München (1939) näherte sich die deutsche Armee ihrer vollen Schlagkraft, obwohl sie an ausgebildeten Reserven noch immer schwächer war als die französische Armee. Die deutschen Heere aber wären im Jahre 1938 oder 1939 nicht imstande gewesen, die Franzosen zu schlagen."[145]

Unmöglich, daß die Geheimdienste unserer Gegner dies alles nicht gewußt haben. Man war sich anscheinend nur noch nicht darüber einig, wie sich die Sowjetunion tatsächlich verhalten würde und man wartete daher auf einen günstigen Augenblick, um das wirtschaftlich wiedererstarkte Deutschland zu zerschlagen. Dabei war die Beseitigung des NS-Regimes damals ebenso zweitrangig wie einstmals die der Monarchie. Wenn man aber tatsächlich die NS-Diktatur als eine tödliche Gefahr für Europa erkannt hätte und zwar, wie heute behauptet wird, schon zu einem sehr frühen Zeitpunkt, warum hat man Europa dann nicht schon rechtzeitig von dieser Gefahr befreit, zu einem Zeitpunkt, wo dies noch ohne große Mühe und Opfer möglich gewesen wäre?

Statt einer solchen guten Tat begegnete man vielmehr von allen Seiten den Vertretern dieser Regierung und damit des NS-Regimes mit großem Respekt, verhandelte mit ihnen, wie man nur mit gleichwertigen Partnern zu verhandeln pflegt und schloß Verträge ab.

Daß es nicht um die Beseitigung des Nationalsozialismus sondern um die Zerschlagung Deutschlands ging, hatte Churchill 1915, 1936 und 1937 bereits wiederholt sehr deutlich bekannt. Dagegen äußerte er sich über Hitler überraschend positiv wenn er feststellt:

„Jene, die Hitler von Angesicht zu Angesicht in der Öffentlichkeit, geschäftlich oder anläßlich sozialer Fragen begegnet sind, trafen einen sehr kompetenten, kühlen und gut informierten Funktionär mit angenehmem Wesen, einem merklichen Lächeln und nur wenige blieben unberührt von seinem feinen persönlichen Magnetismus.

Dieser Eindruck ist keineswegs auf den Glanz, das Blenden der Macht zurückzuführen. Er wirkte in dieser Weise auf seine Mitarbeiter in jeder Phase seines Kampfes sogar dann, als sein Glück in die tiefsten Tiefen gesunken war... Man mag sein System mißbilligen und doch seine patriotischen Leistungen bewundern. Sollte unser Land einmal geschlagen werden, so würde ich hoffen, einen solchen bewunderungswürdigen Kämpen zu finden, der unseren Mut wieder aufrichtet und uns zurückführt zu unserem Platz unter den Nationen!“[146]

Für Churchill war Hitler also ein bewunderungswürdiger Staatsmann. Aber nicht nur er äußerte sich damals positiv, sondern auch einer der Väter des Versailler Diktates, Lloyd-George, sagte über ihn folgendes:

„...und Hitler ist einer der größten Männer unter den verschiedenen großen Männern, denen ich begegnet bin.“[147]

Selbst Stalin erkannte auf der Teheraner Konferenz 1943, also bereits während des deutsch-sowjetischen Krieges:

„...Hitler als einen sehr fähigen Menschen, denn nur ein solcher kann fertigbringen, was dieser in der Einigung des deutschen Volkes geleistet hat.“[148]

Es mag fast unglaubwürdig erscheinen, und doch erfolgten alle diese positiven Äußerungen über Hitler zu einer Zeit, da gerade diese Staatsmänner über die Vorgänge innerhalb des Reiches und der von Deutschland besetzten Gebiete besser informiert gewesen sein mußten als die große Masse des deutschen Volkes selbst, die damals weitgehend einer Propaganda ausgesetzt war.

Und da erdreisten sich heute verlogene Politiker und mit ihnen falsch oder gar nicht informierte Schreiberlinge unserer Massenmedien zu behaupten, daß sich eine gesamte Generation deshalb schuldig oder zumindest mitschuldig gemacht hat, weil sie damals Hitler kaum anders sah als die Staatsmänner, die ihm begegnet sind. Man muß sich wirklich nicht wundern, daß von einem neuen Patriotismus erfüllte Menschen mit dem Wissen um die drohende Gefahr des Bolschewismus begeistert seinem Ruf folgten, das Vaterland zu verteidigen .

Diesen Patriotismus förderte noch zusätzlich der weltweite Haß gegen dieses Deutschland und nicht nur gegen Hitler, der damals aus vielen ausländischen Zeitungen, Artikeln und Reden förmlich triefte. Immer wieder wurde die alte Geschichtslüge gebetsmühlenartig wiederholt, mit der man behauptete, das deutsche Volk allein sei der Störenfried in einer sonst so friedliebenden Völkerfamilie.

Im Zuge dieser allgemeinen Hetze fühlte sich auch einer der höchsten Berufsdiplomaten Englands, der Unterstaatssekretär im Außenministerium und als Deutschenhasser bekannte Lord Vansittard berufen, eine Flugschrift herauszugeben, die Rekordauflagen erreichte. In dieser Hetzschrift heißt es wörtlich:

„Hitler ist kein Zufall. Er ist das natürlich fortgezeugte Produkt einer Rasse, die von den frühesten Tagen der Geschichte an räuberisch und kriegslüstern war... Karl der Große führte jedes Jahr einen Krieg, weil er nach der Weltherrschaft gierte... Achthundert Jahre sind seitdem vergangen, aber der deutsche Instinkt ist in dieser Hinsicht immer der gleiche geblieben."

Er geht sogar noch weiter und erklärt prophetisch:

„Durch die Gnade Gottes zur Rettung der Menschheit werden wir die Erde von Deutschland befreien und Deutschland von sich selbst."[149]

Den Gipfel dieser Haßkampagne gegen Deutschland lieferte aber wohl der amerikanische Jude Theodor N. Kaufmann in seiner in den USA erschienenen Schrift „Germany must perish", in der es unter anderem heißt:

„Der jetzige Krieg ist kein Krieg gegen Adolf Hitler. Genausowenig ist er ein Krieg gegen die Nazis. Er ist ein Krieg von Völkern gegen Völker, von zivilisierten Völkern, die zum Licht streben, gegen unzivilisierte Barbaren, die die Dunkelheit lieben. Es ist ein Kampf zwischen der deutschen Nation und der Menschheit. Um das Ziel einer Auslöschung der Deutschen zu erreichen, wäre es erforderlich, etwa 48 Millionen zu sterilisieren – eine Zahl, die Männer über 60 und Frauen über 45 wegen ihrer begrenzten Möglichkeit einer Fortpflanzung ausschließt. Daß die Deutschen nach und nach aus Europa verschwinden, wird keine nennenswerte negative Lücke hinterlassen, keine größere, als das allmähliche Verschwinden der Indianer hierzulande."[150]

Und der ehrenwerte Mister Churchill, der die Person Hitlers so gelobt hat, schrieb in einem an den jugoslawischen Ministerpräsidenten im Frühjahr 1940 gerichteten Telegramm:

„Das deutsche Volk besteht aus 60 Millionen Verbrechern und Banditen."[151]

Und gegenüber dem exilpolnischen Ministerpräsidenten äußerte sich dieser Deutschenhasser dann in Jalta völlig ungeniert:

„Machen sie sich keine Sorgen über die fünf oder mehr Millionen Deutschen, die in den Ostgebieten leben; Stalin wird sich darum kümmern. Sie werden zu existieren aufhören."[152]

Der große deutsche Dichter Hebbel erkannte schon 1860 diesen neidvollen Haß auf das fleißige deutsche Volk und schrieb dazu:

„Es ist möglich, daß der Deutsche einmal von der Weltbühne verschwindet, denn er hat alle Eigenschaften, sich den Himmel zu erobern – aber keine einzige, sich auf Erden zu behaupten und alle Nationen hassen ihn, wie die Bösen den Guten."[153]

Dieser unbeschreibliche Haß gegen Deutschland machte sie alle blind und man wollte dieses Reich der europäischen Mitte so gründlich zerstören, daß möglichst nichts davon übrig blieb.

Kann es unter solchen Umständen verwerflich oder dumm gewesen sein, wenn junge, gläubige Menschen, erfüllt von einer Liebe zu diesem bedrohten Vaterland, versuchten, diese um jeden Preis gewollte Vernichtung mit allen Kräften, auch unter Einsatz des eigenen Lebens zu verhindern?

Die militärische Übermacht gegenüber Deutschland war also lange schon vorhanden, man brauchte nur noch einen „moralischen" Grund für den Kriegseintritt. Und den lieferte ihnen dann Hitler mit seinem, wie man heute meint, völlig grundlosen Angriff auf das arme, „friedfertige" Polen.

Wie das militärische Kräfteverhältnis in Europa zum Zeitpunkt der Mobilmachung 1939 tatsächlich aussah, zeigt die nachstehende Tabelle:

Militärisches Kräfteverhältnis nach der Mobilmachung 1939

Polen	Frankreich	England	Sowjetunion	Deutschl.
3,600.000 M.	5,500.000 M.	897.000 M.	4,700.000 M.*	2,750.000 M.
55 Div.	94 Div.	55 Div.	283 Div.*	102 Div.
600 Pz.	2.960 Pz.	2.000 Pz.	9–10.000 Pz.	206 Pz.
852 Flugz.**	1.730 Flugz.**	978 Flugz.**	6–8.000 Flugz.**	4.300 Flugz.**
21 U-Boote**	79 U-Boote**	62 U-Boote*	160 U-Boote**	58 U-Boote**

*Stand vom Juni 1941, ** Stand vor 1939
Stärkeangaben von Ploetz (Geschichte des Zweiten Weltkrieges) und Kurt Passow (Taschenbuch des Heeres) August 1939.

Zusammengefaßt standen also 14,879.000 Mann der gegnerischen Streitkräfte nur 2,750.000 deutsche Soldaten gegenüber. Die Gegner hatten 487 Divisionen kampfbereit, Deutschland nur 102 Divisionen. 10.500 Flugzeugen der Alliierten standen nur 4.300 Maschinen der deutschen Luftwaffe gegenüber, und gegen eine Übermacht auf See von 322 U-Booten hatte Deutschland nur ganze 58 Boote aufzubieten, von den übrigen Seestreitkräften ganz zu schweigen.[154] Sogar die Tschechoslowakei war mit 350 Panzern besser gerüstet als Deutschland.

Die so oft gerühmten Geheimdienste unserer Gegner müssen tatsächlich geschlafen haben, denn anders ist es nicht zu erklären, daß angeblich niemand diese enormen Schwächen der deutschen Wehrmacht kannte.

Oder, was viel eher anzunehmen ist, den Politikern in England, Frankreich und den USA war nur daran gelegen, die Sache so lang zu verschleppen, bis ein für die Kriegswirtschaft dieser Länder lohnender Weltbrand ausgebrochen ist.

Auf jeden Fall beweisen die Ziffern eindeutig, daß die deutsche Rüstung im wesentlichen erst während des Krieges geschaffen wurde und daß die deutsche Industrie erst zu Beginn der zweiten Kriegshälfte wirklich voll auf Rüstung umgestellt war. Dies auch deshalb, weil Hitler anfänglich immer noch hoffte, den Krieg durch einen Verhandlungsfrieden mit England beenden zu können.

Wenn ein Staat den Krieg gebraucht hat, um einer Wirtschaftspleite zu entgehen, dann war es Amerika, das sich mit seinen 8 Millionen Arbeitslosen von der großen Depression immer noch nicht erholt hatte.

Die Lüge, daß Hitler durch die Aufrüstung eine wirtschaftliche Scheinblüte herbeigeführt hat, ist längst überholt und durch nüchterne Zahlen klar widerlegt.

Aus welchem Grunde hätte Hitler dann aber wirklich jenen „Welteroberungskrieg“ anzetteln sollen, den man ihm heute völlig zu Unrecht unterstellt? Nur ein Narr hätte sich bei einer solch gravierenden feindlichen Überlegenheit einen Krieg herbeigewünscht. Und ein Narr war Hitler damals sicher nicht, das beweisen wohl am besten die vielen zitierten Urteile seiner Gegner.

6

Die Realität der Neutralität oder die Frage des Schnelleren – Die USA beginnen sich wieder in Europa einzumischen

Der Krieg weitete sich aus; aber warum, wie kam es dazu und wie sah die Neutralität der von Deutschland überfallenen skandinavischen Staaten tatsächlich aus?

Schon Anfang 1940 faßten die Generalstäbe der französischen und der britischen Armee einen gemeinsamen Plan, mit welchem sie Deutschland von der Rohstoffversorgung abschneiden wollten. Es war beabsichtigt, sowohl Skandinavien als auch den Balkanraum abzuriegeln, um zu verhindern, daß Deutschland an die beiden kriegswichtigsten Rohstoffe Erz und Erdöl herankommt. Dadurch wurde die deutsche Heeresführung gezwungen, den Alliierten zuvorzukommen; mit der Aktion „Weserübung" begann der Einmarsch in Dänemark und die Landung von Gebirgsjägereinheiten in Norwegen, also der Überfall auf die beiden skandinavischen Länder.

Bei Dänemark ist dieser Vorwurf berechtigt; bei diesem Nachbarstaat hat sich Deutschland tatsächlich ins Unrecht gesetzt, weil es trotz des im Mai 1939 abgeschlossenen Nichtangriffspaktes dieses Land für einen ungehinderten Durchmarsch seiner Truppen militärisch besetzte.

Die Neutralität Norwegens hingegen war mehr als fragwürdig, nachdem englische Einheiten dort bereits Brückenköpfe gebildet hatten. Man mußte also aus wehrwirtschaftlichen Gründen ein Festsetzen der Engländer unter allen Umständen verhindern und die bestehenden Brückenköpfe so rasch wie möglich wieder beseitigen.

Um aber Norwegen zu besetzen, mußte man zur Sicherung der eigenen Nachschubwege mit Dänemark dasselbe tun. Dies war zwar ein glatter Vertragsbruch durch Deutschland, leider aber auch eine unabdingbare strategische Notwendigkeit, ausgelöst durch die Vorkommnisse im Nachbarland Norwegen.

Dänemark tat das einzig Vernünftige, indem es sich der Besatzungsmacht fügte; zwar unter Protest, aber ohne aktiven Widerstand, weshalb es auch im Zusammenhang mit dem Einmarsch deutscher Truppen zu keinerlei Kampfhandlungen kam.

Großbritannien, das sich 1945 zum Kläger und Richter über Deutschland aufspielte, hatte aber in seiner Vergangenheit den Dänen weit übler mitgespielt. Hier sei daran erinnert, daß am 1. September 1807 mitten im Frieden die britische Flotte im Sund und vor Kopenhagen erschien und innerhalb von fünf Tagen einen beachtlichen Teil der Stadt mit Brandgranaten in Schutt und Asche legte. Außerdem wurde damals die gesamte dänische Kriegsflotte gekapert.[155]

Was aber war der tatsächliche Grund für die Besetzung Norwegens durch deutsche Truppen im Jahre 1940, wo doch Hitlers Weisung vom Oktober 1939 noch wie folgt lautete:

„Die nordischen Staaten: Ihre Neutralität ist, wenn nicht gänzlich unvorhergesehene Momente eintreten, auch für die Zukunft als wahrscheinlich anzunehmen. Die Fortführung des deutschen Handels mit diesen Ländern erscheint auch bei längerer Kriegsdauer möglich."[156]

Er wollte also die Neutralität mit diesen skandinavischen Ländern erhalten, mußte aber sehr bald die Erfahrung machen, daß zwischen seinen Gegnern und Norwegen Dinge passierten, die im Bezug auf eine Neutralität Norwegens sehr bald Zweifel aufkommen ließen.

Schon am 16. Dezember 1939 legte Winston Churchill dem britischen Kabinett einen Beschluß zur Genehmigung vor, der Großbritannien das Recht zubilligen sollte, neutrale Staaten in Kampfhandlungen einzubinden. Dieser lautete wie folgt:

„Wir haben das Recht und in der Tat die hehre Pflicht, vorübergehend eben jenes Recht und jene Gesetze außer Kraft zu setzen, die wir zu festigen und erneut zu bekräftigen trachten. Kleine Nationen dürfen uns nicht die Hände binden, wenn wir auch für ihr Recht und ihre Freiheit kämpfen. Der Buchstabe des Gesetzes darf in einer äußersten Notlage nicht jene behindern, die mit dem Schutz und der Durchführung des Rechts betraut sind."[157]

Die wirksame Unterbrechung der Erzversorgung Deutschlands aus dem Norden rangiert als offensive Kriegsoperation allerhöchster Ordnung.[158]

Am 6. Jänner 1940 erklärte der britische Außenminister Halifax dem norwegischen Gesandten in London:

„Wir beabsichtigen, den deutschen Erzverkehr durch norwegisches Hoheitsgewässer zu stoppen."[159]

Man wollte also die schwedischen Erzlieferungen, die über das norwegische Narvik nach Deutschland gingen, unterbinden. Der alliierte Operationsplan hiezu wurde zwischen den militärischen Führern Großbritanniens und Frankreichs festgelegt.

Der britische Plan für eine Invasion in Norwegen wurde am 6. Februar 1940 vom britischen Kriegsrat gutgeheißen. Er sah die Wegnahme Narviks, die gewaltsame Besetzung Nordnorwegens und Nordschwedens, sowie die Eroberung des schwedischen Erzfeldes Gällivare und des schwedischen Ostseehafens Lulea vor.[160]

Man hatte also weder in England noch in Frankreich Hemmungen, gleich zwei neutrale Staaten zu überfallen und zu besetzen, um Deutschland von seinen wichtigsten Erzlieferanten zu trennen, was beim Nachholbedarf der deutschen Rüstung ein so gut wie tödliches Unterfangen gewesen wäre.

Die Landung britischer, französischer und polnischer Truppen an der norwegischen Westküste war für den 20. März 1940 geplant. Auf den norwegischen Erzhafen Narvik war eine Brigade angesetzt. Die Hafenstädte Trondheim, Bergen und Stavanger hätten von je einem Bataillion besetzt werden sollen, denen noch 40.000 bis 50.000 Mann folgen sollten.[161] Das unerwartete Ende des sowjetisch-finnischen Krieges brachte diese alliierten Pläne aber durcheinander und der Landungstermin wurde kurzfristig verschoben.

Stattdessen beschloß der britische Kriegsrat als Sofortmaßnahme die Verminung norwegischer Hoheitsgewässer, die dann auch am 5. April begann und am 8. April 1940 abgeschlossen wurde. Geschah dies mit Einverständnis der Norweger oder war es auch ein Neutralitätsbruch der Alliierten?

Aber die Norweger hatten schon kurze Zeit vorher die Verletzung ihrer Hoheitsgewässer durch die Briten geduldet: Das deutsche Hilfs- und Versorgungsschiff „Altmark" war auf der Heimreise und hatte 300 gefangene britische Soldaten an Bord, die während des Kaperkrieges des deutschen Panzerschiffes „Graf Spee" in der Südsee aufgebracht worden waren. Britische Kriegsschiffe hatten die „Altmark" auf ihrer Heimreise verfolgt. Das deutsche Schiff, das vollkommen unbewaffnet war, entkam und erreichte wohlbehalten das neutrale Seegebiet vor der norwegischen Küste. Die „Altmark" hatte sich den norwegischen Seebehörden über Funk zu erkennen gegeben und ihren Kurs angegeben. Während der Fahrt durch norwegisches Hoheitsgebiet wurde das Schiff von norwegischen Kriegsschiffen begleitet. Trotzdem drang der britische Zerstörer „Cossack" in norwegisches Hoheitsgebiet ein, konnte die „Altmark" am 16. Februar 1940 ungehindert entern und die gefangenen britischen Seeleute befreien. Bei dieser Piratenaktion, bei der die Norweger, ohne dem unbewaffneten deutschen Schiff zu Hilfe zu kommen, tatenlos zusahen, wurden sieben deutsche Handelsmatrosen getötet und weitere sechs verwundet.[162]

Konnte die deutsche Führung angesichts solcher Fakten weiter an eine Neutralität Norwegens glauben?

Vom ehemaligen norwegischen Kriegsminister, dem Nationalsozialisten V. Quisling, erfuhr die deutsche Führung von allen Operationsplänen. Dieser forderte von Hitler auch eine Schutzbesetzung Norwegens durch Deutschland, was aber Hitler unter Hinweis auf die Neutralität dieser Länder zunächst ablehnte. Als sich aber die Nachrichten der deutschen Abwehr über eine bevorstehende alliierte Aktion in Norwegen verstärkten und die erwähnte Verminung norwegischer Hoheitsgewässer erfolgt war, brauchte man deutscherseits keine Skrupel mehr zu haben, eine „Neutralität" Norwegens ebenfalls zu mißachten.

Am 9. April fanden sich die Gesandten der Reichsregierung in den auswärtigen Ämtern in Kopenhagen und Oslo ein, um die Duldung der deutschen Besetzung zu erreichen. Während sich, wie bereits erwähnt, die dänische Regierung fügte, erließ die norwegische Regierung einen Aufruf zum militärischen Widerstand gegen die deutsche Wehrmacht.

Als am 9. April die militärischen Aktionen der Deutschen zur Besetzung Skandinaviens (ausgenommen das tatsächlich neutrale Schweden) begannen, waren sofort britische Kampfflugzeuge und Kriegsschiffe zur Stelle und griffen die deutschen Verbände auch in norwegischen Gewässern an.

Fünf Tage später, am 14. April landeten alliierte Truppen in Norwegen bei Namsos, Andalsnes und Harstad, mußten sich jedoch später den deutschen Truppen ergeben.

Die Tatsache, daß man die norwegische Regierung von der geplanten Besetzung vorher in Kenntnis setzte und ihr so Gelegenheit gab, zum Widerstand gegen die deutsche Wehrmacht aufzurufen, zeugt jedenfalls von einer Fairness seitens Deutschlands.

Es ist Tatsache, daß die alliierte Besetzung Norwegens von langer Hand vorbereitet war und daß ihr die deutsche Wehrmacht lediglich zuvorgekommen ist.

Dies dokumentiert auch der englische Journalist Ralph Hewins in seinem Buch, in dem er ausdrücklich bestätigt, daß:

„...die Deutschen mit ihrem Norwegenfeldzug den Briten nur um Haaresbreite zuvorkamen“ und daß also von einem „ungerechtfertigten deutschen Überfall auf Skandinavien keine Rede sein kann.“[163]

Sir Lidell Hart, der britische Militärhistoriker, sagt zu Norwegen in seiner „Geschichte des Zweiten Weltkrieges“:

„Während der ganzen Zeit, in der die skandinavische Angelegenheit schwelte, hatten die alliierten Regierungen einen übertriebenen Angriffsgeist bewiesen, verbunden mit mangelndem Zeitgefühl. Das Ergebnis waren schwere Leiden für das norwegische Volk. Hitler dagegen hatte lange gezögert zuzuschlagen. Als er sich jedoch entschlossen hatte, den Westmächten zuvorzukommen, verlor er keine Zeit und seine Truppen operierten mit einer Schnelligkeit und Kühnheit, die ihre geringe Zahl während des kritischen Stadiums reichlich wettmachte.“[164]

Um die kriegerischen Konflikte in Europa wieder beizulegen, hatten sich neutrale Staaten unter der Führung der USA zur Vermittlung von Friedensverhandlungen angeboten. Aber vor allem hatte auch Hitler selbst bereits nach dem Polenfeldzug entsprechende Angebote gemacht und zum Frieden gemahnt, um den Völkern blutige Opfer zu ersparen. Heute wird behauptet, Hitler hätte nur weitere „Eroberungen“ im Sinn gehabt. Solche Behauptungen sind durch nichts bewiesen und widersprechen auch klar den geschilderten Gegebenheiten. Mit der Annahme seiner Angebote hätte sich die Aufrichtigkeit seiner Bemühungen aber unschwer herausgestellt und Millionen von Kriegstoten wären der Welt wahrscheinlich erspart geblieben. Charles C. Tansill, Professor für die Geschichte der amerikanischen Diplomatie, schreibt dazu:

„Die Rede Hitlers am 6. Oktober 1939 enthielt unverkennbare Anzeichen seiner Bereitwilligkeit, Roosevelt als Vermittler zu akzeptieren.“[165]

In dieser Reichstagsrede machte Hitler den Alliierten maßvolle Vorschläge zur Vermeidung weiterer Kriegshandlungen. Diese stießen jedoch am 10. Oktober 1939 in Frankreich und am 12. Oktober 1939 in England auf Ablehnung. Auch die Friedensvermittlungsvorschläge Königin Wilhelmina's von Holland und König Leopold's von Belgien vom 7. November 1939 wurden am 12. November 1939 von England und Frankreich abgelehnt.[166]

Dazu stellten selbst die Sowjets, die späteren Kampfgenossen Churchills, am 26. Jänner 1940 in der Moskauer „Prawda" fest:

„England und Frankreich haben den Krieg erklärt. Nicht Deutschland, sondern England und Frankreich haben die Friedensvorschläge zurückgewiesen und nicht nur auf Fortsetzung des Krieges, sondern auch auf seiner Ausweitung bestanden. Die englischen und französischen Imperialisten wollen diesen Krieg in einen Weltkrieg verwandeln."[167]

Schon damals hatte man also auch in Moskau die systematische Kriegstreiberei der Engländer und Franzosen erkannt.

Ungeachtet all dieser historischen Tatsachen geht die Schuldzuweisung für den Zweiten Weltkrieg in der Diktion der Sieger immer noch auf das alleinige Konto Deutschlands, obwohl dies weder mit einer objektiven Wahrheitsfindung noch mit einer korrekten Geschichtsschreibung das Geringste zu tun hat.

Weder Englands Blankoscheck an Polen noch der Druck, den Roosevelt auf England, Frankreich und Polen ausübte, den berechtigten deutschen Forderungen keinesfalls nachzugeben, waren jemals dem Frieden dienlich und mußten früher oder später einen Krieg auslösen.

Nicht uninteressant scheinen in diesem Zusammenhang auch die Berichte des damaligen polnischen Botschafters in Washington, Graf Potocki, vom Januar 1939 zu sein, die den Deutschen in Warschau in die Hände fielen und inzwischen auch als authentisch bestätigt wurden. Darin heißt es wörtlich:

„Es ist die entschiedene Ansicht des Präsidenten Roosevelt, daß Frankreich und England jede Kompromißbereitschaft unterlassen und sich auf keine Gespräche einlassen sollten, die Gebietsveränderungen bezwecken. Beide Länder erhalten die moralische Versicherung, daß die Vereinigten Staaten die Isolationspolitik aufgeben und bereit sind, im Falle eines Krieges aktiv an der Seite Englands und Frankreichs einzugreifen."[168]

Wem also beim Lesen solcher Aussagen noch nicht die Wahrheit über die tatsächlichen Kriegstreiber dämmert, der vernehme noch, was Roosevelt im Sommer 1939 den Regierungen Englands, Frankreichs und Polens durch seinen damaligen Botschafter Bullit, in Paris, ausrichten ließ:

„...Frankreich und England können im Fall eines Naziangriffes auf Polen keinen Beistand von Amerika erwarten, wenn sie Polen nicht zu Hilfe kommen; hingegen können sie jede Unterstützung von den Vereinigten Staaten erwarten, wenn sie Deutschland (im genannten Falle) sofort den Krieg erklären."[169]

Zu diesem Zeitpunkt gab es zwar noch keinen Krieg, aber es herrschte in Deutschland ein Diktator, auf den das Parlament die Entscheidungsbefugnis übertragen hatte und der nichts anderes wollte, als die Schmach von Versailles, die man seinem Volk angetan hatte, zu tilgen und zwischen der alten deutschen Hansestadt Danzig und dem Reich wieder eine Verbindung herzustellen.

Hingegen regierte in Amerika ein demokratischer Präsident, der von einem so abgrundtiefen Deutschenhaß getrieben wurde, daß er sich auch um den Preis von fünfzig Millionen Toten über jedes bestehende Recht hinwegsetzte.

Als am 10. Mai 1940 deutsche Truppen die niederländische, luxemburgische und belgische Grenze überschritten, war natürlich wieder die Rede vom „Überfall auf neutrale Länder". Aber wie neutral waren denn diese Länder tatsächlich?

Bereits im Februar 1939 gab der niederländische Verteidigungsminister van Diyk bekannt, daß der Ausbau der Verteidigungsanlagen fortgesetzt, Marine und Luftstreitkräfte verstärkt und der Ausbau der Rüstungsindustrie rasch vorangetrieben werde. Dabei gab es bezeichnenderweise an der Westgrenze der Niederlande keine Verteidigungsanlagen, während nur jene gegen Deutschland verstärkt wurden.

Von der Zusammenarbeit zwischen den niederländischen, belgischen, französischen und britischen Streitkräften zeigt auch das Memorandum des niederländischen Oberbefehlshabers General Winkelmann vom 23. März 1940, worin die geforderte militärische Hilfe Englands erwähnt wird.

Auch in den Befehlen der französischen Armee vom Dezember 1939 und Jänner 1940 ist die Einbeziehung des Hoheitsgebietes dieser drei Staaten in die militärische Planung der Alliierten gegen Deutschland nachweisbar.

Durch die Notlandung eines deutschen Kurierflugzeuges in Mechelen, dessen Pilot sich im Nebel verflogen hatte, fiel ein deutscher Operationsplan, der Hinweise über geplante deutsche Aktionen gab, in belgische Hände. Aber dieser angeblich neutrale Staat gab ihn sofort an Frankreich weiter und am 8. Mai befanden sich daraufhin auch die niederländischen Streitkräfte im Mobilmachungszustand.

So wie der deutsche Generalstab den Durchmarsch des Heeres durch Holland, Luxemburg und Belgien geplant hatte, so hatte der französische Generalstab am 5. Dezember 1939 die Einbeziehung von Teilen Hollands, Belgiens und Luxemburgs in eine alliierte Front gegen Deutschland, die sogenannte Dyle-Breda-Linie geplant.[170]

Zweifelsohne hätte man im Falle eines alliierten Angriffes auf Deutschland nicht gezögert, durch Holland, Belgien und Luxemburg zu marschieren, um sich die Nordflanke abzusichern.

Am 7. Mai wurde in den Niederlanden über Rundfunk eine allgemeine Urlaubssperre für alle Soldaten bekanntgegeben. Bereits am 8. Mai befanden sich dann die holländischen Streitkräfte im Mobilmachungszustand. Alle strategisch wichtigen Punkte wie Brücken und Befestigungen waren besetzt und wurden verstärkt. Holländer und Belgier waren also auf einen deutschen Einmarsch eindeutig vorbereitet und bereits lange vor Bekanntwerden der deutschen Einmarschpläne waren diese Staaten von alliierter Seite zum Widerstand gegen Deutschland aufgefordert worden.

Trotzdem wollte Hitler einen Sonderkurier in der Person des deutschen Majors Kiewitz nach Den Haag senden, um auf die Sinnlosigkeit eines Widerstandes gegen einen deutschen Einmarsch hinzuweisen. Holland verweigerte ihm aber die Einreise.

Als am 10. Mai 1940 deutsche Verbände die Grenzen nach Holland, Belgien und Luxemburg überschritten, marschierten am gleichen Tag um 6 Uhr 45 alliierte Streitkräfte von Frankreich kommend über die belgische Grenze bis nach Dyle. Am gleichem Tag drangen Divisionen der französischen 7. Armee unter General Giraud über die belgisch/holländische Grenze, bis nach Bergen op Zoom und näherten sich Breda.[171]

Wären diese drei Staaten tatsächlich neutral gewesen, hätte man gegen den am selben Tag erfolgten Einmarsch britischer und französischer Truppen ebenfalls protestieren und ihn genauso als Neutralitätsbruch bezeichnen müssen.

Von einer „Neutralität" dieser Länder konnte also keine Rede sein, ebenso wenig wie von einem überraschenden deutschen „Überfall". Seit Monaten war diesen Ländern die geplante deutsche Aktion bekannt und man hatte mit alliierter Unterstützung längst seine Vorbereitungen zum militärischen Widerstand getroffen. Dieser brach in Belgien und Holland jedoch am Kampfgeist der deutschen Verbände rasch zusammen. Die niederländischen Streitkräfte kapitulierten am 15. Mai, nachdem Königin Wilhelmine nach England geflohen war.

Am 28. Mai folgte auch die belgische Armee ihrem Beispiel. König Leopold III. unterzeichnete die Kapitulationsurkunde und begab sich mit seiner Armee in deutsche Gefangenschaft.

Churchills Rechnung war aufgegangen. Ihm war ja daran gelegen, möglichst viele Staaten in einen Krieg gegen Deutschland hineinzuziehen; was deren Rechte und Freiheiten sind, das hatte nur er zu bestimmen. Nachdem Frankreich und Großbritannien dem Deutschen Reich bereits im September 1939 den Krieg erklärt und britische Truppen schon in der Zeit vom Oktober 1939 bis März 1940 auf französischem Boden Stellung bezogen hatten, bleibt die Frage offen, warum man Deutschland nicht schon durch einen Angriff zu dieser Zeit den gefürchteten Zweifrontenkrieg aufgezwungen hat? Warum ließ man Hitler Zeit und hat untätig zugesehen, wie er Polen und Skandinavien besetzte? Die Angst vor einem übermächtigen Gegner kann es wohl kaum gewesen sein, denn 128 französischen, 9 britischen, 23 belgischen und 11 niederländischen, insgesamt also nicht weniger als 171 Divisionen, standen nur 136 deutsche Divisionen gegenüber, von denen wiederum nur ein beschränkter Teil im Westen hätte kämpfen können.[172]

Der Grund des Zögerns lag vermutlich an den noch ausstehenden amerikanischen Präsidentenwahlen. Roosevelts Gegenkandidat Wilkie war für eine Friedenspolitik der USA; er hätte die europäischen Westmächte in einem Krieg gegen Deutschland wohl nur mit größtem Bedenken, wahrscheinlich aber überhaupt nicht unterstützt.

Das Zögern der Alliierten und der ungebrochene Kampfgeist der deutschen Soldaten führten dazu, daß der Feldzug gegen Frankreich und das britische Expeditionscorps trotz Maginotlinie, die von der Deutschen Wehrmacht umgangen wurde, und großer militärischer Überlegenheit der Alliierten bereits nach 45 Tagen erfolgreich beendet werden konnte.

Durch die Vermittlung Spaniens ersuchte die französische Regierung bereits im Juni 1940 um einen Waffenstillstand, dem wenige Tage später durch ein entsprechendes Abkommen in Compiegne entsprochen wurde. Dabei bestand Hitler darauf, daß das Abkommen im gleichen Waggon unterzeichnet wurde, in dem die alliierten Sieger von 1918 die deutsche Delegation auf so entwürdigende Art empfangen hatten. Hitler, der als Soldat an dieser Front den ersten Weltkrieg erlebt hatte, wollte so die schmachvolle Behandlung deutscher Unterhändler in Compiegne und Versailles tilgen. Er hätte auch den Spiegelsaal von Versailles wählen können, wo man 1919 die

Deutschen zur Unterzeichnung des unsinnigen Diktates gezwungen hatte, aber offensichtlich wollte er weder das französische Volk noch seinen neuen Staatschef Marschall Petain durch eine solche Forderung zu sehr demütigen.

Die Waffenstillstandsbedingungen, die Frankreich auferlegt wurden, waren der Kriegslage entsprechend weit milder als die Bedingungen, denen sich Deutschland 1918 fügen mußte. Weil der Kampf gegen England weiterging, blieben die deutschen Streitkräfte bis 1944 als Besatzungsmacht; nur ein Gebiet im Süden, das sogenannte „Vichy-Frankreich" blieb unbesetzt. Es wurde erst 1942 als vorbeugende Maßnahme gegen die erwartete Landung alliierter Streitkräfte von den Deutschen besetzt.

Die französische Armee durfte 100.000 Freiwillige unter Waffen halten und es wurde auch eine kleine Marine und Luftwaffe bewilligt. Unter Führung des nach England geflüchteten Generals de Gaulle bildete sich in London eine französische Exilregierung, die verstärkt durch die aus Dünkirchen entkommenen französischen Truppenteile den Kampf gegen Deutschland fortführte.

Ein Teil der französischen Flotte, die nicht in britischen Häfen lag, hat sich in den Hafen Mars-el-Kebir bei Oran (Westalgerien) zurückgezogen und sollte dort abgerüstet werden, doch diese „Abrüstung" besorgten dann die ehemaligen britischen Waffengefährten mehr als gründlich:

Churchill stellte der französischen Flotte das Ultimatum, nach England oder Amerika zu fahren oder sich innerhalb von sechs Stunden selbst zu versenken. Nachdem diese Forderung vom kommandierenden Admiral Francois Darlan abgelehnt wurde, überfiel am 3. Juli 1940 ein britischer Flottenverband die im Hafen von Oran vor Anker liegenden, nicht gefechtsbereiten Teile der französischen Flotte und schoß diese ohne Warnung zusammen. Ein Großteil der Schiffe, ein Schlachtkreuzer, zwei Schlachtschiffe, ein Flugzeugträger, zwei Kreuzer und 11 Zerstörer wurden versenkt oder schwer beschädigt. Rund 1.250 französische Marinesoldaten fielen diesem feigen Piratenakt der verbündeten Engländer zum Opfer.[173]

Churchill rechtfertigte diesen brutalen Akt mit der Unsicherheit der künftigen militärischen Haltung Frankreichs und die Regierung Petain brach daraufhin die diplomatischen Beziehungen zu Großbritannien ab.

Großbritannien hatte am 27. Juni 1940 die Blockade Europas erklärt, und die deutsche Wehrmacht hatte innerhalb von zehn Monaten das Landgebiet vom Nordkap bis zur spanischen Grenze unter Kontrolle.

Deutsche U-Boote und Luftstreitkräfte fügten der überseeischen Versorgung Englands schwere Verluste zu.

Am 2. Juli 1940 gab Hitler dem Oberkommando der Wehrmacht Weisung, daß „unter bestimmten Voraussetzungen" eine Landeoperation in England in Betracht käme.

Aber wenige Tage später, am 19. Juli, nimmt Hitler wieder davon Abstand. Er, dem der Krieg gegen England nie behagte, weil er seinen Traum von einem großgermanischen Reich störte, bietet England trotz der gewaltigen militärischen Erfolge in einem „Appell der Vernunft" erneut Friedensverhandlungen an. Dabei sagt er unter anderem:

„Und Herr Churchill sollte mir dieses Mal vielleicht ausnahmsweise glauben, wenn ich als Prophet jetzt folgendes ausspreche: Es wird dadurch ein großes Weltreich zerstört werden. Ein Weltreich, das zu vernichten oder auch nur zu schädigen, niemals meine Absicht war. Allein, ich bin mir darüber im klaren, daß die Fortführung dieses Kampfes nur mit der vollständigen Zertrümmerung des einen der beiden Kämpfenden enden wird. In dieser Stunde fühle ich mich verpflichtet, vor meinem Gewissen noch einmal einen Appell an die Vernunft auch in England zu richten. Ich glaube dies tun zu können, weil ich ja nicht als Besiegter um etwas bitte, sondern als Sieger nur für die Vernunft spreche. Ich sehe keinen Grund, der zur Fortführung dieses Kampfes zwingen könnte."[174]

Am 22. Juli 1940 erwiderte der britische Außenminister Lord Halifax auf Hitlers Angebot:

„...aber in Großbritannien herrscht ein Geist unerbittlicher Entschlossenheit. Wir werden nicht aufhören zu kämpfen!"[175]

Ich überlasse es auch hier dem Leser selbst zu beurteilen, wer es tatsächlich war, der diesen in der Folge so gewaltigen und für alle Beteiligten verlustreichen Weltbrand ohne jede Rücksicht auf seine furchtbaren Folgen mit allen Mitteln gewollt und herbeigeführt hat.

Zu diesem Zeitpunkt schien bereits die Wiederwahl Roosevelts so gut wie sicher. Dieser Roosevelt schrieb schon im Februar 1938 an den konservativen britischen Politiker Lord Elibank:

„Ich bin mit Leib und Seele dabei, die amerikanische Öffentlichkeit dazu zu erziehen, sich einem Kreuzzug gegen Hitler anzuschließen."[176]

Dadurch fühlte sich Churchill stark genug, diesen von ihm gewollten Krieg um jeden Preis weiterzuführen.

Am 28. Mai 1939 sagte Roosevelt dann zum tschechischen Expräsidenten Benesch:

„Ich denke, die Vereinigten Staaten werden auch in jedem Fall in den Krieg einzutreten haben. Europa allein kann den Krieg gegen Hitler nicht gewinnen.“[177]

Aber bereits am 3. September 1939 zeigte er, um die Wahlen zu gewinnen, scheinheilig wieder ein ganz anderes Gesicht, als er in einer Rundfunkansprache in Washington erklärte:

„Möge kein Mann und keine Frau gedankenlos davon reden, daß Amerika seine Armeen auf europäische Schlachtfelder schicken werde. In diesem Augenblick wird eine Erklärung verfaßt, die die amerikanische Neutralität verkündet.“[178]

Er versicherte also darin ausdrücklich, daß Amerika eine neutrale Nation bleiben werde, eine ganz bewußte, vorsätzliche Lüge.

Am 5. September 1939 erließ Roosevelt eine Proklamation, die auf das Neutralitätsgesetz von 1937 verwies und die die Ausfuhr von Waffen, Munition und Kriegsgerät in kriegsführende Länder verbot. Doch ungeachtet dieser Proklamation lieferten die USA in der Zeit von 1. Jänner bis Ende Dezember 1939 Waffen, Munition und Kriegsgerät im Wert von 38 Millionen Dollar an Frankreich und 26 Millionen Dollar an England. Auch Deutschland wurde als Alibihandlung beliefert, aber nur im lächerlichen Gesamtwert von 23.000 Dollar.[179]

Auch das Verhalten der USA gegenüber deutschen Schiffen war alles andere als neutral. So lief beispielsweise das deutsche Passagierschiff „Columbus“ aus dem mexikanischen Hafen Veracruz aus und wollte im Schutz der von Amerika proklamierten Neutralitätszone die Heimreise nach Deutschland antreten. Das Schiff wurde dabei jedoch ständig vom US-Schiff „Tuscaloosa“ verfolgt, das den Briten über Funk laufend die jeweilige Position bekanntgab. So kannten die britischen Kriegsschiffe den jeweiligen Standort des deutschen Schiffes; der deutsche Kapitän sah schließlich keinen anderen Ausweg, als sein Schiff östlich von Kap May zu versenken.

Das war aber nur der Anfang. In der Folgezeit griffen US-Schiffe immer mehr in den Seekrieg auf Seiten der Briten ein.

Die Verlogenheit des damaligen US-Präsidenten kannte vor allem im Hinblick auf seine Wiederwahl keine Grenzen. So sagte er in einer Rede, die er am 23. Oktober 1940 in Philadelphia hielt:

„...jedem Mann, jeder Frau und jedem Kind im Volk, sage ich dies: Euer Präsident und Euer Staatssekretär gehen den Weg zum Frieden. Wir bewaffnen uns nicht für die Eroberung oder eine Einmischung in fremde Streitigkeiten. Wir werden an keinem fremden Krieg teilnehmen und werden weder unser Heer, noch unsere See- oder Luftstreitkräfte zum Kämpfen in fremde Länder außerhalb Amerikas entsenden, es sei denn, wir werden angegriffen!"[180]

Und in Boston erklärte er dann nochmals am 3. November 1940:

„Ich kämpfe, um dieser Nation den Wohlstand und den Frieden zu erhalten. Ich kämpfe, um unser Volk aus dem Krieg herauszuhalten..."[181]

Ohne diese bewußten Irreführungen des amerikanischen Volkes hätte er kaum Chancen für seine Wiederwahl gehabt.

Interessant sind in seinen Friedensbeteuerungen immer wieder die Einschränkungen, auf den „Fall eines Angriffes", denn er hat in der Folge wiederholt einen solchen provoziert und wartete nur auf eine entsprechende Reaktion der Deutschen. Sofort nachdem er seiner Wiederwahl sicher war, legte er die Maske eines „Friedensengels" ab und zeigte sein wahres Gesicht. Er entsandte seinen Assistenten und Vertrauten Harry L. Hopkins am 10. Jänner 1941 nach London und ließ Churchill folgendes übermitteln:

„Der Präsident ist entschlossen, den Krieg gemeinsam mit Ihnen zu gewinnen."[182]

Er sprach zu seinem Volk und der Welt von Frieden und meinte Krieg, den zu führen er längst entschlossen war. Er kümmerte sich weder um Völkerrecht noch um Neutralität und lieferte den Engländern uneingeschränkt wichtige Kriegsgüter. Selbst sein Kriegskumpan Churchill bekannte später über den im Oktober abgeschlossenen Tauschhandel von 50 US-Zerstörern gegen britische Landpachtungen:

„Die Abgabe von 50 amerikanischen Kriegsschiffen an Großbritannien war eine entschieden unneutrale Haltung der Vereinigten Staaten. Sie würde nach allen Normen der Geschichte die deutsche Regierung berechtigt haben, den Vereinigten Staaten den Krieg zu erklären."[183]

Aber Hitler hielt sich immer noch zurück; er wollte ohne entscheidenden Grund die Zahl seiner Gegner nicht noch vermehren.

Dafür sorgte aber Roosevelt, indem er bei den Besprechungen in London und Washington neutralitätsverletzende Maßnahmen beschloß: So begann am 1. April 1941 die Beteiligung der US-Marine am Konvoischutz im Atlantik und er erklärte einseitig die Erweiterung der Sicherheitszone der USA entgegen dem Völkerrecht bis zum 26. Grad westlicher Länge, d.h. bis zu 2.300 Seemeilen oder 4.100 km von der Ostküste Amerikas entfernt.

Von einem dänischen Gesandten in den USA namens Henrik Kauffmann, der dazu überhaupt nicht ermächtigt war und deshalb auch von seinem Posten abberufen wurde, erschlich sich die US-Regierung die Ermächtigung, das dänische Grönland zu besetzen.[184]

Am 7. Juli 1941 befahl Roosevelt die Besetzung Islands, und amerikanische Marinetruppen gingen dort am 8.Juli an Land.

Ab September 1939 hatte die deutsche Seekriegsführung Weisung gegeben, daß es unter keinen Umständen zu Zwischenfällen mit amerikanischen Schiffen kommen darf. Aus dem Blockadegebiet um England, in welchem die deutschen Kriegsschiffe freie Angriffserlaubnis hatten, hielten sich amerikanische Kriegsschiffe zunächst fern, weil sie wußten, daß jedes fremde Schiff in diesem Gebiet bedroht war.

Am 20. Juni 1941 sichtete jedoch das deutsche U-Boot U 203 in diesem Kampfgebiet das US-Schlachtschiff „Texas", was einer Herausforderung gleichkam und fragte über Funk um Feuererlaubnis. U 203 erhielt als Antwort vom Befehlshaber der Unterseeboote, Großadmiral Dönitz, folgenden Funkspruch:

„Der Führer hat Vermeidung jeden Zwischenfalls mit den USA für die nächsten Wochen befohlen. In allen denkbaren Fällen in diesem Sinne handeln. Darüberhinaus bis auf weiteres Angriffe auf Kreuzer, Schlachtschiffe, Flugzeugträger nur, wenn diese einwandfrei als feindlich erkannt werden. Abgeblendet fahren gilt bei Kriegsschiffen nicht als Beweis feindlichen Charakters."[185]

Dieser Funkspruch erging an alle deutschen Kriegsschiffe und sollte sich für sie noch als sehr nachteilig erweisen.

Am 4. September 1941 wurde das deutsche U-Boot U 652 innerhalb des Blockadegebietes von einem amerikanischen Zerstörer verfolgt und mit Wasserbomben belegt. Während der vierstündigen Verfolgung des Bootes durch den Zerstörer rief dieser über Funk britische Flugzeuge herbei, denen aber das U-Boot ebenfalls entkommen konnte. Dabei erfuhr der Kommandant, daß es sich beim verfolgenden Schiff um den US-Zerstörer „Geer" handelt. Um ihm zu entkommen, schoß der Kommandant des deutschen U-Bootes schließlich zwei Torpedos ab, die aber nicht trafen.

Diesen Vorfall, eindeutig als Schuld der Amerikaner erkannt, nützte Roosevelt schließlich unter völliger Verdrehung der Tatsachen für sich aus. Er sprach von einem mutwilligen Akt auf ein amerikanisches Kriegsschiff, von einem Akt der Piraterie. Obwohl also selbst herbeigeführt, nahm ihn der US-Marineminister Knox zum Anlaß, der amerikanischen Flotte den Befehl zu geben, „alle Handelszerstörer (gemeint waren damit deutsche und italienische Kriegsschiffe, d. Verf.) der Achsenmächte, gleichviel ob sie als Überwasser- oder Unterwasserpiraten auftreten, mit allen verfügbaren Mitteln aufzubringen oder zu zerstören."[186]

Da auch der Befehlshaber der US-Atlantikflotte, Admiral King, schon am 1. September 1941 einen Schießbefehl erlassen hatte, befanden sich die Vereinigten Staaten daher bereits de facto seit diesem Zeitpunkt im Kriegszustand mit Deutschland.

Als deutsche U-Boote wenig später einen britisch-kanadischen Geleitzug angriffen, kamen diesem fünf US-Zerstörer aus dem Hafen Rejkjavik zu Hilfe. Dabei erhielt der US-Zerstörer „Kearny" mitten in der tobenden Geleitzugschlacht einen Torpedotreffer und konnte sich nur mühsam nach Rejkjavik zurückschleppen.

Roosevelt nützte auch diesen Vorfall, der zweifelsfrei einen kriegerischen Akt der Amerikaner darstellte, für seine Kriegshetze gegen Deutschland aus.

Am 31. Oktober 1941 fuhr der US-Zerstörer „Reuben-James" in einer Geleitzugeskorte im Blockadegebiet südwestlich von Island und wurde bei der Verfolgung eines deutschen U-Bootes von diesem versenkt.

Obwohl man in den USA mit allen Mitteln versuchte, diesen eindeutig vom amerikanischen Zerstörer verursachten Zwischenfall der deutschen Seekriegsführung in die Schuhe zu schieben, gab es in den Staaten eine sehr starke Bewegung gegen den Kriegseintritt. Diese „Amerika First"-Bewegung machte Front gegen Roosevelts Politik. In ihr saßen Abgeordnete und Senatoren, die keineswegs pazifistisch oder pro-deutsch waren und sogar viele Juden unterstützten sie. Sie votierten für eine starke US-Landesverteidigung, aber nach den Erfahrungen des Ersten Weltkrieges stellten sie sich gegen eine Einmischung in europäische Angelegenheiten. Amerika solle lieber seine Macht nützen, um in einem Kompromißfrieden zu vermitteln. Wußten sie doch, daß die Vereinigten Staaten eine ähnliche Politik schon im Ersten Weltkrieg betrieben hatten, die sie damals in den Krieg hineinzog. Damals provozierten sie im Einvernehmen mit den britischen Marinebehörden unter Churchills Beteiligung (als damaliger

Erster Lord der britischen Admiralität) die Versenkung der mit Munition für Großbritannien von Amerika nach England ausgelaufenen „Lusitania" durch ein deutsches U-Boot am 7. Mai 1915 vor Irland, um damit zu einem Kriegsanlaß zu kommen.

Deutschland war wohlweislich nicht bereit, sich provozieren zu lassen. Aber zum großen Glück für Roosevelt gab es ja noch eine andere „Hintertür zum Krieg": Ostasien. Hier hatte er mehr Glück mit seiner Provokation und erst im Gefolge des Krieges mit Japan traten dann Deutschland und Italien als seine Verbündeten im Dezember 1941 in den Krieg ein.

Zur Versenkung der „Reuben-James" im März 1941 sagte Hitler klar und deutlich:

„Präsident Roosevelt hat seinen Schiffen befohlen, in dem Augenblick, wo sie ein deutsches Kriegsschiff sichten, zu schießen. Ich habe den deutschen Schiffen befohlen, nicht zu schießen, wenn sie ein amerikanisches Schiff sichten, sondern sich nur zu verteidigen, wenn sie angegriffen werden."[187]

Der amerikanische Admiral Stark schrieb deshalb auch am 7. November 1941 an seinen Kameraden Admiral Hart:

„Die Flotte befindet sich im Atlantik bereits im Krieg; aber das Land scheint sich darüber noch nicht klar zu sein. Ob das Land es weiß oder nicht: Wir sind im Kriege!"[188]

Nachdem also alle Bemühungen und eine einseitige Zurückhaltung der deutschen Führung nichts mehr nützten, erklärte Deutschland am 11. Dezember 1941 den USA den Krieg.

Dies war zum Schutz der eigenen Seestreitkräfte notwendig und längst überfällig. Die Liste amerikanischer Neutralitätsverletzungen ist umfangreich und Roosevelt provozierte damit seinen Gegner ganz bewußt so lange, bis dieser sich zum ersten, ehrlich erklärten Schuß entschloß. Dazu sagte sein britischer Kampfgefährte Churchill, der natürlich über den amerikanischen Beistand sehr erfreut war:

„Genau das ist es, was ich erträumt, erstrebt und wofür ich gearbeitet habe. Jetzt ist es Wirklichkeit geworden!"[189]

Aber auch der Kriegseintritt Japans war von der Hinterhältigkeit Roosevelts geprägt: Als ihm am 6. Dezember 1941 eine von US-Marinestationen abgefangene Nachricht der japanischen Regierung an ihren Botschafter in Washington vorgelegt wurde, in der von einem bevorstehenden Angriff die Rede war, sagte er sofort: „Das bedeutet Krieg!"

Er hielt es aber trotzdem nicht für notwendig, seine Generalstabschefs zu informieren. Deshalb war man sich auch auf dem amerikanischen Flottenstützpunkt Pearl Harbour der drohenden Kriegsgefahr nicht bewußt. Als dann die Japaner am 7. 12. 1941 ihren Angriff gegen diesen Stützpunkt flogen, wurde man dort völlig überrascht. Neben 3.435 Toten und Verwundeten verloren die Amerikaner 188 Flugzeuge, 8 (alte) Schlachtschiffe, 3 leichte Kreuzer, 3 Zerstörer und 4 kleinere Schiffe (die später so wichtige moderne Trägerflotte erlitt keine Verluste, da sie an diesem Tag – ganz zufällig – zu einer Übung ausgelaufen war). Diese Opfer waren es Roosevelt also ebenfalls wert, von einem „Überfall" der Japaner reden zu können, obwohl er persönlich von diesem Angriff informiert worden war und für eine entsprechende Abwehr Vorsorge hätte treffen können.

Die wohl aufschlußreichste Quelle für die Rolle Roosevelts als Kriegstreiber und Förderer des Stalinschen Rußland sind die Tagebücher des 1949 verstorbenen amerikanischen Verteidigungsministers James Forrestal, veröffentlicht 1951, aus begreiflichen Gründen nicht ins Deutsche übersetzt, ebensowenig wie die Korrespondenz zwischen Roosevelt und Churchill einerseits und Stalin andererseits.

Sven Hedin hatte auf Grund der gegebenen Tatsachen sachlich sicher recht, wenn er als neutraler Beobachter feststellte:

„Dieser Krieg wird in die Geschichte eingehen als der Krieg des Präsidenten Roosevelt."[190]

Der bekannte schwedische Forscher konnte aber damals noch nicht mit der Verlogenheit der späteren Sieger rechnen.

7

Unternehmen „Marita“ und „Merkur“ – Ungewollt Marschrichtung Südost

Aber es sollten nach der Version der Sieger im Verlauf des Krieges auch noch andere Staaten hinzukommen, die von den kriegslüsternen Deutschen „grundlos angegriffen“ oder „überfallen“ wurden.

Kehren wir daher noch einmal zurück zum Juni 1940. Nur wenige Tage vor dem Zusammenbruch der französischen Armee trat am 10. Juni 1940 der Achsenpartner Italien in den Krieg ein. Unter der Führung Mussolinis stand das faschistische Italien seit 1934 in freundschaftlichen Beziehungen zu Deutschland. Am 25. Oktober 1936 wurde ein Bündnis mit dem Reich abgeschlossen und am 27. September 1940 der Dreimächtepakt zwischen Deutschland, Japan und Italien unterzeichnet. In letzterem verpflichten sich die Vertragspartner zu gegenseitiger Unterstützung, falls eine der Parteien von einer anderen Macht angegriffen würde.

Im Kriegsverlauf sollte sich aber zunehmend herausstellen, daß der italienische Kampfgefährte für Deutschland immer mehr zu einer Belastung wurde. Nur das gute persönliche Verhältnis zwischen dem Duce und Hitler hielt Italien bis zum Staatsstreich des italienischen Marschalls Badoglio im Juli 1943 an der Seite Deutschlands.

Alle Appelle Hitlers an die Vernunft zu einer Beendigung der Kampfhandlungen wurden mit dem Entschluß seiner Gegner zur Fortführung des Krieges beantwortet. Dies vor allem, weil man sich nach wie vor der Unterstützung Amerikas sicher war, und weil sich am politischen Horizont bereits abzeichnete, daß es früher oder später auch zu Differenzen zwischen Moskau und Berlin kommen würde.

Die Sowjets hatten am 15. Juni 1940 Litauen besetzt und nur zwei Tage später rückten sowjetische Truppen in Lettland und Estland ein. Dabei besetzten sie auch jenen litauischen Grenzstreifen, der nach dem deutsch-sowjetischen Vertrag zum deutschen Interessensgebiet gehörte.

Am 28. Juni 1940 begann der Einmarsch sowjetischer Truppen in die rumänische Nordbukowina und in Bessarabien, der am 1. Juli abgeschlossen wurde.

König Carol von Rumänien erbat am 2. Juli von Deutschland eine Garantie für die rumänischen Grenzen und die Entsendung einer deutschen Militärmission.

Zur gleichen Zeit kam es zwischen Ungarn und Rumänien auch zu Differenzen um Siebenbürgen und Rumänien bat Deutschland um einen Schiedsspruch. Dieser erfolgte am 30. August 1940 in Wien: Rumänien hatte den Szekelerzipfel und Siebenbürgen an Ungarn abzutreten. Die Sowjets forderten von Rumänien den Teil der Bukowina, der einst Österreich-Ungarn gehörte und nach dem Ersten Weltkrieg von den Siegermächten Rumänien zugesprochen wurde.

Von Mussolini forderten die Sowjets die Anerkennung der sowjetischen Vormachtstellung im Schwarzen Meer. Das war eine Entwicklung, der Hitler nicht tatenlos zusehen konnte. Er, der von England zur Fortsetzung des Krieges gezwungen worden war, hatte nun Sorgen, seine Ölquellen im Raum Ploesti in Rumänien zu verlieren, die für die Kriegsführung Deutschlands von größter Bedeutung waren. Diese Tatsache war natürlich auch Stalin bekannt, und die Vermutung, daß das sowjetische Vorgehen auf dem Balkan bereits auf geheime Absprachen zwischen Moskau und London zurückzuführen war, scheint so gesehen nicht unrealistisch.

Um gegenüber den sowjetischen Forderungen auch die deutschen Interessen zu wahren, wurden mit Einverständnis der rumänischen Regierung deutsche „Lehrtruppen“ nach Rumänien verlegt. Sie sollten dem rumänischen Heer bei der Ausbildung und Ausrüstung behilflich sein und gleichzeitig die rumänischen Ölquellen vor einem Zugriff durch andere Mächte schützen.

Daraufhin verstärkten die Sowjets ihren Einfluß auf Jugoslawien, das bereits unter dem politischen Druck der kriegführenden Mächte beider Seiten stand. Um von der Gefahr einer deutschen Invasion in England abzulenken, war für die Briten die Bildung einer neuen Front in Südeuropa dringend erforderlich.

Einer der größten strategischen Fehler Deutschlands war die fehlende Entschlossenheit Hitlers für einen direkten Krieg gegen das englische Volk, dem er als germanische, den Deutschen verwandte Rasse stets Sympathie entgegenbrachte. Daher erstaunte er auch seine Generäle mit dem Befehl, die britische Armee, die bei Dünkirchen in der Falle saß, abziehen zu lassen und sie nicht zu vernichten oder ihr zumindest eine empfindliche Niederlage beizubringen. Die deutschen Soldaten mußten Gewehr bei Fuß tatenlos zusehen, wie britische Zivilisten ihre Armee mit Vergnügungsschiffen aus der Gefahrenzone retteten. Dieses Verhalten ist wohl auch als eine weitere Friedensgeste Hitlers zu werten, obwohl ein halbes Jahrhundert lang Historiker ihre Verwirrung darüber zum Ausdruck gebracht haben. Der ehemalige britische Verteidigungsminister Clark sagte dazu zu BBC (British Broadcasting Corporation):

„Wir hätten damals Frieden schließen können und das hätte uns sehr viel Blutvergießen erspart und sehr viel Wohlstand erhalten."[191]

Dieses deutsche Versäumnis, eine Vernichtung des britischen Expeditionskorps in Frankreich herbeizuführen, sollte sich aber später noch sehr negativ auswirken. Im umgekehrten Fall hätte man nach einem so siegreichen Feldzug sicher nicht gezögert, Deutschland anzugreifen. Hitlers Zaudern und seine nie ganz aufgegebene Hoffnung auf eine Verständigung mit England waren entscheidende Gründe für seine und damit auch für die spätere Niederlage Deutschlands. Dazu nimmt der britische Militärhistoriker Lidell Hart wie folgt Stellung:

„Obwohl der Krieg mit dem deutschen Einmarsch in Polen am 1. September 1939 begann, worauf zwei Tage später die britische und französische Kriegserklärung an Deutschland folgte, ist es eine der Merkwürdigkeiten der Geschichte, daß Hitler und das deutsche Oberkommando keinerlei Vorbereitungen für den Kampf mit England getroffen hatte. Noch seltsamer war, daß in den fast neun Monaten Pause, ehe im Mai 1940 die deutsche Offensive im Westen begann, nichts dergleichen geschah. Sogar als Frankreichs Zusammenbruch feststand, wurden keine Pläne dafür aufgestellt. Daraus geht eindeutig hervor, daß Hitler auf eine Verständigung mit der englischen Regierung hoffte. Er rechnete mit einem Kompromißfrieden zu den günstigsten Bedingungen, die er England gewähren wollte und hatte trotz seiner ehrgeizigen Ziele nicht den Wunsch, einen Entscheidungskampf mit England auszutragen. Tatsächlich gab Hitler den deutschen Generälen zu verstehen, daß der Krieg im Westen beendet sei. Es wurde Urlaub gewährt und ein Teil der Luftwaffe an andere Fronten verlegt. Außerdem befahl Hitler am 22. Juni 1940 die Demobilisierung von 35 Divisionen."[192]

Tatsächlich wurden in den Monaten Juli und August 1940 ganze siebzehn deutsche Divisionen aufgelöst und achtzehn Divisionen beurlaubt.[193]

Diese nie aufgegebene Hoffnung Hitlers auf eine Verständigung mit England wertete sein Gegenspieler Churchill als ein Zeichen von Schwäche. Die Tatsache, daß rund 362.000 alliierte Soldaten ungehindert aus Frankreich nach England entkommen konnten, gab ihm auch die Möglichkeit, diese nach entsprechender Auffrischung und Nachrüstung später wieder an anderen Fronten einzusetzen.

Am 6. Juni 1940 schrieb Churchill an seinen Außenminister Eden:

„Wir sind einem Bruch mit Italien so nahe, daß es jetzt sehr wohl unser Hauptziel sein könnte, auf die Mobilisierung des Balkans hinzuwirken. Ein englisches Vorgehen auf dem Balkan könnte auch die Russen zu einem weiteren aktiven Eingreifen verlocken.“[194]

Selbstverständlich hatte auch Hitler die Gefahr erkannt, die Deutschland durch eine alliierte Besetzung des Balkans drohte. Nach einer kurzfristigen Information des Achsenpartners griff Italien am 28. Oktober 1940 von Albanien heraus Griechenland an und kam dabei bald in militärische Bedrängnis. Hitler war über diese Entwicklung auf dem Balkan nicht erfreut, wenngleich auch ihm klar war, wie weit sich Griechenland bereits in das Fahrwasser der Briten begeben hatte. So ist aus den Aufzeichnungen des französischen Oberbefehlshabers vom 4. Jänner 1940 zu entnehmen, daß der Chef des griechischen Generalstabes wissen ließ, man wäre in der Lage, die Landung eines interalliierten Expeditionskorps in Saloniki zu sichern. So hatte sich Griechenland also schon sehr früh aus seiner Neutralität herausgemogelt. Trotzdem sah Hitler zunächst von einer militärischen Unterstützung der Italiener im Kampf gegen Griechenland ab. Wieder waren es auch hier die Engländer, die bereits einen Tag nach dem italienischen Angriff mit Heeres- und Luftwaffenverbänden auf der griechischen Insel Kreta landeten. Und schon am 3. November gingen im Raum Athen die ersten britischen Truppen an Land.

Die deutsche Heeresführung wurde dadurch gezwungen rasch zu handeln, weil eine erfolgreiche Brückenkopfbildung die Eröffnung einer zweiten Front durch die Alliierten bedeutet hätte; dadurch wäre die Schlagkraft der deutschen Truppen noch weiter aufgesplittert worden.

Erst auf Grund dieser Tatsachen entschloß sich die deutsche Führung zu einem Entlastungsangriff auf Griechenland, der von Ungarn und Rumänien aus geführt werden sollte. Die Italiener waren in arger Bedrängnis; eine Besetzung Griechenlands durch die Alliierten hätte auch eine erhebliche Bedrohung der rumänischen Ölfelder bedeutet. Rumänien war wegen der drohenden sowjetischen Gefahr im November 1940 dem Dreimächtepakt beigetreten, und so war man in der Lage, dort deutsche Truppen für einen bevorstehenden Einmarsch nach Griechenland zu versammeln. Dieses Unternehmen „Marita", wie es das Oberkommando der Wehrmacht nannte, war allerdings nur für den Fall einer britischen Landung in Griechenland beabsichtigt.

Die deutsche Reichsregierung, der viel daran lag, den Krieg auf dem Balkan nicht noch mehr auszuweiten, stand in Verhandlung mit der jugoslawischen Regierung. Doch in Belgrad trieb man ein Doppelspiel: Während man im September 1939 seine freundschaftliche Haltung gegenüber Deutschland betonte und sogar eine Neutralitätserklärung abgab, gestattete man die Transporte von Kriegsmaterial für Polen durch Jugoslawien und von den Sowjets erhielt Jugoslawien unter strengster Geheimhaltung umfangreiches Kriegsmaterial.[195]

Nach Verhandlungen mit der deutschen Reichsregierung und deren Verzicht auf den Durchmarsch deutscher Truppen nach Griechenland erklärte der jugoslawische Prinzregent Paul seine Bereitschaft zum Beitritt Jugoslawiens zum Dreimächtepakt, der dann am 25. März 1941 in Wien vollzogen wurde.

Aber schon zwei Tage später kam es in Belgrad zum Staatsstreich. Prinzregent Paul ging ins Exil und der ehemalige Chef des Generalstabes Simovic übernahm die Regierung. Sofort waren antideutsche Demonstrationen an der Tagesordnung; Hitler empfand diesen Putsch und seine Folgen als heimtückischen Verrat. Er gab deshalb am 29. März Weisung für einen Aufmarsch gegen Jugoslawien und für dadurch notwendig gewordene Ergänzungen zum Unternehmen „Marita".

Als in der Folge auch noch am 5. April 1941 in Moskau der sowjetisch-jugoslawische Freundschafts- und Nichtangriffspakt unterzeichnet wurde, stand Hitlers Entschluß fest, einer alliierten Balkanfront durch die Besetzung Griechenlands und Jugoslawiens zuvorzukommen. Am nächsten Morgen um 5 Uhr 15 rückten deutsche, ungarische und rumänische Truppen über die Grenzen der beiden Balkanländer. Das britische Expeditionskorps war in Griechenland bis März 1941 auf 40.000 bis 45.000 Mann angewachsen und wurde laufend weiter verstärkt.[196]

Am 17. April kapitulierte die jugoslawische Wehrmacht. Nachdem auch bulgarische Truppen an der Seite Deutschlands teilnahmen und Mazedonien besetzten, gab Griechenland auf und stellte am 23. April in Saloniki den Kampf ein.

Ende April war die Besetzung des griechischen Festlandes durch die deutsche Wehrmacht abgeschlossen. In Jugoslawien gerieten 344.000 Mann in Gefangenschaft. In Griechenland wurden 223.000 griechische und 21.000 britische Soldaten gefangengenommen. Die griechischen Soldaten hatte man jedoch wenig später wieder freigelassen.[197]

In Jugoslawien hatte der serbische Oberst Mihajlovic die Kapitulation seiner Armee nicht akzeptiert und versammelte eine Partisanenarmee zum Widerstand gegen die Deutschen um sich. Unabhängig von ihm und mit noch mehr Erfolg hatte der Kommunist Tito mit Unterstützung der Sowjets eine Partisanenarmee aufgestellt, die den deutschen Versorgungslinien und Stützpunkten aus dem Hinterhalt heraus schwere Verluste zufügte.

Auf der griechischen Insel Kreta befanden sich noch britische Truppen und bildeten dort einen Flotten- und Luftstützpunkt, der eine weitere Bedrohung darstellte. Deshalb folgte am 20. Mai 1941 das deutsche Unternehmen „Merkur", die Besetzung der Insel Kreta durch deutsche Fallschirm- und Gebirgsjägereinheiten. Gegen hartnäckigen Widerstand der Engländer und griechischer Partisaneneinheiten wurde die Insel schließlich unter großen Verlusten auf beiden Seiten von den Deutschen erobert.

Mit Kreta besaß nun die deutsche Wehrmacht einen wichtigen Stützpunkt gegenüber den britischen Streitkräften, die inzwischen auch in Nordafrika gelandet waren. Seit Februar 1941 war deshalb in Libyen das „Deutsche Afrika Korps" stationiert, um seiner Verpflichtung nachzukommen, an der Seite Italiens in den Kampf gegen britische, kanadische, australische, indische und neuseeländische Truppen einzutreten.

Dies bedeutete aber eine weitere Verzettelung der Kräfte, mit der weder die politische noch die militärische Führung in Deutschland gerechnet hatte.

Aber sie gehörte zur Einkreisungspolitik der Alliierten. Die ständige Schwächung durch Ausweitung des Kriegsgebietes wurde so der deutschen Führung systematisch aufgezwungen; diese sollte dann in der Folge mit Rußland ihren Höhepunkt finden, wo auch Deutschlands endgültige Niederlage ihren Anfang nahm.

8

Unternehmen „Barbarossa“ – Präventivschlag oder der „Überfall“, der einem anderen zuvorkam

Der Mythos vom feigen und hinterhältigen Überfall Hitlers auf die friedliebende Sowjetunion ist eine der größten, auch bei uns immer noch gängigen Geschichtslügen dieses Jahrhunderts. Das Unternehmen „Barbarossa“ kann richtigerweise nicht einmal als Präventivschlag Deutschlands gegen die Sowjetunion bezeichnet werden. Es war vielmehr der Zusammenprall zweier Mächte mit konträren Stoßrichtungen: Hitler in Richtung Osten und Stalin nach Westen, wobei Hitler Stalin nur um eine kurze Zeitspanne zuvorkam. Diesem Vorsprung verbunden mit der Schnelligkeit und Kampfkraft der deutschen Wehrmacht ist es zu verdanken, daß Stalins Rote Armee damals nicht ganz Europa überrannt hat, weil sich ihr bis zum Ärmelkanal kein anderes Hindernis in den Weg gestellt hätte.

Diesem durch Stalin erzwungenen Überraschungsangriff Deutschlands auf die Sowjetunion ging mit dem Besuch Molotows bei Hitler in Berlin im November 1940 ein entscheidendes Ereignis voraus. Bei diesem Besuch brachte der russische Außenminister eine Liste von Forderungen mit, die a priori vollkommen unakzeptabel waren. Die Sowjets verlangten darin Garantien für ihre Vormachtstellung in Finnland, Polen, Ungarn, Rumänien, Bulgarien, Jugoslawien und Griechenland sowie freien Zugang zur Nord- und Ostsee, zum Bosporus und den Dardanellen. Da zu diesem Zeitpunkt auch noch ständig zunehmend starke sowjetische Truppenkonzentrationen an den Ostgrenzen Deutschlands festgestellt wurden, gab es für Hitler keine andere Entscheidung, als durch einen raschen Angriff den Russen zuvorzukommen. Allerdings mußte dadurch Deutschland seine militärischen Kräfte noch weiter verzetteln. Deutsche Soldaten kämpften bis nach Nordafrika und hatten immer größere Gebiete mit Truppen zu besetzen, die an den Fronten fehlten. Da aber die deutsche Führung ständig mit einem von langer Hand vorbereiteten Angriff aus dem Osten rechnete, blieb ihr nur die Wahl eines raschen Zuschlagens. Das „Unternehmen Barbarossa“ begann im Morgengrauen des 22. Juni 1941 und sollte mit Stalingrad den Beginn seines schrecklichen Endes finden.

Neben den mit Deutschland verbündeten Staaten Italien, Rumänien, Finnland, Ungarn, Kroatien und der Slowakei traten damals Freiwillige aus ganz Europa, wie Franzosen, Belgier, Holländer, Norweger, Schweden, Spanier, Schweizer und fast eine Million Angehöriger verschiedenster Völker der Sowjetunion mehrheitlich in die Waffen-SS ein. Sie taten dies ebenso wie der Großteil der kämpfenden deutschen Soldaten keinesfalls aus einer nationalsozialistischen Gesinnung heraus sondern ausschließlich deshalb, weil sie die Gefahr des Bolschewismus für Europa voraussahen.

Die Sowjets begannen bereits seit Ende 1940 mit einer starken Konzentration ihrer Divisionen an der Westgrenze Rußlands, was der deutschen Heeresführung bekannt war und im deutschen Generalstab Alarmstimmung hervorrief. Besonders beunruhigend waren im deutsch-sowjetischen Grenzbereich stationierte Luftlande- und Fallschirmjägertruppen, bei denen es sich um für einen Verteidigungskrieg untaugliche, reine Angriffstruppen handelte.

Aus zahlreichen sowjetischen Dokumenten über den „Großen Vaterländischen Krieg“ geht einwandfrei hervor, daß Ende Mai 1941 bereits über 200 Divisionen der Roten Armee in Polen an der deutschen Ostgrenze standen und weitere aus dem Ural in Richtung Westen unterwegs waren.[198]

Auch ein erst jetzt bekannt gewordener Brief an den Vorsitzenden des Rates der Volkskommissare bringt die damaligen Absichten Stalins klar zum Ausdruck. Er hatte folgenden Inhalt:

„Wenn in Betracht gezogen wird, daß Deutschland zur jetzigen Zeit seine Armee mobilisiert und mit breiter Nachhut hält, so hat es die Möglichkeit, uns zuvorzukommen und einen plötzlichen Schlag zu versetzen. Um dies zu vermeiden, halte ich es für unumgänglich, dem deutschen Kommando keinerlei Möglichkeiten der Initiative zu geben, dem Gegner zuvorzukommen und die deutsche Armee in dem Moment anzugreifen, wenn sie sich im Stadium der Entfaltung befindet und nicht in der Lage ist, die Fronten und die Verbindungen zwischen den verschiedenen Truppenteilen zu organisieren.“[199]

Hitler war sich im klaren darüber, daß eine Auseinandersetzung mit der UdSSR früher oder später unvermeidlich wurde. Er wollte und mußte aber einem sowjetischen Angriff zuvorkommen und hatte den Beginn dieser Aktion gegen die Russen für das Frühjahr 1941 vorgesehen. Doch da machte ihm der Krieg auf dem Balkan einen Strich durch die Rechnung. Eine Entwicklung, die ihm durch die Einkreisungspolitik der Alliierten aufgezwungen worden war, die aber eben diese deutschen Pläne zeitlich verhinderte.

Er war sich trotz des Nichtangriffspaktes mit Rußland immer über bolschewistische Weltmachtspläne im klaren und wußte, daß nur Deutschland in der Lage und bereit sein konnte, sich diesen erfolgreich entgegenzustellen.

„Keine Macht der Welt kann den Weg von der kommunistischen Weltrevolution zur sowjetischen Weltrepublik aufhalten."[200] Diese Worte stehen unmißverständlich in Lenins „Gesammelten Werken".

Schon nach dem ersten Weltkrieg war Deutschland für die Sowjetunion ein begehrtes Objekt seiner Machtpolitik. Der jüdische Marxist Karl Liebknecht war mit seinem Spartakusbund eine große Hoffnung, aus Deutschland eine Sowjetrepublik zu machen. Der Reichstagsabgeordnete Wilhelm Pieck, später erster Präsident der DDR, erklärte am 1. August 1931:

„Die Rote Armee in Sowjetrußland steht bereit, um der kommunistischen Armee in Deutschland (gemeint war hier wohl die KPD, d. Verf.) Waffenhilfe zu leisten, wenn sie sich anschicke, dem bürgerlichen Staat ein Ende zu machen."[201]

Auch wenn man es heute nicht wahrhaben will, hinter diesen und ähnlichen Äußerungen stand Moskau.

Das politisch zerstrittene, wirtschaftlich darniederliegende und schutzlose Deutschland im Herzen Europas erschien den Sowjets für die Ausweitung ihres Machtbereiches bestens geeignet. Doch die deutschen Werktätigen hatten in den Jahren nach 1918 bald erkannt, welchen „Segen" die Kommunisten nach Deutschland brachten. Spartakuskämpfe und Rote Ruhrarmee hatten blutige Spuren hinterlassen.

Man sehnte sich daher nach einem Frieden im Lande, nach Ruhe und Ordnung, nach Arbeit und Brot.

Hitler erkannte sehr früh im Bolschewismus nicht nur für Deutschland eine große Gefahr. Er schrieb dazu in seinem Buch „Mein Kampf":

„Die Gefahr, der Rußland einst unterlag, ist für Deutschland dauernd vorhanden. Nur der bürgerliche Einfaltspinsel ist fähig, sich einzubilden, daß der Bolschewismus gebannt ist. Im russischen Bolschewismus haben wir den im zwanzigsten Jahrhundert unternommenen Versuch des Judentums zu erblicken, sich die Weltherrschaft anzueignen."[202]

Aber nicht nur Hitler erkannte diese drohende Gefahr des Weltbolschewismus; es gab auch englische Politiker, die sie relativ früh voraussahen. So schrieb bereits 1933 der als besonderer Deutschenhasser bekannte Unterstaatssekretär im Foreign Office, Lord Vansittart, in weiser Voraussicht:

„Wenn Hitler fehlschlägt, wird sein Nachfolger der Bolschewismus sein, wenn er Erfolg hat, wird er innerhalb von fünf Jahren einen europäischen Krieg bekommen."[203]

Die Sowjetunion verfügte schon damals über ein riesiges Territorium, das nur mit drakonischen Maßnahmen zusammenzuhalten war. Dieser größte Staat der Erde umfaßte 1934 eine Fläche von über 21 Millionen Quadratkilometern, auf der eine Bevölkerung von 170 Millionen Menschen lebte.

Deutschland hatte zum selben Zeitpunkt nur eine Fläche von 583.000 Quadratkilometern für rund 66 Millionen Menschen zur Verfügung.

Dieser Unterschied von einem „Raum ohne Volk", das heißt einem fruchtbaren und reichen, aber nur dünn besiedelten Land und dem deutschen „Volk ohne Raum", war sicherlich auch ein Grund für Hitlers Idee eines Kampfes um den deutschen Lebensraum. Er schrieb dazu:

„Man muß sich damit kühl und nüchtern auf den Standpunkt stellen, daß es sicher nicht Absicht des Himmels sein kann, dem einen Volke fünfzigmal so viel an Grund und Boden zu geben als dem anderen.

Man darf in diesem Fall sich nicht durch politische Grenzen von den Grenzen des ewigen Rechts abbringen lassen. Wenn diese Erde wirklich für alle Raum zum Leben hat, dann möge man uns also den zum Leben nötigen Boden geben. Man wird das freilich nicht gerne tun. Dann jedoch tritt das Recht der Selbsterhaltung in seine Wirkung; und was der Güte verweigert wird, hat eben die Faust sich zu nehmen.[204]

Für Deutschland lag demnach die einzige Möglichkeit zur Durchführung einer gesunden Bodenpolitik in der Erwerbung von neuem Lande in Europa selber. Kolonien könnten diesem Zweck solange nicht dienen, als sie nicht zur Besiedlung mit Europäern in größerem Maße geeignet erschienen. Wollte man in Europa Grund und Boden, dann könnte dies in großem Maße nur auf Kosten Rußlands geschehen, dann müßte sich das neue Reich wieder auf die Straße der einstigen Ordensritter in Marsch setzen, um mit dem deutschen Schwert, dem deutschen Pflug die Scholle, der Nation aber das tägliche Brot zu geben. Für eine solche Politik allerdings gab es in Europa nur einen einzigen Bundesgenossen: England.

So klar, wie es das Ziel der Sowjets war, das kommunistische Herrschaftssystem auf Deutschland und später auf ganz Europa auszudehnen, so eindeutig war auch Hitlers Ziel, dem deutschen Volk Lebensraum im Osten zu verschaffen. Dabei war ihm klar, daß die Sowjetunion nie bereit sein würde, Teile ihres Territoriums auf friedlichem Wege abzutreten.

Erst als er erkennen mußte, daß England seinen politischen Werbungen keinerlei Aufmerksamkeit schenkte und ihm den Krieg erklärte, zwang ihn die Möglichkeit eines Zweifrontenkrieges zur Planung des Unternehmens „Barbarossa".

Ihm kam es dabei auf eine möglichst rasche Niederwerfung der Sowjets an, damit er bis zum Einbruch des Winters 1941 den Rücken wieder frei hatte. Bei diesen Überlegungen spielte die Gewinnung der ukrainischen Kornkammer und die Eroberung der kaukasischen Ölquellen sicher eine nicht unbedeutende Rolle.

So gefährlich Hitlers Forderung nach Lebensraum für sein Volk auch heute scheinen mag, große Bedenken oder Skrupel brauchte er angesichts des Weltgeschehens damals nicht zu haben. Er hatte aus den Beispielen anderer Staaten und deren Großmachtpolitik gelernt, und die sowjetische Expansionspolitik war letztlich, wie wir heute wissen, weit gefährlicher für die Welt.

Die Entwicklung des Kriegsschauplatzes auf dem Balkan mit der Ausweitung der Kämpfe kam der Sowjetunion sehr gelegen. Diese konnte ruhig zusehen, wie sich die kapitalistischen Länder, zu denen aus sowjetischer Sicht auch Deutschland zählte, gegenseitig militärisch und wirtschaftlich schwächten.

Und sie konnte den Zeitpunkt abwarten, wann das eigene Eingreifen zur Beseitigung des Kapitalismus ohne große Opfer zum Erfolg führen würde.

Daß auch die Sowjetunion schon frühzeitig auf einen Krieg mit Deutschland hinzielte, zeigt eine Äußerung des damaligen Sowjetmarschalls Woroschilow, die dieser am 22. August 1939 gegenüber dem französischen General Doumenc machte:

„Als die Tschechoslowakei im vergangenem Jahr unterging, warteten wir auf einen Wink Frankreichs. Unsere Truppen standen bereit, aber man gab uns kein Zeichen."[205]

Die heutige Behauptung, daß die Rote Armee im Juni 1941 noch nicht zu einem Angriff auf Deutschland fähig gewesen wäre, scheint in Anbetracht dieser Aussage eines der führenden russischen Militärs im Jahre 1939 mehr als zweifelhaft.

Während der nach dem Polenfeldzug immer stärker werdenden Massierung sowjetischer Truppen an der Westgrenze der UdSSR hatte man auch im deutschen Generalstab mit den Vorbereitungen einer militärischen Operationsstudie begonnen. In sie waren die Generäle Marks und Paulus eingeweiht; sie fand am 18. Dezember 1940 als Weisung Nr. 21 unter dem Kennwort „Barbarossa" ihren Abschluß. Darin hieß es:

„Die deutsche Wehrmacht muß darauf vorbereitet sein, auch vor Beendigung des Krieges gegen England, Sowjetrußland in einem schnellen Feldzug niederwerfen zu müssen. Die im westlichen Rußland stehende Masse des russischen Heeres soll in kühnen Operationen unter weitem Vorantreiben von Panzerkeilen vernichtet, der Abzug kampfkräftiger Teile in die Weite des russischen Raumes verhindert werden."[206]

Diese Vorbereitungen fanden im Frühjahr 1941 ihren Abschluß. Anfang Mai standen dann 93 deutsche Infanterie-Divisionen und 34 schnelle Verbände an der sowjetischen Grenze. Zu Beginn des Unternehmens „Barbarossa" am 22. Juni 1941 waren 140 kampffähige deutsche Divisionen für den Angriff vorgesehen, darunter aber noch 26 im Antransport. Zum gleichen Zeitpunkt standen auf der sowjetischen Seite der Grenze 170 Divisionen der Roten Armee bereit. Weitere 390 sowjetische Großverbände lagen in Reserve.[207]

Am 5. Mai 1941 erwiderte Stalin während eines Banketts einem Teilnehmer anlässlich seines Trinkspruches auf die „friedliche" Sowjetunion:

„Diese Losung ist veraltert, d. h. es ist eine solche Epoche in der Entwicklung des Sowjetstaates und der Ausbreitung seiner Grenzen eingetreten, daß es nötig ist, dies nicht durch friedliche Politik, sondern mit der Kraft der Waffen durchzuführen. Unser Land hat heute alle Vorbedingungen dazu, seine Politik auf anderem Wege zu erreichen. Ich erhebe mein Glas auf die Ära der Entwicklung und Ausdehnung des Sowjetstaates. Im Laufe der nächsten zwei Monate können wir den Kampf mit Deutschland beginnen."[208]

Das waren also die Monate Juni oder Juli 1941. Dieser Termin würde auch mit den Angaben sowjetischer und deutscher Militärs übereinstimmen.

Die rote Armee wurde nicht nur personell sondern auch hinsichtlich der Waffen und Ausrüstungsgegenstände erheblich verstärkt. Ihre personelle Stärke wurde von 1,433.000 Mann im Jahre 1937 auf 4,207.000 Mann im Jahre 1941 erhöht. Betrugen die Rüstungsausgaben der UdSSR 1938 noch 23 Milliarden Rubel, so waren es 1940 bereits 56 Milliarden Rubel. Allein vom September 1939 bis Juni 1940 lieferte die sowjetische Industrie 7.000 Panzer an die rote Armee ab.[209] Moskau hatte seine Vorbereitungen für einen Kampf getroffen und die Generale Wassilewski, Watutin und Maladin hatten schon im Herbst 1940 einen Operationsplan für den Fall eines Krieges gegen Deutschland ausgearbeitet. Die Pläne für eine sowjetische Offensive gegen die Deutschen sollten bereits seit Anfang 1940 im sowjetischen Generalstab bereitgelegen sein.[210]

Als Stalin davon sprach, daß die Rote Armee noch nicht stark genug sei, die Deutschen zu schlagen, standen an der sowjetischen Westgrenze rund 10.000 russische Panzer 3.500 deutschen Panzern gegenüber.[211]

Stalin war ein schlauer Fuchs; er verstand es, nicht nur die Weltöffentlichkeit, sondern auch seine nächste Umgebung an der Nase herumzuführen: Am 10.April 1941 hatte er bereits den Alarmzustand für die gesamte Rote Armee befohlen.

Trotzdem täuschte er am 13.Juni die Welt noch einmal, als er durch TASS verkünden ließ, daß die „Gerüchte über deutsche Absichten, den Pakt zu zerreißen und einen Angriff auf die Sowjetunion zu unternehmen, jeglicher Grundlage entbehren.[212]

Stalin wollte mit dieser Äußerung lediglich die Deutschen beschwichtigen und hinhalten, um Zeit zu gewinnen. Auch der ehemalige Sowjetgeneral Suworow betrachtete Stalins Äußerung als ein Täuschungsmanöver.[213]

Was sich innerhalb der Roten Armee zwischenzeitlich tat, war nicht die Abwehr eines drohenden Angriffes, sondern die Vorbereitung für eine eigene Offensive.[214]

Ab April 1940 hatte man mit der Aufstellung von fünf Luftlandekorps begonnen und so in kurzer Zeit eine Verdoppelung der sowjetischen Luftlandetruppen herbeigeführt.[215]

In den grenznahen Gebieten wurde auf sowjetischer Seite ein dichtes Netz operativer Fliegerhorste, Versorgungsdepots und Treibstofflager angelegt.[216]

Dies waren die Vorbereitungen für eine Offensive, denn für eine Defensive wird wohl keine militärische Führung ihre Fliegerhorste und Versorgungslager dem Angreifer einfach vor die Füße legen, abgesehen davon, daß Luftlandetruppen offensive Truppen sind. Und wenn diese gewaltigen Truppenzusammenziehungen an der russischen Westgrenze der Verteidigung dienen sollten, warum befanden sich diese nicht in vorbereiteten Verteidigungsstellungen? An der 1.600 Kilometer langen Grenze hatte man nur etwa 2.500 kleinere Erdbefestigungen der Grenztruppen vorgefunden. Der ehemalige Sowjetgeneral Grigorenko schrieb:

„Um einen ganzen Gürtel solch uneinnehmbarer Festungsanlagen entlang ihrer Westgrenze anzulegen, knöpfte die Sowjetregierung dem Volk nach meiner Schätzung 120 Milliarden Rubel ab. Allerdings konnten diese Festungsrayons ihre Bestimmung nicht mehr erfüllen. Ohne je einen Schuß abgegeben zu haben, wurden im Frühjahr 1941, am Vorabend des Einmarsches der Deutschen, alle Festungen auf einer Linie von 1.200 Kilometern in die Luft gejagt. Auf Befehl Stalins sprengten Kommandos diese massiven, eisenbetonbewehrten riesigen Bunker, Kasematten, Geschützstellungen mit dreifachen Schießscharten, Kommandoständen, Beobachtungsposten usw. – insgesamt... zigtausende unverwüstlicher Verteidigungsanlagen. Ein größeres Geschenk hätte Stalin Hitlers Unternehmen „Barbarossa" nicht machen können."[217]

Wer damit rechnet, angegriffen zu werden, der wird wohl kaum die vorbereiteten Verteidigungsstellungen unmittelbar vor einem erwarteten Angriff in die Luft sprengen.

Allein daraus ist klar erkennbar, daß *Stalin auf einen Angriff und nicht auf Verteidigung* aus war.

Den wichtigsten Nachweis für den von Stalin geplanten Großangriff auf Deutschland lieferte ein übergelaufener, hochrangiger Offizier des russischen Geheimdienstes mit dem Decknamen Victor Suwarow, der in seinem, in millionenfacher Auflage erschienenen Buch „Der Eisbrecher – Hitler in Stalins Kalkül" die Aufmarschpläne Stalins stichhaltig und präzise dokumentiert hat.

Nach seiner Berechnung, die sich auf Aussagen hoher russischer Marschälle, Generäle und Admiräle wie Schukow, Kuznezow, Iwanow, Merezkow und auf Dokumente des russischen, militärischen Geheimdienste GRU, zu denen er Zugang hatte, stützt, war der Angriff Stalins für den 10. Juli 1941 geplant.

Um nicht einmal ganze drei Wochen war also Hitler Stalin zuvorgekommen und Flottenadmiral Kuznezow sagt dazu in seinem Buch „Am Vorabend“:

„...Stalin hat diesen Krieg vorbereitet. Seine Vorbereitung war umfassend und vielseitig – und er ging dabei von den von ihm selbst vorgegebenen Fristen aus. Hitler zerstörte seine Berechnungen.“[218]

Noch bevor der sowjetische Aufmarsch zum Abschluß kam, erfolgte der deutsche Angriff. *Er kam für die Sowjets um genau 19 Tage zu früh.*

Zur Zerstörung der ursprünglich aus Defensivgründen angelegten Befestigungen sagt Suwarow, daß diese für die westwärts vorstoßenden Sowjetstreitkräfte und ihrem Nachschub eine Behinderung dargestellt hätten. Als militärischer Fachmann verweist er auch darauf, daß die gewaltigen Verluste der Sowjets gleich zu Beginn der deutschen Offensive beweisen, daß der deutsche Angriff mitten in die Vorbereitungen der Russen hineinstieß und dadurch dieses gewaltige Desaster auslöste.

Am interessantesten scheint aber wohl die von Suwarow am Ende seiner Ausführungen aufgeworfene Frage:

„Ich begreife nicht, warum man Keitel aufgehängt hat, Kuznezow aber nicht. Ich begreife nicht, weshalb man Hitler für einen Aggressor hält, Stalin dagegen für sein Opfer?!“[219]

Hitler wußte, welch unabwägbares Risiko „Barbarossa“ in sich barg, das geht unmißverständlich aus einem Brief hervor, in dem er am 21.Juni 1941 wörtlich schrieb „daß der Entschluß zum Angriff auf die Sowjetunion der härteste meines Lebens gewesen ist!“[220]

Das Schicksal Napoleons vor Augen mit den grenzenlosen Weiten des russischen Landes so wie die Warnung seiner militärischen Berater haben bei ihm anscheinend zu dieser Angst geführt. Andererseits war er fest davon überzeugt, daß ein Angriff Rußlands kurz bevorstand. Wir wissen heute aus guten Quellen, daß er damit recht hatte.[221]

Aber auch dieser deutsche Angriff wurde nicht in militärischer Überlegenheit geführt. So standen den einsatzbereiten 1.300 deutschen Kriegsflugzeugen auf sowjetischer Seite etwa 4.000 Maschinen gegenüber. Da die russische Luftflotte aber im direkten Grenzbereich massiert war, konnte sie von der deutschen Luftwaffe mit 3.888 zerstörten feindlichen Flugzeugen gleich zu Beginn fast zur Gänze vernichtet werden.[222]

Hauptmann Hans von Hahn, Kommandeur der I. Gruppe im Jagdgeschwader 3, berichtete dazu:

„Wir trauten unseren Augen kaum, die ganzen Rollfelder dicht voller Aufklärer, Bomber, Jäger, wie zur Parade in langen Reihen ausgerichtet. Welch eine Massierung von Flugplätzen und Maschinen hatten die Russen an unserer Grenze.“[223]

Auch aus erbeutetem Kartenmaterial sowjetischer Großverbände gehen die geplanten Vormarschwege der Russen klar hervor. Der gefangengenommene Kommandeur einer sowjetischen Panzerdivision sagte dazu aus:

„Sie haben Glück gehabt, daß Sie uns jetzt angegriffen haben. Hätten Sie noch 5 bis 6 Wochen gewartet, hätten wir Sie angegriffen. Und zwar mit zwei Panzerkeilen von Kaunas über Memel, Königsberg, Danzig und von Lemberg über Krakau nach Breslau. Unsere Luftwaffe hätte Ihre dichtmassierten Verbände zusammengebombt und wenn die Rote Armee angetreten wäre, glaube ich nicht, daß Sie uns vor Berlin zum Stehen gebracht hätten.“[224]

Die deutsche Heeresführung wußte durch Fernaufklärung vom Aufmarsch der Sowjetarmee. Nachdem die Gefahr im Mittelmeerraum beseitigt war, konnte Hitler nur mit einem Erstschlag der russischen „Dampfwalze“ zuvorkommen und so den Krieg ins Feindesland verlagern.

Am 22. Juni 1941 um 3 Uhr morgens treten die Heeresgruppen Nord, Mitte und Süd planmäßig zum überraschenden Angriff an. Deutsche Luftwaffen- und Heeresverbände stießen in den sowjetischen Aufmarsch hinein. Schon in den ersten beiden Tagen stehen deutsche Divisionen stellenweise mehr als hundert Kilometer tief auf russischem Gebiet, auch wenn an manchen Stellen wie beispielsweise um die Zitadelle von Brest schwere Kämpfe entbrannt waren. In diesen wenigen Tagen wurden 3.300 feindliche Panzer und 1.800 Geschütze vernichtet oder erbeutet und 400.000 sowjetische Soldaten traten den Weg in die Gefangenschaft an.[225]

Dieser Angriff kam für die sowjetischen Grenztruppen überraschend, war aber der militärischen und politischen Führung in Moskau durch Verrat längst bekannt, wenngleich Stalin selbst immer noch ein Täuschungsmanöver der Deutschen vermutete.

Die Russen hatten über ganz Europa ein dichtes Spionagenetz gezogen. Im Juli 1941 zählte die deutsche Funkabwehr bereits 78 Agentensender und ein Jahr später waren es bereits 325 Sendeanlagen, die von sowjetischen Agenten in dem von Deutschland besetzten Europa zum Nutzen Moskaus bedient wurden.[226]

Daß ein deutscher Angriff bevorstand, wußte man also sehr wohl, aber der frühe Zeitpunkt kam doch überraschend. Der deutsche Vormarsch ging zügig voran, aber die Wehrmacht war auf die enormen Gefangenenzahlen in keiner Weise vorbereitet. Große Truppenteile konnten sich deshalb in die Wälder und Sümpfe im Hinterland der deutschen Front zurückziehen. Von dort aus waren sie durch Verstärkung aus der Zivilbevölkerung und Versorgung aus der Luft mit Waffen und Munition in der Lage, den Partisanenkampf im Rücken der deutschen Wehrmacht weiterzuführen. Stalin wußte von den geographischen Nachteilen für den Angreifer seines Landes und er wußte auch, daß die Versorgung eines Angreifers durch die Straßenverhältnisse besonders im Frühjahr und Herbst zu enormen Schwierigkeiten führen mußte.

So konnte er seinem Gegner ziemlich beruhigt die „Schuld eines feigen Überfalles auf eine friedliche Nation“ auf die Schultern laden. Er wertete dies propagandistisch aus und ließ seinen Gegner unter zunächst großen Verlusten an eigenen Truppen und Material ins Land kommen. Bei hinhaltendem Widerstand gewann er Zeit, um die Front kurz vor Moskau zu festigen. Dies alles geschah nicht zufällig sondern war von Stalin von langer Hand geplant.

An der Angriffsplanung Deutschlands gegen Rußland gab es nie Zweifel, nur ist es zweifelhaft, ob die Aufmarschpläne und Angriffsvorbereitungen der Sowjets ebenso bekannt waren.

Hätte Hitler mit einem Angriff auf die Sowjetunion nur sieben oder acht Wochen gewartet, dann wäre die Sowjetarmee über Deutschland hergefallen und damit auch der Krieg für Deutschland verloren gewesen, denn über die völlige Vernichtung Deutschlands waren sich ja unsere Gegner schon lange einig. Nur wäre damals wahrscheinlich ganz Deutschland unter eine Besetzung durch die Sowjets gelangt. Natürlich hätte man dann von keinem „Vertragsbruch“ und keinem „feigen Überfall“ auf Deutschland gesprochen, sondern das „moralische Recht des Siegers“ für sich in Anspruch genommen.

An dieser Front wollten also beide Gegner angreifen; die Deutschen waren nur die Schnelleren.

Aber wie einst schon Napoleon hatte die deutsche Führung die unendliche Weite dieses Landes und sein Menschenpotential unterschätzt; beides gemeinsam mußte letztlich trotz eines heroisch geführten Kampfes zur Niederlage Deutschlands führen.

Als Symbol für das Ende dieses Kampfes steht Stalingrad. Am 19. November 1942 startete dort die Rote Armee ihre geschichtsträchtigste Offensive und nachdem sich ihre beiden Stoßkeile geschlossen hatten, saßen 250.000 Soldaten in der Falle. Die von Generalfeldmarschall Paulus geführte 6.Armee igelte sich ein und hat unter härtesten, winterlichen Bedingungen vergeblich auf ihre Befreiung gewartet.

Die deutschen Generale schlugen einen Ausbruch aus dem Kessel vor, den Hitler aber abgelehnt hat. Er versprach dafür, je nach Wetterlage, eine Befreiung durch mehrere aus dem Westen herangeholte SS- und Infanteriedivisionen, was sich aber ebenso als Seifenblase erwies wie die von Göring versprochene Versorgung der Hungernden und Frierenden aus der Luft. Paulus wurde fahnenflüchtig und kapitulierte entgegen dem Befehl Hitlers Ende Jänner. Mit ihm gingen 90.000 deutsche Soldaten in eine bittere Gefangenschaft oder besser gesagt in den sicheren Tod, den 84.000 von ihnen durch Erfrieren und Verhungern zu erleiden hatten. Nur ganze 6.000, also nicht einmal 7 Prozent von denen, die sich den Sowjets ergeben hatten, sahen ihre Heimat nach einer entsetzlichen langjährigen Gefangenschaft wieder!

Deutschland wurde durch diese gewaltige verlorene Schlacht ein enormer Verlust an Menschen und Material zugefügt; aber noch größer war der moralische Schaden, denn die deutsche Wehrmacht hat durch Stalingrad ihren Nimbus der Unbesiegbarkeit verloren. Es war der Anfang vom Ende eines verlorenen Krieges.

Die Katastrophe von Stalingrad, die für Hitlers Verzweiflungskampf zu diesem Zeitpunkt symbolisch dasteht und die Hunderttausenden von deutschen Soldaten das Leben gekostet hat, war der Anfang sinnloser und menschenvernichtender Taten, deren sich ein in die Enge getriebener Hitler zunehmend schuldig machte.

Das Unternehmen „Barbarossa" hat nicht nur Stalins Pläne in geradezu perfekter Weise überdeckt sondern auch seine Absicht, Hitler das Odium des Aggressors zuzuschieben in vollem Maße gelingen lassen. Die erfolgreiche taktische Überraschung und der weiträumige Vormarsch der Wehrmacht schienen unwiderleglich zu beweisen, daß die Deutschen ein argloses Opfer überfallen hätten.[227]

Man kann Tatsachen verdrehen und Gegebenheiten verschweigen. Die ganze Wahrheit kam daher erst durch das Öffnen der russischen Geheimarchive zwar sehr spät, aber letztlich doch ans Tageslicht:

So kommt auch der vorhin zitierte Topitsch in einem der 3. Auflage seines Werkes „Stalins Krieg" beigelegten „Ergänzungsheft mit neuen Erkenntnissen", in dem er den Griff Stalins nach der Weltherrschaft und die Verhinderung einer solchen primär durch die Deutsche Wehrmacht dokumentierte, zu folgender Erkenntnis:

„Erst mit dem Bekanntwerden des sowjetischen Flottenbauprogrammes... sind die Grundzüge von Moskaus Griff nach der Weltherrschaft deutlich hervorgetreten. In einer ersten Phase sollte Deutschland als Rammbock gegen die Westmächte benützt und dann als Hindernis auf dem Weg zum Atlantik ausgeschaltet werden, womit auch das alte Schreckgespenst der russischen Politik – eine Allianz zwischen Berlin und London – ein für allemal erledigt wäre. So wurde Hitler – abgesehen von seinen eigenen Angriffsabsichten – durch Molotow vor die Alternative gestellt, sich zu unterwerfen oder zu kämpfen. Im letzteren Fall sollte der deutsche Angriff propagandistisch als „verbrecherischer Überfall" verdammt, der russische Gegenstoß mit dem Atlantik als Ziel aber als Reaktion auf den Überfall getarnt werden. Die Westmächte durften nicht erfassen, daß der sowjetische Vorstoß unmittelbar gegen Deutschland, mittelbar aber gegen sie selbst gerichtet war. Den vollen Erfolg dieses raffinierten Konzeptes hat aber nicht so sehr der Brite oder Amerikaner verhindert, sondern der deutsche Soldat."[227a]

Als Abschluß dieses Kapitels, sei noch eine Aussage des wissenschaftlichen Direktors des „Militärgeschichtlichen Forschungsinstitutes" in Berlin aus seinem Buch "Stalins Vernichtungskrieg" zitiert, der dort zum „Unternehmen Barbarossa" sagt:

„Die Geschichtslegende vom ‚heimtückischen, faschistischen Überfall auf die nichtsahnende, friedliebende Sowjetunion' ist nachweislich unwahr und hat heute keinen Bestand mehr. Wer daher heute noch den ‚Überfall' auf die Sowjetunion als gesicherte historische Wahrheit darstellt, ist nicht ernst zu nehmen."[228]

Alle diese unbedingt notwendigen und längst fälligen Revisionen haben in unseren Geschichtsbüchern immer noch keinen Platz gefunden und für unsere Jugend ist deshalb auch, was Rußland betrifft, nach wie vor Hitler der alleinige Aggressor, auch dann, wenn er wie heute erwiesen ist, einem Angriff Stalins nur um wenige Wochen zuvorkam.

„Barbarossa" war daher kein Überfall, sondern ein Deutschland aufgezwungener Präventivschlag, der sich in der Folge als Beginn eines heroischen, aber für das damalige Deutschland vergeblich geführten Kampfes erweisen sollte.

Daß er aber, was eine Verhinderung bolschewistischer Weltherrschaft anbetrifft, nicht vergeblich war, wird heute immer mehr zu einer unleugbaren Erkenntnis, auch wenn dadurch nicht verhindert werden konnte, daß große Teile Osteuropas Jahrzehnte unter dieser Schreckensherrschaft zu leiden hatten.

9

Die Heimat als Front – Verbrechen Bombenkrieg

Lassen Sie mich in meiner analytischen Untersuchung der Kriegsursachen zuletzt noch auf eine der grausamsten und vor allem opferträchtigsten „Fronten“ dieses Krieges eingehen, den Bombenkrieg auf die Zivilbevölkerung.

Wenn man heute behauptet, dass Hitler mit diesem brutalen Bombenkrieg gegen Frauen und Kinder begonnen hätte und dass Deutschland deshalb für den Luftkrieg gegen wehrlose Zivilisten verantwortlich sei, dann ist dies ein Versuch, von den tatsächlichen Gegebenheiten abzulenken; man begeht auch hier eine bewußte Fälschung der Geschichte.

Schon zu Kriegsbeginn wurde das fliegerische Personal der deutschen Luftwaffe darauf hingewiesen, daß sich Einsätze immer nur gegen militärische Ziele, Nachschubbasen, bestimmte Industrie-, Hafen- und Brückenanlagen, nie aber gegen die Zivilbevölkerung richten dürfe.

In seiner Rede vor dem Reichstag hatte Hitler am 1. September 1939 dazu auch eindeutig erklärt:

„Ich will nicht den Kampf gegen Frauen und Kinder führen. Ich habe meiner Luftwaffe den Auftrag erteilt, sich bei Angriffen auf militärische Ziele zu beschränken.“[229]

In der Luftwaffendienstvorschrift 64/2 wurde jeder Flieger entsprechend angewiesen und darüber auch ständig belehrt.

Bei der Erwähnung alliierten Bombenterrors auf deutsche Städte wird von den Siegermächten immer wieder auf die deutschen Luftangriffe gegen die Städte Warschau, Rotterdam und Belgrad hingewiesen.

Man versucht, den späteren Terror mit diesen Angriffen zu rechtfertigen. Wegen dieser drei Angriffe, die im Zuge militärischer Kampfmaßnahmen erfolgten, will man Deutschland zu Unrecht für den alliierten Bombenterror gegen die deutsche Zivilbevölkerung verantwortlich machen. Gerade aus diesem Grunde scheint es deshalb besonders wichtig auf diese drei Angriffe näher einzugehen.

Während des Krieges gegen Polen war die polnische Hauptstadt Warschau von deutschen Truppen eingeschlossen und wurde wiederholt zur kampflosen Übergabe aufgefordert. Das deutsche Oberkommando entsandte sogar einen Offizier als Parlamentär, um unnötiges Blutvergießen zu verhindern. Der Stadtkommandant von Warschau lehnte aber sowohl seinen Empfang als auch die Übernahme einer Botschaft ab. Daraufhin ließ das Oberkommando der Wehrmacht am 16. September 1939 in großer Menge Flugblätter über der Stadt abwerfen, worin man der Bevölkerung ein zwölfstündiges Ultimatum zum Verlassen der Stadt einräumte und sie gleichzeitig darauf aufmerksam machte, dass nach Ablauf dieser Frist das gesamte Stadtgebiet von Warschau zum Kampfgebiet wird.[230]

178 Angehörige des diplomatischen Corps und 1.200 sonstige Ausländer verließen daraufhin während der dafür eingeräumten Waffenruhe am 22. September wohlbehalten und unversehrt die Stadt.[231]

Erst nachdem also alle Versuche einer kampflosen Übergabe ohne Ergebnis blieben, wurde die Stadt zur Vorbereitung eines Angriffes des Heeres am 25. September durch die Luftwaffe bombardiert. Die Zielgebiete waren Befestigungsanlagen, Eisenbahngeschütze, Flugzeug- und Motorenwerke, Ministerien und Versorgungsbetriebe, Kasernenanlagen und der Flugplatz Mokotow. Obwohl also keine Wohnviertel angegriffen wurden, ließ es sich natürlich nicht völlig vermeiden, daß bei diesem Bombardements Verluste auch unter der Zivilbevölkerung entstanden.

Dies bestätigt unwiderlegbar der Bericht des französischen Luftattachés in Warschau, General Armengaud, der den Angriff erlebte und als Angehöriger einer feindlichen Macht keinen Anlaß hatte, eine für die Deutschen günstige Beurteilung abzugeben:

„Die deutsche Luftwaffe hat die Bevölkerung nicht angegriffen. Ich muß unterstreichen, dass die deutsche Luftwaffe nach den Kriegsgesetzen gehandelt hat; sie hat nur militärische Ziele angegriffen. Und wenn Zivilpersonen getötet oder verwundet worden sind, so deswegen, weil sie sich neben diesen militärischen Zielen befanden. Es ist wichtig, dass man das in Frankreich und England erfährt, damit keine Repressalien unternommen werden, wo kein Anlaß zu Repressalien besteht und damit nicht von uns aus ein totaler Krieg entfesselt wird."[232]

Leider verhallte diese warnende Stimme ungehört; man versucht ungeachtet dieser klaren Feststellung Armengauds auch heute noch die im Zuge von Kampfhandlungen erfolgten Luftangriffe auf Warschau und Rotterdam als den „deutschen Beginn" des später durch die Alliierten zur Bestialität entarteten Luftkrieges hinzustellen.

Ebenso wie Warschau war auch Rotterdam eine von holländischen Truppen zur „Festung" erklärte und verteidigte Stadt, der, wie in solchen Fällen üblich, ultimativ eine Frist zur kampflosen Übergabe gestellt wurde. Dieses Ultimatum, gemäß Artikel 26 der Haager Landkriegsordnung, wurde von der deutschen Führung sogar mehrmals wiederholt.

Das letzte Ultimatum des deutschen kommandierenden Generals erfolgte am 14. Mai 1940 und war so abgefaßt, daß als Antwort der Holländer nur noch ein klares Ja oder Nein erforderlich gewesen wäre. Obwohl das Ultimatum ohne eine klare Antwort des Gegners abgelaufen und der auf Rotterdam angesetzte Bomberverband bereits gestartet war, wurde ein erneuter Aufschub gewährt. Für diesen versuchte man mit allen Mitteln den gestarteten Bomberverband aufzuhalten; dies und damit auch die Vermeidung des Angriffes gelang aber nur noch teilweise. Da aus Gründen der militärischen Geheimhaltung ein Funkspruch mit bereits gestarteten Verbänden streng verboten war, blieben auf deutscher Seite nur noch die für einen solchen Fall vereinbarten roten Leuchtkugeln, die auch nachweislich abgeschossen wurden. Sie konnten allerdings von der ersten Welle des Verbandes mit 57 Bombern nicht erkannt werden, weil im Rotterdamer Hafen ein brennendes Passagierschiff mit großer Rauchentwicklung lag. Erst die zweite Welle mit 43 Bombern erkannte die Leuchtkugeln und drehte sofort ab. Die erste Welle griff die Hafenanlagen, Brücken und Geschützstellungen mit Sprengbomben an. Es fielen auf Rotterdam insgesamt 158 Bomben zu 250 kg und 1.150 Bomben zu 50 Kilogramm.[233]

Verhängnisvoll wirkte sich eine vom Seewind begünstigte Feuersbrunst aus, die sich wegen fehlender Brandmauern zwischen den Häusern schnell ausbreitete. Da durch einen Volltreffer auf das Hauptwasserrohr auch das Löschwasser fehlte, vernichtete diese Feuersbrunst einen ganzen Stadtteil.

Natürlich wurde diese Brandkatastrophe von der gegnerischen Propaganda ausgenützt und man sprach von 30.000 Toten.[234] Diese Zahl spukt auch heute noch in den Köpfen mancher Leute herum, wenngleich Feststellungen der amtlichen holländischen Stellen zufolge etwa 850 Tote in der „Festung Rotterdam" zu beklagen waren.[235]

So ist es längst bei englischen Historikern und Völkerrechtlern nachzulesen, dass der Übergang von der Bombardierung rein militärischer Ziele wie Flugplätze, Kriegshäfen etc. auf eine Bombardierung von Städten mit Rüstungsindustrie zuerst von der englischen Air Force begonnen wurde und nicht von der deutschen Luftwaffe. Es wurden die Städte München und Hannover am 2. August 1940 und Berlin am 25. August 1940 großflächig bombardiert. Der Befehl hiezu wurde bereits am 11.Mai 1940 der Air Force erteilt.

A. J. P. Taylor, der britische Militärhistoriker, sagt dazu in seiner „English History", dass die britische Initiative eindeutig gewesen sei und führt dazu wörtlich aus:

„Die deutschen Bombardierungen von Warschau und Rotterdam waren Teil eines Feldzuges, eine Ausdehnung vorheriger Beschießung verteidigter Städte. Der ‚Blitz' (womit der deutsche Angriff auf Coventry gemeint ist) begann erst, nachdem die Briten fünf Monate lang deutsche Städte bombardiert hatten."[236]

Der Beschluß zum Übergang von zielgerichteten Angriffen auf Städte mit Rüstungsindustrie zu dem bekannten „airbombing", vorzugsweise von Wohngebieten der nächsten und verheerenden Etappe wurde am 14. Februar 1942 vom englischen Kriegskabinett gefaßt – gegen die zunächst widerstrebende Führung der Air force. Der Beschluß entsprach der ausdrücklichen Forderung Churchills und kostete in der Folge hunderttausenden unschuldigen Frauen und Kindern das Leben. Allein mit diesem Befehl hat sich Churchill unwiderlegbar in die Liste der Kriegsverbrecher des Zweiten Weltkrieges eingereiht.

Lord Cherwell alias Frederik Lindemann, Churchills graue Eminenz, heckte den Plan zum „Bombenholocaust" auf zivile Ziele und damit an der deutschen Zivilbevölkerung aus. Das Leben und Werk dieses dämonischen Deutschenhassers wurde erstmals im Buch: „Science and Goverment", des britischen Wissenschaftlers und Publizisten Sir Charles Percy Snow dargestellt. Snow diagnostiziert bei Cherwell-Lindemann einen „tief verwurzelten sadistischen Impuls, der ihn dazu trieb, die deutschen Wohnviertel zerstören zu lassen und dabei tausende von Frauen und Kindern zu töten."[237]

Churchill billigte diesen entsetzlichen Bombenterror und Snow fragt deshalb in seinem Buch: „Was werden künftige Generationen von uns denken? Werden sie sagen, dass wir Wölfe in Menschengestalt waren? Werden sie denken, dass wir unserer Menschlichkeit abschworen? Das Recht dazu hätten sie!"[238]

Und wie sieht es mit dem dritten angeblichen „Verbrechen" der deutschen Luftwaffe in Wahrheit aus?

Nachdem Jugoslawien dem Dreimächtepakt beigetreten war, gab es am 27. März 1941 in Belgrad einen Militärputsch und Demonstrationen gegen Deutschland. Am 30. März wurde die geheime Mobilmachung des serbischen Heeres angeordnet.

Das Amt Canaris im Oberkommando der deutschen Wehrmacht hatte trotzdem dem voraussichtlichen Gegner Jugoslawien eine Warnung über den bevorstehenden Angriff zukommen lassen.[239]

Am 6.April begannen die militärischen Aktionen gegen dieses Land. Da ein Großteil der serbischen Verbände in der Stadt Belgrad lag, griffen 468 deutsche Bomber die Stadt an und bombardierten alle Gebäude der Regierungs- und Militärbehörden, weil damit der jugoslawischen Führung jegliche Verbindung zur Armee genommen war. Niemand bezweifelt, dass dabei trotz gezielter Bombenabwürfe auch Zivilopfer zu beklagen waren. Belgrad war keine „offene Stadt", weil dort bedeutsame militärische Verbände lagen und es war also weder von seinen militärischen Einrichtungen entblößt, noch hatte man darüber gegenseitige Vereinbarungen getroffen. Die Bombardierung Belgrads erfolgte daher im Zuge von Kriegshandlungen ebenso wie in Rotterdam gemäss den Bestimmungen und unter Einhaltung des geltenden Kriegsrechtes.

Die Zahl der damaligen Opfer ist nicht genau bekannt. Während Churchill in seinem Buch über den „Zweiten Weltkrieg" in maßloser Übertreibung von 17.000 spricht, ist in der jugoslawischen Anklageschrift gegen Generaloberst Löhr, dem man 1947 in Belgrad deshalb den Prozeß machte, von 1.500 Personen die Rede.[240]

Wie scheinheilig und verschlagen aber die Alliierten gegen Deutschland vorgingen, zeigt ein Appell Roosevelts vom 1. September 1939 an die Regierungen Großbritanniens, Frankreichs, Deutschlands, Italiens und Polens, in dem er ersucht, dass „ihre bewaffneten Streitkräfte in keinem Fall und unter keinen Umständen Zivilpersonen oder unbefestigte Städte aus der Luft angreifen sollen unter der Voraussetzung, daß diese Kriegsregeln von allen ihren Gegnern gewissenhaft eingehalten werden."[241]

Scheinheilig deshalb, weil schon am 7. April 1941, ohne daß dort Kriegshandlungen stattfanden, die bulgarische Hauptstadt Sofia durch Bomber der Royal Air Force angegriffen wurde. Dabei wurden entgegen dem Kriegsrecht Wohnviertel bombardiert, wodurch fast ausschließlich die Zivilbevölkerung zu Schaden kam.

Die Gegner hatten also sehr bald ihre angeblichen guten Vorsätze vergessen. Schon in der Nacht vom 10. zum 11. Mai 1940 flogen britische Bomber ins Reichsgebiet ein und warfen ihre Bomben auf Wohnviertel.

Von 71 in der Zeit vom 10. bis 13. Mai 1940 erfolgten feindlichen Flugzeugangriffen auf deutsches Reichsgebiet sind sechs unmittelbar auf militärische Ziele, 14 auf Ziele, die man vielleicht als kriegswichtig bezeichnen kann (Brücken, Bahnlinien, Kriegsindustrie, Bergwerksanlagen usw.) und 51 Angriffe auf ausgesprochen nichtmilitärische Ziele erfolgt, wie Ortschaften ohne Truppenbelegung, ein Kloster in Boppard, ein Krankenhaus in Emmerich, Bauernhöfe usw.[242]

Der strategische Luftkrieg ging also sehr rasch in einen *Bombenterror* über, ohne daß die Deutschen Anlaß dazu boten. Am 18./19. Juni 1940 griffen RAF-Bomber Hamburg und Bremen an und am 25./26. August erfolgte der erste britische Luftangriff auf Berlin, dem innerhalb weniger Tage zwei weitere folgten.

Alle diese Angriffe erfolgten nur bei Nacht und waren auf zivile Wohngebiete deutscher Städte gerichtet.

Die deutschen Luftangriffe auf Ziele in Großbritannien galten bis zu diesem Zeitpunkt rein militärischen und kriegswichtigen Zielen und fanden bis zum 4. 9. 1940 daher auch nur bei Tage statt. Wegen wiederholter Bombardierungen deutscher Städte wurden erst ab diesem Zeitpunkt der Luftwaffe auch Nachtangriffe auf Ziele in England erlaubt. Damit gab die deutsche Führung ihre bislang geübte Rücksichtnahme gegenüber der Zivilbevölkerung auf und paßte sich der seit Mai 1940 von den Briten praktizierten Luftkriegsführung an.

Aber selbst der so bekannt gewordene deutsche Luftangriff auf Coventry, den 449 deutsche Flugzeuge in der Nacht vom 14. auf 15. November 1940 durchführten, galt vorwiegend der wichtigen Rüstungsindustrie dieser Stadt, obwohl er 454 Tote gefordert hat. Goebbels feierte in der Presse einen gewaltigen Vergeltungsschlag und sprach von Tausenden von Toten. Churchill ging sofort darauf ein und sprach seinerseits von einer „schrecklichen Dezimierung der Bevölkerung". „Coventry ist das Opfer unmenschlicher Grausamkeiten geworden" lautet der Tenor der englischen Presse. Und Churchill hatte so endlich die Chance erhalten, die humaner denkenden Mitglieder seines Kabinettes davon zu überzeugen, dass seine Strategie des Krieges gegen Frauen und Kinder richtig gewesen sei.

Am 30. und 31. Mai 1941 starteten dann von britischen Plätzen

1047 Bomber zum ersten Tausend-Bomber-Angriff auf Köln. 1.459 Tonnen Bomben fielen auf die Innenstadt, die fast völlig zerstört wurde.[243]

Trotz der deutschen Vergeltungsangriffe auf Städte in England setzte die RAF ihre Terrorangriffe auf das Reichsgebiet also vermehrt fort und die Zahl der Ziviltoten erhöhte sich gewaltig.

Die Wirkung deutscher Angriffe auf die englische Industrie muß aber schon deshalb stärker gewesen sein, weil diese zum wesentlichen Teil als Tagesangriffe geflogen wurden und daher mit besserer Treffsicherheit große Teile der britischen Verteidigungs- und Rüstungsanlagen zerstörte.

Die britische Luftabwehr fügte jedoch den deutschen Kampfverbänden erhebliche Verluste zu. Die wachsende Luftüberlegenheit der Briten war so gewaltig, dass Deutschland letztlich die „Schlacht um England" verloren hat.

Was aber danach über die deutsche Zivilbevökerung und auch über die Bevölkerung der von Deutschland besetzten Gebiete kam, war barbarisch.

Dazu schrieb der britische Militärhistoriker Fuller in seiner „Geschichte des Zweiten Weltkrieges", dass Churchill die Douhet-Theorie (Douhet war ein italienischer General, nach dessen Lehre es in Kriegsfällen keine Rücksichtnahme auf die Zivilbevölkerung geben dürfe, d. Verf.) des strategischen Bombens in Kraft setzte, weil sie zu seiner Vernichtungspolitik Deutschlands paßte.[244]

Churchill folgte damit offenbar den Vorschlägen seines persönlichen Beraters Lord Cherwell, einem aus Deutschland stammenden Juden, der bis 1941 noch Lindemann hieß und als Deutschenhasser par excellance galt. Er legte 1940/41 der britischen Regierung Diagramme und Statistiken vor, die für jede einzelne deutsche Großstadt angaben, mit „wie vielen Tonnen von Bomben man wie viele Millionen Kubikmeter Schutt erzeugen" konnte."[245]

Und allen voran gab es einen englischen Geschäftsmann namens Arthur Harris, den Churchill durch den König zum Luftmarschall ernennen ließ und der als „Bomber-Harris" in die Geschichte einging. Er war der Meinung, dass völkerrechtliche Regeln im Luftkrieg keine Gültigkeit besitzen. Die Zerstörung von Wohngebieten zur Brechung des Widerstandes schien ihm das wirksamste Mittel der modernen Kriegsführung. Moralische und rechtliche Bedenken oder gar irgendwelche Skrupel gab es für ihn nicht. Er bekannte mit Nachdruck:

„...dass wir, von Essen abgesehen, niemals ein besonderes Industriewerk als Ziel gewählt haben. Die Zerstörung von Industrieanlagen erschien uns stets als eine Art Sonderprämie. Unser eigentliches Ziel war immer die Innenstadt."[246]

So begann ein systematisches Flächenbombardement deutscher Städte, dem hunderttausende wehrloser Zivilisten zum Opfer fielen. Das war nicht nur ein eklatanter Verstoß gegen die Haager Landkriegsordnung, sondern auch eines der brutalsten Verbrechen gegen die Menschlichkeit.

Zu den für den Bombenterror Verantwortlichen zählte aber auch Roosevelt, der seine Bombengeschwader ebenso an den Terrorangriffen auf Deutschland teilnehmen ließ. Zynisch schrieb er dazu am 11. April 1943 an Churchill:

„Ich war sehr erfreut über die kürzlich erfolgreichen Bombenangriffe auf Deutschland; wir müssen ihnen eine ständig vermehrte Dosis davon verabreichen. Ich glaube nicht, dass die Deutschen diese Medizin gern haben."[247] Diese Zeilen schrieb der „Gentleman" Roosevelt wenige Tage nachdem amerikanische Bomber die belgische Stadt Antwerpen bombardiert hatten und dabei 2.130 Menschen, darunter 300 Kinder töteten.[248]

Durch alliierte Flächenbombardements wurde die deutsche Zivilbevölkerung zunehmend schwerstens betroffen. Berlin war mit 389 Luftangriffen das meist angeflogene Zielobjekt, aber auch Städte wie Hamburg, Köln, Dortmund, Magdeburg, sowie Dresden und Würzburg, die erst im Frühjahr 1945 kurz vor Kriegsende völlig unnötigerweise in Schutt und Asche gelegt wurden.

Bis zum Kriegsende warfen alliierte Bomberverbände lt. US-Strategic Bombing Survay Reports über Europa insgesamt 2,770.540 Tonnen Spreng- und Brandbomben ab; die Zahl der Ziviltoten innerhalb der Reichsgrenzen wird auf 646.000 geschätzt.[249] *Darunter befanden sich 89.000 Kinder unter vierzehn Jahren.*[250] Ist das kein Holocaust?

Dabei war dieser Massenmord sinnlos und nicht imstande, den Widerstandswillen des deutschen Volkes zu brechen. Die Bombenschäden wurden soweit wie möglich behoben; die kriegswichtige Rüstung konnte durch Verlegung ihrer Produktionsstätten unter die Erde im Laufe der Kriegsjahre ihre Produktion sogar ständig steigern.

Kann man ein solch unsinniges, vorsätzliches Abschlachten wehrloser Menschen und vor allem auch unzähliger unschuldiger Kinder anders bezeichnen als mit dem für die deutsche Wehrmacht wiederholt gebrauchten Wort *„Kriegsverbrechen"?*

Und wie sieht es mit der immer wieder zitierten Lüge, Deutschland habe mit diesen Bombenangriffen auf unverteidigte Städte begonnen, in Wahrheit aus?

Lassen wir auch auf diese Frage prominente Fachleute und Historiker unserer ehemaligen Feinde antworten:

Staatssekretär Spaight, Engländer und eine anerkannte Autorität auf dem Gebiet des Luftkrieges, stellt dazu fest:

„Wir begannen Ziele in Deutschland zu bombardieren, ehe die Deutschen das in England taten. Das ist eine historische Tatsache, die auch öffentlich zugegeben worden ist ... Deutschland bemühte sich um ein Stillhalteabkommen im Bombenkrieg, so oft sich dafür die leiseste Chance zu bieten schien.“[251]

Auch der wiederholt zitierte Oxforder Historiker Taylor bestätigt in diesem Zusammenhang ausdrücklich:

„...dass die Angriffe auf Coventry und London erst begannen, nachdem die Briten schon mehrere Monate lang deutsche Städte bombardiert hatten.“[252]

Der französische Staatspräsident General de Gaulle berichtete sogar über ein Zusammentreffen zwischen ihm und Churchill im Jahre 1940, bei dem dieser enttäuscht darüber war, dass die Deutschen immer noch keine englischen Städte bombardieren.

„Haben sie es denn so eilig, ihre Städte in Trümmern liegen zu sehen?“, fragte de Gaulle. „Begreifen Sie“, erwiderte der ehrenwerte Churchill, „dass die Bombardierung von Oxford, Coventry und Canterbury in den Vereinigten Staaten eine solche Woge der Entrüstung aufpeitschen würde, dass sie in den Krieg eintreten werden.“[253]

Ganz besonders empört äußerte sich der schon zitierte bekannte britische Militärhistoriker John F. C. Fuller über die zunehmende Zerstörung deutscher Städte durch die Flächenbombardierungen der Royal Airforce und er sagt dazu voller Abscheu:

„Es sind die schauderhaftesten Blutbäder, die selbst einen Attila entehrt haben würden!“[254]

Wie fürchterlich solche durch die Alliierten entfachten Blutbäder tatsächlich waren, will ich aus eigenem Erleben schildern, weil ich die Zerstörung der alten Hansestadt Hamburg vom 27. bis 30. Juli 1943 durch einen Zufall persönlich im Zentrum des Geschehens beobachten konnte und wie durch ein Wunder überlebte.

Ich wurde am 27. Juli 1943 von meinem französischen Flottenstützpunkt zu einer Dienstbesprechung nach Hamburg kommandiert und das Inferno des Todes, das dort über mich hereinbrach, hat alles bisher im Krieg Durchlebte in den Schatten gestellt; ja, ich war nach diesen Tagen und Nächten sogar froh, wieder in das gewohnte Kampfgeschehen an der Front zurückkehren zu können.

Mit diesem Feuersturm auf Hamburg haben 3.000 britische Bomber durch den Abwurf von 3 Millionen Stabbrandbomben, 850.000 Phosphor bzw. Flüssigkeitsbrandbomben, 25.000 Sprengbomben, 500 Phosphorkanister und 500 Leuchtbomben eine der schönsten deutschen Hansestädte in wenigen Nächten zerstört. *In Hamburg wurden während dieser „Operation Gommorha" mehr Bomben abgeworfen, als in England während des gesamten Krieges.*[255]

Dazu kommt der schreckliche Tod von über 40.000 Menschen in einer einzigen Nacht, (27. auf 28. Juli, Anm.d.Verf.) eine Ziffer, die alles bisher Dagewesene in den Schatten stellt.[256]

„Bomber-Harris", der englische Luftmarschall von Churchills Gnaden, konnte den Tod weiterer 50.000 toter Deutscher auf seine Fahne heften, unter denen sich nicht weniger als 7.000 Kinder befanden! Dazu kommen noch über 100.000 Verletzte, wie bei den Toten überwiegend Zivilisten.[257]

Diese schrecklichen Tage und Nächte habe ich ganz zufällig selbst miterlebt, nachdem ich von meinem französischen Stützpunkt in der Bretagne zu einer Berichterstattung nach Hamburg kommandiert worden war, während mein Boot überholt wurde.

Am Abend in der Hansestadt angekommen, wurde ich für einige Tage in einer ehemaligen Schule am Steinhauerdamm, die ein Marinekommando beherbergte, mitten im Zentrum der Stadt einquartiert. Ich kam nicht einmal dazu, mich um mein Marschgepäck zu kümmern, da heulten schon die Sirenen, die uns in den Luftschutzkeller zwangen, den ich dann für drei Tage und Nächte nicht mehr verlassen sollte.

In schier endlos scheinenden, aufeinanderfolgenden Wellen, griffen Hunderte alliierte Bomber die Stadt an, und eine von ihnen abgeworfene Minenbombe hat auch bald nach Beginn des Bombardements die Schule, in deren Keller wir zusammengepfercht waren, dem Erdboden gleichgemacht.

Nach einem weiteren stundenlangen Bombardement heulten dann gleichsam zur Erlösung endlich die so sehnsüchtig erwarteten Entwarnungssirenen. Die Menschen strömten dort, wo dies auf Grund der angerichteten Verwüstungen überhaupt noch möglich, war nach oben, nicht ahnend, daß diese „Entwarnung" zur Irreführung von alliierten Flugzeugen aus erfolgt war.

Nachdem die bedauernswerten Menschen die Keller verlassen hatten, folgte der Gipfelpunkt von Pervertierung und Unmenschlichkeit: die nächste Welle alliierter Maschinen berieselte flächendeckend das, was von der Stadt und ihren Bewohnern noch übrig war, mit Phosphor aus Flüssigkeitsbomben. Tausende Menschen wurden dadurch zu lebenden Fackeln und schrumpften durch die gewaltige Hitzeentwicklung bis zur Unkenntlichkeit, sie zerfielen in Stücke oder wurden ganz einfach zu kleinen Aschenhäufchen! Es war ein Flammeninferno, dessen Rauchschwaden den darauffolgenden sonnigen Tag nur in schwach dämmrigem Licht erscheinen ließen. Beißender Qualm, der in den Lungen stach, eine infernalische Hitze, tausende und abertausende auf den Straßen liegender verstümmelter oder verbrannter Leichen und ein bestialischer Gestank säumten meinen langen Fluchtweg hinaus aus dem Trümmermeer dieser einst blühenden Stadt. Verwesungsgeruch haftete an uns wenigen Überlebenden. Aber er war auch in meinem Herzen, denn die grauenhaften Bilder prägten sich unauslöschlich für alle Zeit in meinem Gedächtnis ein. Sie gehören auch heute noch zu den furchtbarsten Erlebnissen dieses langen und schrecklichen Krieges.

Die Barbarei dieses unmenschlichen, nahezu atomare Dimensionen erreichenden Bombenkrieges mit Worten zu beschreiben, ist ganz einfach nicht möglich; sie gehört zu den schlimmsten Verbrechen, die in diesem Krieg begangen wurden.

Dazu zählen die 49.600 Luftkriegstoten von Berlin[258] ebenso wie das Inferno Dresdens am 13. und 14. Februar 1945, wo sich zu diesem Zeitpunkt außer den 600.000 Einwohnern dieser Stadt noch fast eine halbe Million Flüchtlinge und Vertriebene[259] aus Osteuropa aufhielten. Auch hier klagen tausende und abertausende Tote, vorwiegend Frauen und Kinder, die späteren Sieger an.

Der britische Historiker und Autor McKee fand für diese Perfidie in seinem Buch „Dresden, das deutsche Hiroshima" unmißverständlich die richtige Bezeichnung wenn er sagt: *„Es war Massenmord!"*[260]

Diese den Grundregeln des allgemeinen Kriegsrechtes widersprechende Barbarei alliierter Luftangriffe gegen die Zivilbevölkerung und zivile Objekte dienten nur einem sinnlosen Töten und einer ebensolchen Zerstörung unwiederbringlicher europäischer Kulturwerte. Es gab dafür keinerlei militärische oder taktische Notwendigkeit und gerade deshalb gehören sie zu den verabscheuungswürdigsten Verbrechen, die in diesem Krieg begangen wurden.

Natürlich können und sollen sie nicht von jenen Verbrechen ablenken, die das NS-Regime auf seine Schultern geladen hat. Trotzdem müssen wir wenige noch lebende Zeitzeugen den Nachkriegsgenerationen, die von diesen Gräueln kaum jemals gehört haben, weil sie tabuisiert sind, klar und deutlich aufzeigen, welche Kriegsverbrechen auch von den Siegermächten begangen wurden.

Zu ihnen gehört auch die Schiffskatastrophe in der Lübecker Bucht, wo „eine Minute vor Zwölf", völlig sinnlos noch Tausende von KZ-Häftlingen und Widerstandskämpfern gegen Hitler durch einen ebenso brutalen wie unsinnigen Luftterror der Siegermächte einem Mordanschlag zum Opfer fielen:

Dabei griffen britische Raketenjäger am 3. Mai 1945, also fünf Tage vor Kriegsende, die in der Lübecker Bucht vor Anker liegenden Flüchtlingsschiffe „Cap Arcona", „Deutschland", „Thielbeck" und „Athen" mit Raketenwaffen an. Die vier Schiffe waren unbewaffnet und als Flüchtlingsschiffe gekennzeichnet; die „Deutschland" war darüberhinaus noch als Lazarettschiff, weithin aus der Luft sichtbar, mit einem riesigen roten Kreuz bemalt.[261]

Auf der „Cap Arcona" und der „Thielbeck" befanden sich zu diesem Zeitpunkt etwa 10.800 KZ-Häftlinge des Konzentrationslagers Neuengamme.[262] Das Schiff erhielt 63 Raketentreffer und verwandelte sich in eine Feuerhölle.

Das Lazarettschiff „Deutschland" wurde von 40 Raketen getroffen und die „Thielbeck" sank nach mehreren Treffern und nahm 2.000 wehrlose Flüchtlinge mit in die Tiefe.[263]

Aber es sollte noch unmenschlicher werden: Selbst wer sich durch einen Sprung ins Wasser retten konnte, war der Todesgefahr keineswegs entronnen. Die britischen Piloten griffen auch die im Wasser schwimmenden, wehr- und hilflosen Menschen im Tiefflug mit ihren Bordwaffen an und ermordeten sie ebenso brutal und grausam, wie drei Monate zuvor in Dresden die auf die Elbwiesen geflüchteten Zivilpersonen.[264]

Die britischen Piloten der 263. RAF-Staffel, nach dem Krieg zu den 7.500 Toten in der Lübecker Bucht befragt, erklärten, dass sie nur „Befehlen gehorcht" hätten, sich an Einzelheiten nicht mehr erinnern könnten und schließlich nur „ihren Job getan hätten.[265]

Es erübrigt sich beinahe zu erwähnen, daß diese tragischen Toten von der Zeitgeschichte zu den Opfern des Naziterrors gezählt werden (wie das jederzeit im Hamburger Stadtmuseum nachzulesen ist). Dabei ist es eigentlich kaum nachvollziehbar, daß sich dieses böse Naziregime gerade in den Tagen der verzweifelten und in der Geschichte der Seefahrt wohl größten Evakuierungsaktion, der Rettung von Millionen Flüchtlingen und Soldaten aus dem von Russen seit Monaten umzingelten Ostpreußen über die Ostsee – Stichwort „Gustloff", den wohl unglaublichen Luxus leistete, vier so brauchbare Schiffe für die Verbringung von KZ-Häftlingen aus der Kampfzone nach Norwegen abzukommandieren.

Auch die Piloten der alliierten Bomberstaffeln, die an der Bombardierung von Köln, Hamburg, Berlin, Dresden, Würzburg, Hiroshima und Nagasaki teilnahmen, taten nur ihren „Job".

Die Hauptschuldigen an diesen grausamen Verbrechen sind daher als Auftragsgeber die verantwortungslosen Politiker.

Der bereits zitierte Czesany sagt dazu in seinem in zweiter Auflage erschienen Buch „Europa im Bombenkrieg":

„Die Abkehr von der in Europa seit Jahrhunderten gültigen „zivilisierten" Kriegsführung nach kontinental-europäischer Tradition und die Mißachtung der auch nach anglo-amerikanischer Kriegsauffassung üblichen, humanen Beschränkungen führten zu den furchtbaren Kriegs- und Menschlichkeitsverbrechen an der friedlichen Zivilbevölkerung und den kulturell sowie künstlerisch weltbekannten und geschätzten historischen Bauten Dresdens (was natürlich auch für die in anderen deutschen Städten sinnlos zerstörten Kulturgüter ebenso Gültigkeit hat; Anm. d.Verf.) durch dazu befohlene Bomberschützen und Jagdflieger, sowie durch ihre politischen Auftraggeber Winston Churchill und F. Delano Roosevelt."[266]

Dabei hat allein die erst im August 1945 auf Hiroshima zu diesem Zeitpunkt schon völlig ohne militärische Notwendigkeit abgeworfene Uranium-Bombe 78.150 tote Zivilisten, 20.000 getötete Soldaten, 13.939 Vermißte und 9.284 Schwerverwundete gefordert, von den in der Folge durch Spätfolgen radioaktiver Bestrahlung verstorbenen Menschen gar nicht zu reden.

Hätte nicht „Bomber Harris", der englische Luftmarschall, für diese befohlenen Verbrechen ebenso vor ein Kriegsverbrechertribunal gehört, wie die deutschen Generäle Jodl und Keitel, die in Nürnberg auch für Verbrechen gehenkt wurden, die sie nicht begangen haben?

Wie sehr das Wort „vae victis" (Wehe den Besiegten) Gültigkeit hat, beweist wohl eindeutig die beschämende Tatsache, dass man einem der brutalsten Kriegsverbrecher, Luftmarschall „Sir" Arthur Harris, statt ihn anzuklagen, post mortem 1992 in London sogar in Anwesenheit der englischen Königin für seine Gräueltaten an der deutschen Zivilbevölkerung ein öffentliches Denkmal setzte; einem

Unmenschen, der Hunderttausende unschuldiger Frauen und Kinder auf dem Gewissen hatte und viele Jahre nach dem Ende dieses furchtbaren Krieges noch öffentlich zu erklären wagte:

„Ich würde nicht zögern, das gleiche noch einmal zu tun. Ich habe keine Geduld mit Leuten, die Mitleid für die ‚armen Deutschen' empfinden."[267]

Eine arge Entgleisung der Engländer, die beweist, wie weit Europa tatsächlich nach fünf Jahrzehnten versöhnt scheint und wie weit wir – so gesehen – von einem „Vereinten Europa" in Wahrheit noch entfernt sind.

Es zeigt aber auch die doppelbödige Moral der Sieger, mit der immer noch Hasspropaganda gegen Deutschland betrieben wird, obwohl Verbrechen immer Verbrechen bleiben müssten, gleichgültig, ob sie von Siegern oder Besiegten begangen wurden. Leider gilt diese Tatsache aber auch bei uns immer noch als Tabu und unsere Medien wagen es deshalb nicht, sie zu publizieren. Dafür werden aber zunehmend Stimmen fremder Journalisten laut, die diese bei uns gewaltsam aufrecht erhaltenen Tabuisierungen lautstark kritisieren.

So sagte erst am 30. Oktober 2003 der bekannte jüdische Schriftsteller und Journalist Rafael Seligmann in „Die Welt" auf Seite 7 dazu:

„Der Bombenkrieg gegen Deutschland war ein Verbrechen. Mich stört es, wenn man solche Erkenntnisse nicht betonen darf. Dieser Common Sense ist verlogen – wie die gesamte ‚politische Korrektheit'. Wenn jemand Leid erlitten hat, ist es sein Recht, das zu beklagen. Jüdisches Leben ist so wertvoll wie deutsches und palästinensisches. Nicht mehr und nicht weniger."

10

Vier Staatsmänner – Vier Schuldige

Durch die Öffnung russischer Geheimarchive, durch neue Aktenfunde und Forschungsergebnisse in England und den USA, die ich bereits zitiert habe, erscheinen die am schrecklichen Geschehen des Zweiten Weltkrieges beteiligten Hitler, Stalin, Churchill und Roosevelt in einem teilweise völlig anderen Licht. Kriegsschuld und Kriegsverbrechen beginnen sich, wenn auch leider nicht bei uns, so doch im beteiligten Ausland, mehr oder minder allmählich auf alle vier verantwortlichen Staatsmänner zu verlagern.

Diesem neuen „konstruktiven Revisionismus" versucht man bei uns immer noch mit dem Hauch des Verpönten, ja Unerhörten zu unterdrücken, weil ganz einfach nicht wahr sein kann, was nicht wahr sein darf! Historiker und Wissenschaftler, die solche Forschungsergebnisse veröffentlichen, werden totgeschwiegen, ungeachtet des Wahrheitsgehaltes sofort in die Nähe des Rechtsradikalismus gerückt oder sogar als unverbesserliche Nazis strafrechtlich verfolgt.

Dabei ist es zu allen Zeiten die Pflicht von Historikern und Wissenschaftlern gewesen, bei Vorliegen neuerer Forschungsergebnisse anscheinend gängige oder auch bewußt unrichtige Lehrmeinungen zu überprüfen und entsprechend zu revidieren.

Obwohl inzwischen mehr als ein halbes Jahrhundert vergangen ist, will man weder bei uns noch in Deutschland neue Quellen zur Geschichte des Zweiten Weltkrieges zur Kenntnis nehmen. Man versucht hierzulande nach wie vor, solche Forschungsergebnisse zu ignorieren und zu unerwünschten Tabus zu erklären.

Warum soll oder darf aber die Jugend im Geschichtsunterricht nicht endlich erfahren, daß in sowjetischen Geheimarchiven Dokumente vorliegen, die den hohen politischen Schuldanteil Stalins am Zweiten Weltkrieg ebenso dokumentieren wie sie heute auch den Schuldanteil Churchills und Roosevelts wissenschaftlich außerhalb jedes Zweifels stellen. Sie mindern das Verschulden Hitlers nicht, aber sie stellen endlich richtig, was längst zur Gewissheit wurde:

Das Schuldausmaß für diesen schrecklichen Krieg, der unzähligen Millionen das Leben gekostet hat, war korrekt betrachtet ziemlich gleichmäßig verteilt und lag nicht allein bei Deutschland!

Die in den russischen Geheimarchiven aufgefundenen Dokumente belegen einwandfrei Stalins Absicht, Deutschland und die Westmächte in einen langen und erschöpfenden Krieg zu verwickeln, an dessen Ende dann ein bolschewistisches Europa das Ziel gewesen wäre. Diese Aktenfunde weisen auch einwandfrei nach, daß Stalin seine Militärs bereits im Herbst 1939 Offensivpläne ausarbeiten ließ, welche als Endziel die Besetzung ganz Mittel- und Westeuropas zur Folge gehabt hätten.

Bereits am 18.September 1939 lag ein Angriffsplan vor, demzufolge Rußland einen Großangriff mit 175 Divisionen auf Deutschland plante.

Der Aufmarschplan vom Mai 1941, dem Hitler, wie schon aufgezeigt, mit seinem Unternehmen „Barbarossa" nur um knapp mehr als zwei Wochen zuvorkam, sah sogar einen Großangriff mit 258 Divisionen vor. Wenn dieser Plan Realität geworden wäre, steht wohl außerhalb jedes Zweifels, daß die Russen mit einer solchen Gewalt damals Europa glatt überrannt und den Krieg mit einem sowjetischen Totalsieg beendet hätten.

Auf Grund dieser vorliegenden Dokumente kann also nicht mehr daran gerüttelt werden, daß der bei uns immer noch in allen Geschichtsbüchern vorhandene „Sowjetmythos", um nicht zu sagen das Märchen von einem „überraschenden Überfall der kriegslüsternen Deutschen auf eine ahnungslose und friedliebende Sowjetunion" längst schon in ein historisches Abseits gehört!

Der deutsche Ostfeldzug stand somit unter strategisch-machtpolitischen Prioritäten, was an Hitlers alter Ideologie der Gewinnung von Lebensraum im Osten nichts ändert. Aber nur dafür hätte er vor allem zu einem Zeitpunkt, da deutsche Armeen bereits in halb Europa zersplittert waren, einen derart gewagten – um nicht zu sagen aussichtslosen – Feldzug niemals riskiert.

Angesichts der politischen Ziele Stalins ebenso wie seiner erwiesenen Kriegszielpolitik müßte man sogar die Rolle der deutschen Wehrmacht würdigen, weil nur durch ihren heroischen Abwehrkampf ganz Westeuropa vor dem Bolschewismus und damit dem Zugriff eines noch weit grausameren Diktators bewahrt werden konnte. Historiker Englands und Amerikas anerkennen bereits zunehmend eine solche Überlegung.

Von allen vier damals die Weltpolitik bestimmenden Staatsmännern war **Hitler** wahrscheinlich derjenige Machthaber des zwanzigsten Jahrhunderts, der die größten Bewegungen und die größten Erschütterungen ausgelöst hat. Nicht grundlos steht er unter den in der Weltliteratur am häufigsten zitierten Namen nach der Bibel und Napoleon an dritter Stelle.

Aber er verursachte leider auch wie kein anderer Herrscher dieser Zeit – sieht man von Stalin ab – den Tod und die Verbannung vieler Menschen. Er wurde gehaßt und verabscheut, bewundert und verehrt, er war Hoffnung und Idol von Millionen und er hat das Leben vieler Menschen im 20. Jahrhundert gewaltig verändert.

Ihn zu beurteilen ist schwierig; meist wird daher schon von vornherein alles verteufelt, was mit seiner Person nur irgendwie in einem kausalen Zusammenhang steht.

Der Stuttgarter Historiker Eberhard Jäckel, der zu den intelligentesten Kritikern Hitlers gehört, sagt dazu:

„Wer von vornherein, sei es weil er nicht anders kann oder nicht anders will, mit dem Vokabular leidenschaftlicher Ablehnung und moralischer Entrüstung arbeitet, wer fortgesetzt abwertende Anführungszeichen setzt, sich in jeder Zeile distanzieren zu müssen glaubt, der darf nicht erwarten, daß er etwas versteht. Haß macht noch immer blind und den Schaden trägt in diesem Falle, im Falle einer wissenschaftlichen Debatte, nicht der Gehaßte, sondern der Hassende.“[268]

Trotzdem wird aber gerade bei uns in diesem Zusammenhang mit Unnachsichtigkeit alles verfolgt, was gegen die gewünschte offizielle Linie verstößt. Wie dies aber, wie so vieles andere auch, mit den Grundsätzen einer Demokratie in Einklang zu bringen ist, in der die Freiheit des Wortes und der Schrift garantiert sein sollte, bleibt zumindest derzeit ein Geheimnis.

Mit einer solchen Einstellung ist niemandem gedient, denn Hitler war, ob wir es wahrhaben wollen oder nicht, das Schicksal des deutschen Volkes unseres Jahrhunderts über mehrere Generationen.

Nirgendwo aber wäre der Grundsatz zur Wahrheit von so drängender Notwendigkeit wie gerade bei Adolf Hitler. Er war ohne Zweifel ein Mann von überragenden Fähigkeiten, fundamentalen Erkenntnissen und einer Vielschichtigkeit des Charakters. Man darf heute nicht vergessen, daß er anfänglich unglaubliche innen- und außenpolitische Erfolge erzielt hat, die nicht nur im deutschen Volk, sondern auch im Ausland großen Respekt zur Folge hatten, auch dann, wenn spätere schwerwiegende Irrtümer und Fehler katastrophale Folgen nach sich zogen.

Wer das Phänomen Hitler wirklich erklären will, darf sich die Sache nicht leicht machen. Er wird den Menschen suchen, sein Schicksal und vor allem die Zeit beleuchten müssen, in die er hineingeboren wurde und die seine Jugend geprägt hatte.[269]

Er wird die geschichtliche Erscheinung von der fanatischen Vergötzung seiner Gefolgsleute ebenso befreien müssen, wie die nicht minder fanatische Verteufelung durch seine erbitterten Gegner.

Gut sieben Jahrzehnte sind vergangen, seit Adolf Hitler im Januar 1933 in einer von der Weimarer Republik festgelegten Form zum Reichskanzler ernannt wurde.

Trotzdem wurde wahrscheinlich kaum jemandem bewußt, daß damit eine Revolution vorwiegend geistiger Art begann. Es war eine unblutige Revolution von rechts und ihr Zweck bestand damals nicht im Töten und Zerstören, sondern im Aufbau.

Die Ziele lagen nicht in der erstrebten Vorherrschaft bestimmter Klassen, sondern in der Errichtung einer Gemeinschaft zum Wohl des ganzen Volkes und Staates. In der Beseitigung aller bisherigen Klassenschranken suchte und fand man die Möglichkeit, alle Deutschen einen gemeinsamen Weg in die Zukunft beschreiten zu lassen.

Die überraschenden Ergebnisse bei der Überwindung großer Not und staatlicher Zerrüttung erweiterten diesen Aufbruch schnell und führten eine eruptive Zustimmung für Hitler und seine Führung herbei.

Neben Unrecht, Fehlentscheidungen und spät sich offenbarenden Verbrechen in seiner Politik hat es ebenso viele positive Leistungen und beachtliche Erfolge gegeben, die man besonders bei uns nicht wahrhaben will. Jeder Versuch, sie aufzuzeigen, wird lautstark unterbunden.

Dazu gehört primär die mehr als erfolgreiche Sozial- und Wirtschaftspolitik, die auch die Basis für eine so rasche, breite und beinahe bedingungslose Zustimmung für diesen Mann aus allen Kreisen der Bevölkerung war.

Um die Erfolge Hitlers auf diesen beiden Gebieten ermessen zu können, muß man wissen, daß es bei seiner Machtübernahme sechseinhalb Millionen tatsächliche Arbeitslose gab. Tatsächlich deshalb, weil es sich bei ihnen wirklich um Menschen mit Familien in Not und Elend handelte, weil es das soziale Auffangnetz, das heute vielfach einem arbeitsunwilligen Schmarotzertum Tür und Tor öffnet, damals noch nicht gab.

Nur ein Jahr später war diese erschreckende Zahl bereits auf rund zwei Millionen gesunken und schon 1936 war sie restlos beseitigt. Schon vier Jahre nach Hitlers Machtergreifung etablierte sich in Deutschland ein alle Schichten des Volkes erfassender Wirtschaftsaufschwung, durch den es diesem Manne gelang, das Volk hinter sich zu scharen und den Marxismus in Deutschland zu überwinden. Hitler hat also sein dem deutschen Volke gegebenes Versprechen gehalten und die Bilanz seines Erfolges war überwältigend.

Es war also nicht nur ein wirtschaftlicher sondern auch ein politischer Erfolg, zu dem der jüdische Emigrant Peter Stern feststellt: „...daß Hitlers politischer Erfolg in der deutschen Geschichte seinesgleichen nicht hatte."

Und was die anfänglichen, wenn auch mit Fortdauer des Krieges durch die Übermacht der Gegner immer mehr schwindenden militärischen Erfolge betrifft, so sagt derselbe Autor in diesem Buch über Hitler: „...daß auch ihnen in der modernen Geschichte nichts zur Seite gestellt werden kann."[270]

War es da verwunderlich, daß auch in Österreich, wo zur selben Zeit Not und Hunger an der Tagesordnung waren, diese Tatsachen aufhorchen ließen und sich immer weitere Kreise der Bevölkerung einen Anschluß an dieses rasch aufblühende Deutschland wünschten?

Der ernst zu nehmende Historiker, Hitler-Biograph Sebastian Haffner, stellt dazu fest: „Von Hitlers Wirtschaftswunder spricht heute keiner mehr. Es hat es aber gegeben, und es war für die Mitlebenden ein größeres Wunder als später, von 1948–1955, die Erhardsche Wiederaufbaukonjunktur."[271]

Wo und wann immer heute von diesen wirtschaftlichen Erfolgen Hitlers die Rede ist, wird sofort ins Treffen geführt, daß diese nur möglich waren, weil Hitler als Kriegsvorbereitung alles Geld in die Rüstung gesteckt hat. Auch das ist eine der immer wiederkehrenden Unwahrheiten, die jeder realen Grundlage entbehren.

Um diese angeblich so gewaltige „Aufrüstung" Deutschlands, war es sogar noch 1939 mehr als schlecht bestellt (siehe Kapitel 5). Der deutsche Militärhistoriker Hans Kehrl weist in seiner „Bilanz des Zweiten Weltkrieges" unwiderlegbar nach, daß selbst noch im Mai 1940 – also neun Monate *nach* Kriegsbeginn – der Anteil der Rüstungsindustrie an der gesamten Industrieproduktion Deutschlands *weniger als 15 % betrug!*[272]

Unabhängig von diesen wirtschaftlichen Erfolgen Hitlers waren aber auch – ob man es wahrhaben will oder nicht – die sozialen Errungenschaften für die damalige Zeit beachtlich.

So hat er in der NSV (Nationalsozialistische Volkswohlfahrt) mit weit über zehn Millionen Mitgliedern, nach der DAF (Deutsche Arbeitsfront), die zweitgrößte Massenorganisation zum Wohle der Bevölkerung geschaffen, wie es sie auf der ganzen Welt damals nicht gegeben hat. In verschiedenen Unterorganisationen wie Kriegsopferfürsorge, Winterhilfswerk, Ausspeisungen, Kinderlandverschickung, Jugendheimen, dem NSV-Hilfswerk Mutter und Kind u.a.m. wurde eine echte soziale Volksgemeinschaft ins Leben gerufen, die nicht nur bestens funktionierte, sondern auch Not und Elend beseitigt und so wesentlich zur Überwindung marxistischen Gedankengutes beigetragen hat.

In populären NS-Organisationen wie KdF (Kraft durch Freude) wurden der arbeitenden Bevölkerung zur damaligen Zeit als völliges Novum eine Vielfalt kostenloser Freizeitgestaltungen mit Sport und Reisen geboten, wie man sie erst heute in einem modernen Wohlfahrtsstaat wiederfindet.

Mit dem „Volkswagen“ hat Hitler den damals sicher einmaligen Weg von einem Luxusobjekt für einige wenige Reiche hin zu einem Gebrauchsobjekt für die breite Masse der arbeitenden Bevölkerung beschritten.

Aber auch auf innen- und außenpolitischem Gebiet hat der Staatsmann Hitler in den ersten fünf Jahren seiner Regierung beispiellose Erfolge errungen. So hat er einerseits die Deutschland bedrohende Gefahr einer kommunistischen Revolution gebannt und andererseits durch die Beseitigung der Arbeitslosigkeit den marxistisch orientierten Klassenkampf eliminiert. Außenpolitisch ist es ihm gelungen, die Schmach von Versailles zu tilgen und rund zehn Millionen Deutsche, denen das Recht auf Selbstbestimmung genommen worden war, ohne Gewaltanwendung wieder mit dem Deutschen Reich zu vereinen.

In diesem Zusammenhang stellt der als Gegner des Nationalsozialismus bekannte Historiker Haffner fest:

„Das Wirtschaftswunder hat die Arbeiter überzeugt, das außenpolitische Wunder überzeugte die patriotischen Großbürger... Man muß lange suchen, um solche außenpolitischen Erfolge zu entdecken, wie sie Hitler in ununterbrochener Folge Jahr für Jahr einheimste. . . Das Experiment Hitler schien gelungen und beweisträchtig.“[273]

Hitler erntete im Inland und Ausland, auch bei seinen Gegenern zunehmende Anerkennung. So bekannte Winston Churchill 1935:

„Man kann Hitlers System mit Abneigung gegenüberstehen, aber trotzdem seine patriotischen Großtaten bewundern. Sollte unser Land einmal besiegt werden, so hoffe ich, daß wir einen Vorkämpfer des gleichen Schlages finden, der imstande ist, unseren Mut neu zu beleben und uns auf den Platz zurückzuführen, der uns unter den Nationen gebührt."[274]

Weder im deutschen Volk noch in der deutschen Armee war Opposition spürbar und Hitler stand zur Mitte des Jahres 1939 auf dem Zenith seiner bis dahin ausschließlich mit friedlichen Mitteln erzielten Erfolge. Als er am 20. April dieses Jahres unter großer Anteilnahme der Bevölkerung seinen 50. Geburtstag feierte, konnte er auf ein Werk blicken, das zum allergrößten Teil durch die Kraft seiner Persönlichkeit geschaffen worden war.

Damit war es allerdings zu Kriegsbeginn dann sehr rasch vorbei; in seinem gespaltenen Wesen kam mehr und mehr der Machtmensch Hitler zur Geltung. Ein fortschreitender Prozeß, der langsam aber sicher zum Caesarenwahn führte und schließlich im völligen Wahnsinn endete.

Der Machthaber und Mensch Hitler war zwiespältig, kompliziert und widersprüchlich, weshalb es auch so schwierig ist, ihn zu beurteilen.

Gerade deshalb scheint es erwähnenswert, daß sich kaum jemals nennenswerter Widerstand gegen ihn im deutschen Volk geregt und daß auch der mißglückte Attentatsversuch vom 20. Juli 1944 kein positives Echo gefunden hat. Es schien durch das mißlungene Attentat sogar eine verstärkte Zuwendung zur Person Hitlers und seiner Politik einzusetzen, weil seine Errettung damals vielfach als eine „göttliche Fügung" angesehen wurde.

Diesen Eindruck unterstreicht die Tatsache, daß der zivile Kopf des Attentates, der als späterer Reichskanzler vorgesehene ehemalige Oberbürgermeister von Leipzig, Carl Goerdeler, noch aus der Haft heraus kurz vor seiner Hinrichtung folgenden Aufruf an das deutsche Volk richtete:

„Wenn wir das Vaterland über alles stellen, was doch unser Glaube ist, so haben wir den 20. Juli als ein endgültiges Gottesurteil zu achten. Der Führer ist vor fast sicherem Tod bewahrt. Gott hat nicht gewollt, daß Deutschlands Bestand, um dessen willen ich mich beteiligen wollte und beteiligt habe, mit einer Bluttat erkauft wird; er hat auch dem Führer diese Rolle neu anvertraut. Das ist alte deutsche Auffassung. Jeder Deutsche in der Reihe der Umsturzbewegung ist nunmehr verpflichtet, hinter den von Gott gesandten Führer zu treten, und auch die Mittel, welche der neuernannten Regierung zur Verfügung gestellt werden sollten, rückhaltlos zu geben; ob er sie nützen will, für brauchbar hält, entscheidet er."[275]

Selbst bis zum heutigen Tag ist der jahrzehntelangen intensiven Propaganda für dieses Attentat letztlich der Erfolg versagt geblieben. Und dies, obwohl heute in der Regierungspolitik Deutschlands das Geschehen des 20. Juli 1944 als „Aufstand des Gewissens" gepriesen und sogar als Protest gegen die Schmach der Konzentrationslager und Gaskammern verkauft wird.

In Wirklichkeit beschäftigten sich die wenigen führenden Verschwörer bereits 1938 mit Hoch- und Landesverrat. Sie taten dies also schon in einer Zeit, da noch niemand in Deutschland oder der Welt etwas von Gaskammern gehört hatte und die Zahl der in Konzentrationslagern gefangenen Personen, einschließlich der sicherheitsverwahrten Gewohnheitsverbrecher und Kriminellen, unter achtzig Millionen Deutschen nicht mehr als zwanzigtausend betrug.

Von Gaskammern und Massenmord wußte aber auch später nur ein ganz enger, zur Verschwiegenheit verpflichteter Kreis und weder die Masse des deutschen Volkes noch das Ausland hatten eine Ahnung vom Ausmaß dieses furchtbaren Geschehens. Das beweist wohl am besten, daß weder Churchill noch Roosevelt in ihren ständigen Reden gegen Hitler jemals eine solche Behauptung aufgestellt haben.

Zu dem so oft gehörten Vorwurf, daß die hohen Generäle um Hitler diesen schon längst hätten aufmerksam machen müssen, daß der Krieg für Deutschland verloren ist, hat der in Nürnberg hingerichtete Generaloberst Alfred Jodl, schon im Angesicht seines Todes, seine Meinung wie folgt schriftlich niedergelegt. Er sagte dort:

„Seine militärischen Ratgeber – so hört man heute noch oft sagen – hätten Hitler doch früher klarmachen müssen, daß der Krieg verloren sei. Welch ein naiver Gedanke! Früher als irgendein Mensch in der Welt ahnte und wußte Hitler selbst, daß der Krieg verloren sei. Aber kann man ein Reich und ein Volk früher verloren geben, als sie verloren sind?"[276]

Während all der Jahrzehnte, die seit dem Tod Hitlers vergangen sind, hat sich weder das Bild seiner gläubigen Gefolgsleute noch das seiner Gegner wesentlich geändert. Für einige Wenige ist er immer noch ein Genie, der leider gefallene Messias. Für alle anderen aber ist er ein Mensch, der seine Grenzen nicht erkannte und dessen Tun und Handeln daher letztendlich auch in verbrecherischen Wahnsinnstaten enden mußte. Eines der ärgsten Verbrechen, die er am eigenen Volk begangen hat, war Stalingrad, wo er entgegen aller Warnungen seiner Militärs eine falsche Strategie verfolgte, welche die gesamte überdehnte Südfront hoffnungslos überfordern mußte und schließlich zur Katastrophe führte, indem er Hunderttausende deutscher Soldaten rücksichtslos einem sicheren, grausamen Tod überlassen mußte, wollte er nicht die gesamte Heeresgruppe Süd verlieren.

Obwohl die Propaganda immer noch vom Endsieg redete, müßte eigentlich schon nach dieser kriegsentscheidenden Niederlage, spätestens aber 1944 auch fanatischen Nationalsozialisten klar geworden sein, daß dieser Krieg nicht mehr zu gewinnen war: Niederlagen und Rückzüge an allen Fronten, das Märchen von den Wunderwaffen, das wie eine Seifenblase zerplatzte, und das herannahende chaotische Ende, welches sich überall abzuzeichnen begann. Die Fortsetzung des Krieges ab diesem Zeitpunkt war ein Verbrechen am deutschen Volk, das Hitler voll und ganz anzulasten ist. Er wurde zunehmend zu einem politischen und vor allem militärischen Hasardeur, der immer mehr dem Bösen verfiel und sich verbrecherischer Methoden bediente. Getrieben von dem furchtbaren Wahn, Europa von den Juden zu befreien, wurde er gemeinsam mit seinen Spießgesellen letzten Endes dann zu einem Herrscher teuflischer Grausamkeit.

Gerade deshalb ist es heute auch so schwer zu begreifen, daß dieser Mensch anfänglich fast allen, die mit ihm näher zu tun hatten, so generös erschien. Der Grund dafür war, daß er am Beginn seiner Herrschaft in einem wohl beispiellosen Grad aus der Sicht seines Volkes alles aus sich selbst heraus und auch alles in einem war:

„Lehrer seiner selbst, Organisator einer Partei und Schöpfer ihrer Ideologie, Taktiker und demagogische Heilsgestalt, Führer, Staatsmann, und während eines Jahrzehnts Bewegungszentrum der Welt. Er hat den Erfahrungssatz widerlegt, daß alle Revolutionen ihre Kinder verschlingen, denn er war, wie man gesagt hat, der Rousseau, der Robespierre und der Napoleon seiner Revolution, er war ihr Marx, ihr Lenin, ihr Trotzki und ihr Stalin. Nach Charakter und Wesensart mag er den meisten der Genannten unterlegen gewesen sein, doch immerhin gelang ihm, was keinem vor ihm gelungen ist: Er beherrschte seine Revolution in jeder Phase, selbst noch im Augenblick der Niederlage. Das spricht für ihn.“[277]

Anfänglich entpuppte sich Hitler als geschickter Taktiker. Er offenbarte trotz intellektueller Flachheit scharfsinnige Genialität. Er war ein Spieler, der sich von Erfolg zu Erfolg vorwagte. Aber schon im Sommer 1939 ahnte er, daß er den Bogen überspannt hatte. Er spürte die Gefahr, alles wieder zu verlieren, was er außenpolitisch gewagt hatte und er sagte damals:

„Meine österreichische Politik war ohne Risiko, meine Sudetenlandpolitik war schon recht riskant, aber mit Prag bin ich zu weit gegangen. Ich werde solche Risiken, die zum Krieg führen könnten, nicht mehr eingehen.“[278]

Hitler hat sich schon relativ früh mit Kriegsplänen beschäftigt und wiederholt in den Tagen hochfliegender Inspiriertheit noch bevor er Kanzler wurde auch dahingehend geäußert, weil er neuen Lebensraum für das durch Versailles viel zu klein gewordene Deutschland suchte.

Grund dafür waren damals nicht Weltmachtpläne, sondern vielmehr die Tatsache, daß sich bereits Anfang der dreißiger Jahre die bolschewistische Gefahr immer bedrohlicher auftürmte. Er sah seine nationalsozialistische Bewegung als einziges Bollwerk gegen den Kommunismus. Stalins Kominternfangarme waren vorwiegend durch jüdische Kreise bis ins Reich vorgedrungen und der totale Bankrott des Bürgertums breitete sich rasch aus. So scheint auch die Tatsache bemerkenswert, daß es die Juden waren, die bereits vor 1933 – also zu einem Zeitpunkt, da ihnen von Hitler noch kein Haar gekrümmt wurde – „...zum heiligen Krieg gegen Deutschland aufgerufen haben“[279] oder an anderer Stelle erklärten: „Judea declares war on Germany“.[280]

Lassen wir zur Person Hitlers und damit verbunden zur eigentlichen Ursache des Zweiten Weltkrieges abschließend noch den amerikanischen Publizisten Baker zu Wort kommen, der folgende interessante Feststellung trifft:

„Wir machten aus Hitler ein Monstrum, einen Teufel. Deshalb konnten wir nach dem Krieg auch nicht mehr davon abrücken. Hatten wir doch die Massen gegen den Teufel persönlich mobilisiert. Also waren wir nach dem Krieg gezwungen, in diesem Teufelsszenario mitzuspielen. Wir hätten unmöglich unseren Menschen klarmachen können, daß der Krieg eigentlich nur eine wirtschaftliche Präventivmaßnahme war.“[281]

Hingegen hatte der Georgier *Stalin* die Exponenten eines ursprünglich „jüdischen Bolschewismus“ vertrieben und durch seine skrupellose, despotische Entschlossenheit eine gewisse Ordnung in das herrschende Chaos gebracht. Der Fortschritt des ersten Fünfjahresplanes hinterließ sowohl bei Hitler als auch bei Roosevelt einen tiefen Eindruck, auch wenn für Hitler zum Unterschied zu Roosevelt das Image der Sowjetunion immer unverändert negativ blieb.

Nur eine neue Weltanschauung wie die nationalsozialistische Bewegung konnte sich nach Hitlers Meinung der drohenden Gefahr eines Weltbolschewismus wirksam entgegenstellen; es mußte daher einer geistigen Aufrüstung so rasch wie möglich auch eine militärische folgen, um sich dem roten Mob erfolgreich entgegenstellen zu können.

Das sah auch der britische Außenminister Edward Halifax so, als er bei einem Besuch in Berchtesgaden, im November 1937, wörtlich Deutschland *„...als Bollwerk des Westens gegen den Bolschewismus“*[282] bezeichnete.

Durch ihren despotischen Führer hatte Rußland allgemein an Bedeutung gewonnen und in dem 1932 zwischen Paris und Moskau abgeschlossenen Nichtangriffspakt, der die gemeinsame Feindschaft gegen Deutschland unterstrich, sah Hitler Frankreich neuerlich als Kern einer antideutschen Mächtekonstellation.

Deutschland selbst trieb immer mehr in die Isolation und Stalin benutzte dieses sich zunehmend gegen eine Ausbreitung des Bolschewismus entgegenstellende Bollwerk geschickt als Schreckgespenst bei seinen außenpolitischen Zielen, die mit der diplomatischen Anerkennung durch die Roosevelt-Regierung im November 1933 ihren Durchbruch auf der internationalen Bühne erreichte.

Hitler, Stalin und Roosevelt, drei Ideologen, aber auch drei Opportunisten. Nur während beim deutschen und sowjetischen Führer zunehmend machiavellische Züge hervortraten, denen jedes Mittel recht war, erwies sich der Amerikaner Roosevelt immer mehr als der am wenigsten flexibel Handelnde. Er war blind gegen die Taschenspielertricks und vor allem auch gegen die ihm sehr wohl bekannten Gewalttaten Stalins im eigenen Land und sah nur in Deutschland den bekämpfenswerten Feind.

Hitlers Absichten, egal welche sie immer auch sein mochten, mußten in seinen Augen mit allen Mitteln zerschlagen werden. Um diesen Teufel auszutreiben, war ihm auch das Bündnis mit dem Beelzebub recht. Und dies, obwohl besonnene amerikanische Politiker, wie beispielsweise der damalige Außenminister Amerikas Hopkins wie folgt urteilten:

„Der Kriegseintritt unterminiert die Befürworter unserer Beteiligung am Kriege, denn Stalins Rußland ist eine der blutigsten Tyranneien und Schreckenssysteme, die je in der Geschichte aufgekommen sind." Und er fuhr fort: „Wenn wir wirklich in den Krieg eintreten und ihn gewinnen, dann haben wir ihn für Stalin gewonnen, für die Erhaltung des Kommunismus in Rußland und die Chance, daß er sich weiter in der Welt ausbreitet."[283]

Stalin selbst schien aber trotz aller seiner politischen Winkelzüge immer noch der Ausbruch eines allgemeinen Krieges als Mittel der kommunistischen Expansionsbestrebungen in Europa und Asien als das Wichtigste. Angesichts des begrenzten Material- und Menschenpotentials Deutschlands würde dieses sicher von den vereinigten Streitkräften Frankreichs, Englands, Belgiens und der Tschechoslowakei besiegt werden. Der Haß der Massen auf den Nationalsozialismus würde dadurch zum Ausbruch kommen, aber auch die siegreichen Länder werden durch diesen Krieg so in ihren Grundfesten erschüttert werden, daß ihm ein Zusammenbruch des kapitalistischen Systems unausweichlich erschien.

Dokumente, die nach dem Zusammenbruch der Sowjetunion aufgetaucht sind, geben uns erst jetzt wirklich Einblick in die Schrecken seiner Herrschaft, vor allem aber in die tatsächlichen Zusammenhänge um den Ausbruch des Zweiten Weltkrieges und die tatsächliche Rolle, die Stalin in diesem Hasardspiel zukam.

Der Österreicher Anton Braunstätter, selbst Frontsoldat des Zweiten Weltkrieges, und ein Autor, der Zugang zu vielen bisher unveröffentlichten russischen Dokumenten hatte, schreibt dazu in seinem Buch:

„Die Wunschvorstellung der demokratischen Länder in Westeuropa war ein Krieg Hitler-Deutschlands gegen die Sowjetunion. Damit wären auf einen Schlag zwei totalitäre Systeme ausgeschaltet oder zumindest so geschwächt, daß man mit ihnen danach ein leichtes Spiel gehabt hätte. Unter dieser Voraussetzung begann der große Politpoker, der im August 1939 seinen Höhepunkt erreichte. Jeder verhandelte mit jedem und gegen jeden. Die Karten sollten solange gemischt werden, bis alle Trümpfe in einer – natürlich der eigenen – Hand wären. Es besteht nicht der geringste Zweifel, daß Stalin mit Abstand der gerissenste Falschspieler in der Pokerrunde war und Hitler am Ende die ganzen Nieten des Spieles in der Hand hatte."

Am 5. August 1939 traf in Moskau die französische und die englische Militärmission unter der Leitung des Generals Doumec und des

Admirals Drax ein. Der sowjetische Volkskommissar für Verteidigung und Marschall der Roten Armee, Woroschilow, unterbreitete der westlichen Militärmission auf Anordnung Stalins folgendes Dokument:

„Vorstellungen zu den Verhandlungen mit England und Frankreich: Deutschland ist als Hauptaggressor zu definieren. Die Sowjetunion ist bereit, 120 Infanteriedivisionen gegen den Hauptaggressor zu stellen. Im Falle eines Angriffs des Hauptaggressors gegen die Sowjetunion müssen England und Frankreich 86 Infanteriedivisionen zur Verfügung stellen. Die Vertragspartner verpflichten sich, einen entschiedenen Vormarsch ihrerseits vom 16. Tag der Mobilisierungen an, eine aktive Teilnahme Polens am Krieg und einen ungehinderten Durchmarsch unseres Heeres durch das Territorium Galiziens und des Korridors von Wilna bei gleichzeitiger Zurverfügungstellung von rollendem Material zu garantieren."

Diese Kriegsvorbereitungen waren auch der deutschen Reichsregierung bekannt; es ist nur nicht klar, inwieweit sie von den Sowjets auf Umwegen den Deutschen zugespielt wurden, um sie in „Zugzwang" zu bringen.

Nun drängt sich wohl die Frage auf, welche Alternative die deutsche Reichsregierung in dieser Situation hatte, zumal Polen den kleinen Grenzverkehr mit Deutschland am 18. August schloß und der deutsch-sowjetische Nichtangriffsvertrag zu diesem Zeitpunkt bereits zur Unterzeichnung fertig war?

Dieser Vertrag war der Gipfelpunkt der Scheinheiligkeit und Verlogenheit von beiden Seiten. Zu ihm gab es noch ein geheimes Zusatzprotokoll über die Teilung der Einflußsphäre in Osteuropa. Stalin informierte die Mitglieder des Politbüros bereits am 19. August 1939 in einer geheimen Rede. Wörtlich führte er darin aus:

„...Die Frage „Krieg oder Frieden" tritt für uns in eine kritische Phase. Wenn wir den Vertrag über gegenseitige Hilfe mit Frankreich und Großbritannien abschließen, wird Deutschland Polen nicht angreifen und einen „Modus vivendi" mit den Westmächten suchen. Der Krieg wird abgewendet, aber im weiteren können die Ereignisse einen für die UdSSR gefährlichen Charakter annehmen. Wenn wir mit Deutschland einen Nichtangriffspakt abschließen, werden sie natürlich Polen angreifen, und der Eintritt Frankreichs und Englands in diesen Krieg ist unvermeidlich. Westeuropa wird von ernsthaften Unruhen und großer Unordnung ergriffen werden. Unter diesen Bedingungen ist für uns die große Chance gegeben, außerhalb des Konfliktes zu bleiben, und wir können auf unseren vorteilhaften Kriegseintritt hoffen...

...Die Erfahrung hat gezeigt, daß in Friedenszeiten eine kommunistische Bewegung in Europa keine Chance hat, die Macht zu ergreifen. Die Diktatur einer solchen Partei wird nur als Resultat eines großen Krieges möglich. Wir werden unsere Wahl treffen, und die ist eindeutig. Wir müssen den Vertrag mit Deutschland abschließen und die anglo-französische Mission höflich verabschieden. Der erste Vorteil, den wir uns zunutze machen, wird die Einnahme Polens bis vor die Tore Warschaus sein, das ukrainische Galizien eingeschlossen.

Gleichzeitig müssen wir die Folgen in Betracht ziehen, die sich sowohl aus einer Niederlage wie aus einem Sieg Deutschlands ergeben können. Im Falle einer Niederlage Deutschlands folgt unausweichlich die Sowjetisierung Deutschlands und die Schaffung einer kommunistischen Regierung. Wir dürfen auch nicht vergessen, daß ein sowjetisiertes Deutschland sich vor einer großen Gefahr befindet, falls die Sowjetisierung sich als Folge einer Niederlage in einem Blitzkrieg erweist. England und Frankreich werden noch über genügend Stärke verfügen, Berlin einzunehmen, um ein sowjetisches Deutschland zu verhindern.

Deshalb besteht unsere Aufgabe darin, dafür zu sorgen, daß Deutschland einen möglichst langen Krieg führen muß, mit dem Ziel, daß England und Frankreich ermüdet und bis zu einem Grade geschwächt wird, daß sie nicht mehr in der Lage sind, eine Bedrohung für ein sowjetisches Deutschland darzustellen.

Gleichzeitig müssen wir eine aktive kommunistische Propaganda, besonders im anglo-französischen Block, und hier vorrangig in Frankreich führen. Wir müssen darauf vorbereitet sein, daß die Partei in diesen Ländern während des Krieges gezwungen sein wird, sich von ihrer legalen Tätigkeit zu verabschieden und in den Untergrund zu gehen. Wir sind uns im klaren darüber, daß diese Arbeit viele Opfer fordern wird, aber unsere französischen Genossen werden keine Bedenken hegen. Zu ihren Aufgaben wird in erster Linie die Zersetzung und Demoralisierung der Armee gehören.

Betrachten wir nun die zweite Annahme: einen Sieg Deutschlands.

Einige haben sich die Ansicht zu eigen gemacht, daß diese Möglichkeit uns vor eine große Gefahr stellen könnte. Auszuschließen ist diese Möglichkeit nicht. Es wäre jedoch ein Fehler, zu denken, daß diese Gefahr so nahe und so groß werden könnte, wie sie von einigen dargestellt wird. Wenn Deutschland den Sieg davonträgt, geht es aus dem Krieg zu entkräftet hervor, um in einen militärischen Konflikt mit uns einzutreten, der wenigstens zehn Jahre dauern könnte.

Es gibt noch eine Sache, die unserer Sicherheit dient. In einem besiegten Frankreich wird die FKP sehr stark sein. Die kommunistische Revolution wird unausweichlich stattfinden...

Genossen! Im Interesse der UdSSR – der Heimat der Werktätigen – auf daß der Krieg ausbricht zwischen dem Reich und dem kapitalistischen anglo-französischem Block."

Von den Kommunisten wurde immer bestritten, daß Stalin diese Rede jemals gehalten hat. Sie wird jedoch durch viele andere Dokumente inhaltlich voll bestätigt.

Als die deutsche Armee am 1. September den Startschuß zum Angriff auf Polen gab, erklärte Stalin plötzlich, daß sich der Aufmarsch der Roten Armee etwas verzögert hätte, und überließ Hitler den ersten Schlag gegen Polen. Damit war Deutschland der alleinige Aggressor und blieb dies nicht nur bis zum bitteren Ende, sondern er gilt es völlig zu Unrecht auch heute noch.[284]

Die sowjetischen Streitkräfte sollten immer Stalins Hauptinstrument zur Durchsetzung seiner Expansionspolitik sein. Während durch sie jeder potentielle Feind schon an den Grenzen neutralisiert werden mußte, sollte der Hauptstoß gegen den Westen geführt und die geballte Kraft dieser sowjetischen Armee auf dem europäischen Kontinent eingesetzt werden.

Damit, daß die Bolschewisten die Kapitalisten ununterbrochen als Todfeinde verteufelten, legitimierte die sowjetische Führung einen ständigen Mobilmachungszustand seiner geknechteten Massen. Dieser Mythos von Kampf und Krieg speiste den Moloch dieses grausamen Regimes.

Der russische Komponist Schostakowitsch sagt zu den Gräueltaten Stalins in seinen Memoiren:

„Ich empfinde unvorstellbaren Schmerz um alle, die Hitler umgebracht hat. Aber nicht weniger Schmerz bereitet mir der Gedanke an die auf Stalins Befehl Ermordeten. Ich trauere um alle Gequälten, Gepeinigten, Erschossenen, Verhungerten. Es gab sie in unserem Land schon zu Millionen, ehe der Krieg gegen Hitler begonnen hatte."[285]

Hitler äußerte sich in jener Zeit in seinem Sendungsbewußtsein dazu, daß er nicht Krieg spiele und daß er sich auch von niemandem in einen Waffengang hineinhetzen lasse. Aber Deutschland müsse gerüstet sein. Den Zeitpunkt für einen geeigneten Angriff bestimme ausschließlich er selbst, behauptete er damals noch selbstherrlich. Aber sechs Jahre später kam es dann dennoch anders.

Diese selbstgestellte Aufgabe war dem Vabanquespieler Hitler 1939 zwar mißglückt, aber es steht ebenso außer Frage, daß Hitler den Zweiten Weltkrieg nicht aus freien Stücken begonnen hätte. Man muß deshalb vielmehr die Frage stellen, warum er, der bis dahin den Gang des Geschehens weitgehend bestimmt hatte, entgegen allen seinen Plänen zu diesem Zeitpunkt in diesen Krieg hineingeraten ist?

Er hatte einwandfrei Englands Haltung verkannt und einmal mehr in seinem Bestreben, die Schande von Versailles auszulöschen, zu hoch gespielt.

Er hat sich von einer raschen Niederwerfung Polens, welches ihn immer wieder provozierte, eine Einlenkung Englands versprochen und dabei die bereits feststehenden Kriegsabsichten Englands und Frankreichs unterschätzt oder nicht erkannt. Hier ist auch der wahre Grund für die vielen vergeblichen Hoffnungen auf eine Änderung in der Haltung Englands zu suchen, von Dünkirchen bis hin zum England-Flug von Heß.

Aber der Gang der Geschehnisse nahm seinen Lauf: Die Kriegsbereitschaft Churchills war so stark, daß Hitler trotz einer durchwegs unzureichenden Vorbereitung und mangelnder Rüstung dazu getrieben wurde, den Kampf aufzunehmen.

Die beinahe mühelosen Siege der ersten Zeit steigerten in ihm die Überzeugung, daß er nach dem Ruhm des Demagogen und Politikers auch den des erfolgreichen Feldherrn einbringen werde. Als dieser Ruhm aber mit zunehmender Kriegsdauer immer mehr zu schwinden begann, wurde er ständig uneinsichtiger, trotziger und verlor mehr und mehr den Blick für die Realität. Der fortdauernde Prozeß des Wirklichkeitsverlustes nahm in der Folge neurotische Züge an, die dann im totalen Untergang endeten.

Joachim C. Fest sagt in seiner Hitlerbiographie dazu: „Hitler hatte kein Geheimnis, das über seine unmittelbare Gegenwart hinausreichte. Die Menschen, deren Gefolgschaft und Bewunderung er sich erworben hatte, waren niemals einer Vision, sondern einer Kraft gefolgt, und im Rückblick erscheint dieses Leben wie eine einzige Entfaltung ungeheurer Energie. Ihre Wirkungen waren gewaltig, der Schrecken den sie verbreitete, beispiellos; aber jenseits davon ist wenig Erinnerung.[286]

Die Geschichte der „Ursachen" des Zweiten Weltkrieges ist daher auch nicht nur die Geschichte des Nationalsozialismus' in all seinen Facetten und Auswüchsen. Sie ist vielmehr die Geschichte der zwischenstaatlichen Beziehungen in ihrer Verknüpfung verschiedener Ideologien wie Nationalsozialismus, Bolschewismus und dem New Deal Amerikas.

Europa war und blieb die Drehscheibe der internationalen Politik und Deutschland wurde zunehmend wieder zur vorherrschenden Macht und damit zu einer wachsenden Bedrohung für seine einstigen Gegner. Sein angebliches Bestreben nach Vorherrschaft mußte deshalb durchkreuzt werden. Großbritannien als Garant des europäischen Gleichgewichts war zu schützen und die anglo-amerikanische Interessensgemeinschaft zu stärken. Das konnte aber nur so verständlich gemacht werden, daß man dieses Deutschland wieder als wachsende Gefahr für den Weltfrieden und damit für die Sicherheit Amerikas anprangert.

Für Europa und darüber hinaus für die ganze Welt war es ein Unglück, daß in dieser Zeit zukünftige Geschicke weitgehend von vier Männern bestimmt wurden, die alle ihr gerüttelt Maß an Schuld auf sich geladen haben: Hitler, Stalin, Churchill und Roosevelt. Die Welt, in der wir heute leben, wurde weitgehend von ihnen gestaltet.

Die angelsächsischen Nationen in der Zeit vor und während des Zweiten Weltkrieges haben Männer geführt, die außenpolitisch ihren Aufgaben und ihrer hohen Verantwortung nicht gewachsen waren: Churchill und Roosevelt.

Beide gelten zwar in ihren Ländern immer noch weitgehend als angesehene Staatsmänner, wenngleich diese ursprüngliche Einschätzung heute vom kontinentaleuropäischen Standpunkt aus zu korrigieren ist und auch in den eigenen Ländern da und dort bereits richtiggestellt wird. Darüber hinaus beginnt die Welt allmählich zu erkennen, daß sie beide nicht nur ein beachtliches Maß an moralischer Schuld auf sich geladen haben sondern auch für unzählige Kriegsverbrechen verantwortlich sind.

Winston **Churchill**, der schon lange vor Ausbruch des Krieges eisern das alte englische Dogma der „balance of power" vertrat, verkündete mit brutaler Offenheit die Entmachtung jeder Nation von der Größe Deutschlands in Europa. Er brüstete sich damit, daß dies seit vierhundert Jahren die Grundlage britischer Außenpolitik gewesen sei.

Damit widerlegt er alle Vorwände für die Ablehnung der deutschen Freundschafts- und Friedensangebote von 1933 bis 1941 und zwar schon 1936 in einer Rede vor seinen Tories, wo er wörtlich sagte:

„Es handelt sich nicht darum, ob es Spanien ist oder die französische Monarchie, oder das französische Kaiserreich, oder das deutsche Kaiserreich, oder das Hitlerregime." Und er geht sogar so weit, zuzugeben: „Wenn die Verhältnisse umgekehrt lägen, könnten wir ebensogut deutschfreundlich und antifranzösisch sein."[287]

Zu dieser Einstellung Churchills kommt noch, daß dessen Temperament unausgeglichen und seine Ruhelosigkeit und Sprunghaftigkeit gefährlich waren. So erfolgten viele seiner Entschlüsse zu spontan und wurden häufig aus irrationalen Quellen gespeist. Sogar sein Leibarzt Lord Moran, bezeichnete ihn als „Spielernatur".[288]

Die Gruppe der Politiker um Churchill war leider ebenfalls so sehr von einem Deutschenhaß geprägt, daß sie nach den Beobachtungen von Altbundeskanzler Brüning bereits 1934 für einen Krieg gegen Deutschland um jeden Preis waren. Sie hielten daran bis zum bitteren Ende unerschütterlich fest, obwohl sich in Großbritannien namhafte Persönlichkeiten des öffentlichen Lebens schon während der ersten Kriegsmonate für einen Kompromißfrieden mit Deutschland offen ausgesprochen hatten.

So war gerade Winston Churchill außenpolitisch weder so einfallsreich noch elastisch genug, um mit dem Phänomen Hitler fertig zu werden. Durch seine Politik wurde die Sowjetunion zur neuen Supermacht auf der Bühne des Weltgeschehens, was darin gipfelte, daß sie zehn europäische Länder unter ihre Gewaltherrschaft brachte. Die darauf basierenden Verbrechen wurden lediglich durch den Genozid des Nationalsozialismus am jüdischen Volk in ihrer Grausamkeit noch übertroffen.

Zu den brutalen Luftangriffen der Alliierten, für die Churchill und Roosevelt die Verantwortung trugen, sagte der britische Historiker Richard Crossman nach eingehender Prüfung der Vorgeschichte des Angriffes auf Dresden folgendes:

„Die Zerstörung von Dresden war eines jener Verbrechen gegen die Menschlichkeit, deren Urheber in Nürnberg unter Anklage gestellt worden wären, wenn jener Gerichtshof nicht zu einem bloßen Instrument alliierter Rache pervertiert worden wäre."[289]

Churchill war aber auch eine tragische Figur: Er, der auszog, das englische Empire mit allen Mitteln zu retten und dafür auch rund um den Erdball Kolonialkriege führte, hat letztlich durch seine Gebundenheit an den Nihilisten Roosevelt sehr wesentlich zum Zerbrechen dieses englischen Weltreiches beigetragen. Er hat den Typ eines neuzeitlichen Weltpolitikers verkörpert, der in seiner uneingeschränkten Verfügung über Massenvernichtungsmittel und machiavellische Machtinstrumente schließlich von noch Mächtigeren überholt wurde und so seiner eigenen Nation, Deutschland und dem gesamten Abendland zum Verhängnis wurde.

Die Geschichte wird Churchill daher sicher nicht für alle Ewigkeit das Attribut staatsmännischer Größe zuerkennen, was mutige Revisionisten, wie der bereits zitierte Engländer Charmley schon heute tun. Etwas mildern kann seine große Schuld am Zweiten Weltkrieg lediglich, daß er sich wenigstens nach 1945 wandelte, seine begangenen Fehler teilweise einsah und versuchte, eine dem Menschlichen aufgeschlossenere Rolle zu spielen. Trotzdem wird auch sie auf Dauer nicht über das Ausmaß der Verantwortung hinwegtäuschen, daß er nicht nur mit dem Bomben-Holocaust zur sinnlosen Zerstörung europäischer Kulturgüter beitrug sondern auch wesentlichen Anteil daran hatte, den Zweiten Weltkrieg zum blutigsten totalen Krieg unseres verflossenen Jahrhunderts zu machen.

Welche Ironie des Schicksals dieser Person: Churchills Ziel war immer die Erhaltung der Vormachtstellung Großbritanniens gewesen und diese war ihm sogar einen Krieg wert; nun mußte er miterleben und konnte nicht verhindern, daß er als Folge dieses Krieges schließlich zum Totengräber seines englischen Weltreiches geworden ist.

Amerikanische Seestrategen hatten das Reich seit längerem als Hauptfeind eingestuft und mit ihnen arbeitete **Roosevelt** als Ministerialdirektor schon sehr eng zusammen, was seine antideutschen Vorurteile bestärkte. Seine Abneigung und sein negatives Bild von Deutschland stammten aber aus Erfahrungen, die er glaubte, schon als Junge beim Besuch der Volksschule in Bad Nauheim mit seinem Freund Henry Morgenthau gemacht zu haben. Daß man dort die Amerikaner als Barbaren hingestellt hatte, konnte und wollte er nicht verzeihen und er bildete sich auch ein, schon damals eine angeborene Aggressivität bei seinen deutschen nichtjüdischen Altersgenossen gespürt zu haben. Die Abneigung gegen Deutschland ging also auf seine Schulzeit zurück und daraus entwickelte sich nach und nach ein latenter Haß gegen Deutschland, der schließlich zu einer Feindschaft aus innerer Berufung wurde.

Mit dem Auftreten Hitlers wurde diese alte Abneigung wieder voll aktiviert und er sah im preußischen Militarismus die Steigbügelhalter des Naziregimes. Er sah in den braunen Sturmabteilungen der Nazis nur eine moderne Spielart preußischen Junkertums und fühlte sich verpflichtet, seinen Amerikanern dieses haßerfüllte Zerrbild Deutschlands aufzuzwingen. In seinem blindwütigen Haß war ihm sogar Deutschlands Demütigung in Versailles nicht genug und die Worte „Hunnen" und „Vandalen" für die Deutschen kamen leicht über seine Lippen.[290]

Zu diesem seinen persönlichen Haß gegen alles Deutsche gesellte sich noch das Wetteifern um die Gunst von einigen ihn umgebenden ehrgeizigen Intellektuellen, wie Harry L. Hopkins oder Felix Frankfurter, die die Hitlergefahr in düstersten Farben ausmalten.

Hingegen trübten weder die von Stalin befohlenen und bekannten Liquidierungsmaßnahmen von Millionen von Menschen, die schon in den dreißiger Jahren ihren Höhepunkt erreichten, noch der totalitäre Despotismus des bolschewistischen Regimes oder die Erklärungen über sowjetische Weltherrschaftspläne ihre Gemüter.

Durch seinen jüdischen Jugendfreund Henry Morgenthau, der bald zu seinem persönlichem Berater avancierte, wurde dann die Phalanx der Deutschenhasser noch wesentlich verstärkt. Beide verband eine persönliche Freundschaft, die auf die gemeinsame Schulzeit in Deutschland zurückging, zu der noch Henry Senior's Abscheu vor allem Deutschen hinzukam. Bei beiden verstärkte der Nationalsozialismus aber nur die schon weit früher entwickelte Neigung zum Deutschenhaß.

Im Zeitalter des „Massenmenschen" mochte Roosevelt zwar befähigt erscheinen, die Massen zu begeistern, aber nicht jeder ließ sich auch von ihm täuschen.

Auf viele, die ihn näher kannten, wirkte er oberflächlich und es fehlte ihm vor allem an einem wirklich intellektuellen Tiefgang. Er war voller Dünkel, geblendet von eingebildeter eigener Größe; er verstand es aber meisterhaft, damit diese groben Unzulänglichkeiten weitgehend zu verschleiern.

Heute wissen wir, daß er das heftig widerstrebende amerikanische Volk in diesen Krieg *mit Lügen geradezu hineingezwungen* hat, weil es von Anfang an seine Absicht war, die USA an der Seite Großbritanniens in den Krieg zu führen und so Deutschland für immer zu vernichten.

Das beweist auch die Tatsache, daß bereits am 10. Jänner 1941 Harry Hopkins, der intime Vertraute Roosevelts, bei Churchill erschien und diesem folgendes eröffnete:

„Der Präsident ist entschlossen, den Krieg gemeinsam zu gewinnen!“[291]

Und am 20. August 1941 notierte der amerikanische General Sir Henry Powell in seinem Tagebuch, daß ihm Churchill bei der Rückkehr von der Atlantikkonferenz erzählt habe, daß Roosevelt Feuer und Flamme für den Eintritt in den Krieg sei. Er selbst werde ihn nicht erklären, er hoffe aber, Hitler dazu zu provozieren und einen Zwischenfall herbeiführen zu können, bei dem Hitler um eine Kriegserklärung nicht herumkommen kann.[292]

Bezeichnend scheinen in diesem Zusammenhang auch die Berichte des damaligen polnischen Botschafters in Washington, Graf Potocki, vom Jänner 1939 zu sein, die den Deutschen in Warschau in die Hände fielen und inzwischen auch als authentisch bestätigt wurden. Darin heißt es wörtlich:

„Es ist die entschiedene Ansicht des Präsidenten Roosevelt, daß Frankreich und England jede Kompromißbereitschaft unterlassen und sich auf keine Gespräche einlassen sollten, die Gebietsveränderungen bezwecken. Beide Länder erhalten die moralische Versicherung, daß die Vereinigten Staaten die Isolationspolitik aufgeben und bereit sind, im Falle eines Krieges aktiv an der Seite Englands und Frankreichs einzugreifen.“[293]

Eine seiner schlimmsten Hinterhältigkeiten seinem eigenen Volk gegenüber war aber sein heute als „Pearl Harbour-Schwindel“ bekannter Kriegstrick gegenüber Japan. Als einer der vier Hauptkriegstreiber hat er den Großteil der US-Flotte in die Nähe Hawaiis verlegen lassen und so bewußt jene Falle aufgestellt, die den Japanern nicht nur ein lohnendes Ziel bieten, sondern darüber hinaus die Vorbereitung für eine bevorstehende Invasion vortäuschen sollte.

Zehn Tage vor Pearl Harbour vermerkte der Sekretary of War und enge Vertraute Roosevelts, Henry L. Stimson, in seinem Tagebuch, Roosevelt habe ihm gegenüber geäußert, „....es sei amerikanische Politik, auch Japan dazu zu bringen, die USA anzugreifen.“[294]

Mit der für diesen Zweck bewußt gestellten „Falle“, die dann tausenden amerikanischen Soldaten das Leben kostete, gelang es ihm, den bisher „ausländischen“ Krieg, den niemand wollte, ins „Inland“ zu holen. Eine meisterhafte Inszenierung Roosevelts, mit der er sich würdig in die Liste der Hauptkriegsverbrecher einreiht.

Gestützt auf das jüngst aus britischen und amerikanischen Archiven freigegebene Dokumentenmaterial haben zwei jüngere deutsche Historiker, Dirk Bavendamm und Dirk Kunert, in ihren Büchern inzwischen den unwiderlegbaren Beweis erbracht, daß „Roosevelts Sinnen und Trachten schon Mitte der dreißiger Jahre darauf ausgerichtet war, sein Land an der Seite Großbritanniens und Frankreichs in den Krieg zu führen."[295]

Unter all diesen Aspekten bleibt es dem Leser selbst überlassen, abzuwägen, wer die Kriegstreiber der damaligen Zeit waren, die entgegen dem Willen ihres eigenen Volkes (bei einer Gallup-Umfrage im Jahr 1941 stimmten noch 80 Prozent der amerikanischen Bevölkerung dafür, Amerika aus dem Krieg herauszuhalten!) den Krieg suchten, erklärten und ihn in der Folge auch mit allen zu Gebote stehenden Mitteln führten.

Die bekannte Publizistin und Diplomatin Clare Luce Boothe sagt zur skrupellosen Täuschung des amerikanischen Volkes durch Roosevelt:

„He couldn't lead us into the war, therefore he lied us into it!" (Er konnte uns nicht in den Krieg hineinführen, deshalb hat er uns hineingelogen!)[296] Dem ist nichts hinzuzufügen.

Der bereits zitierte ehemalige US-Sekretaty of War Harry L. Stimson trug sogar unter dem Eindruck der Tatsache, daß sich Roosevelt für den Morgenthau-Plan gewinnen ließ, in sein Tagebuch folgendes ein:

„Es ist eine furchtbare Tatsache, daß die totale Macht in Britannien und den Vereinigten Staaten in den Händen von zwei Männern wie Churchill und Roosevelt liegt, die beide ähnlich in ihrer Impulsivität und ihrem Mangel an systematischem Studium sind."[297]

Zu all diesen negativen Eigenschaften kam während des Krieges noch der sich ständig verschlechternde Gesundheitszustand Roosevelts hinzu. So waren die britischen Ärzte schockiert, als sie diesen auf der internationalen Konferenz in Jalta, wo über Deutschlands Schicksal entschieden wurde, zu Gesicht bekamen. Der Leibarzt Churchills, Lord Moran, notierte dazu am 7. Februar 1945 in sein Tagebuch:

„Für die Ärzte ist Roosevelt ein schwerkranker Mann. Er hat alle Symptome der Hirnarterienverkalkung im fortgeschrittenen Stadium, so daß ich ihm nur noch wenige Monate gebe."[298]

Obwohl er also nicht mehr in der Lage war, sein Amt ordnungsgemäß auszufüllen, war er nicht bereit, die Macht aus der Hand zu geben, eine Tatsache, die bei vielen „Machtmenschen" zu beobachten ist und die auch in der Person Hitlers eine Parallele fand. Für diese eigensüchtige und unpatriotische Haltung des amerikanischen Präsidenten, seinen Starrsinn und Charaktermangel haben die kontinentaleuropäischen Staaten schwer bezahlen müssen.

Roosevelt spielte zeitweise sogar mit dem Gedanken, Europa den Russen zu überlassen. Am 3. September 1943 äußerte er sich zu Kardinal Spellmann dahingehend, „...daß sich die europäische Bevölkerung mit einer russischen Herrschaft abfinden müsse“[299] und er übte durch die Verschacherung deutscher und polnischer Gebiete sogar Verrat an der Atlantik-Charta. Er schwächte dadurch die Mitte des europäischen Kontinentes und machte es der Sowjetunion möglich, für Osteuropa und einem Teil Mitteleuropas die Hegemonialmacht zu werden. Dadurch hat er Europa schweren Schaden zugefügt.

Das geradezu blinde Vertrauen, welches Roosevelt dem Massenmörder Stalin entgegenbrachte und den er in seinem abgrundtiefem Deutschenhaß „the good old Joe“[300] nannte, wirkte sich also verheerend aus. Dabei waren ihm Stalins Verbrechen natürlich nicht unbekannt, aber er hatte sie vergeben, vergessen und einer völligen Vernichtung Deutschlands geopfert.

Eine der ganz großen Fehlleistungen dieses von einem blinden Haß gegen alles Deutsche geprägten Präsidenten Amerikas war seine eigenmächtige Verkündung der Klausel einer „Bedingungslosen Kapitulation“ am 23. Januar 1943. Durch sie schloß er die Möglichkeit eines Kompromißfriedens aus, verlängerte dadurch den Krieg auf Jahre und trieb so Millionen Menschen in den Tod.

Churchill stimmte dieser Klausel sofort zu und unterschrieb sie, obwohl er 1945 in Potsdam zugab, daß er wußte, daß Hitler zu jeder Zeit zu einem ehrenvollen Frieden – auch unter Prestigeverlust für Deutschland – bereitgewesen wäre, um dem Blutvergießen ein Ende zu bereiten. Den beiden edlen Demokraten hingegen war es gleichgültig, wenn täglich tausende unschuldiger Menschen auf beiden Seiten weiterhin ihr Leben lassen mußten.

Eine bedingungslose Kapitulation schließt jeden Verhandlungsfrieden aus, was sogar Stalin – der als einziger gegen diese Klausel war – ins Treffen führte. Sie liefert den Unterlegenen der Willkür des Siegers aus und erniedrigt den Besiegten zur hilflosen Kreatur – eine Tatsache, die das deutsche Volk nach 1945 tausendfach zu spüren bekam.

Was aber noch schwerer wiegt ist die unleugbare Tatsache, daß die wiederholte Ablehnung deutscher Friedensbemühungen und die Forderung der bedingungslosen Kapitulation die größten Zerstörungen und unsagbares Leiden und Sterben verschuldet hat. Eine frühzeitige

Beendigung dieses Krieges hätte wahrscheinlich 50 Millionen Menschen und auch einem Großteil der umgekommenen Juden das Leben gerettet.

Der amerikanische Botschafter Bohlen nannte diese Klausel „einen der großen Irrtümer des Krieges" und begründete dies mit den Worten:

„Die Feindseligkeiten hätten eher aufgehört, und tausende von Leben wären gerettet worden, wenn der Präsident nicht auf bedingungsloser Kapitulation bestanden hätte."[301]

Genau wie Churchill verfolgte also auch Roosevelt von allem Anfang an das Ziel, das Deutsche Reich zu Boden zu werfen, zu zerstückeln und vor allem wirtschaftlich zu knebeln. Es zeigte sich aber schon bald nach Kriegsende, daß diese Vorstellungen illusionär waren: Die Vorherrschaft Deutschlands zu brechen gelang nur vorübergehend und an seine Stelle trat für Jahrzehnte die der Sowjetunion, die sich sehr rasch als weit gefährlicher erwies.

So gesehen endete also die Außenpolitik Roosevelts mit dem gleichen Fehlschlag wie die Churchills und auf sein Schuldkonto gehen in Europa folgende Tatsachen:

Roosevelt ist mitverantwortlich für die jedem Völkerrecht widersprechende, barbarische Luftkriegführung, durch die unzählige deutsche Städte und Kulturdenkmäler sinnlos verwüstet und hunderttausende nicht am Krieg beteiligte Zivilpersonen getötet wurden.

Er schloß sich auf der Konferenz von Casablanca diesen mörderischen Angriffen Churchills englischer Luftwaffe ausdrücklich an und wurde so als Präsident der Vereinigten Staaten zum Mittäter eines der schwersten Kriegsverbrechen der Geschichte, die in den Angriffen auf Hamburg, Dresden und Würzburg gipfelten und denen nachweislich über sechshunderttausend Zivilisten, *vorwiegend Frauen und Kinder,* zum Opfer gefallen sind.

Diese Verbrechen hat dann auch sein Nachfolger Truman, der einen guten Lehrer hatte, im fernen Osten noch zur Potenz erhoben. Trotz Fehlens jedweder kriegsentscheidenden Notwendigkeit ließ auch dieser amerikanische Gentleman am 6. August 1945 auf Hiroshima und am 9. August auf Nagasaki Atombomben abwerfen. Hunderttausende, wiederum vorwiegend Frauen und Kinder, verloren dadurch ihr Leben und noch weit mehr wurden zu Krüppeln oder gingen an den Spätfolgen elend zugrunde.

Allein diese abscheulichen Taten gegen jedes Völkerrecht, von Zivilisation oder Menschlichkeit gar nicht zu sprechen, nahm den anglo-amerikanischen Regierungen das Recht, gegen irgendwelche Verbrechen deutscherseits, die in diesem aufgezwungenen Vernichtungskrieg begangen wurden, als Richter aufzutreten. Ausgenommen davon sind selbstverständlich die in den Konzentrationslagern begangenen politischen Verbrechen, die nicht schwer genug zu bestrafen waren, die aber mit dem eigentlichen Kriegsgeschehen wenig zu tun hatten.

Roosevelt ist weiters auch mitverantwortlich für die allen rechtlichen Gepflogenheiten und die der Atlantik-Charta widersprechende Abtrennung der Ostgebiete des Deutschen Reiches und das damit verbundene unsagbare Flüchtlingselend mit all seinen Toten und schließlich auch für die jahrzehntelange Teilung Deutschlands.

Polen gegenüber trägt er die Mitverantwortung dafür, daß auf der Konferenz von Teheran über den Kopf des polnischen Volkes hinweg ein großer Teil des polnischen Staatsgebietes der Sowjetunion in die Hände gespielt wurde.

Und er maßte sich auch in der Folge das Recht an, *Millionen von Menschen früher unabhängiger Völker den blutigen Händen Stalins zu überantworten.*

Es klagen diesen Präsidenten Amerikas viele Millionen Tote an, die dafür sterben mußten, daß sich seine Wahnsinnsidee von der Teilung der Welt mit dem roten Diktator Stalin verwirklichen ließ.

Selbst an den Toten von Auschwitz ist er nicht als ganz schuldlos zu bezeichnen, weil er es einerseits ablehnte, den unzähligen späteren Toten des jüdischen Volkes Asyl zu gewähren und andererseits erst durch sein Eingreifen in Europa Hitler so in die Enge trieb, daß er seine bestialische Mordmaschinerie mit diesem Zeitpunkt des militärischen Eingreifens Amerikas in Bewegung setzte.

Auch dafür, daß die baltischen Staaten ihre Souveränität für fast fünf Jahrzehnte verloren und unter russischer Gewalt schwer zu leiden hatten, ist er mitverantwortlich.

Und schließlich hat ihm, was das bolschewistische Rußland betrifft, sicher nicht unberechtigt auch Alexander Solschenizyn schwere Fehler vorgeworfen und jede staatsmännische Weisheit abgesprochen.

Abschließend wäre daher zu sagen, daß Franklin D. Roosevelt zumindest schwere außenpolitische Fehler und vor allem die vielen von seinem Haß gegen alles Deutsche getragenen Entscheidungen anzulasten sind, die dann auch für große Teile Europas zum Verhängnis wurden.

Wenn man daher heute nüchtern und sachlich abwägt, was er bewirkt und vor allem was er hinterlassen hat, so kann über ihn das Urteil nur lauten: *Roosevelt trifft ein nicht unwesentlicher Teil an der Kriegsschuld und ein großer Staatsmann ist er daher auch für Amerika nicht gewesen.*

Als Nachfolger Roosevelts trägt aber auch Truman erhebliche Mitschuld an Entscheidungen, die man in die lange Reihe der Kriegsverbrechen einreihen kann. Dazu zählen nicht nur die auf Japan abgeworfenen Atombomben, sondern das 1945 in Potsdam mit Churchill und Stalin gemeinsam beschlossene größte Vertreibungsverbrechen der Geschichte. Dazu zählen die sogenannte „Westverschiebung Polens", die vom tschechischen Politiker Benesch verlangte „Säuberung der Tschechoslowakei von den Sudetendeutschen" und die Vertreibung der altösterreichischen, deutschsprachigen Bevölkerung aus dem südosteuropäischen Raum. Sie haben damit das Vorbild für die heute als „ethnische Säuberungen" genannten Verbrechen dieses Jahrhunderts geschaffen und sind die eigentlichen Väter der Vertreibung.

Wenn sowohl österreichische als auch deutsche Politiker heute den Standpunkt vertreten, das Kapitel der Vertreibung und der damit verbundenen Rückgabe des damals widerrechtlich geraubten Vermögens dürfe bei den Beitrittsverhandlungen der mit schwerster Schuld beladenen EU-Bewerber keine Rolle spielen, weil es der Vergangenheit angehört, dann irren sie. Sie machen damit das schwere Unrecht, das am deutschen Volk im 20. Jahrhundert begangen worden ist, indirekt zum Vorbild und regen Verbrecher wie Karadcic oder Milosevic zu ähnlichen Vertreibungsverbrechen an, deren schreckliche Folgen bereits auf Opfer wie auf Täter zurückschlagen.

Der Gewaltherrscher **Stalin**, der größte Massenmörder aller Zeiten, war ein mordender Roboter, ein Mensch ohne die geringsten Gefühle. Er hat in seiner langen Amtszeit alle und alles beseitigt, was seine Pläne nur irgendwie gefährdet hätte. Er war zwar nicht der Beginn der langen Diktatur des Kommunismus, aber er war die an Grausamkeit herausragende Figur. Er hat als Verbündeter Englands und Amerikas eine entscheidende Rolle im Zweiten Weltkrieg gespielt und war ganz besonders für dessen spätere Folgen verantwortlich.

Seine bereits wiedergegebene geheime Rede vom 19. August 1939 an die Mitglieder des Politbüros kennzeichnet ihn als den gerissensten und hinterhältigsten der vier am Zweiten Weltkrieg schuldig gewordenen Staatsmänner. Besonders am Beginn hat er durch seine

Hinterhältigkeit Deutschland förmlich in diesen Krieg getrieben, den zum damaligen Zeitpunkt weder Hitler noch seine Generäle wollten, den er aber zur Verwirklichung seiner Pläne für ein bolschewistisches Europa unbedingt für notwendig hielt.

Die marxistische „Utopie der Gleichheit" hat im Gesamten – von den Kriegsereignissen abgesehen – den Tod von fast 100 Millionen Menschen gefordert und war so gesehen *der größte Genozid der Geschichte.* Diese Massenvernichtung nicht nur der politischen Opposition sondern ganzer Bevölkerungsgruppen im Namen einer vom Klassenwahn beseelten Ideologie nahm ihren Anfang schon unter Lenin, dessen Diktatur bereits 1918 zum Terror und zur Errichtung der ersten Konzentrationslager geführt hat. So hatten Lenin und Trotzki, die ersten Führer der Sowjetunion, bereits in diesem Jahr zehn- bis fünfzehntausend politische Hinrichtungen auf dem Gewissen, doppelt so viele wie das Zarenregime in fast hundert Jahren! Die Hinrichtung der Bourgeoisie auf der Krim kostete weitere fünfzigtausend Tote in sechs Wochen und die Hungersnot 1921/22, für die Lenin die Verantwortung trug, forderte weitere fünf Millionen Menschenleben.

Der französische Ex-Maoist und Kommunismusforscher Stephane Courtois vergleicht deshalb in seinem „Schwarzbuch des Kommunismus" die Opferbilanz des Kommunismus mit jener des Nationalsozialismus. 85 Millionen gegen 25 Millionen lautet die Buchführung des Schreckens. Courtois postuliert ziemlich undifferenziert die Ähnlichkeit zwischen dem Nationalsozialismus und den kommunistischen Systemen, die er beide als „zwei feindlich-verwandte Ausgeburten des Ersten Weltkrieges und des bürgerlichen Selbsthasses" darstellt. Nazis und Kommunisten hätten seiner Meinung nach „einander nicht konträr gegenübergestanden, wie sie selbst glauben mochten, sondern komplementär." Der Klassen-Genozid der Kommunisten treffe mit dem Rassen-Genozid der Nazis zusammen und er sagt dazu wörtlich:

„Der Hungertod des Kindes eines von Stalin vorsätzlich ausgehungerten ukrainischen Kulaken ist gleichzusetzen mit dem Hungertod eines jüdischen Kindes in dem vom NS-Regime ausgehungerten Warschauer Ghetto."

Von der Logik des politischen Kampfes glitten alle diese Gewaltherrscher über in die Logik der Ausgrenzung und dann in eine Logik der Ausrottung. Am Ende dieser Logik steht das Verbrechen gegen die Menschlichkeit.[302]

Nach 1945 hat das Nazi-Regime allein als das verbrecherischste dieses Jahrhunderts gegolten, während das kommunistische Herrschaftssystem bis zum Ende der Sowjetunion 1991 seine internationale Legitimität weitgehend aufrecht erhalten hat und in einigen Ländern wie China, Nordkorea, Vietnam oder Kuba besteht eine solche immer noch zum Leidwesen seiner Menschen.

All diese Tatsachen sind längst bekannt, wer sie aber bei uns aufzeigt, verstößt gegen die verordnete „political correctness" unserer Linken und es ist sogar möglich, daß er dafür zum Opfer einer Hexenjagd wird.

Der Mann, der sich später Stalin nannte und dessen „Säuberung" bereits 1937/38 fast eine Dreiviertelmillion Menschen zum Opfer gefallen sind, wurde als Jossif Wissarionowitsch Dschugaschwili – Sohn eines Schusters – in einer Berghütte im Kaukasus 1879 geboren. Der Vater war nicht imstande, eine eigene Werkstatt zu unterhalten; er arbeitete in einer Schuhfabrik in Tiflis, kam nur zum Wochenende nach Hause, betrank sich und schlug seine Frau und das einzige Kind Josef, nachdem drei frühere Kinder bereits gestorben waren. Als der Bub elf Jahre alt war, wurde sein Vater bei einer Wirtshausrauferei erschlagen. Die Mutter Jekaterina, Tochter eines leibeigenen Bauern, brachte das Kind schlecht und recht durch Waschen und Putzen bei fremden Leuten durch. Stalins erste Frau aus dem Nachbardorf starb fünf Jahre nach der Eheschließung an Tuberkulose und seine zweite Frau hat sich 1932 erschossen, weil sie das Leben an der Seite dieses Unmenschen nicht mehr ertragen konnte.

Als Stalin sieben Jahre alt war bekam er Windpocken, weshalb dann später auch alle Bilder des „Herrschers Stalin" retuschiert werden mußten. Dazu kam, daß sein rechter Arm nach einem Unfall verkrüppelt war.

Nach dem Besuch der Pfarrschule in Gorki verließ er seinen Heimatort für immer und besuchte das Priesterseminar in Tiflis, die damals wichtigste Brutstätte der Revolution. 1898 wurde er ein Jahr vor dem Abschluß relegiert und hat dann an der Schwelle des Jahrhunderts zwei Jahre lang bei der Buchhaltung des Observatoriums in Tiflis seine einzige „normale Arbeit" ausgeübt.

Nach Verlassen dieses Arbeitsplatzes begann sein 16jähriger Weg durch die Illegalität, die Gefängnisse und die Verbannung. Dieses Leben auf der ständigen Flucht prägte jene Seiten seines Wesens, die über die Völker seines Herrschaftsbereiches und über seine Mitarbeiter unendliches Unglück brachte: Argwohn, Mißtrauen, Jähzorn,

Prinzipienlosigkeit und Haß erfüllten ihn, während die humanen Anlagen verkümmerten. Er traute niemanden, nicht der Frau, nicht den Kindern und am allerwenigsten seinen Mitarbeitern. Die Speisen mußten vorgekostet werden und die Luft wurde regelmäßig geprüft. Wenn er den Kreml verließ, mußten die Straßen gesperrt und die Bahnhöfe geräumt werden. Er wurde Tag und Nacht bewacht und nie hat sich ein normal Sterblicher ohne sein Wissen dem Kreml nähern dürfen. Nur so konnte er die *29 Jahre der längsten, konsequentesten und grausamsten Diktatur* überleben. Da in seinen Augen jeder ein potentieller Verräter war, konnte auch, wenn es ihm dienlich schien, jeder sein potentieller Verbündeter werden: Hitler, Churchill und Roosevelt gehörten dazu.

Stalin mißbrauchte sie alle für seine Zwecke und er fühlte sich in der europäischen Luft des Mißtrauens und der Zwietracht wie ein Fuchs im Hühnerstall auf der Suche nach der wohlfeilsten Beute. Überall vergiftete Haß die politische Atmosphäre, Mord und Krieg lagen förmlich in der Luft.

Als die deutsche Wehrmacht halb Europa eingenommen hatte, schien ihr Nimbus, die stärkste Militärmacht der Welt zu sein, unerschütterlich. Aber in der unendlichen Weite Rußlands begann dann die entscheidende Wende.

Für zwei Diktatoren von diesem Format war in Europa kein Platz. Es konnte daher nur einen Sieger geben und der hieß durch die Unterstützung der Westmächte: Stalin. Er war am Ende des Krieges Herr über Ost- und Mitteleuropa. Sein Gegner Hitler entzog sich durch Selbstmord der Gefangennahme, dafür vegetierten Millionen deutscher Soldaten in den Lagern Rußlands, Qualen und Hungertod preisgegeben, und nur jeder dritte überlebte die grausame Gefangenschaft.

Sieben europäische Staaten wurden Stalins Vasallen. Sowjetische Soldaten standen in der Mandschurei und Nordkorea.

Der Präsident der Vereinigten Staaten und der Premier der britischen Majestät wurden zu Stalins Verbündeten. Von den gemeinsamen Beschlüssen in Teheran, Jalta und Potsdam, die nie von irgendeinem Parlament ratifiziert wurden, hing das Schicksal der Welt ab. Als Folge dieser Beschlüsse schieden nach Beendigung des Krieges zwei Weltmächte aus: Deutschland und Großbritannien. Zwei neue Weltmächte traten an ihre Stelle: Amerika und Rußland.

Diese sowjetische Schreckensherrschaft, die erst vierzig Jahre nach Stalins Tod wie ein Kartenhaus zusammenbrach, hat jahrzehntelang ganz Osteuropa brutal unterdrückt und die übrige Welt – das einst verbündete Amerika eingeschlossen – nicht nur in Angst und Schrecken gehalten, sondern auch zu einer gewaltigen militärischen und atomaren Aufrüstung gezwungen. Die Folgen dieser kurzsichtigen und wahnbesessenen Politik, Deutschland mit allen Mitteln auszuradieren, macht ihre dafür Hauptverantwortlichen Churchill und Roosevelt gleichermaßen zu Mitschuldigen.

Dazu sagt der international anerkannte amerikanische Historiker Fish in seinem Werk „Der zerbrochene Mythos“: „Zum ersten muß klar gesagt werden, daß der kriegsprovozierende Streitfall um Danzig friedlich hätte geregelt werden können und England ebenso wie Frankreich jedenfalls nicht in einen Krieg mit Deutschland verwickelt worden wären, wenn Churchill und Roosevelt niemals gelebt hätten. Alle Wahrscheinlichkeit spricht dafür, daß dann Hitler und die Nazis Stalin und die Kommunisten bekämpft hätten, aber nicht England und Frankreich.“[303]

So wie Versailles die Voraussetzung für Hitler war, waren es die Fehlentscheidungen dieser drei „Staatsmänner“ für das Unglück und die Toten, die ihre damaligen Entscheidungen und mit ihnen der Bolschewismus über Europa gebracht haben.

11

Die verratene Generation

Der große Historiker Leopold von Ranke erklärte einmal zu Recht: „Den Charakter einer Nation erkennt man daran, wie sie ihre Soldaten nach einem verlorenen Kriege behandelt."

Danach ist es sowohl um den Charakter unseres Landes als auch den Deutschlands mehr als schlecht bestellt, denn beide Staaten behandeln dieses Andenken würdelos, indem man es nicht nur in seiner Gesamtheit herabsetzt, sondern zuläßt und fördert, dass es auch auf übelste Weise diskriminiert wird.

Dabei schreckt man nicht einmal vor unseren Gefallenen zurück, entfernt deren Namen von Kriegerdenkmälern oder zerstört Gedenkstätten, während andere Nationen zur gleichen Zeit neue Denkmäler für ihre im selben Krieg gefallenen Helden errichten.

Den Gipfelpunkt dieser Würdelosigkeit stellt die diffamierende, von ehemaligen Kommunisten inszenierte Ausstellung unter dem Titel „Vernichtungskrieg, Verbrechen der Wehrmacht 1941–1944" dar, die ohne Überprüfung des Wahrheitsgehaltes von unseren Politikern und den gleichgeschalteten Medien nicht nur verbal unterstützt, sondern auch noch aus Steuergeldern gefördert wurde.

Und dies alles geschieht alles in einer Zeit, in der die Staaten ehemaliger Kriegsgegner zunehmend mit den antideutschen Geschichtslügen aufräumen und unseren Soldaten ein tapferes, ritterliches und vor allem anständiges Verhalten attestieren. Dessenungeachtet fühlen sich in Österreich wie in Deutschland hasserfüllte und verlogene „Vergangenheitsbewältiger" bemüßigt, diese Kriegsgeneration kollektiv zu besudeln und sogar als potentielle Mörder hinzustellen. Und wenn dann solche verzerrten und verlogenen Darstellungen von unserem linkslastigen „Staats-Fernsehen" gemeinsam mit der staatlich subventionierten Presse fast täglich wiederholt werden, so ist dies nur ein weiterer Beweis einer bei uns herrschenden *politischen Unkultur.*

Während schon anlässlich der Siegerjustiz von Nürnberg vergeblich versucht wurde, eine Pauschalverurteilung der Deutschen Wehrmacht zu konstruieren, wurden die Verantwortlichen für unzählige, von den Siegermächten begangene Kriegsgräuel bis heute von keinem nationalen oder internationalen Gericht zur Verantwortung gezogen. Man ehrte sie vielmehr sehr oft noch für ihre Verbrechen und feierte sie als Helden. Eine sicher wenig korrekte, aber einzig mit dem damals herrschenden, blindwütigen Siegesrausch erklärbare Tatsache.

Warum spricht man noch heute, mehr als ein halbes Jahrhundert danach, immer noch von einem sinnlosen Sterben unserer tapferen Soldaten, obwohl man weiß, daß Stalins Bolschewismus eine so akute Bedrohung war, dass sie Hunderttausende Freiwilliger aus ganz Europa zu Hitlers Verbündeten machte? Warum sagt niemand der Jugend, dass dieser Massenmörder nicht nur Deutschland und Österreich sondern halb Europa in seine Krallen bekommen wollte und später als Sieger auch bekommen hat? Hat dieser Bolschewismus nicht schon lange vor, aber auch noch nach Hitler Revolutionen angezettelt, nicht nur um Europa zu unterjochen, sondern um seine Weltherrschaft anzutreten?

Genau dieses Wissen und die Angst davor waren auch der Grund, warum wir junge Menschen und mit uns Freiwillige aus ganz Europa begeistert zu den Fahnen eilten. Nicht für den zweiten Massenmörder Hitler, dessen spätere Wahnsinnstaten zu jener Zeit niemand erahnen konnte, haben wir gekämpft und in diesem heroischen Kampf so viele unserer Kameraden verloren.

Wir waren erfüllt von der Pflicht, unseren Mut und wenn nötig auch unser Leben einzusetzen, um diesem brutalen Streben nach einer bolschewistischen Weltherrschaft Einhalt zu gebieten. Selbst als die Rote Armee schon als „Sieger“ in unser Land kam, kämpften unsere Soldaten noch weiter gegen sie, um unsere Frauen und Kinder vor diesen „Befreiern“ zu beschützen und die Massenvergewaltigungen, Plünderungen und Morde wenigstens teilweise zu verhindern.

Laut Angaben des statistischen Zentralamtes in Wiesbaden hatte das deutsche Volk, und dazu zählen auch wir Österreicher, durch diese Sieger erst *nach* Beendigung des Krieges weit mehr als zwei Millionen Tote zu beklagen.

Warum spricht heute kaum jemand von diesem Holocaust an unserem Volk, warum zeigt niemand der heutigen Jugend als Abschreckung diese Bilder des Grauens, die unsere Heimat in eine Hölle verwandelten? Darüber wird geschwiegen und darüber schweigen auch heute noch die Steigbügelhalter Stalins, seine ehemals westlichen Verbündeten weitgehend. Dabei würde gerade ein solcher Vergleich den Unterschied zwischen einer mit wenigen Ausnahmen diszipliniert kämpfenden Armee und jenen Horden zeigen, die man uns heute als „Befreier" einzureden versucht. Aber man verschweigt der Jugend auch weiterhin bewußt, dass die grausamen Taten Stalins, dieses größten Massenmörders aller Zeiten, etwa 85 Millionen Menschen das Leben gekostet haben.

Es wäre mehr als an der Zeit, in aller Offenheit auch die Verbrechen des Kommunismus schonungslos aufzuzeigen und sie nicht ständig unter dem Hinweis auf die NS-Verbrechen als „Quantité négligeable" abzutun. Leider ist die Beschäftigung der Linken mit dem roten Terror immer noch ein Tabu, welches man mit der unsinnigen Begründung zu rechtfertigen versucht, dass das Eingeständnis der Verbrechen des Kommunismus die Nazis entlasten würde. Man tut weiterhin so, als ob Linke und Grüne mit den Millionen von Mordopfern des Kommunismus nichts zu tun hätten. Dabei gab es über viele Jahrzehnte eine geistige Komplizenschaft und intellektuelle Kollaboration von großen Teilen der westeuropäischen Linken mit dem Terrorregime des Kommunismus.

Angesichts der heute durch die geöffneten russischen Archive verfügbaren, erdrückenden Fakten über das wahre Gesicht des Weltkommunismus müßten sich doch diese blinden linken Vergangenheitsbewältiger längst fragen, was eigentlich in ihren Köpfen vorgeht? Nicht nur das System selbst war totalitär und verbrecherisch, sondern auch die zu ihm gehörende Ideologie des Marxismus, die sie weiter affimieren und in gemäßigter Form nach wie vor hochhalten, hat sich längst als utopisch und irreal erwiesen.

Genau diese Kreise sind es aber, die sich heute berufen fühlen, den deutschen Soldaten durch die Förderung des diskriminierenden Hetzwerkes einer Wehrmachtsausstellung zu potentiellen Verbrechern zu stempeln.

Wie erfreulich ist dagegen die Tatsache, daß bei den ehemaligen Siegerstaaten längst Nüchternheit und Vernunft eingekehrt sind und sich ihre Historiker zunehmend bemühen, ein im seinerzeitigen Siegestaumel entstandenes Urteil zu revidieren.

So stellt die deutschfeindliche „New York Times" schon am 28. September 1945, also zu einem Zeitpunkt, da besonders amerikanische Juden Deutschland am liebsten ausradiert hätten, wörtlich fest:

„Leider sind zu viele amerikanische Soldaten zu der Überzeugung gelangt, dass die Deutschen im Grunde verdammt anständige Kerle sind."[304]

Der britische Publizist V. Stanley Moss befragte ein Jahr nach Ende des Zweiten Weltkrieges internationale Militärfachleute nach ihrer Einschätzung der Kriegstüchtigkeit der kämpfenden Truppen von 1939 bis 1945.

„Als die besten Soldaten im allgemeinen" nannten die von Moss befragten Experten die Soldaten der Deutschen Wehrmacht, gefolgt von den Angehörigen der britischen Elitetruppe Schottische Hochländer. Auch bei der Frage nach den „tapfersten Soldaten in Rückzugskämpfen" kamen die Deutschen unangefochten auf den ersten Platz, während erst auf dem zweiten die Engländer folgten. Und Moss fragte weiter: „Welche Soldaten erwiesen sich als am besten diszipliniert? Erneut entschieden die befragten Experten: Erster Rang für die Deutschen, während hier die Japaner auf den zweiten Platz rangierten."[305]

Kein Wunder, denn weder während des Westfeldzuges, noch zur See oder in der Luft gab es jene Mörderbanden hinterhältiger Partisanen. Die Deutsche Wehrmacht aber trotzdem pauschal als Verbrecherbande abzustempeln blieb erst 50 Jahre später ehrlosen Kreaturen unseres eigenen Volkes vorbehalten.

Auch das deutsche Volk hatte nicht immer so charakterlose Politiker wie heute und so sagte beispielsweise Konrad Adenauer am 6. April 1951 vor dem deutschen Parlament:

„Der Prozentsatz derjenigen, die wirklich schuldig sind, ist so außerordentlich klein, daß damit der Ehre der früheren Deutschen Wehrmacht kein Abbruch geschieht."

Aber wer steckt nun tatsächlich hinter dieser verabscheuungswürdigen Hetze gegen unsere Soldaten, die man in dieser verlogenen Wanderausstellung darzustellen versucht?

Finanzier dieser Hetzkampagne, die selbst Nürnberg in den Schatten stellt, ist der millionenschwere Tabakerbe Jan Philipp Reemtsma, der sich seinerzeit für sein Engagement der chaotischen Hausbesetzer in der Hamburger Hafenstraße einen „Namen" machte und und sich auch durch verschiedene andere alternative Projekte in den Mittelpunkt öffentlichen Interesses zu spielen versuchte.

Er ist es auch, der das private Hamburger „Institut für Sozialforschung" gründete und finanziert, weshalb es nicht uninteressant ist, den politischen Hintergrund und seinen Lebensweg einer näheren Betrachtung zu unterziehen.

Sein Vater Philipp Fürchtegott Reemtsma, der ständig in Bestechungs- und Steueraffären verwickelt war, kaufte zu Zeiten der Weimarer Republik fast die gesamte Konkurrenz auf und beherrschte schon 1930 rund 90 Prozent des deutschen Tabakhandels. Als Hitler an die Macht kam, warb er mit Bilderalben sofort für das neue Regime und wurde so zu einer unverzichtbaren Stütze dieses Regimes. Die Belieferung der deutschen Wehrmacht bescherte dem Hause Reemtsma sagenhafte Umsätze und Gewinne. Nach dem Krieg wurde dieser Wendehals inhaftiert, schaffte es aber sofort wieder, auch mit den neuen Machthabern ins Geschäft zu kommen.

Sein Sohn gleichen Namens, Jahrgang 1952, wurde nach dem Tod des Vaters 1959 Alleinerbe des gewaltigen Vermögens, an das er aber dem Testament entsprechend erst nach Jahren herankam. Politisch ein Linksaußen-Stürmer förderte er das marxistische Paradeblatt „Konkret“, machte sich mit der Unterstützung der Hamburger autonomen Szene einen zweifelhaften Namen und gründete dann das erwähnte Hamburger Institut, das hinter der Wehrmachtsaustellung steht.

Auch wenn man ihn natürlich für die Machinationen seines Vaters nicht verantwortlich machen kann, gehört es doch zu den Kuriositäten der Weltgeschichte, dass jene von der Reemtsma-Sippe an der deutschen Wehrmacht verdienten Milliarden dazu verwendet werden, eben diese Wehrmacht nun zu einer Verbrecherorganisation zu machen.

Aber noch weit schlimmer ist es um jene Mitarbeiter bestellt, die Reemtsma mit der Zusammenstellung beauftragte.

Als selbsternannter „Wissenschaftler“ tritt ein gewisser Hannes Heer auf, der eigentliche Kopf dieses Machwerkes . Über diesen war in der angesehenen Hamburger Zeitung „Die Welt“, am 20. März 1995 folgendes zu lesen:

„Dass die Ausstellung von derartigen Falschmünzereien nur so strotzt, ist kein Wunder, bei der Vita ihres Leiters Hannes Heer: DKP-Mitglied, SDS-Sprecher, KSV-Spitzenfunktionär, Berufsverbot als Geschichtslehrer, mehrfach angeklagt und verurteilt u. a. wegen Landfriedensbruch, Körperverletzung, Nötigung, Sachbeschädigung und Widerstand gegen die Staatsgewalt.“[306] (zur Erklärung: DKP ist Deutsche Kommunistische Partei, SDS ist der linksextreme Sozialistische Deutsche Studentenverband, KSV ist der Kommunistische Studentenverband)

Wie die Zeitung „Focus“ Nr. 19/96 berichtet, zählt zu Reemtsmas

Umfeld „auch ein Pastor namens Christian Arndt, der sein Amt für politische Auseinandersetzungen pro Asyl, contra Atom und Auto nutzt. Ihn verbindet mit dem Grünen Michael Herrmann der Verdacht, Hamburgs Polizei habe Scheinhinrichtungen an afrikanischen Dealern inszeniert. In Reemtsmas Institut arbeitet auch das Ex-RAF-Mitglied Karl-Heinz Dellwo. Er war 1975 an der Besetzung der Deutschen Botschaft in Stockholm beteiligt, sagte sich vom Terrorismus angeblich los und kam so 1995 frei. Im Archiv des Institutes ist auch die Feministin Christiane Ennslin beschäftigt, deren RAF-Schwester Gudrun sich 1977 im Gefängnis Stammheim erhängte."[307]

Eine „ehrenwerte Gesellschaft" also, die hinter dieser Ausstellung steht und für ihren Inhalt verantwortlich ist.

Ebenso charakterlose und von einem unbeschreiblichen Deutschenhaß zerfressene Typen der „Alternativen Szene" Deutschlands, aber auch der Linken und Liberalen bei uns, fördern dessen ungeachtet diese Wanderausstellung und schämen sich nicht, unsere Jugend damit zu manipulieren und zu polarisieren, indem sie die angebliche Unmoral ihrer Väter und Großväter in Form grausamster Fotografien anprangert, von denen sich viele später nachgewiesenermaßen als Fälschungen erwiesen.

Und sie alle, die fast ausnahmslos später geborenen und selbst manipulierten Generationen angehören, maßen sich an, damit über die Kriegsgeneration zu richten.

Das Rezept selbst ist denkbar einfach: Man generalisiert einfach einige wenige, in allen kämpfenden Armeen der Welt vorkommende Exzeßtaten einzelner Soldaten, verschweigt aber dabei bewußt, dass die verbrecherischen Untaten eines mörderischen Partisanenterrors fast immer der Auslöser dafür gewesen sind. Man ordnet das Thema in keiner Weise in geschichtliche Abläufe ein, bedient sich eines reißerisch-propagandistischen Stils, übernimmt sowjetisches Propaganda-Vokabular, klammert alles aus, was nicht in diese Zielrichtung passt, verfälscht Quellen und Fotos, pauschaliert und wird als Belohnung dafür von der linken Meinungsindustrie gefeiert.

Dabei ist diesen Fälschern sicher nicht unbekannt, wie streng gerade in der deutschen Wehrmacht im Kriege auf Korrektheit und Anständigkeit geachtet wurde. Auf Mord oder Vergewaltigung stand immer die Todesstrafe, während schon für geringe Vergehen schwere, abschreckende Urteile der Kriegsgerichte die Regel waren.

Verbrechen, wie sie seitens der Sowjetunion und ihrer Verbündeten ganz besonders in Jugoslawien und der Tschechei begangen wurden, gab es bei der deutschen Wehrmacht nicht einmal ansatzweise. Für Raub, Vergewaltigung oder Mord wurden die Schuldigen von der Wehrmachtsjustiz hart bestraft und sogar hingerichtet.

So schildert auch der amerikanische Historiker Professor Alfred de Zayas aus Chicago in seinem Buch „Die Wehrmachtsuntersuchungsstelle" zahlreiche Beispiele und sagt mit Bezug auf die Ausstellung:

„Verschweigt man die vielen Urteile deutscher Militärgerichte zum Schutze der Zivilbevölkerung, so verfälscht man die Wahrheit."[308]

Genau das aber tut man bewußt und das wird auch von ihren Förderern und Gönnern ohne Widerspruch toleriert. Gerade da aber liegen die Ursachen einer Polarisierung, von der diese Heuchler dann ohne zu erröten behaupten, sie nicht gewollt zu haben.

Zur „Anti-Wehrmachtsausstellung" gibt der vorerwähnte amerikanische Historiker Zayas folgendes Urteil ab:

„Ich habe die Ausstellung „Vernichtungskrieg – Verbrechen der Wehrmacht" in München gesehen und halte sie für eine miserable Geschichtsklitterung. Wissenschaftlich ist sie mangelhaft. Moralisch ist sie eine Farce. Sie gehört weder an die Universität noch in die Paulskirche... Diffamierung und üble Nachrede verletzen die Menschenwürde. Artikel 17 des Internationalen Paktes über Bürgerliche und Politische Rechte besagt: „Niemand darf rechtswidrigen Beeinträchtigungen seiner Ehre und seines Rufes ausgesetzt werden." Die pauschale Diffamierung der Wehrmacht stellt eine Verletzung dieses Menschenrechts dar, nicht nur gegenüber ehemaligen Angehörigen der Wehrmacht und ihren Familien, sondern auch gegenüber allen Deutschen der Kriegsgeneration. Anständige Menschen sollten sich dieser Diffamierungskampagne widersetzen, denn wenn die Menschenrechte verachtet werden, leiden schließlich alle."[309]

Aber solche Überlegungen waren und sind Reemtsma und Co. fremd, einer wissenschaftlichen Auseinandersetzung wären sie nicht gewachsen gewesen. Sie hatten sich aber einer solchen deshalb nie ernstlich zu stellen, weil deutsche Historiker trotz erdrückender Beweise von Fälschungen, wahrheitswidriger Zuordnungen und grober wissenschaftlicher Fehler wider besseres Wissen schwiegen, um nicht ins rechte Eck gerückt zu werden.

Erst zwei ausländische Historiker, der Pole Bogdan Musial und der Ungar Kriztian Ungvary versetzten diesem Machwerk den Todesstoß: Im Herbst 1999 mußte die Heer-Reemtsma´sche Ausstellung zurückgezogen werden, nachdem die beiden Historiker nachgewiesen haben, daß auf ganzen Bildserien keineswegs Wehrmachtsopfer sondern vom sowjetischen Geheimdienst NKWD ermordete Polen, Ukrainer oder Weißrussen gezeigt wurden. Selbst die Agierenden waren zum Teil finnische und ungarische Soldaten.

Und in der Zeitschrift „Geschichte in Wissenschaft und Unterricht" (GWU) weist Ungvary nach, daß von den 801 Bildern der Ausstellung über die Hälfte weder Verbrechen noch Kriegshandlungen zeigen und weitere 63 lediglich Kriegshandlungen. 333 Bilder zeigen Leichen oder Verbrechen. Unter diesen Bildern sind nicht weniger als 185, bei denen man die Täter nicht kennt. 62 Bilder sind mit fehlerhaften Unterschriften versehen und bei 71 Bildern sind die Täter nachweislich keine Angehörigen der deutschen Wehrmacht. Aufnahmen von Opfern sowjetischer Verbrechen wurden zu Schlüsseldokumenten dieser Ausstellung, die vorgibt, Verbrechen der Deutschen Wehrmacht zu zeigen.

Darum stellt der Leiter des Münchner Instituts für Zeitgeschichte Horst Möller nun fest, dass man es sich nicht leisten kann, diese Geschichtsklitterung auch noch ins Ausland zu exportieren, weil dies fatale Folgen hätte. Den viel größeren Schaden, den diese Hetz-Ausstellung aber bereits in den Herzen und Hirnen unserer Jugend angerichtet hat, übersehen unsere Politiker, die diese Ausstellung ganz bewußt und bedenkenlos förderten .

Dabei ist eine pauschale Verurteilung der deutschen Wehrmacht als „Verbrecherbande" so schändlich, dass sie nicht einmal den Siegern in ihrem Siegesrausch des Jahres 1945 in den Sinn gekommen wäre.

Beim Betreten des Royal-Navy-Museums in Portsmouth/ England sieht man eine deutsche Kriegsflagge, historisch korrekt mit Hakenkreuz, symbolisch mit der britischen Kriegsflagge gekreuzt. Auch in West Point oder bei den Ehrenmalen von Tobruk und El Alamein befindet sich in der Mitte die britische Krone, während links und rechts ein großes Hakenkreuz und das faschistische Liktorenbündel zu sehen sind. Auf die erstaunte Frage deutscher Einweihungsgäste, ob denn das Hakenkreuz unbedingt sein müsse, erklärte der zuständige britische General:

„Unter diesem Zeichen haben unsere Gegner gläubig und tapfer gekämpft, darum werden sie auch unter diesem Zeichen als Gefallene geehrt."[310]

Hut ab vor dieser Haltung eines ehemaligen Feindes unseren Toten gegenüber! Wäre er ein deutscher oder österreichischer General, so würde er für eine solche Haltung wahrscheinlich degradiert werden. Die Ehrenmäler unserer Gefallenen niederzureißen oder zu zerstören, blieb erst eigenen späteren Generationen vorbehalten und ist gerade jetzt bei uns zu einem wahren Volkssport für Ehrlose geworden.

Zoltan Szabo vom Forum ungarischer Demokraten stellt 1989 anläßlich der Einweihung eines deutsch-russischen Soldatenehrenmales folgendes fest:

„Die Beurteilung der Ziele, für die sie gestorben sind, obliegt der Geschichte. Wir gedenken ihrer, weil sie tapfere Soldaten waren, weil sie für ihr Vaterland ihr Leben geopfert haben. Wenn der Soldat mit diesem Bewußtsein stirbt, stirbt er den Heldentod. Das lehrt uns die Geschichte. Völker dürfen nicht verantwortlich gemacht werden.“[311]

Was bei dieser Wanderausstellung tatsächlich fast ausnahmslos gezeigt wird, sind angebliche „Verbrechen“ unserer Soldaten an Partisanen. Dabei wird praktisch jedes Todesurteil, jede Repressalie gegen das völkerrechtswidrige und mörderische Unwesen solcher Partisanen, dem unzählige regulär kämpfende deutsche Soldaten meuchlings zum Opfer fielen, als „Massaker“, „Vernichtungskrieg“ oder „Kriegsgräuel“ verkauft.

Man will nicht wahrhaben, dass nach den Grundregeln jedes Kriegsrechtes nur uniformierte Soldaten am Kampf teilnehmen dürfen, damit die Zivilbevölkerung möglichst verschont bleibt. Der Partisanenkrieg, in dem jedes Kind und jede Frau ein todbringender Feind sein kann, verstößt aber eindeutig dagegen. Wenn so beispielsweise aus dem Hinterhalt heraus schlafenden Soldaten nachts die Kehlen durchgeschnitten oder ähnliche heimtückische Anschläge verübt werden, bewirkt dies bei jeder Besatzungsmacht harte Repressalien. Kriegsrechtlich war deshalb auch nicht nur die standrechtliche Justifizierung von Partisanen, sondern zur Abschreckung auch die Erschießung von Geiseln gedeckt.

Man verschweigt also ganz bewußt, dass gemäß der Haager Landkriegsordnung von 1907, Artikel 1, völkerrechtswidriger Partisanenkampf als schweres Verbrechen gilt, wofür bei allen kriegsführenden Mächten die Exekution der Beteiligten üblich war. Bestätigt wurde dies auch durch den Militärgerichtshof V der Vereinigten Staaten von Amerika anläßlich des Nürnberger Prozesses gegen den deutschen Generalfeldmarschall List und andere angeklagte Militärs. Dort wurde ausdrücklich festgestellt, dass einer Besatzungsmacht das Recht zusteht, unter gewissen Umständen Geiseln zu erschießen und daß

Partisanen der Status von kriegsrechtlich einwandfreien Kombattanten zu verweigern ist.

Trotzdem zeigt man Bilder von solchen Erschießungen oder von gehenkten Flintenweibern und suggeriert dem unwissenden Besucher *Kriegsverbrechen, die in Wahrheit keine waren.* Hier würde gerade der Respekt vor den Opfern Wahrhaftigkeit erfordern. Wenn man nur die Bilder der Repressalie und nicht auch die der grausamen Wirklichkeit des Partisanenkrieges zeigt, müssen alle deutschen kriegsrechtlich gedeckten Maßnahmen auf den unwissenden Besucher wie grausamste Kriegsverbrechen wirken.

Und mit ihnen manipulieren die Macher dieser Ausstellung ganz bewußt und vorsätzlich den Besucher, denn sie verschweigen, dass im Zweiten Weltkrieg Hunderttausende deutscher Soldaten vorwiegend in Jugoslawien und Rußland, aber auch in Staaten ehemaliger Verbündeter wie Italien zu Opfern heimtückischer Anschläge durch Partisanen wurden.

Solche außerhalb der kämpfenden Truppe stehende Verbrecher waren als Zivilisten nicht erkennbar und mordeten brutal aus dem Hinterhalt, ohne selbst greifbar zu sein. Sie tauchten nach ihren ruchlosen Mordtaten als Zivilpersonen wieder in der Bevölkerung unter, die diese hinterhältigen Mörder dann freiwillig oder auch gezwungenermaßen versteckten und dadurch meist deren Aufspüren verhinderten. Zur Verhinderung weiterer solcher Verbrechen an einer regulär kämpfenden Armee gab es daher sehr oft kein anderes Mittel als die Erschießung von Geiseln.

Die als „verbrecherische Taten“ von Wehrmachtsangehörigen gezeigten Fotos – soweit sie keine Fälschungen sind – waren meist nichts anderes als absolut notwendige und daher auch legitime Vergeltungsschläge, wie sie bei allen kämpfenden Truppen der Welt geübt wurden und auch heute noch üblich sind. Man denke dabei nur an jene Bilder des Grauens, die uns von Vergeltungsmaßnahmen der Amerikaner an vietnamesischen Partisanen via Bildschirm frei Haus geliefert wurden.

Die politischen Verbrechen der nationalsozialistischen Ära sind schlimm genug; es wäre daher völlig überflüssig, fünf Jahrzehnte später fragwürdiges und angeblich verleumderisches „Belastungsmaterial“ aus der Trickkiste der Propagandaabteilungen der einstigen Kriegsgegner zur Diskriminierung der Wehrmacht hervorzuholen.

Nachweislich haben die Sowjets 1945 zwei Propagandafilme mit folgenden Titeln hergestellt: „Die Verbrechen der Deutschen Wehrmacht“ und „Katyn“. Diese Filme wurden nach angeblichen „Zeugenaussagen“ gedreht. Die Duplizität mit dem Titel der Wanderausstellung wirft deshalb die Frage auf, wo dieses Bildmaterial eigentlich herkommt? Vor allem aber wäre es interessant zu wissen, ob jemals nur einer der „Förderer“ dieser Ausstellung die Herkunft der Bilder und der Unterlagen tatsächlich überprüft hat?

Der Film „Katyn“ wurde bereits durch die Freigabe der Akten über Katyn seitens der russischen Regierung als Fälschung entlarvt. Im zweiten Film, „Die Verbrechen der Deutschen Wehrmacht“ wurden Hinrichtungen und Massenerschießungen dargestellt. Für Fachkundige war aber an verschiedenen, von den sowjetischen Herstellern gemachten formalen Fehlern die plumpe Fälschung sofort erkennbar (z. B. die auf einer falschen Seite der Uniform angebrachten Hoheitsabzeichen oder Kriegsauszeichnungen).

Als kläglichen Beweis zeigen diese Nestbeschmutzer dann noch angeblich erst jetzt aufgetauchte Feldpostbriefe aus der Sowjetunion, in denen deutsche Soldaten begangene Kriegsverbrechen „zugeben“.

Dabei weiß heute jeder, der sich damit befaßt hat, wie leicht man zu Stalins Zeiten mit den Gewaltmethoden der Sowjets und dem in russischen Kriegsgefangenenlagern herrschenden Hunger jedes gewünschte Geständnis auch in Form von Briefen, die angeblich in die Heimat abgehen sollten, erpressen konnte. Und vor allem werden sich deren Schreiber dagegen nicht mehr zur Wehr setzen, weil sie schon vor einem halben Jahrhundert in diesen Todeslagern umgebracht wurden, verhungert oder erfroren sind.

Jeder Zeitzeuge, der sich bei uns in diesem Zusammenhang einer Diskussion stellt, muß aber befürchten, auf Grund der geschaffenen Sondergesetze vor Gericht gestellt oder aber als unverbesserlicher Nazi abgestempelt zu werden, auch wenn für so viele Fachleute feststeht, daß für die Ausstellungsinitiatoren folgende Ziele im Vordergrund standen: Finanzieller Gewinn, Vernichtung der historischen Wahrheit durch Diskriminierung der gesamten Wehrmacht, Schüren von Hass gegen das eigene Volk und damit ein Aufreißen von Gräben in der Bevölkerung.

Für eine solche Infamie geben sich Sozialdemokraten, Grüne und Liberale her. Sicher wäre ihnen früher der Stalinpreis dafür zuerkannt worden!

So ist ihnen allen kein Mittel zu schlecht, das dazu dient, den guten Ruf unserer mehrheitlich anständig und tapfer kämpfenden Soldaten posthum zu zerstören – ungeachtet der Tatsache, dass es unzählige Gegendarstellungen von Zeitzeugen des In- und Auslandes gibt, die beweisen, wie korrekt und anständig sich der weitaus überwiegende Teil unserer Soldaten trotz eines mörderischen Kampfes an allen Fronten verhalten hat.

Dazu stellt auch der Direktor des Bundeswehr-Militärarchives, Manfred Kehring, in seinem Gutachten zur Ausstellung folgendes fest:

„Stalins Vernichtungskrieg und seine Rote Armee hatten mordend, plündernd und vergewaltigend unter deutschen Zivilisten gehaust, aber es ist kein Zeugnis dafür bekannt geworden, dass sich deutsche Frontbefehlshaber ähnliche Verstöße gegen völkerrechtliche Bestimmungen zuschulden hätten kommen lassen.“[312]

Niemand wird ernstlich bestreiten, dass es wie von allen am Krieg beteiligten Nationen auch von einzelnen deutschen Soldaten Übergriffe gegeben hat.

Kriege nehmen Soldaten in die Pflicht. Kriege verleiten Soldaten zu exzessiver Gewalt – in Verteidigung gegen exzessive Gewalt. Pflichterfüllung ist diesen meist jungen Männern befohlen und durch den geleisteten Eid abverlangt worden. Um selbst zu überleben muß getötet werden. Dabei werden auch Grausamkeiten zuweilen befohlen und ausgeführt. Grausamkeiten wie sie- selbst immer und immer wieder erlebt- von Partisanen an den eigenen Kameraden begangen wurden. Scheußlichkeiten, die eine Lynchjustiz geradezu herausfordern.

Im „Eckartboten“ 50. Jahrgang erschien dazu auf Seite 9 der folgende Artikel eines ehemaligen Soldaten der deutschen Wehrmacht der dazu alles sagt. Unter der Überschrift: „Gedanken zur Reemtsma-Ausstellung“ schreibt dieser:

„Es war Winter; an unserem Frontabschnitt wurden weder auf sowjetischer noch auf deutscher Seite Gefangene gemacht. Die Gefangenen wurden erschossen, weil auf beiden Seiten die Möglichkeit fehlte, die Gefangenen zu transportieren und in einem Lager unterzubringen.

Auf einem Platz im Dorf bot sich mir ein grauenhafter Anblick: Am Boden lagen total von Panzerketten zermahlene Körper von gefesselten russischen Soldaten. Ich geriet in einen Schockzustand, den man mit lähmenden Entsetzen beschreiben könnte. Diese Bilder sehe ich heute noch manchmal im Traum.

Ich fragte die deutschen Panzerfahrer, warum sie dies getan hätten. Antwort: „Sieh dich im Dorf um, dann weißt du es.“ Bald darauf wußte ich, was er meinte: Auf einer Wiese vor einer Häuserreihe lagen ca. zehn nackte deutsche Frauen. Mit gespreizten Armen und Beinen auf Bretter gebunden seien sie mehrfach vergewaltigt worden. Nach diesen Qualen habe man sie über Nacht im Freien erfrieren lassen. Auch diese Bilder verfolgen mich bis heute. Wir Soldaten, die dies mitansehen mußten, haben unterschiedlich reagiert. Manche haben still vor sich hingeweint, manche starrten nur still und geistesabwesend auf die toten Frauen – sie waren nicht ansprechbar, und einer lief, mit seiner Maschinenpistole herumfuchtelnd davon und schrie: „Wo sind diese Schweine, ich bringe sie um!“

Es gibt Erlebnisse, die so brutal sind, dass sie die menschliche Psyche nicht verkraften kann. Der Mensch gerät in einen Zustand, in dem er nicht mehr Herr über seine Emotionen ist; sie beherrschen ihn und seine Vernunft. Der Mensch reagiert dann unberechenbar und muss sein Handeln in diesem Zustand sehr oft später bereuen.

Was hätten Reemtsma und Co. aus den geschilderten Erlebnissen zur Veröffentlichung ausgewählt?

Sie hätten Bilder gezeigt, wie deutsche Soldaten sowjetische Gefangene erschießen, dabei aber verschwiegen, dass es gar keine Möglichkeit mehr gab, die Gefangenen irgendwo unterzubringen und ohne zu erwähnen, dass deutsche Soldaten in russischer Gefangenschaft im selben Frontabschnitt ebenfalls erschossen wurden.

Die Reemtsma-Ausstellung würde zeigen, wie sowjetische Gefangene von deutschen Panzern überrollt wurden, ohne die Verbrechen der Sowjets an deutschen Frauen zu erwähnen, die ja erst der Anlaß zur Gegenreaktion der deutschen Soldaten waren.

Verwerfliche und bestialische Gräueltaten wurden gewiss auf beiden Frontseiten verübt. Gewalt wird stets mit Gewalt beantwortet und das in jedem Krieg. Das deutlich zu machen wäre der Sinn solcher Ausstellungen. Halbwahrheiten zu verbreiten ist verwerflich. Es sollten die Gräueltaten aller am Krieg beteiligten Länder gezeigt werden, weil nur das die ganze Wahrheit ist.

Töten ist in jedem Krieg leider oberstes Gebot für alle Beteiligten. Haben dies nicht auch englische und amerikanische Bomberpiloten ebenso hundertausendfach bewiesen? Haben sie selbst jemals daran gedacht, dass sie dabei unschuldige Zivilisten grausam ermordeten?

Sie wurden und werden dafür in ihren Ländern als Helden gefeiert und geehrt. Und keines dieser Länder würde eine derat diskriminierende, ein ganzes Volk zutiefst beileidigende Ausstellung jemals zulassen.

Einzelne Verbrechen sind sicher nicht selten auch von Angehörigen der Deutschen Wehrmacht, meist aus Empörung und Wut über das hinterhältige Morden an Kameraden durch Partisanen begangen worden und haben gelegentlich die Grenzen der Fairness überschritten. Niemand wird dies gut heißen. Aber das sind und bleiben Einzelfälle, wie sie bei allen kämpfenden Truppen der Welt vorkamen und auch heute noch vorkommen. Sie aber geben kein Recht, solche fallweisen Entgleisungen in Pauschalverurteilungen umzuwandeln. Niemand darf vergessen, dass jeder Krieg Unmenschlichkeit und mörderisches Unrecht in einem sonst unüblichen Maße aufwirft; man denke in diesem Zusammenhang nur an Vietnam oder an all das, was sich erst vor kurzer Zeit die seinerzeit als Partisanen gegen unsere Wehrmacht agierenden Völker Jugoslawiens an Unmenschlichkeit gegenseitig zugefügt haben. Oder richten wir den Blick noch aktueller nach Irael und Palästina wo – ohne sich um die Weltmeinung zu kümmern – von beiden Seiten grausam gemordet wird; wo man zu verurteilende Terrorattentate religiös fanatisierender Jugendlicher, die um ihre Heimat kämpfen, mit einem Staatsterror grausamster Art beantwortet. Dabei werden nicht nur angebliche Terroristen ohne jeden Beweis einer Schuld von Hubschraubern aus mit Raketen liquidiert, sondern auch Frauen und Kinder, die vielleicht nur Familienangehörige sind, im Zuge solcher „Säuberungen" von Panzern niedergewalzt. Und das alles vor den Augen einer seit den Untaten des Dritten Reiches angeblich besser gewordenen Welt; einer Welt, die solches Geschehen tatenlos hinnimmt, sich aber gleichzeitig bemüßigt fühlt, angebliche Schandtaten aus einem vor sechzig Jahren stattgefundenen Krieg in verlogenen Wanderausstellungen anzuprangern.

Wieviele aus der jüngeren Generation, denen jetzt pausenlos die angeblichen Verbrechen ihrer Väter- und Großvätergeneration vor Augen geführt werden, wissen beispielsweise, dass einer der größten Mordhetzer des Zweiten Weltkrieges, der russisch-jüdische Schriftsteller Ilja Ehrenburg der entfesselten „Roten Armee" im Jänner 1945 pausenlos seinen bekannten Aufruf in einem Refrain des Grauens einimpfte, der wörtlich lautete:

„Tötet! Tötet alle Deutschen! Es gibt nichts, was an den Deutschen unschuldig ist, an den Lebenden nicht und nicht an den Ungeborenen! Folgt der Weisung des Genossen Stalin und zerstampft für immer das faschistische Tier in seiner Höhle. Brecht mit Gewalt den Rassenhochmut der germanischen Frauen. Nehmt sie als rechtmäßige Beute. Wenn Du nicht täglich wenigstens einen Deutschen getötet hast, dann ist dies ein verlorener Tag. Wenn Du einen Deutschen getötet hast, töte einen zweiten. Für uns gibt es nichts fröhlicheres als deutsche Leichen. Tötet, ihr tapferen, vorwärtsstürmenden Rotarmisten!“[313]

Dies war keine Aufforderung zu kämpfen, es ist vielmehr eine eindeutige Aufforderung zu Vergewaltigung und Mord und beides ist leider auch noch nach dem Ende dieses Krieges tausendfach geschehen. Würden diese entsetzlichen Worte und die ihnen folgenden Taten des Grauens nicht zumindest ebenso gut in diese Ausstellung gehören?

Joachim Hoffmann, Direktor des Militärgeschichtlichen Forschungsamtes der BRD, konnte in seinem Buch: „Der Vernichtungskrieg Stalins“ nachweisen,

„...dass die Ermordung und grausame Mißhandlung gefangener deutscher Soldaten mit Beginn der Kämpfe befohlen und daher an der Tagesordnung waren und nicht erst eine Reaktion auf deutsche Kriegsverbrechen.“[314]

Wenn kämpfende Einheiten der Wehrmacht nach der Entdeckung grausam verstümmelter toter Kameraden dann ihrerseits als Rache gefangene Rotarmisten erschossen, so war dies zwar auch ein Kriegsverbrechen, aber als Reaktionshandlung zumindest psychologisch verständlich.

Die bereits erwähnten pausenlosen Aufrufe Ehrenburgs, hemmungslos Rache zu üben, Frauen zu vergewaltigen und alle Deutschen, vom Kind bis zum Greis zu töten, zeitigte schreckliche Folgen: An die zwei Millionen Frauen wurden vergewaltigt, hunderttausende wehrloser Menschen bestialisch ermordet. Hoffmann schildert in seinem Buch das Schicksal von Frauen, die am Boden festgenagelt zu Tode geschändet wurden. Wären diese Bilder eines befohlenen Völkermordes an Millionen deutscher Männer, Frauen und Kinder nicht auch eine Ausstellung über Kriegsgräuel wert?

Sollte man nicht im Interesse der gesamten Wahrheitsfindung für kommende Generationen gerechterweise endlich unsere Geschichtsbücher von Hetze und Lügen gegen das deutsche Volk und seine ehemalige Wehrmacht befreien und dem Grundlagenwerk des französischen Historikers Raymond Cartier „Der Zweite Weltkrieg“ eine Vorbildfunktion für eine objektive Geschichtsdarstellung zuerkennen? Cartier, der an seiner Abneigung gegen Hitler keine Zweifel offen läßt, sagt dort:

„Mein Bemühen um Objektivität hat mich nicht daran hindern können, meinen Respekt und mein Mitgefühl dem deutschen Volk und seinen Soldaten gegenüber Ausdruck zu verleihen. Mut und Tapferkeit gehören zu den höchsten menschlichen Tugenden auch dort, wo der Kampf aussichtslos erscheint. Ohne Hoffnung auf einen möglichen Sieg haben die deutschen Soldaten um Stalingrad, die Verteidiger Berlins und die Zivilbevölkerung in den Bombennächten gezeigt, in welchem Maße der Mensch fähig ist, Leid zu ertragen. Ohne Scham dürfen die Überlebenden deshalb auf jene Tage der Prüfung zurückblicken."[315]

Welch eindeutige Aussage eines international anerkannten Historikers, die sich die „Erfinder" dieser gewissenlosen Ausstellung ebenso hinter ihre Ohren schreiben sollten wie den folgenden veröffentlichten Brief des englischen Majors S. A. Brandshaw:

„Als britischer Soldat, der im Zweiten Weltkrieg von 1939 bis 1945 gedient hat, ist es meine Pflicht, Ihnen zu schreiben, um meine Besorgnis bezüglich der Ausstellung „Die Straftaten der Wehrmacht" auszudrücken. So viel ich weiß, soll die Ausstellung in 26 deutschen Städten stattfinden. Ich bin besorgt über diese Ausstellung, weil ich als britischer Soldat in Afrika und in Italien gegen die deutsche Armee gekämpft habe. Als Soldat der achten britischen Armee habe ich in einem langen und harten Feldzug mit meinen Kameraden gelernt, die Afrikakorps-Soldaten zu respektieren, hauptsächlich wegen Ihrer Tapferkeit, wegen ihrer Professionalität und ihrer ehrenhaften Art, sich als Soldaten zu verhalten. Respekt für einen Feind zu haben ist nicht leicht. Respekt muß verdient werden. Diese Männer brachten Ehre für ihr Land, und diese Ausstellung stellt sie als Kriminelle dar. Ich müßte die Wehrmachts-Veteranen nicht verteidigen, aber ich glaube an Gerechtigkeit und die Wahrheit. Wir britischen Veteranen haben auch wahrgenommen, daß diese Männer von der deutschen Presse unfair behandelt werden und bei einem Besuch in Deutschland haben wir gesehen, daß selbst ihre Kriegerdenkmäler des öfteren verwüstet wurden. Wir, die wir gegen sie gekämpft haben, haben aufrichtigen Respekt für sie. Wir, die wir ein größeres Recht zur Beurteilung haben, unterstützen sie und sprechen uns für ihre Verteidigung aus."[316]

Wohltuende Worte dieses ehemals feindlichen Offiziers, der den Zweiten Weltkrieg an verschiedenen Fronten kämpfend erlebt hat.

Wie geradezu dümmlich klingen da lächerliche, von Unkenntnis oder Gehässigkeit strotzende Bemerkungen eines spätgeborenen österreichischen Bundesheer – Divisionärs namens Hubertus Trauttenberg, der ausser im Paradeschritt hinter unserem Bundespräsidenten herzumarschieren als Soldat wenig erlebt hat. Wie will er wissen, was es heißt, in einem mörderischen Kampf sein nacktes Leben gegen hinterhältige Mörderbanden verteidigen zu müssen? Trotzdem maßt sich dieser Paradesoldat anläßlich der Eröffnung der Ausstellung in Linz an, die Behauptung aufzustellen, „dass viele Österreicher zur Verdrängung, zur Verleumdung oder Aufrechnung von eigener Schuld gegen die der anderen neigen."

Eine solche Äußerung stellt deshalb auch nichts anderes als eine bewusste Herabsetzung der Generation seines Vaters dar, der er es letztlich verdankt, selbst in Frieden und Wohlstand aufgewachsen zu sein.

Irregeführten Menschen wie diesem Trauttenberg täte es sicher gut, einmal das Geleitwort Pierre Clostermans, des erfolgreichsten französischen Jagdfliegers in der RAF, zu lesen, der als Einleitung in das bereits in 6. Auflage erschienene Buch von Rudolf Novotny (der Autor ist der Bruder des erfolgreichsten Österreichers in der deutschen Luftwaffe, Jagdflieger Major Walter Novotny, der nach 250 Luftsiegen mit dem Eichenlaub mit Schwertern und Brillianten ausgezeichnet wurde) folgendes schrieb:

„Die Jugend kann niemals zu viele Vorbilder an Mut und Energie haben. Ich wünsche, dass dieses Buch über Walter Novotny, die hinterlassenen Erinnerungen an ihn, dieser Jugend die Kraft gibt, der Zukunft fest ins Auge zu sehen; und dass auch die Alten an jene durch den Krieg geopferte Generation erinnert werden, die jenseits jeder anderen Auslegung letzten Endes die Ehre der deutschen Nation über alle Himmel Europas getragen hat."[317]

Die Selbstlosigkeit eines solchen Einsatzes und der deutschen Soldaten im allgemeinen sind nur jenseits der Grenze erklärbarer Willensreserven zu suchen. Ihre charakterliche Erziehung war auch sicher höher zu werten als die heutiger Generationen, die leider verhetzt, innerlich leer, ohne Ideale aufwachsen und deshalb zunehmend ihre Erfüllung in Drogen und Anarchie suchen. Sie sind es aber leider auch, die in Häme und Dummheit ihre Väter zu Lumpen und Verbrechern machen. Und sie sind es auch, die es zulassen, daß die gewaltigen Leistungen dieser Wehrmacht kriminalisiert werden. Wir haben diese Schmach deshalb keineswegs unseren ehemaligen Feinden, sondern ausschließlich jenen Söhnen und Enkeln zu verdanken, die unwissend, zu dumm oder zu feige sind, sich gegen eine Verunglimpfung ihrer Eltern und Großeltern zu stellen. Wehe ihnen, wenn sie selbst einmal ein solch falsches Urteil der Geschichte erfahren müssten.

Österreich und Deutschland haben begangene Verbrechen hinlänglich einbekannt. Die Schuldigen wurden verurteilt, bestraft und hingerichtet und es wurde alles getan, um begangenes Unrecht gutzumachen, so weit dies nach einem mörderischen und verlorenen Krieg überhaupt möglich ist.

Die Alliierten hingegen haben Prozesse geführt, in denen ausschließlich über deutsche Verbrechen gerichtet wurde, während die unzähligen von ihnen selbst begangenen Verbrechen pardoniert und nicht verfolgt wurden. Trotz dieser Einseitigkeit ist es aber den Siegertribunalen nie in den Sinn gekommen, die deutsche Wehrmacht als „Verbrecherische Organisation" zu bezeichnen.

Auch die Behauptung Trauttenbergs, daß die Österreicher keine Diskussion darüber wollen, ob sie 1945 *„besiegt"* oder *„befreit"* wurden, ist dumm und absurd. Die Mehrheit der Bevölkerung, die 1945 selbst erlebt hat, empfand diese Zeit viel weniger als Befreiung als eine bittere Schmach voll von Erniedrigungen. Das dachten anscheinend auch die Alliierten, sonst hätte der amerikanische General Eisenhower nicht ausdrücklich festgestellt, daß er nicht als *„Befreier"* sondern als *„Sieger"* kommt!

Auch Aufrufe wie der folgende an die „Rote Armee" klangen wenig nach Befreiung:

„... Ich weiß, daß die Deutschen sagen werden: Es mordeten nur wenige Einzelne! Sucht mal einen Tropfen im Meer. In Brest (Stadt an der Grenze zwischen Polen und Rußland, d. Verf.) dachten die Deutschen, dass sie hinter ihren Befestigungsmauern sicher seien. Aber wir haben sie dort erreicht. In diesen Anlagen töteten wir sie (bili, kololi, rjesali!). Ein jeder unserer Soldaten weiß, daß wir unbedingt nach Berlin müssen, sonst geht es nicht, sonst werden wir immer Gewissensbisse haben. Das Schlangennest muß zertreten werden! Mit Schwertern wollen wir durch Deutschland marschieren, damit die Deutschen nie mehr Neigung zu Schwertern haben... Tötet, tötet und brecht den Stolz der blonden Bestien... Und wenn es mir mal genau wie Euch, untragbar schwer ums Herz ist, unterstütze ich mich mit dem schönen Wort ‚Stalin'."[318]

Die Rote Armee, die plündernd und vergewaltigend durch die

Lande zog, hat uns vielmehr auch noch während der Zeit der Besatzung im wahrstem Sinne des Wortes von allem „befreit", dessen sie habhaft werden konnte.

Auch wenn wahrscheinlich von Kritikern dieses Buches sofort wieder das dümmliche Argument von einer „Aufrechnung" entgegengehalten wird, mit dem man bei uns seit Jahrzehnten jedes Argument einer Revision im Keim zu ersticken versucht, so muss doch die folgende mehr als erschütternde Tatsache klar und unmißverständlich festgehalten werden:

Von den 11 Millionen deutscher Kriegsopfer, sind 7 Millionen – also weit mehr als die Hälfte – erst *nach* Beendigung der Kampfhandlungen der *„Menschlichkeit", „Nächstenliebe"* und vor allem der *„Untadeligkeit"* unserer *„Befreier"* zum Opfer gefallen.

Dabei geht natürlich der überwiegende Teil auf das Schuldkonto der Russen, Tschechen, Polen und der Völker des ehemaligen Jugoslawien.

Zu den schlimmsten Verbrechen am deutschem Volk gehören zweifelsfrei jene, die in der Tschechoslowakei begangen wurden und zu denen das im Exil in England lebende Haupt der tschechoslowakischen Regierung, Benesch, und sein als Oberbefehlshaber fungierender General Ingr schon im November 1943 aufgerufen haben. Dort sagt Benesch:

„In unserem Lande wird das Ende des Krieges mit Blut geschrieben werden", und sein General fügt hinzu: „Wenn unsere Stunde kommt, dann wird die gesamte Nation den alten Kampfruf der Hussiten ausstoßen: Schlagt sie, tötet sie, laßt niemanden am Leben! Jeder Mann soll sich die für ihn geeignete Waffe besorgen, mit der er den Deutschen die größten Wunden schlagen kann. Sollten Feuerwaffen nicht zur Hand sein, dann sollte irgend ein Instrument, mit dem man schneiden, schlagen und stechen kann, bereitgestellt und versteckt werden."[319]

Diesem Aufruf ist dann das tschechische Volk auf hundertausendfache, bestialische Weise nachgekommen. Und Tschechien wird heute Mitglied eines Vereinten Europa, ohne die Benesch-Dekrete aufgehoben und sich zumindest für diesen Völkermord entschuldigt zu haben.

Waren es in der ehemaligen Tschechoslowakei einige Hunderttausend, so weiß man heute, daß nach vorsichtigen Schätzungen etwa zwanzig Millionen Menschen aus Ost- und Südeuropa vertrieben wurden, von denen etwa drei bis fünf Millionen ihr Leben lassen mußten. Ein Holocaust, der immer noch bewußt totgeschwiegen wird.

So lebten beispielsweise zu Beginn des Zweiten Weltkrieges im damaligen Königreich Jugoslawien über eine halbe Million Menschen deutscher Muttersprache. Davon wurden bis Ende 1944 von den deutschen Behörden etwa Dreihunderttausend in die Heimat repatriiert oder es gelang ihnen rechtzeitig die Flucht vor den Partisanenhorden Titos.

Von den verbleibenden Zweihunderttausend fiel jeder Dritte dem Blutdurst dieser Banden zum Opfer, die vornehmlich auf dem Gebiet des heutigen Slowenien grausam wüteten, nicht nur bevor die Waffen schwiegen, sondern auch noch lange danach. Dieser Völkermord hat sich nicht nur damals weitgehend ohne Aufmerksamkeit der Öffentlichkeit vollzogen, sondern er soll auch heute nach dem Wunsch unserer Poltiker möglichst unerwähnt bleiben. Und dies, obwohl man uns vor wenigen Jahren ähnlich schreckliche Bilder von ethnischen Säuberungen, von Mord, Bestialität, Vergewaltigung und Totschlag aus Bosnien und dem Kosovo täglich via Fernsehen und anderer Medien frei Haus lieferte.

Zu allen Zeiten gab und gibt es aber dankenswerterweise Menschen, die trotzdem den Mut aufbringen, Verbrechen aufzuzeigen und zu verurteilen, gleichgültig, wer diese begangen hat. Einer von ihnen ist der englische Philosoph Bertrand Russell, der im Oktober 1945 in der Londoner „Times“ entsetzt schrieb:

„In Osteuropa werden jetzt von unseren Verbündeten Massendeportationen in einem unerhörtem Ausmass durchgeführt und man hat ganz offen die Absicht, viele Millionen Deutsche auszulöschen. Und das gilt nicht als Kriegsakt, sondern als Teil einer bewußten ‚Friedenspolitik‘“[320]

Auch der amerikanische Senator Langer erklärte dazu wörtlich vor dem US-Senat:

„Die Massenvertreibung ist eines der größten Verbrechen, an welchem wir direkt Anteil haben. In der gesamten Geschichte findet sich nirgends ein so scheußliches Verbrechen aufgezeichnet wie in den Berichten über die Begebenheiten in Ost- und Mitteleuropa. Schon 15 bis 20 Millionen wurden von den Stätten ihrer Vorfahren entwurzelt, in die Qual einer lebendigen Hölle geworfen und wie Vieh über die Verwüstungen Osteuropas getrieben. Frauen und Kinder, Alte und Hilflose, Unschuldige und Schuldige werden Gräueltaten ausgesetzt, die noch von niemandem übertroffen wurden.“[321]

Sogar der jüdische Publizist Victor Golliancz gibt in seinem Buch zur Vertreibung des deutschen Volkes das folgende Urteil ab:

„Insofern das Gewissen der Menschheit jemals wieder empfindlich werden sollte, werden diese Vertreibungen als die unsterbliche Schande all derer im Gedächtnis bleiben, die sie veranlaßt oder sich damit abgefunden haben"[322]

Leider ist aber bis heute weder das Gewissen dieser Völker, noch jenes unserer Politiker, die sie im Interesse unseres Volkes wenigstens nicht in Vergessenheit geraten lassen sollten, wieder empfindlich geworden. Empfindlich ist man nur den eigenen Untaten gegenüber und man kann nicht oft genug Asche aufs eigene Haupt streuen.

Noch bedauerlicher ist aber wohl die Tatsache, dass nicht nur unsere östlichen und südöstlichen Nachbarn, sondern auch angeblich „zivilisierte Staaten" wie Frankreich und Amerika sich nach Kriegsende in erschütterndem Ausmaß grausamer Verbrechen schuldig machten: Sie tragen die volle Verantwortung für den Tod unzähliger deutscher Kriegsgefangener.

Während des Krieges war die Schweiz die diplomatische Schutzmacht Deutschlands, was ihr in Zusammenarbeit mit dem Internationalen Roten Kreuz, welches seinen Sitz in diesem Lande hat, unter anderem auch das Recht einräumte, Kriegsgefangenenlager deutscher Wehrmachtsangehöriger zu kontrollieren und wenn nötig Hilfe zu gewähren.

Die Vereinigten Staaten haben unter Missachtung dieser Genfer Konvention am 8. Mai 1945 die Schweiz aus dieser international anerkannten und respektierten Schutzmachtfunktion entlassen. Damit war der Willkür Tür und Tor geöffnet, was sich gleich darin zeigte, daß die Amerikaner entgegen jedem Völkerrecht mit gleichem Tage hunderttausenden von deutschen Kriegsgefangenen den ihnen als solche zustehenden Status entzogen haben und sie anstatt wie bisher als „Prisoner of War", (Kriegsgefangene, Anm.d.Verf.) nur mehr als „Disarmed Enemy Forces" (Entwaffnete feindliche Streikräfte, Anm. d. Verf.) behandelten.

Damit hat diese Nation, die sich selbst in Nürnberg als Richter aufspielte, einer Million unschuldiger Soldaten jeden Schutz genommen.

Es war dies ein vom damaligem General und späteren Präsidenten Eisenhower persönlich sanktioniertes Verbrechen, welches der kanadische Historiker und Philosoph James Baque in seinem Buch „Der geplante Tod" minutiös nachweist.

Der ehemalige Oberst der Armee der Vereinigten Staaten Dr. Fisher sagt im Vorwort zu diesem Buch wörtlich:

„Vom deutschen Standpunkt aus lieferte diese Strategie (gemeint ist damit, daß Dönitz als Nachfolger Hitlers kapitulierende deutsche Kriegsgefangene lieber dem Westen auslieferte, um ihnen so eine Gefangenschaft durch die Russen zu ersparen. Anm. d. Verf.) Millionen deutscher Soldaten in die, wie sie glaubten, gnädigeren Hände der Westalliierten aus, die unter dem militärischen Oberkommando von General Dwight D. Eisenhower standen. Jedoch General Eisenhowers grimmigem und besessenem Hass ausgeliefert, der sich nicht nur gegen das Naziregime, sondern vor allem gegen alles Deutsche überhaupt richtete, ließ sich dieser Glaube bestenfalls als ein verzweifeltes Glücksspiel bezeichnen. Mehr als 5 Millionen deutscher Soldaten in den amerikanischen und französischen Zonen wurden in Stacheldrahtkäfigen zusammengepfercht, viele von ihnen buchstäblich Schulter an Schulter. Der Boden unter ihnen entwickelte sich bald zu einem Sumpf aus Dreck und Krankheit. Dem Wetter ausgesetzt, ohne jegliche auch nur primitive sanitäre Einrichtungen, dazu unterernährt, begannen die Gefangenen sehr bald an Hunger und Krankheiten zu sterben. Von April 1945 an vernichteten die amerikanischen und französischen Armeen ungefähr eine Million Männer, vornehmlich in den amerikanischen Lagern. Niemals seit den Gräueln in dem von Konföderierten verwalteten Gefängnis in Andersonville während des amerikanischen Bürgerkrieges, hatten solche Grausamkeiten unter amerikanischer Militärkontrolle stattgefunden. Mehr als vier Jahrzehnte lag diese beispiellose Tragödie in alliierten Archiven verborgen.

Heute liegen handfeste Beweise vom Massensterben in den von Amerikanern kontrollierten Lagern vor. Diese wurden in Armeeberichten unter der harmlosen Rubrik „Other Losses“ gefunden. Die schreckliche Bedeutung dieses Begriffes wurde dem Autor des Buches Baque darauf von Oberst Philip S. Lauban, dem früheren Chef für deutsche Angelegenheit (SHAEF) erläutert:

Eisenhowers Hass, toleriert von einer ihm gefügigen Militärbürokratie, erzeugte diesen Horror der Todeslager, der mit nichts in der amerikanischen Geschichte vergleichbar ist. Angesichts der katastrophalen Folgen dieses Hasses ist die lässige Gleichgültigkeit, die die SHAEF-Offiziere an den Tag legten, die schmerzlichste Seite der amerikanischen Verstrickung.

Eine Vorstellung der Größe dieses Schreckens kann man gewinnen, wenn man sich vor Augen führt, daß diese Todesraten bei weitem alle jene übertreffen, die die deutsche Armee im Westen zwischen Juni 1941 und April 1945 aufzuweisen hatte.[323]

Das Erschütterndste an diesem Buch ist aber die Tatsache, daß der Autor nachweist, dass dieses Hinmorden unschuldiger deutscher Soldaten, Männer, Frauen und Kinder, nicht etwa auf das Fehlen von Lebensmitteln oder medizinischer Hilfe zurückzuführen war. Es hat sich dabei vielmehr um eine gezielte *Politik jenes amerikanischen Generals Eisenhower* gehandelt, der später sogar Präsident der Vereinigten Staaten von Amerika wurde. Man hat Lebensmittel auf ausdrücklichen Befehl *zurückgehalten* und Hilfe seitens des Roten Kreuzes und anderer Organisationen *planmäßig unterbunden*, nur um eine Million deutscher Gefangener elend verrecken zu lassen.

Eisenhower handelte dabei auch ganz im Sinne von Henry C. Morgenthau, der nach den Worten von Eleanor Roosevelt, der Gattin des Präsidenten, „Franklins Gewissen" war. Dieser sagte:

„Wir müssen hart mit Deutschland umgehen, und ich meine das deutsche Volk, nicht nur die Nazis. Entweder müssen wir das deutsche Volk kastrieren, oder man muß die Deutschen in einer Weise behandeln, dass sie nicht immerzu Leute in die Welt setzen, die so weitermachen wollen wie früher."[324]

Wie hart man tatsächlich dann umgegangen ist, beweist der Bericht des französischen Hauptmanns Julien von Troisieme, der das Gefangenenlager Dietersheim, in dem sich auch Frauen, Greise und Kinder befanden, am 10. Juli 1945 von den Amerikanern übernahm. Er sagte zu diesem *„Lager des langsamen Todes"* Folgendes:

„Das ist ja wie Buchenwald und Dachau. Der morastige Boden war bevölkert mit lebenden Skeletten, von denen einige starben, während er zuschaute; andere kauerten sich unter Fetzen von Pappe, die sie verzweifelt festhielten, obwohl es ein heißer Julitag war. Frauen starrten aus Erdlöchern zu ihm hinauf. Hungerödeme trieben ihren Bauch zu einer grausigen Karikatur von Schwangerschaft auf, alte Männer mit langem grauem Haar versuchten schwach, ihm mit dem Blick zu folgen, Kinder von sechs oder sieben Jahren sahen ihn mit leblosen Augen an, gezeichnet mit den Ringen des Hungers. In diesem Lager von 32.640 Menschen, alten Männern, Frauen, Kindern unter 8 Jahren, Jungen im Alter von 8 bis 14 Jahren, Kranken im Endstadium und Krüppeln konnte er nicht die kleinste Menge an Lebensmitteln finden."[325]

Ein ebensowenig schmeichelhaftes Zeugnis dafür, daß sich auch amerikanische Soldaten im Krieg nicht immer so benommen haben, wie man es von einer regulär kämpfenden Truppe selbst im Kampfgeschehen erwartet, bestätigt auch der amerikanische Journalist Edgar L. Jones in seinem Aufsatz „One war is enough“ in welchem er wörtlich fragt:

„Was für eine Art Vorstellung haben Zivilisten eigentlich von der Art, in der wir den Krieg geführt haben? Wir haben Gefangene kalten Blutes erschossen, haben Lazarette zerstört, Rettungsboote versenkt, Bürger von Feindstaaten getötet oder mißhandelt, verwundete Feinde niedergemacht, Sterbende zusammen mit Toten in Gräber geworfen und auf dem pazifischen Kriegsschauplatz Brieföffner aus den Knochen erschlagener Feinde geschnitzt. Wir haben dem Übermaß des Bomben- und Feuerkrieges gegen die Zivilbevölkerung unserer Feindstaaten durch den Abwurf von Atombomben auf zwei fast unverteidigte Städte die Krone aufgesetzt und damit den Rekord des Massenmordes aller Zeiten geschlagen... Wir haben die Leichen toter Feinde verstümmelt, ihnen die Ohren abgeschnitten, die Goldzähne als Trophäe ausgeschlagen und sie mit den Hoden im Mund begraben.“[326]

Sind alle diese von den Siegern begangenen Untaten keine Verbrechen? Müssen wir euch selbstgefällige, spätgeborenen Besserwisser einer politisch verbogenen Generation fragen, ob denn diese Gräuel, die noch dazu von einem angeblich zivilisierten Volk und seinem nachmaligen Präsidenten begangen wurden, keine Verbrechen sind, die in einer Ausstellung zu präsentieren wären?

Auch wenn Trautenberg, der so neunmal kluge österreichische Paradesoldat, seinen Mut sicher noch nie im Kampf zu beweisen und natürlich schon gar nicht Unmenschlichkeiten und Kriegsgräuel zu erdulden hatte, wäre es doch gut, wenn er und seine Gesinnungsgenossen sich wenigstens durch das Studium einer immer umfangreicher werdenden Literatur informieren würden, bevor sie sich dazu hinreißen lassen, dümmliche Kommentare von sich zu geben, um damit die eigene Vätergeneration herabzuwürdigen.

Als Antwort auf diese erschreckend *verbogene Geisteshaltung einer im Wohlstand aufgewachsenen Generation* erscheint es am besten, auch hier prominentere Zeitzeugen aus dem Kreis unserer ehemaligen Feinde mit ihrem Urteil über die Deutsche Wehrmacht noch einmal zu Wort kommen zu lassen. So gibt der britische Feldmarschall Michael Carver, selbst Frontsoldat, in seinem 1972 in London erschienen Buch „Tobruk“ folgendes Urteil über die deutschen Soldaten ab:

„Kein Zweifel, dass die Deutschen aller Dienstgrade ihr Kriegshandwerk besser als die Briten verstanden haben. Ihre Kenntnis der Waffen, die ihnen zur Verfügung standen und deren Anwendung waren in fast allen Fällen den unseren überlegen. Sie waren zähe, geschickte, entschlusskräftige und wohldisziplinierte Soldaten. Ihr Standard wurde nur hin und wieder durch einige der britischen Truppen übertroffen, von einem großen Teil der 8.Armee jedoch nicht.“[327]

Zu den internationalen Militärfachleuten, die einer Verdammung der deutschen Wehrmacht klar widersprechen, gehört auch der aus einer jüdischen Familie stammende US-Kriegshistoriker Martin van Creveld. Dieser schreibt in seinem Buch in einem Vergleich der US-Army mit dem deutschen Heer:

„Die Wehrmacht war ein großartiger Kampfverband, der hinsichtlich Moral, Elan und innerem Zusammenhalt unter den Armeen des 20. Jahrhunderts nicht seinesgleichen fand.“[328]

Vernon A. Walters, der über fünfzig Jahre lang nicht weniger als fünf amerikanischen Präsidenten als Geheimdienstler und Diplomat zur Seite stand und 1989 US-Botschafter in Bonn wurde, schreibt in seinem Buch „In vertraulicher Mission“ folgendes:

„Die Deutschen sollen diese zwölf schwarzen Jahre 1933–1945 in ihrer langen Geschichte niemals vergessen, sie aber auch nicht zur Manie werden lassen! Der Nazismus war eine üble Sache. Aber vor den deutschen Soldaten ziehe ich den Hut. Ich habe bei Anzio und in der Normandie gegen euch gekämpft und kann nur sagen: Eure Soldaten waren erstklassig! Was ihr Deutschen braucht, ist mehr Selbstachtung, mehr Patriotismus! Ihr habt das Recht dazu. Ihr seid ein großes Volk, das der Welt unermessliche Kulturschätze geschenkt hat, Schätze der Wissenschaft und Kunst. Ihr habt in eurer Wehrmacht eine Armee gehabt, welche die Welt bewundert. Ich halte deshalb auch die Vorstellung, daß das mitten in Europa gelegene Deutschland mit seinen 80 Millionen Einwohnern sich einer künftigen Großmachtrolle entziehen könnte, für absurd.“[329]

Leider sind aber die meisten Politiker nicht dieser Meinung. Sie tun vielmehr alles, um die Geschichte dieses großen Volkes zu verfälschen.

Der Generalstabschef der peruanischen Armee im Zweiten Weltkrieg Humberto Benedetti Miranda stellt ebenfalls fest:

„Die Leistungen der deutschen Soldaten – vaterlandsliebend, tüchtig, selbstaufopfernd – nötigten mir Bewunderung ab.“[330]

Sir Basil Henry Liddel Hart, der 1970 verstorbene britische Captain, zählt zu den bedeutendsten Militärschriftstellern des 20.Jahrhunderts. Er war persönlicher Berater des englischen Kriegsministers, lehrte an der Universität von Cambridge und verfaßte zahlreiche Bücher und Schriften. Bei aller berechtigten Verurteilung von NS-Untaten betont er nicht nur immer die Mitschuld nichtdeutscher Mächte am Kriege, sondern beurteilte auch das deutsche Soldatentum als fair. In seinen „Lebenserinnerungen" schrieb er zum Zweiten Weltkrieg:

„Es war eine überraschende Erscheinung des Krieges, dass sich die deutsche Armee in bezug auf menschliches Verhalten einen besseren Ruf erwarb als 1870 und 1914; man hätte eigentlich erwarten sollen, daß die Addition aus Nazismus und Preußentum diesen Ruf verschlechtert hätte. Reiste man aber nach dem Krieg durch die befreiten Länder, so hörte man allenthalben das Lob der deutschen Soldaten und nur zu oft wenig freundliche Betrachtungen über das Verhalten der Befreiertruppen. Die schlimmsten deutschen Gräueltaten waren die Massenmorde durch die Nazis. Wo aber ist dies schlimmer als unsere eigene Massenbombardierungspolitik, die ab Januar 1942 bewußt gegen die deutsche Zivilbevölkerung gerichtet war?"[331]

Auch Sir John Colville, langjähriger Privatsekretär der britischen Premierminister Chamberlain und Churchill, stellt in seinen in deutscher Sprache herausgekommenen Erinnerungen folgendes fest:

„Die deutschen Jagdflieger kämpften in einem langen und harten Krieg mit Tapferkeit, Ritterlichkeit und Fairness. In ihrer Gesamtheit lebten die deutschen Asse nach den traditionellen Regeln des Soldaten. Sie beachteten die Bindungen, die zwischen Mensch und Mensch bestehen bleiben müssen. In großer Anzahl haben alliierte Piloten, die gegen sie geflogen sind, Zeugnis für die Ritterlichkeit und den menschlichen Anstand der deutschen Asse abgelegt."[332]

Dazu würde ich gerne Herrn Heer befragen, ob er wirklich glaubt, dass im Osten minderwertigere deutsche Offiziere und Soldaten gekämpft haben als im Westen, bei der Luftwaffe oder der Kriegsmarine? Der einzige wirkliche Unterschied, der zählte, war sicher der, dass sich die im Westen kämpfenden Verbände nicht in diesem Maße gegen meuchlings mordende Banden von Partisanen zur Wehr zu setzen hatten.

Der britische Publizist, Historiker und Professor an der Universität Oxford, Max Hastings, stellt in seinem Werk „Overlord" die Invasionskämpfe 1944 in der Normandie dar. Er widerspricht darin antideutschen Verzerrungen und schreibt in Bezug auf Kriegsverfehlungen von einer „balance of guilt“, einem Gleichgewicht der Schuld. „So habe manche französische Familie feststellen müssen, daß sich alliierte Soldaten mehr aufs Kerbholz luden als den Deutschen vorzuwerfen gewesen sei. So hätten beispielsweise etliche britische und amerikanische Einheiten kriegsgefangene Waffen-SS-Soldaten erschossen“. Dem deutschen Wehrmachtssoldatentum zollt Professor Hastings viel Lob: „Seien alliierte Truppen auf deutsche Einheiten von ungefähr gleicher Stärke gestoßen, hätten die Deutschen fast immer die Oberhand behalten. Die Alliierten seien dort „...of the finest fighting army of the war, one of the greatest, the world had ever seen.“[333] gestoßen.

Zu diesem Buch gab der Militärskorrespondent der „Herald Tribune“, Drew Middleton dann folgendes Urteil ab:

„Das Werk beruht auf gründlicher Forschung. Hastings brachte alles in die richtige Perspektive. Der Sieg ging an die Alliierten, der soldatische Ruhm an die Deutschen!“[334]

Zu den zahlreichen Aussagen und Schriften, die fair und mit Hochachtung vom deutschen Weltkriegssoldatentum berichten, zählt auch „Bloody Winter“ aus der Feder des amerikanischen Kriegsgeschichtlers Captain John M. Waters. Darin sagt dieser:

„Tapferkeit, Geist und Hingabe, mit denen die Männer der deutschen U-Boot-Waffe gekämpft haben, erfordern den Respekt der Soldaten auf der anderen Seite, auch wenn Hitler diabolische Ziele verfolgt hat. Die deutschen Soldaten haben wie die Alliierten für ihre Heimat und für ihr Volk gekämpft und ihre Pflicht erfüllt. Die alliierten Seeleute seien die ersten gewesen, die sich den Worten Dönitz’, des Oberbefehlshabers der deutschen Kriegsmarine, angeschlossen hätten, der sagte:

„Niemand sollte das Soldatentum des letzten Krieges herabsetzen; man verletzt sonst die Ehrfurcht vor denjenigen, die in Erfüllung ihrer Pflicht gefallen sind, einem Begriff der leider längst zu einem leeren um nicht zu sagen unerwünschten Wort geworden ist, das in der heutigen Zeit kaum noch eine relevante Bedeutung hat. Es gilt vielfach sogar als Relikt brauner Vergangenheit und findet bei der Jugend kaum noch Verwendung. Deshalb scheint es wichtig und aussagekräftig, dass es gerade ein englischer Kriegshistoriker für die Beurteilung der Deutschen Wehrmacht gebraucht. Der einstige Gegner bestätigt so, daß die deutschen Soldaten genau wie die der Alliierten für „ihre Heimat und für ihr Volk gekämpft und ihre Pflicht getan haben.“[335]

Dafür zerrt man sie nun im eigenen Land als Räuberbande Hitlers in den Schmutz und versucht, den wenigen noch lebenden Kriegsteilnehmern ihre Ehre zu nehmen. Und dies ohne Scham oder gar Ehrfurcht vor den Millionen, die in einem heroischem Kampf ihr Leben gelassen haben und sich gegen eine solche Gewissenlosigkeit nicht mehr zur Wehr setzen können!

Interessant ist auch eine Aussage des französischen Schriftstellers Saint-Loup, der nach 1945 dem Beraterstab des argentinischen Sozialisten Peron angehörte. Nach seiner Rückkehr nach Frankreich verfaßte er mehrere Bücher, in denen er die Deutsche Wehrmacht unter ausdrücklichem Einschluss der Waffen-SS als „tapfer und ritterlich“[336] charakterisierte.

Ein hervorragendes Zeugnis stellt auch der finnische Oberbefehlshaber im Zweiten Weltkrieg, der langjährige Staatsführer Finnlands, Carl Gustav Freiherr von Mannerheim dem deutschen Wehrmachtssoldatentum aus. Er schreibt darin:

„Erinnerungen an unsere deutschen Waffenbrüder werden hier weiterleben. Ich kann ihnen bezeugen, daß während der ganzen vergangenen Jahre in Finnland nichts passiert ist, das uns hätte verleiten können, in den deutschen Soldaten Eindringlinge oder Bedrücker zu sehen. Ich glaube, dass das Verhalten der deutschen Armee in Nordfinnland zur lokalen Bevölkerung und zu den einheimischen Behörden als unter ähnlichen Verhältnissen einzig dastehendes Beispiel von korrekten und herzlichen Beziehungen in unsere Geschichte eingehen wird.“[337]

Und was sagte der verstorbene französische Staatspräsident Charles de Gaulle, selbst Weltkriegssoldat, am 20. Juni 1961 anlässlich des Staatsbesuches des damaligen deutschen Bundespräsidenten Lübke in Paris:

„Jedes der beiden Völker will die Erinnerung an den entfachten Mut und die erlittenen Opfer bewahren, weil die Ehre der Kämpfenden unangetastet geblieben ist. Denn wenn auch eine schlechte Politik zu Verbrechen und Unterdrückung führt, so gehört doch die Hochachtung, die sich die Tapferen entgegenbringen, zum sittlichen Erbe des Menschengeschlechts... Ich beglückwünsche sie, junge Deutsche zu sein, Kinder eines großen Volkes, das in seiner Geschichte zwar verhängnisvolle Fehler beging, aber in Zeiten der Not und des Krieges wahre Wunder an Tapferkeit vollbrachte.“[338]

Und derselbe französische Staatsmann rief bei der Besichtigung des Schlachtfeldes von Stalingrad aus:

„Welch großes Volk!“ Einem seiner Begleiter, der glaubte, damit solle die Heldenhaftigkeit der Roten Armee gewürdigt werden, entgegnete de Gaulle: „Ich spreche natürlich von den Deutschen.“[339]

Wäre eine solche Feststellung deutschen Politikern wie Richard von Weizsäcker, Helmut Kohl oder Roman Herzog jemals in den Sinn gekommen?

Auch der britische Militärschriftsteller Captain Russel Greenfell schreibt in einem Brief an den deutschen Admiral Hansen:

„Ich kämpfe nicht *für* die deutschen Soldaten, sondern *mit* den deutschen Soldaten und Seeleuten gegen das Unrecht, das Männern angetan wird, die im Kampf für ihr Heimatland – sei es welches es ist – ihre Pflicht getan haben. Es ist die Höhe des Unrechts, Männer wegen Gehorsams gegenüber Befehlen zu bestrafen, wenn sie im gleichen Fall wegen Ungehorsams bestraft werden können. Schimpflich ist es darüber hinaus, deutsche Männer für die im Dienste des Staates durchgeführten Maßnahmen zu bestrafen, die von den Land- See- und Luftstreitkräften der Sieger ebenfalls getroffen worden sind.“[340]

Derselbe Greenfell, Commander der britischen Royal Navy, sagt bei einer anderen Gelegenheit:

„Als Brite, der 34 Jahre lang in Deutschland lebte, kann ich die Einstellung einer Minderheit der Deutschen ihren Soldaten gegenüber nicht verstehen. Diese Leute sind frustrierte Verlierer. Wenn die erstklassigen deutschen Soldaten 1945 gesiegt hätten, jubelten diese Leute noch. Ihre Soldaten waren die Verlierer, nicht weil sie schlechte Soldaten waren, sondern nur weil sie gegen drei Großmächte kämpfen mußten. Damals Feind, kämpfte ich gegen ritterliche und tapfere Deutsche. Ich war froh, daß ihre brutale Regierung zusammenbrach. Aber sogar 1945 hatten Briten Respekt für die deutschen Soldaten. Ich schrieb kürzlich in einer englischen Zeitung, dass ich in einer Krisenzeit lieber mit deutschen Soldaten – Briten natürlich auch – an meiner Seite kämpfen würde als mit allen anderen Soldaten, die es gibt.“[341]

Diese Feststellung unterscheidet sich kaum von der, die der amerikanische Generalmajor C. T. Lanham, Chef der 1. US-Infanteriedivision, auf die Frage zu seiner Meinung vom deutschen Soldaten auf Grund seiner eigenen und historischen Erfahrung sagt:

„Ich halte den Deutschen für einen der bestkämpfenden Männer der Welt. Er ist unveränderlich gut diszipliniert, hervorragend geübt, ausdauernd und loyal."[342]

Professor Dr. Philippe Masson, ein führender Militärhistoriker stellt in seinem in deutscher Sprache publizierten Werk „Die deutsche Armee – Geschichte der Wehrmacht 1939–1945" wörtlich fest:

„Die deutsche Armee hat mit ungewöhnlichem Mut bis zum bitteren Ende einer riesigen Koalition die Stirn geboten ohne jemals schwach zu werden. Der deutsche Soldat hat von 1939 bis 1945 eine Leistung erbracht, die der seines Vorgängers von 1914 bis 1918 wahrscheinlich noch überlegen ist. Man kann feststellen, dass sich die Wehrmacht in allen Teilen und an allen Fronten – oft auch unter unsagbar schweren klimatischen Bedingungen – mit einer Hingabe und Ausdauer geschlagen hat, die große Achtung verdient."[343]

Der andauernde Versuch, die Wehrmacht in ihrer Gesamtheit als *nazistisches Vollzugsorgan Hitlers* hinzustellen, geht schon deshalb ins Leere, weil ganz besonders das Heer schon seit der Machtergreifung Hitlers eine Schwachstelle der NS-Diktatur war. Da viele Offiziere dem Adelsstand angehörten, die in Hitler keinesfalls den Retter des Vaterlandes sahen, stand ein Großteil derselben diesem „Führer" eher skeptisch oder sogar ablehnend gegenüber. Und die Wehrmacht selbst war in ihrer Einstellung selbstverständlich national, aber keinesfalls im Sinne der Partei nationalsozialistisch.

Es war für mich und die meisten meiner Kameraden ein großer vaterländischer Krieg zur Verteidigung des Reiches, wobei wir uns natürlich im nationalen und patriotischen Sinne als eine Elite sahen, die aufgerufen war, die endliche Abschüttelung der Schmach von St.Germain und Versailles zu verteidigen und Volk und Vaterland vor der drohenden bolschewistischen Gefahr zu beschützen. Wenn wir uns dabei immer wieder trotz unserer Jugend todesmutig dem Feind entgegengestellt haben, dann waren wir deshalb weder Nazis noch Verbrecher. Wir fühlten uns aber zutiefst verpflichtet, das Reich, unser damals neues Vaterland, nach allen Seiten hin und mit all unserer Kraft zu verteidigen und zu beschützen.

Das sieht auch der israelische Militärhistoriker Martin von Crefeld so in seinem großartigem Buch wo er feststellt, dass „obwohl die deutsche Wehrmacht die beste der Welt war, die deutschen Soldaten in ihrer überwiegenden Mehrheit gar keine politische Ideologie besaßen, sondern von Vaterlandsliebe und Patriotismus getragen zu Elitesoldaten wurden."[344]

Selbst was die immer wieder und wieder behauptete „politische

Erziehung“ der deutschen Soldaten betraf, so kann ich nur aus eigener Erfahrung besten Gewissens folgendes bestätigen:

Wir waren auch bei der Kriegsmarine, der ich sechs Jahre als Offizier angehörte, keine Nazis sondern Soldaten, die ihrem damaligen Vaterland getreu ihres geleisteten Eides gedient haben. Ich weiß auch aus unzähligen Gesprächen mit Kameraden anderer Waffengattungen, daß es dort nicht anders war. Sie wurden ebenso wie wir auf den Kriegsschulen mit keinerlei politischen Erziehungsversuchen belästigt und wir wurden nicht genötigt, uns als Nazis zu deklarieren. Erst nach dem Attentat auf Hitler hat man uns nahegelegt, der NSDAP beizutreten. Ebenso wie ich haben dies aber viele Kameraden abgelehnt, weil wir dafür keine Notwendigkeit sahen. Diese Ablehnung zog auch keinerlei Konsequenzen nach sich.

Diese nicht in die heutigen Behauptungen passende Tatsache bestätigt auch der britische Weltkriegsoffizier und Kriegsgeschichtler Maurice Tugwell in seinem Buch „Airborne to Battle“, wo er wörtlich feststellt:

„Die Alliierten hatten geglaubt, der deutsche Soldat sei ein gut funktionierender Roboter, nur blinden Gehorsams fähig. Die Wirklichkeit sah jedoch anders aus. Die deutschen Soldaten waren keineswegs mit ideologischen Lehren vollgestopft worden, jener Materie, die in so vielen Armeen als Denkersatz betrachtet wird.“[345]

Fast ebenso verzerrt und bewußt falsch dargestellt wird auch immer wieder die so oft geschmähte Waffen-SS, zu deren 38 im härtesten Fronteinsatz stehenden Divisionen der Korrektheit halber folgendes festgestellt werden muss:

Die Waffen-SS war eine reine Fronttruppe und als solche nicht Himmler, sondern dem Oberbefehlshaber des Heeres unterstellt. Sie hat sich so als reine elitäre Kampftruppe auch kaum jemals Verbrechen schuldig gemacht. Um dies aber fälschlicherweise immer wieder behaupten zu können, wirft man sie mit der allgemeinen SS, welche die berüchtigten KZ-Wachmannschaften stellte, gerne in denselben Topf. Diese waren nämlich eine Einrichtung der Sicherheitspolizei und als solche dem Reichssicherheitshauptamt und damit Himmler unterstellt.

Ausgenommen davon waren nur die 1. und 2. SS-Brigade, welche seit 1941 in Polen und Rußland zur Partisanen- und Judenbekämpfung eingesetzt wurden. Ihr gehörte z.B. Friedrich Peter an, dem es aber trotzdem gelang, seine persönliche Unschuld nachzuweisen, worauf ihn Kreisky vor Angriffen Simon Wiesenthals in Schutz nahm und in der Folge sogar versucht hat, ihn zu seinem Vizekanzler zu machen.

Das Verhängnis, das immer wieder zu Fehleinschätzungen führt, liegt in einer seinerzeitigen, bewußt irreführenden Anordnung Himmlers, wonach auch diese zurecht gefürchteten Polizeiverbände, die also keine Soldaten waren, den grauen Rock und die SS-Rune am Kragenspiegel tragen durften. Beide hatten aber nichts anderes als diese Äußerlichkeit gemeinsam.

In der schlagkräftigen deutschen Fronttruppe der Waffen-SS die etwa 690.000 Soldaten umfasste, dienten neben 310.000 Deutschen auch rund 220.000 Volksdeutsche, Flamen, Wallonen, Franzosen, Litauer, Esten, Letten, Norweger, Ungarn, Italiener und andere europäische Volksgruppen. Sie waren als Freiwilligenverband mit elitärer Grundhaltung gewiss keine Nazis, sondern wollten nur in einer großen europäischen Armee ihr Land und mit ihm Europa gegen den Bolschewismus verteidigen. Zu ihnen gesellten sich in den gesamten Kampfverbänden der Wehrmacht trotz Hitlers Slawenfeindschaft noch Millionen von Slawen als Freiwillige, die unter ihren Nationalfahnen an deutscher Seite kämpften: Nicht nur Russen, Ukrainer und Weißrussen sondern auch Kaukasier, Moslems und Turkestani. Im Bolschewismus sahen sie alle ihren größten Feind; ihn zu vernichten, war für sie eine ebensolche Pflicht wie für jeden deutschen Soldaten.

Bezüglich einer Zugehörigkeit zur Waffen-SS in der BRD stellte übrigens der Bundesminister für Justiz mit Zahl 9250/1 II-25244/60 in Bonn am 2. Jänner 1961 ausdrücklich fest:

„Das Urteil des internationalen Militärgerichtshofes in Nürnberg vom 1. Oktober 1946, durch das die SS, einschließlich der Waffen-SS, zu einer verbrecherischen Organisation erklärt wurde, hat nach dem Recht der Bundesrepublik Deutschland keine Rechtswirkung für die ehemaligen Angehörigen der SS und der Waffen-SS. Niemand kann deshalb auf Grund dieses Urteils wegen einer bloßen Mitgliedschaft bei der SS strafrechtlich verfolgt werden.“[346]

Gemäß eines Erlasses des österreichischen Innenministers vom 26. November 1946 Zl. 95827-2/46 stellt auch dieser fest, daß die Waffen-SS eine dem Oberbefehlshaber der Wehrmacht unterstellte militärische Einheit und der Dienst in der Waffen-SS daher die Erfüllung der gesetzlichen Wehrpflicht war. Auch nach dem österreichischen Nationalsozialistengesetz waren daher die Angehörigen der Waffen-SS nicht registrierungspflichtig und somit generell entlastet.[347]

Daß unsere Linken und Grünen trotzdem wutentbrannt aufheulten, als Haider vor SS-Veteranen sprach, kann in Anbetracht dieser Erlässe nur mit einem grenzenlos blinden und vor allem auch dummen Haß erklärt werden. Deshalb erscheint es mir angebracht, auch hiezu noch einige Aussagen zu eben dieser Waffen-SS wiederzugeben. So sagte beispielsweise Bundeskanzler Adenauer schon 1953:

„Man muß unterscheiden zwischen SS und Waffen-SS; diese waren Soldaten wie andere auch!"

Auch der deutsche Alt-Bundeskanzler Helmut Schmidt stellte in diesem Zusammenhang einmal fest:

„Soldaten der Waffen-SS dürfen nicht mit Kollektivschuld belastet werden."

Auch Generaloberst Student, dem die Fallschirmjäger unterstanden, stellte zum Thema SS folgendes fest:

„Wir hatten vieles miteinander gemeinsam, die Waffen-SS und wir Fallschirmjäger. Wir gehörten zu den Eliteverbänden der Wehrmacht im letzten Kriege und haben oft Schulter an Schulter gekämpft und zwar da, wo es am meisten nach Pulver roch und wo die Not am größten war. Mir selbst haben Waffen-SS-Verbände unterstanden, und ich war immer glücklich darüber. Fallschirmjäger und Waffen-SS waren eine Truppe, wo nur der Mann etwas galt und nicht der Dienstgrad, nämlich der Mann, auf den man sich in jeder Minute verlassen konnte. In dem blutigen Ringen des Zweiten Weltkrieges hat die Waffen-SS an allen Fronten mit größter Tapferkeit, Hingabe und Treue für unser deutsches Vaterland gekämpft."[348]

Aber nicht nur dieser deutsche Truppenführer sondern auch unsere ehemaligen Gegner urteilen ähnlich. So sagt auch der britische Offizier Guy Simons über seine Erfahrungen mit der Waffen-SS während der Invasionskämpfe:

„Die einzigen, die in diesem Krieg wirklich Auszeichnungen verdienen, sind die Burschen von der SS. Jeder einzelne von ihnen verdient es, mit dem Viktoria-Kreuz ausgezeichnet zu werden. Dagegen sind wir die reinsten Amateure. Nur wenige, gleich ob alliierte oder deutsche Divisionen, werden diese Rekord-Kampfleistungen der 10. SS-Panzerdivision in der Normandie übertreffen."[349]

Und Sir G. K., Lt.Colonel, Kommandant von Churchills altem Garderegiment „The Forth Queens Own Husars" wandte sich zu diesem Thema mit folgenden Worten an Churchill:

„Sir, ich hatte ihr Regiment zu kommandieren. Wir lagen während des ganzen Griechenland-Feldzuges der Waffen-SS gegenüber. Es waren ausgezeichnete Soldaten und sehr faire Kämpfer. Geschichte sollte nach so vielen Jahren wahr sein."[350]

Eine Feststellung, die auch unsere Historiker und Journalisten zur Kenntnis nehmen sollten, statt ständig die Soldatengeneration des Zweiten Weltkrieges zu diffamieren.

Pflichterfüllung und Ehre gegen Verrat und Desertation einzutauschen, dazu mußte man wie zu jeder anderen verwerflichen Tat geboren sein, auch wenn dies unsere heute ohne Ideale aufwachsende Jugend nicht mehr verstehen kann oder will.

Der amerikanische Generalstabsoffizier Joseph B. Mitchell schreibt in seinem historisch bedeutenden Werk „Zwanzig entscheidende Schlachten der Weltgeschichte":

„Wir können dem einzelnen Russen und dem einzelnen Deutschen unser Mitgefühl nicht versagen. Ihnen blieb nichts anderes übrig, als den Kopf hinzuhalten und zu kämpfen, in dem Glauben an eine bessere Zukunft."[351]

So sieht also das ehemals feindliche Ausland die Leistungen der Deutschen Wehrmacht. Bei uns aber wird derselbe deutsche Soldat verleumdet und kriminalisiert, weil dies besser in das Bild antideutscher Einpeitscher paßt.

Eine Nestbeschmutzung nach Art der derzeitigen Wehrmachtshetze wäre in allen anderen Ländern unvorstellbar. Bedauernswertes Deutschland, armes Österreich; zwei Staaten, die es zulassen, daß ihre Kriegsgeneration auf eine so niederträchtige Art verleumdet wird.

Man muss sich deshalb zutiefst jener Kreaturen schämen, die nicht davor zurückschrecken, diesen mutig und tapfer kämpfenden Kameraden nun auch noch posthum ihre Ehre zu nehmen.

Dazu sagt der Publizist Heinz Schewe 1996 in den „Israel Nachrichten" so treffend:

„Als der Krieg verloren war, durften diejenigen, die unverfroren genug gewesen waren, ihn zu überleben, wieder nicht den Mund auftun. Die Generation der Strammsteher und der Gehorsamen, blieb das, was sie war: Kanonenfutter. Man lastete ihr dann auch noch die politische und militärische Verantwortung für die deutsche Katastrophe auf. Jeder Grünschnabel darf mich heute einen „Mörder" nennen, weil ich im Zweiten Weltkrieg Soldat war. Meine gleichaltrigen Freunde sind alle tot. Sie kamen aus dem Krieg nicht zurück. Die „Begnadeten einer späteren Geburt" machen sich über ihren Tod lustig. Sie vernadern die Gefallenen des Krieges nachträglich pauschal zu Kriegsverbrechern und Gewalttätern. Ich kann vor Verachtung nicht einmal ausspucken."[352]

Aber weder solche Feststellungen, noch die durch den Nachweis von Fälschungen erlittene Niederlage waren für Reemtsma und seine willigen Handlanger ein Hindernis, schon am 23. November 2000 wieder den Plan für einen neuerlichen Versuch einseitiger Vergangenheitsbewältigung vorzustellen, der dann ein Jahr später realisiert worden war. Diese zweite, genau so pauschal diffamierende Ausstellung mit dem etwas geänderten Titel „Verbrechen der Wehrmacht, Dimensionen des Vernichtungskrieges 1941–1944" wurde am 27. November 2001 in Berlin einem ausgesuchten linken Publikum präsentiert.

Die modernen Umerzieher wollten also Schmach und Niederlage nicht auf sich beruhen lassen und es wurde deshalb von Reemtsma eine „unabhängige Expertenkommission" eingesetzt, welche die Vorwürfe der Historiker gegen die alte Ausstellung prüfen und versuchen sollte, das Ausmaß der Verstöße gegen die Wissenschaftlichkeit herunterzuspielen, was sie in der Folge dann auftragsgermäß auch getan hat.

Die ganze Farce dieser Kommission und ihres Urteils zeigt aber Bogdan Musial in einer Stellungnahme in der FAZ auf, wo er feststellt, „daß diese Kommission weder ‚unabhängig' noch besonders kompetent im Hinblick auf die Kenntnisse der Archive in postkommunistischen Ländern sei",[353] aus denen ja die meisten Fotografien der alten Ausstellung stammten. Die Ausführungen der Kommission hiezu nehmen sich teilweise geradezu peinlich aus. Ferner waren sechs von acht Kommissionsmitgliedern bei der alten Ausstellung sowohl emotionell als auch organisatorisch involviert und daher finanziell vom Geldgeber Reemtsma abhängig.

Und ebensolche „einschlägig" ausgesuchten „Wissenschaftler" haben nun zwei Jahre lang wieder im Auftrag und im finanziell abhängigem Verhältnis des privaten Hamburger Institutes Reemtsmas nicht ganz zufällig die alte Ausstellung „überarbeitet". Daß dabei fast 80 Prozent der belastetenden Fotos der alten Ausstellung nicht wieder verwendet werden konnten, spricht wohl noch einmal ein vernichtendes Urteil über die „Wissenschaftler" sowie alle jene Politiker und Medien, die sich damals hinter dieses Machwerk gestellt haben.

Statt des entlassenen Leiters der ersten Ausstellung, des einschlägig vorbestraften ehemaligen Kommunisten Heer, treten nun eine Ulrike Jureit als Sprecherin der neuen Schau und ein Christoph Bittenberg auf. Es sollte eine „völlig neue Ausstellung" werden, aber man hat sie nur äußerlich modifiziert: GeänderteTitel und gefälschte Fotos wurden durch Texte ersetzt. Das ideologische Ziel einer umerzieherischen Indoktrinierung, die Verzerrung der damaligen Wirklichkeit, die geschickte Manipulation der Besucher und die pauschale Diffamierung der deutschen Wehrmacht als verbrecherische Truppe sind unverändert geblieben.

So werden beispielsweise die deutschen Kriegsvorbereitungen und Planungen völlig einseitig dargestellt, ohne sie in irgendeinem Zusammenhang mit der damaligen Zeit und dem damaligen Geschehen zu sehen.

Dagegen werden die schon viel früheren Kriegsabsichten und Planungen der Alliierten (Churchill, Stalin und Roosevelt), die Deutschland erst in Zugzwang brachten, überhaupt nicht erwähnt .

Gerade dadurch wird bei den meisten weniger geschichtskundigen oder schon in der Schule irregeführten Besuchern ein ganz falscher Eindruck erzeugt und das Bild des kriegslüsternen Deutschen mit den exemplarisch herausgestellten angeblichen Verbrechen kultiviert.

Die neue Ausstellung ist zwar vom Umfang her größer, aber die Anzahl der gezeigten Fotos mußte notgedrungen stark reduziert werden. Woher auch neue Bilder nehmen, wenn sich die vorherigen weitgehend als Fälschungen erwiesen haben?

Dafür versucht man nun den Besucher mit einer erdrückenden Fülle von Dokumenten zu berieseln und die angeblichen Verbrechen sind natürlich dabei – wenn auch etwas vorsichtiger formuliert – dieselben geblieben und dienen wieder nur dem Zweck, die deutsche Wehrmacht als verbrecherische Organisation zu stigmatisieren.

Den beachtlichsten Teil nehmen auch jetzt wieder die Hinrichtungen von Partisanen ein und man hat statt der fehlenden Fotos einfach die Gesetzestexte der Haager Landkriegsordnung von 1907, wie die der beiden Genfer Konventionen von 1929 abgedruckt, die dem betrachtenden Laien ohne eine allgemein verständliche Erläuterung ihrer praktischen Anwendung so gut wie nichts nützen.

Eine der wenigen Ausnahmen bilden lediglich die „Erläuterungen zum Begriff „Partisanen" auf Seite 27 des neuen Ausstellungskataloges.

Dort erklären die Aussteller unter Berufung auf die deutsche „Kriegssonderstrafrechtsverordnung von 1938" und das britische „Manual of Military Low", welche unrechtmäßige Kombitanten – also Partisanen oder Freischärler – nur dann bestrafen, wenn sie vorher von einem Kriegsgericht abgeurteilt wurden. Damit war das deutsche und britische Militärstrafrecht damals besonders fortschrittlich und ging in vielen Punkten über die Forderungen des Kriegsvölkerrechtes hinaus. Nach der Haager Landkriegsordnung und dem Völkergewohnheitsrecht waren Partisanen praktisch vogelfrei und konnten – auf frischer Tat ertappt – ohne Kriegsgerichtsverfahren hingerichtet werden, was sich auch in der Praxis als die einzig durchführbare Methode erwiesen hat.

Aus diesem Grund wurde die Gültigkeit dieser Auffassung auch von den Nürnberger Nachfolgeprozessen ausdrücklich bestätigt. Diese den Ausstellern gewiß nicht unbekannten höchstrichterlichen Urteile hat man auch diesmal bewußt verschwiegen; ansonsten wären die erfolgten und gezeigten Hinrichtungen zum überwiegenden Teil keine Verbrechen sondern rechtlich gedeckte Exekutionen gewesen, wie sie überall auf der Welt gehandhabt wurden und auch heute noch in diesem Sinne vollstreckt werden.

So bezeichnet man beispielsweise hinterhältige Kombattanten heute in Israel nicht mehr als Partisanen sondern als Terroristen und ermordet sie ohne jedes Gerichtsverfahren oder den geringsten Nachweis einer tatsächlichen Schuld kurzerhand mit Raketen von Hubschraubern aus und dies ohne die geringsten Skrupel vor den Augen der übrigen Welt, die diese Gräuel so gut wie ohne Widerspruch hinnimmt. Weil aber auch schon die geringste Kritik an solchen Untaten mit dem Schlagwort „Antisemitismus" im Keim erstickt wird, würde es auch niemand wagen, diese hochaktuellen tatsächlichen Verbrechen in einer Ausstellung zu dokumentieren.

In der neuen Ausstellung führt man als „Beweis" von Verbrechen an, dass durch den „Kriegsgerichtsbarkeitserlaß" vom 13. Mai 1941 für den bevorstehenden Rußlandfeldzug im Operationsraum Barbarossa die „Kriegssonderstrafrechtsverordnung" außer Kraft gesetzt wurde. In Wahrheit gab die Wehrmacht aber dadurch nur ihre eigenen fortschrittlichen und selbst freiwillig eingegangenen Sonderbestimmungen für diesen Feldzug in weiser Voraussicht auf und beschränkte sich damit auf die allgemein gültigen Regelungen des Völkerrechtes.

Deshalb widerspricht es auch den Tatsachen, wenn in der Ausstellung zitiert wird, dass mit dieser Angleichung an das gültige Völkerrecht „wesentliche Bestandteile des geltenden Kriegs- und Völkerrechtes für den Krieg gegen die Sowjetunion außer Kraft gesetzt wurden". Die nachstehend aufgestellte Behauptung: „sie schuf damit die Grundlagen des Rassen- und Vernichtungskrieges" ist eine ebensolche Irreführung des Betrachters wie die gefälschten Bilder, die gezeigt wurden.

Hitler hat also durch den „Barbarossa-Erlaß" nicht einfach das Völkerrecht oder auch nur Teile davon ausser Kraft gesetzt – ein dementsprechender Befehl ist nicht existent – sondern wie es in den Unterlagen des Nürnberger Prozesses richtig lautet, „die völkerrechtlichen Bedingungen gelockert", um der Truppe die Möglichkeit zu geben, sich gegen die zu erwartende völkerrechtswidrige Kriegsführung der Sowjetunion – was sich im Laufe des Krieges leider auch mehr als zutreffend erwiesen hat – besser zur Wehr setzen zu können.

Dazu kommt noch, daß die Sowjetunion weder die Haager Landkriegsordnung noch das Genfer Abkommen über die Behandlung von Kriegsgefangenen anerkannte, was erwarten ließ, dass sie sofort nach Kriegsbeginn systematisch morden und so zu Mitteln einer hinterhältigen und heimtückischen Kriegsführung greifen würde. Dass dann auch tatsächlich. tausende deutscher Soldaten Opfer derselben wurden, verschweigt die Ausstellung natürlich wissentlich.

Auch die Rolle der Wehrmacht im Zusammenhang mit Massenerschießungen durch Einsatztruppen des Himmler unterstellten SD wird unrichtig dargestellt, denn die Wehrmacht war diesem von ihr völlig unabhängig operierenden Sicherheitsdienst der SS lediglich hinsichtlich der Logistik unterstellt.

Diese Absprache interpretieren die Aussteller mit dem Satz: „Das OKW (Oberkommando der Wehrmacht) erklärte sich mit der Durchführung des Mordprogrammes (an Juden, d. Verf.) innerhalb des Operationsgebietes einverstanden."

Mit dieser gravierenden Aussage stehen die Aussteller ebenfalls ganz bewußt im Gegensatz zum Urteil des amerikanischen Militärgerichtshofes im Rahmen des OKW-Prozesses, wo es wörtlich heißt:

„Bei der Tätigkeit der Einsatztruppen muß... ein Unterschied in Betracht gezogen werden, nämlich die zweifache Aufgabe: Auf der einen Seite war es ihre Aufgabe, gewisse Elemente auf verbrecherische Weise zu liquidieren. Auf der anderen Seite hatten sie jedoch völlig legale polizeiliche Aufgaben. . . und arbeiteten so vor allem gegen die Freischärler. Weiterhin sind die Bemühungen zur Geheimhaltung der verbrecherischen Tätigkeit dieser Polizeieinheiten vor der Wehrmacht zu berücksichtigen."

Das heißt also, dass es aus den Absprachen zwischen dem Oberkommando des Heeres und dem Reichssicherheitshauptamt in keiner Weise hervorgeht, dass die Wehrmachtsführung über ein Programm zur Ermordung sowjetischer Juden informiert gewesen sei, geschweige denn, dass sie ein solches gebilligt hätte.

Selbst wenn man vielleicht demgegenüber behaupten sollte, daß die Nürnberger Urteile teilweise von der neueren Forschung überholt seien, konnten weder die Aussteller noch andere Forscher bisher überzeugende Beweise dafür vorlegen, dass die Wehrmacht in Vernichtungsaktionen gegen die jüdische Bevölkerung aktiv verstrickt war.

Daß es da und dort einzelne Beteiligungen von Wehrmachtsangehörigen an Erschießungen gegeben hat, kann und wird niemand bestreiten. Aber derartige Übergriffe, die meist im erbitterten Affekt wegen der NKWD-Massenmorde durch Juden in Gestalt der Kommissare ihre Ursache hatten, bildeten die Ausnahme. Sie rechtfertigen aber nicht den Tenor dieser Ausstellung, die gesamte Wehrmacht als verbrecherische Organisation hinzustellen.

Der wohl gravierendste, wahrscheinlich auch bewußt gewollte Fehler dieses neuerlichen „korrigierten“ Machwerkes aber ist darin zu erblicken, daß man den sowjetischen Kriegsterror durch die Rote Armee, die Partisanen und den NKWD so gut wie ausblendet oder nur am Rande streift, obwohl er fast immer der Auslöser für diese fallweise vorgekommenen Übergriffe deutscherseits war.

Eines der zentralsten Kapitel der Geschichte des Rußlandfeldzuges, die von den Sowjets 1941/42 angewandte Strategie der „verbrannten Erde“ wird überhaupt nicht erwähnt. Ohne eine Erklärung dieser Strategie können aber für den Betrachter wesentliche Teile der deutschen Besatzungsstrategie wie die Behandlung der sowjetischen Kriegsgefangenen oder die Wirtschaftspolitik in den besetzten Gebieten nicht verstanden werden.

Diese Strategie der „verbrannten Erde“ bedeutete die systematische Vernichtung der Ernte und aller Lebensmittelvorräte, die Vergiftung der Brunnen, die Zerstörung der Verkehrswege und damit aller Hilfsmittel, die nicht nur dem Feind sondern auch der verbliebenen Zivilbevölkerung und den Kriegsgefangenen ein Überleben erleichterte oder überhaupt ermöglichte.

Die Wehrmacht stieß daher in ein ökonomisch völlig verwüstetes Land vor, in dem die verbliebenen geringen Vorräte nicht einmal für den Eigenbedarf der Truppe ausreichten. Nur deshalb hat die Versorgungskrise schon im Herbst 1941 ihren Höhepunkt erreicht.

Durch eine systematische Zerstörung des Eisenbahnnetzes, verbunden mit dem Einsetzen der gefürchteten Schlammperiode, erhielt die Wehrmacht zwar den notwendigen Nachschub an Waffen und Munition, aber kaum noch Nahrung oder dringend notwendige Winterbekleidung.

Der Vorwurf, die Wehrmacht habe das Land rücksichtslos ausgeplündert und damit eine Hungerkatastrophe unter der Zivilbevölkerung und den Kriegsgefangenen verursacht, geht an den Tatsachen vorbei, die damit bewußt entstellt werden.

Dazu kommt, dass zu diesem Zeitpunkt die Zahl der sowjetischen Kriegsgefangenen einen absoluten Höhepunkt erreicht hatte. Viele dieser gefangenen Rotarmisten waren nach den großen Kesselschlachten bereits so unterernährt, dass ihr katastrophaler Zustand, die einsetzende kalte Witterung und der damit verbundene Ausbruch von Seuchen, zu einen verheerenden Massensterben in den Gefangenenlagern führte, dem man deutscherseits auf Grund dieser Umstände so gut wie machtlos gegenüber stand.

Diese Tatsachen, die die eigentliche Ursache der Katastrophe waren, werden aber in der Ausstellung so gut wie nicht gewürdigt. Wenn man aber dafür Dokumente zeigt, in denen die fürchterlichen Zustände in einigen Kriegsgefangenenlagern zu sehen sind, so ist auch dies nichts anderes als eine weitere ganz bewußte Diskriminierung der deutschen Wehrmacht.

Eine weitere Unwahrheit der Aussteller liegt darin, dass sie die Zahl der in deutscher Hand umgekommenen sowjetischen Gefangenen mit 3,3 Millionen beziffert. Dieser fiktiven Zahl steht eine in den neunziger Jahren in Rußland veröffentlichte, sehr genaue Statistik gegenüber, in der die Verluste der Roten Armee im Zweiten Weltkrieg veröffentlicht wurden. Dort werden insgesamt 1,78 Millionen Sowjetsoldaten als vermißt oder als in deutscher Kriegsgefangenschaft umgekommen bezeichnet.

Dafür verschweigt man die Zahl der in sowjetischer Kriegsgefangenschaft während und vor allem auch noch nach Ende des Krieges ermordeten oder verhungerten deutschen Soldaten wohlweislich. Sie gegenüberzustellen würde ein noch weitaus abschreckenderes Bild der Grausamkeiten dieses Krieges liefern, verschmälerte jedoch dafür die Möglichkeit, nur die deutschen Soldaten als Verbrecher hinzustellen und das wäre nicht im Sinne der Aussteller.

Man verschweigt in der Ausstellung das Kapitel „Verbrannte Erde“ ebenso bewußt wie die gewaltigen deutschen Anstrengungen, die verheerende Wirtschaftskrise in den besetzen Gebieten zu überwinden. So gewährte das Deutsche Reich den besetzen Ostgebieten eine Wirtschaftshilfe von 3 Milliarden Reichsmark, was heute etwa 23 Milliarden Euro entsprechen würde. Im Rahmen dieses „Ostackerprogrammes" wurden nicht nur hunderttausende landwirtschaftliche Geräte, Traktoren etc. sondern auch Zuchtvieh, viele Millionen von Tonnen an Steinkohle und andere Hilfsgüter geliefert. Auch wenn dies nicht aus humanitären Grunden geschehen ist, so hat die Zivilbevölkerung aus dieser deutschen Wiederaufbaupolitik doch sehr großen Nutzen gezogen.

Diese in der Ausstellung unerwähnten Wirtschaftsbeihilfen und Wiederaufbaubemühungen würdigt sogar der jüdische US-Historiker Dallin in seinem Buch „German Rule in Russia"[354]

Schon diese wenigen Beispiele zeigen klar und deutlich, dass auch mit der neuen Ausstellung ein selektives, einseitiges und damit schiefes Bild der deutschen Wehrmacht im Russlandfeldzug gezeigt wird.

Viele offenkundige Fehler prägen diese überarbeitete Ausstellung. Der bereits erwähnte Historiker Musial weist noch darauf hin, dass beispielsweise behauptet wird, die Wehrmacht habe nichts gegen das „Lemberger Progrom" im Sommer 1941 unternommen. Dagegen belegen historische Dokumente genau das Gegenteil. Die Wirklichkeit wird also von Seiten der Aussteller nicht nur verzerrt, sondern auch in diesem Fall ins Gegenteil umgedreht. Die sehr wohl bewusst mit emotionaler Wirkung versehenen Überschriften erwecken darüber hinaus den Eindruck, als ob Ausnahmefälle pauschale Wirkung gehabt hätten und nehmen den Betrachter, der die ausführlichen Texte unmöglich zur Gänze lesen kann, unbewusst gegen die Wehrmacht ein. Diese Wirkung wird noch verstärkt durch die suggestive Kraft eines quasi religiösen „Andachtsraumes" am Ende der Ausstellung, in dem der Besucher meditierend schreckliche Tondokumente wie über Kindererschießungen und ähnliches anhören muß, ohne dass der konkrete Zusammenhang sowie die Vorgeschichte des jeweiligen Geschehens deutlich wird. *Das ist übelste Seelenmassage in Reinkultur!*

Eine ausführliche Darstellung der zahlreichen Fehler der neuen Ausstellung liegt bereits in der Forschungsstelle für Militärgeschichte in Berlin unter dem Titel „Alter Wein aus neuen Schläuchen" vor. Doch davon unberührt tingelt auch sie wieder durch die Lande und wurde auch in Wien neuerlich aus Steuergeldern gefördert und von der Linken bejubelt präsentiert.

So dient auch diese „neue" Ausstellung keiner geschichtlichen Aufklärung sondern wieder nur einer einseitigen Diskriminierung der Wehrmacht. Die Schöpfer und ihre Förderer bezwecken damit lediglich, dass diese Vergangenheit für die Nachkriegsgenerationen vor allem aber für die Jugend ein Verbrecheralbum bleibt.

Dieser Selbstzerstörungssucht des deutschen Volkes stehen selbst Ausländer mit Unverständnis und Besorgnis gegenüber:

So erklärte der amerikanische Hostoriker Alfred M. de Zayas am 23. Juni 1996 in Weimar: „Wenn mich etwas am heutigem Deutschland stört und beunruhigt, ist es die Neigung zur übertriebenen Selbstkritik, die für mich bedeutet, dass viele Deutsche den Sinn für Realität, für Geschichte, und Verhältnismäßigkeit verloren haben. Oder schlimmer, dass manche Deutsche wohl an einer Megalomanie leiden. Sie wollen die größten Verbrecher der Geschichte sein und die größten Büßer, dies halte ich für pathologisch."[355]

Diesen pathologischen Zustand dokumentieren in ganz besonderem Maße beide Wehrmachtsausstellungen, mit denen versucht wird, den Vernichtungskrieg in die Familien zu tragen, die Soldatenrolle der Väter und Großväter zu kriminalisieren und die Wehrmacht in ihrer Gesamheit als Verbrecherorganisation hinzustellen.

Den derzeitigen Höhepunkt eines solchen Zustandes, stellt aber wohl die Aberkennung des Ehrengrabes unseres Fliegerhelden Oberst Walter Novotny in Wien dar. Nach mehr als sechs Jahrzehnten – angeregt durch einem Deserteur – schämt sich die linke Mehrheit des Wiener Stadtsenates nicht, auf Vorschlag ihres grünen Abgeordneten Ellensohn, so sein Grab zu schänden. Gipfelpunkt einer Unkultur, weil es das Maß der Kultur einer Gesellschaft ist, wie sie mit ihren Toten umgeht.

12

Folgen bis ins dritte Jahrtausend

Beide Weltkriege entstanden aus einem lokalen Konflikt: Der Erste aus der örtlichen Auseinandersetzung zwischen der habsburgischen Monarchie und dem angrenzenden Serbien durch den Mord am österreichischen Thronfolgerpaar in Sarajewo; der Zweite aus dem Streit zwischen Polen und dem Deutschen Reich wegen der unsinnigen Grenzziehung durch das Versailler Diktat. Beide örtlichen Konflikte wurden vom britischen Weltreich *durch die Kriegserklärung an das Deutsche Reich* 1914 und 1939 aus einem binneneuropäischen zu einem Weltkrieg im globalen Sinne ausgeweitet. Dahinter aber stand beide Male die Macht des internationalen Kapitals, welches die Weltherrschaft anstrebte.

Es liegt in der Natur der Sache, dass die historische Forschung niemals zu einem definitiven Abschluß kommt. Der Wettstreit der Deutungen ist durch kein Machtwort zu beenden. Deshalb kann auch meine Analyse nur zur Erweiterung und der Verbreitung von Kenntnissen und zur Versachlichung der Debatte über die Geschichte des Dritten Reiches beitragen. Dieses Dritte Reich gehört zur nationalen Identität der Deutschen als geschichtliche und lebendige Erinnerung. Aber es soll und darf nicht künftige Generationen auf ewig unter das Joch der Vergangenheit zwingen.

Wenn die vorliegende Analyse, die ganz bewußt aus einer extrem anderen und vor allem für die jüngeren Generationen unbekannten Sicht entstanden ist, für manchen Leser wie ein „Weißbuch für Deutschland" oder gar Hitler anmutet, so nur deshalb, weil ich darin aufzuzeigen versuchte, dass die wiederholt gemachte Behauptung, *nur die Besiegten seien die Schuldigen* und als solche auch für das schreckliche Geschehen zweier Weltkriege in unserem Jahrhundert allein verantwortlich, den Tatsachen widerspricht.

Deshalb ist es an der Zeit, dass das deutsche Volk und auch wir Österreicher endlich aufhören, uns im Sumpf der Schuldgefühle zu suhlen. Davor warnt auch der anerkannte amerikanische Historiker

Harry Elmer Barnes wenn er in seinem Buch „Die deutsche Schuldfrage“ feststellt:

„Ich kenne kein anderes Beispiel in der Geschichte dafür, dass ein Volk diese nahezu wahnwitzige Sucht zeigt, die dunklen Schatten der Schuld auf sich zu nehmen, an einem politischen Verbrechen, das es nicht beging, es sei denn jenes Verbrechen, sich selbst die Schuld am Zweiten Weltkrieg aufzubürden.“[356]

Und an anderer Stelle sagt dieser Amerikaner zum selben Thema klar und unmißverständlich:

“Man hat das deutsche Volk politisch gekreuzigt auf der Grundlage der Legenden, die von der Bonner Regierung auch heute noch aufrecht erhalten werden, wobei sie diejenigen, die über 1939 die Wahrheit veröffentlichen, mit Gefängnisstrafen bedroht. Das Zerrbild Hitlers, wie Vorkriegspropaganda und Kriegshysterie es gezeichnet haben, muss um jeden Preis erhalten bleiben, auch angesichts der Fülle gegenteiligen Beweismaterials. Wenn sich nämlich dieses Grunddogma nicht aufrecht erhalten lässt, wird der Zweite Weltkrieg zum größten Verbrechen der Geschichte, einem Verbrechen, das zur Hauptsache auf England, Frankreich und den Vereinigten Staaten lastet.“[357]

Nach dem Ersten Weltkrieg konnte sich das besiegte deutsche Volk in dem unbesetzt gebliebenen Kernraum seiner staatlichen Existenz noch wehren. Alle Regierungen und alle Parteien der Weimarer Republik mit Ausnahme der Sozialdemokratischen Partei lehnten entschieden den Schuldparagraphen 231 des Versailler Vertrages ab. Im Großen und Ganzen war die Kriegsschuldfrage „Erster Weltkrieg“ um das Jahr 1930 dahingehend beantwortet, dass auch die Alliierten ihre Mitschuld eingestanden.

Ganz anders die Situation nach dem Zweiten Weltkrieg: Die bedingungslose Kapitulation der deutschen Wehrmacht und die vollständige Besetzung des gesamten deutschen Reichsgebietes inklusive Österreichs durch die Siegermächte schufen eine ganz andere Voraussetzung und ließen *keinen Freiraum für eine nationale Selbstbehauptung.* Das letzte legitime Reichsoberhaupt, Großadmiral Karl Dönitz hatte sich zur bedingungslosen Kapitulation unter der selbstverständlichen Voraussetzung der Einhaltung der Haager Landkriegsordnung und der Genfer Konvention durch die Siegermächte entschlossen; sie haben sich nicht daran gehalten!

Die Siegermächte fälschten die militärische Kapitulation in eine völker- und staatsrechtliche um, nahmen dem deutschen Volk seine staatliche Existenz durch die völlige Zerstörung des Reiches und unterwarfen es im Sinne der geplanten und vorbereiteten „Umerziehung“ einer totalen Gehirnwäsche mit dem Ziel, es seines nationalen Selbstbewußtseins zu berauben und zur Anerkennung der Kollektivschuld zu zwingen.

Mit der Umfälschung der Kapitulation der Wehrmacht in eine staats- und völkerrechtliche Kapitulation – ein völliges Unding, weil der Begriff „Kapitulation“ rein militärisch ist und das geltende Staats- und Völkerrecht ihn überhaupt nicht kennt – hatten sich die Siegermächte die Grundlage für die Zerstörung des Reiches geschaffen. *Dadurch wurde das deutsche Volk seiner staatlichen Existenz beraubt und in Deutschland ebenso wie in Österreich der absoluten Willkür der Sieger unterworfen.*

Die politisch-ideologische Inquisition wurde bei den Amerikanern im CIC (Counter Intelligence Corps), bei den Engländern im FSS (Field Secret Servive) organisiert und im wesentlichen von Männern durchgeführt, die vor 1939 emigriert waren und nun in englischen und amerikanischen Uniformen oder im Gefolge der russischen Besatzungsmacht mit roten Armbinden zurückkehrten. So war beispielsweise auch der stellvertretende amerikanische Hauptankläger im Nürnberger Schauprozeß, Robert Kempner, ein ehemaliger Oberregierungsrat des preußischen Innenministeriums, der aus rassischen Gründen 1934 in die USA emigriert war. Alle Besatzungsmächte hatten so besonders radikale Helfershelfer in geflohenen oder aus Deutschland und Österreich emigrierten Linksintellektuellen, insbesondere Kommunisten, Sozialisten, Zentrümler und Pazifisten; sie waren sehr oft dem jüdischen Volk zuzuordnen, haben so meist hasserfüllt mit der „Umerziehung“ begonnen und die damalige Mehrheit des deutschen und österreichischen Volkes rigoros einer totalen Gehirnwäsche unterzogen.

Geschichtsschreibung und Geschichtsbetrachtung wurden ausschließlich von den Besatzungsmächten diktiert, das heißt, das besiegte Volk hatte die eigene Geschichte durch die Brille der Sieger zu sehen und zu beurteilen. Dieses Ziel wurde im Laufe einer jahrzehntelangen Besatzungszeit weitgehend erreicht. Die Besatzungsmächte errichteten mit einer negativen Auslese des besiegten Volkes einen neuen Verwaltungsapparat für ihre Zwecke und Ziele.

Das Großdeutsche Reich wurde zerstückelt; die alten Reichsgebiete östlich der Oder-Neiße-Linie von Polen und Russen geraubt, die eingesessene deutsche Bevölkerung unter unvorstellbaren Gräueln vertrieben ebenso wie auch die Sudetendeutschen aus ihrer angestammten Heimat im böhmisch-mährischen Raum. Die Volksdeutschen in Ost-Mitteleuropa wurden teils ermordet, vertrieben oder zur Sklavenarbeit in die Sowjetunion verschleppt.

Die gefangenen deutschen Soldaten, insgesamt elf Millionen, erlitten ein ähnlich furchtbares Schicksal wie die Volksdeutschen und die Reichsdeutschen der geraubten Gebiete. Sie sind meist verhungert oder von schwerster Fronarbeit und Seuchen geschwächt zu Grunde gegangen.

Da die Siegermächte sich im Taumel des Hasses und der Rachsucht 1945 – wie schon erwähnt – weder an die Haager Landkriegsordnung noch an das Völkerrecht hielten, waren alle Deutschen wie Freiwild der Willkür der Sieger ausgeliefert. Arbeit, Leben und Eigentum aller Deutschen standen in der vollen Verfügungsgewalt der Sieger. Die gefangenen deutschen Soldaten galten nicht als Kriegsgefangene im Sinne der vorerwähnten internationalen Abkommen sondern nur als „Surrendered Enemy Personell" (übergebene feindliche Mannschaft, d. Verf.), *ein noch nie in der Geschichte dagewesenes Verbrechen an Soldaten,* die nichts anderes getan haben, als die ihnen auferlegte soldatische Pflicht für ihr im Krieg befindliches Vaterland zu erfüllen.

Die letzte Reichsregierung unter Großadmiral Karl Dönitz wurde am 23. Mai 1945 unter schändlichen Bedingungen gefangen genommen. Das so geköpfte und viergeteilte Rumpfdeutschland kam ähnlich wie das vom Reich abgetrennte Österreich unter die jeweilige Militärverwaltung der vier Besatzungsmächte. Diese knüpften bei der Organisation eines neuen politischen Verwaltungsapparates in Deutschland an die Parteien der Weimarer Republik an: Die sowjetische Militäradministration schuf ein kommunistisches Einheitsregime, während die drei westlichen Besatzungsmächte die Sozialdemokratische Partei, das Zentrum unter der Bezeichnung CDU/CSU und die Liberalen unter dem neuem Namen FDP in den Sattel setzten. Die drei westlichen Besatzungszonen konstituierten sich dann 1949 als „Bundesrepublik Deutschland", während im selben Jahr die sowjetische Besatzungszone als „Deutsche Demokratische Republik" geschaffen wurde. Die ehemaligen Weimarer Parteien amtierten so zum Teil unter neuem Namen als Handlanger der Besatzungsmächte. Nur mit ihrer Hilfe und ihrer antinationalen Einstellung war die bisherige Nachkriegspolitik möglich. Sie sind in Deutschland wie in Österreich die Hauptträger der Umerziehung geworden.

Nach 1945 gab es in Deutschland und in Österreich die Entnazifizierung. Mit klaren Gesetzen wurde damals Schuld zugewiesen und nach dem Buchstaben des Gesetzes verurteilt. Schuldige hat man gehenkt, eingekerkert oder man hat ihnen die Existenzgrundlage entzogen.

Dann ging man an den Wiederaufbau des Landes; es wurden die Kriegsschäden beseitigt, hunderttausende Vertriebener eingebürgert. Mit unerhörtem Fleiß und unter großen Opfern schuf die Generation, die bereits jahrelang durch den Krieg große Opfer bringen hatte müssen, den heutigen Wohlstand.

Ein Teil der Führungselite des zusammengebrochenen Deutschen Reiches, die kaum oder so gut wie keine Schuld auf sich geladen hatte, Akademiker, Offiziere, Beamte und leitende Angestellte gingen, soweit sie am Leben geblieben waren, nach der Entlassung aus der Kriegsgefangenschaft oder aus Internierungslagern in die Wirtschaft, weil ihnen der Weg in die Politik und Verwaltung nicht nur verwehrt war, sondern weil sie nach all dem Erlebten begreiflicherweise nichts davon wissen wollten. Sie sind die Schöpfer des deutschen „Wirtschaftswunders" geworden. Eine Situation, die auch in Österreich nicht anders war.

Eine Diskussion der Kriegsschuldfrage war nach der Kapitulation der Wehrmacht in den ersten zwanzig Nachkriegsjahren auf Grund der gegebenen Verhältnisse in Deutschland überhaupt nicht möglich; in Österreich ist sie es bis heute nicht.

Der Nürnberger Hauptkriegsverbrecherprozeß und die darauf folgenden Kriegsverbrecherprozesse waren durchaus noch als Kriegshandlungen zu interpretieren, denn der Kriegszustand wurde von den Westmächten in Deutschland erst 1951, bei uns in Österreich mit dem Abschluß des Staatsvertrages 1955 beendet.

Mit diesen Kriegsverbrecherprozessen hatten sich die Sieger auch die Grundlage für *ihre* Geschichtsschreibung ebenso wie für die des besiegten deutschen Volkes geschaffen. Die Akten des Nürnberger Hauptkriegsverbrecherprozesses wurden in vierzig Bänden herausgegeben. Die Siegermächte hatten sich unter Mißachtung des geltenden Völkerrechtes angemaßt, Rechtsschöpfer, Ankläger, Richter und Vollstrecker zugleich zu sein. So erwies sich die Siegerjustiz als eine reine Rachejustiz; sie gilt als der bisher *größte Justizmord der Weltgeschichte.*

Die Beziehung des deutschen Volkes zu seiner Vergangenheit, zu seiner Geschichte und zu seiner Regierung bis 1945 wurde restlos abgeschnitten: Durch die Kriminalisierung des Kriegsgegners und später auch des besiegten Volkes, durch die Kollektivschuldthese und die Kriegsverbrecherprozesse, durch den Raub der Aktenbestände der deutschen Reichsregierung und der staatlichen Archive, soweit diese nicht verbrannt waren. Dadurch kam es zu einer weitgehenden geistigen Lähmung des gesamten Volkes.

Die nationale Identität eines Volkes drückt sich in seinem Geschichtsbewußtsein aus; nimmt man ihm dieses, wie es die Siegermächte und ihre Handlanger taten, so sinkt es zu einer amorphen Masse von Fellachen herab.

Im sowjetischen Machtbereich wurde selbstverständlich die kommunistisch-marxistische Geschichtsauffassung diktiert. Im Bereich der westlichen Besatzungszonen erfolgte die demokratisch-antifaschistische „Umschulung" entsprechend dem jüdisch-angelsächsischen System der „Indirect Rule" mit subtileren Mitteln, aber nicht weniger wirksam mittels eines Lizenzwesens für Massenmedien und für das gesamte Schul- und Bildungssystem. Die neuen Parteien haben sich so durch ein bedingungsloses Bekenntnis zur Kollektivschuld den Wohlstand und die Sicherung ihrer Herrschaft erkauft. Sie sind die innenpolitischen Nutznießer der nationalen Katastrophe und unterdrücken bis zum heutigen Tag in ihrem Interesse jeden Versuch einer nationalen Wiedergeburt, sei es im geistigen, sei es im parteipolitischen Sinne.

Nach 1963 kamen dann plötzlich die selbsternannten Gesinnungspolizisten, die selbsternannten Richter. Sie stellten die ganze vorangegangene Generation unter Anklage. Nicht wegen klar definierter Schuld – wie nach 1945 –, sondern allein deswegen, weil sie damals auf der Welt war. Da wurde plötzlich eine Generation, die den Krieg bestenfalls als Kind erlebt hat, nicht müde, die deutsche und österreichische Seele in den Dreck zu zerren; man hörte zunehmend die Klage, es hätte damals zu wenig Gerechte gegeben. Die gesamte Kriegsgeneration wurde mehr und mehr diskriminiert. Deshalb ist es auch immer gefährlicher, revisionistische Gedanken zu hegen. Auch heute sind Relativierung und Revisionismus bei uns immer noch Verbrechen, während das einst feindliche Ausland längst dazu übergegangen ist, allmählich ein Geschichtsbild zu entwickeln, das nicht nur von blindem Haß sondern von einer nüchternen Realität geprägt ist.

Die sogenannte Zeitgeschichte im allgemeinen, die Darstellung der Geschichte hin zum Zweiten Weltkrieg und die Schuldzuweisung an den Besiegten allein- wie schon nach dem Ersten Weltkrieg- sind nichts anderes als der verlängerte Arm der antideutschen Hetze nach dem Ersten Weltkrieg und der antideutschen Kriegspropaganda im Zweiten Weltkrieg. Federführend ist dabei in Deutschland wie in Österreich im weitesten Sinne des Wortes die „Linke" unter Anführung der überwiegend linkslastigen Massenmedien. Alle Gegner eines nationalen Gedankens haben sich auf den antifaschistischen Nenner geeinigt. „Schlagt die Faschisten, wo ihr sie trefft!", diese kommunistische Parole der Weimarer Republik ist auch heute das Leitwort fast aller Parteien, nicht zu reden von den „Grünen", die sich leider von ihren Gründerzielen immer weiter entfernen und zu einer Ersatzpartei der Kommunisten wurden.

Mehr als fünf Jahrzehnte lang entstellen nun Sieger und besonders auch Menschen im eigenen Land, die als Sprachrohr für solche Geschichtslügen dienen, ganz bewußt Tatsachen aus dem Geschehen rund um den zweiten Weltkrieg und fundamentieren damit ihren Sieg über das deutsche Volk.

Schon Napoleon erkannte, daß „es kein gutmütigeres, aber auch kein leichtgläubigeres Volk als das Deutsche gibt. Keine Lüge kann grob genug ersonnen werden, die Deutschen glauben sie. Um eine Parole, die man ihnen gab, verfolgen sie ihre Landsleute mit größerer Verbitterung als ihre wirklichen Feinde.[358]

Das war 1814 so und hat sich bis heute nicht geändert – Österreich mit eingeschlossen.

Die bitteren Nachkriegsjahre, in denen das deutsche und österreichische Volk mit einem Minimum an Nahrung und einem Maximum an Arbeit fertig werden musste, die Leiden und Entbehrungen ließen keine Zeit, um sich mit Hassausbrüchen ausländischer Medien oder deren deutschsprachigen Handlangern auseinanderzusetzen.

Man war zutiefst geschockt und betroffen von den Berichten über die Gräueltaten des Naziregimes, die für das Gros der Bevölkerung ebenso wie für uns Frontsoldaten ein nicht geahntes Novum darstellten. Was man da plötzlich erfahren hatte, war so schrecklich, dass es für viele Menschen unvorstellbar, ja sogar unglaubwürdig erschien. Von einem tiefen Schuldgefühl erfaßt, nahm man deshalb stillschweigend und widerspruchslos alles zur Kenntnis.

Versuchte aber jemand den Dingen auf den Grund zu gehen, so machte er sich damals wie heute verdächtig, wird sofort als „Faschist" oder gar als „Neo-Nazi" abgestempelt, zumindest aber ins „rechte Eck" gestellt. Es ist eine traurige Tatsache, dass besonders in Österreich jede Meinungsäußerung im Zusammenhang mit Hitler-

Deutschland, die nicht von vornherein absolut negativ ist, mehr denn je mit Schlagworten von gestern unterdrückt oder bestraft wird.

Mit Begriffen wie Faschismus und Nazismus muss um jeden Preis ein Feindbild verewigt werden, das es in Wirklichkeit längst nicht mehr gibt. Welcher normal denkende, erwachsene Mensch will heute noch irgendetwas mit dem Nationalsozialismus zu tun haben oder sich diese schreckliche Zeit zurück- oder herbeiwünschen? Ganz sicher niemand, der sie erlebt hat! Das sind nur einige wenige, gewalttätige jugendliche Chaoten, die jene Zeit selbst nicht miterlebt haben! Was sich aber die meisten im gegenwärtigen Chaos wünschen sind Ruhe, Ordnung und Sicherheit; Dinge, von denen wir so weit entfernt sind, dass es gar nicht verwunderlich erscheint, wenn da und dort der Ruf nach einer starken Hand hörbar wird. Dies gilt ganz besonders für den jetzt wieder einmal so hochgespielten Rechtsextremismus, der weitgehend durch eine begreifliche zunehmende Ausländerfeindlichkeit genährt wird, tatsächlich aber auf unzureichende und ungeeignete gesetzliche Maßnahmen zurückzuführen ist. Und bei jedem Anschlag auf Ausländer haben gewisse Kreise die Verdächtigen immer sehr rasch gefunden: Neonazis!

In einer von der renommierten „Frankfurter Allgemeine Zeitung" gemachten Studie, die gleichermaßen auch für die österreichischen Verhältnisse gültig ist, heißt es richtig:

„Die Täter sind viel zu unterschiedlich, als dass sie pauschal als rassistisch oder rechtsextrem etikettiert werden könnten."[359]

Dieser Bericht eines Wissenschaftlerteams aus Trier zeigt auch, dass Gewalt gegen Ausländer viele Ursachen haben kann. So sind meist auch weniger ideologische oder politische oder reale Motive für diese Exzeßtaten ausschlaggebend. Verbitterte Jugendliche sehen darin sehr oft ihre einzige Chance, sich gegen die ständig wachsende Gefahr einer Überfremdung zur Wehr zu setzen. Dazu kommt, dass diese vielfach arbeitslose Jugend die ins Land strömenden Ausländer zunehmend als Konkurrenten bei der Suche nach Arbeit und Wohnung empfindet.

Sehr oft handelt es sich bei den Tätern auch nur um angeheuerte Berufsrandalierer. Eine innerlich leere Jugend, von ohrenbetäubender Musik stimuliert und durch Drogen oder Alkohol enthemmt, ruft lautstark Nazi- oder Hitlerparolen, nur um öffentliches Ärgernis zu erregen oder Gegengewalt zu provozieren. Dabei hat die Masse von ihnen sicherlich kaum eine Ahnung, was Nationalsozialismus bedeutet. Sie suchen einfach nach einem Ventil, um sich gegen herrschende Missstände zur Wehr zu setzen und Aggressionen loszuwerden. Filme und Fernsehen tragen noch das ihre dazu bei und zeigen ihnen, wie sich auch im Ausland anarchische Banden zu Skinheads und ähnlichen Chaotengruppen zusammenrotten, nur um zu randalieren und zu zerstören. Dabei ist es ihnen im Prinzip wahrscheinlich ziemlich gleichgültig, ob sie mit Hakenkreuzarmbinden als angebliche Neonazis oder vermummt als Linksradikale der sogenannten autonomen Szene agieren; ausschließlich die bessere Wirkung heiligt die unterschiedlichen Äußerlichkeiten.

Hatte man noch vor relativ kurzer Zeit die linke Anarcho-Szene massiv zu bekämpfen, so fühlen sich derzeit mehr und mehr Jugendliche auf Grund von Arbeitslosigkeit und Überfremdung von rechtsradikalen Chaotenbanden angezogen, was wohl am besten die Zustände im ehemaligen Osten Deutschlands beweisen. Diese Revoluzzer sind natürlich der Linken willkommen, weil sie sich zur Auffrischung des alten rechten Feindbildes bestens eignen. Sie passen auch genau in die diktierte Meinung, dass jeder, der nicht dem im linken Lager längst überholten Ideengut des Marxismus huldigt oder dem klerikalen, in ihren Fängen befindlichen „schwarzen“ Drittel der Bevölkerung angehört, nur ein Rechtsextremer und damit ein „Nazi“ sein kann!

Um diese nichtkonformen Außenseiter mundtot zu machen und zu eliminieren, hat man ständig neue Gesetze geschaffen. Diese ermöglichen es heute, jeden Bürger, der im Beisein Dritter wagen sollte, verordnete Unwahrheiten auch nur anzuzweifeln, dafür sofort unter Anklage zu stellen, was bei der de facto „Weisungsgebundenheit“ unserer Richter bereits einer Verurteilung gleichkommt.

Und wer gegen diese Gesetze verstößt, stellt nicht nur die Polizei als Hüterin derselben fest. In unserem ansonsten recht gemütlichen Österreich gibt es dafür eine eigene „Rote Privat-Stasi“[360] wie sie die Grazer Zeitschrift „AULA“ völlig zu Recht nennt. Es ist dies das sogenannte „Dokumentationszentrum des österreichischen Widerstandes“ (DÖW), das 1963 vom Kommunisten Herbert Steiner gegründet und heute vom fanatischen Linkssozialisten Neugebauer, dem Sohn eines SS-Offizieres dominiert wird. Damit aber nicht genug; mit dem Geld der Steuerzahler wurde nun sogar eine Stiftung „DÖW“ ins Leben gerufen, die als Schnüffler für die Roten und damit als politische Waffe gegen alle jene Verwendung findet, deren Ideologie nicht mit der eines Karl Marx ident ist.

Flossen von den verschiedensten Ministerien, also aus der öffentlichen Hand, in den letzten Jahren schon Millionen von „Forschungsgeldern" in diese radikalmarxistische Institution, so wurde damit anscheinend noch immer nicht genug subventioniert, um die für die Linke geleisteten Dienste entsprechend zu honorieren.

Diese Spitzeltätigkeit ist sehr umfangreich, denn laut der *linken* Zeitschrift „Profil" gehen vom „DÖW" jährlich rund 600 „Sachverhaltsdarstellungen" wegen des Verdachtes auf nationalsozialistische Wiederbetätigung an die Staatsanwaltschaft.

„Profil" stellt in derselben Ausgabe weiters fest, daß für diese „Spitzel-Dienste" zusätzlich zu den oben erwähnten Millionen nun sogar ein „Werkvertrag" zwischen Innenministerium (vermutlich abgeschlossen unter dem sozialistischen Innenminister Einem) und „DÖW" besteht, wonach letztere für die Weitergabe der durch sie angelegten „Dossiers" (welch' ein elegantes Wort für üble Denunziation, Anm. d. Verf.) an die Staatspolizei jährlich einen Betrag von € 22.000 als „Pauschalhonorar" erhält."

Dazu fragt der Verfasser dieses Artikels, als Mitarbeiter des „Profil" natürlich selbst Sozialdemokrat, richtig:

„Kann es hingegen Aufgabe einer wissenschaftlichen Institution wie des „DÖW" sein, die Grenzen des Verfassungsbogens zu markieren und festzustellen, wer als Rechtsextremist ausserhalb steht?"

„Profil" zitiert in diesem Zusammenhang auch den Wiener Zeithistoriker Siegfried Mattl, der dazu sagt: „Es kann nicht die Aufgabe von Wissenschaftlern sein, der Polizei die Arbeit abzunehmen."[361]

Wie „wissenschaftlich" seine Arbeit ist, hat Neugebauer längst hinlänglich bewiesen. Für diese Spitzeldienste und Denunziationen werden sogar Gelder aller österreichischen Steuerzahler verwendet. Ein wahrlich neuer, nur bei uns möglicher Megaskandal!

Solche Tätigkeiten erfolgen ungeheuerlicherweise vollkommen im „rechtsfreien Raum". Dazu stellt die „AULA" weiter fest:

„Die Tätigkeit der Polizeibehörden wird durch das Sicherheitspolizeigesetz sowie durch die österreichische Strafprozessordnung geregelt. Kein Polizist darf den Gerichtsbehörden belastendes oder entlastendes Material unterschlagen. Er muß – geleitet vom Gesetz und kontrollierbar durch gesetzlich festgelegte Instanzen – das Belastende wie das Entlastende erheben und vorlegen. Verfehlt er hier, muss er mit einem Verfahren wegen Amtsmißbrauches rechnen.

Ganz anders beim ‚DÖW'. Seine Tätigkeit unterliegt keinerlei rechtlicher Kontrolle, es agiert im rechtsfreien Raum. Es wird nicht zur Objektivität und nicht zur Erforschung der ungeteilten Wahrheit verpflichtet. Das ‚DÖW' kann Fakten unterschlagen, ohne zur Verantwortung gezogen zu werden.[362]

Trotzdem bedienen sich in unserem „Rechtsstaat" die staatlichen Behörden dieser Spitzeldienste nach dem Muster der ehemaligen DDR: Welch' eine beschämende Spielart einer angeblich demokratischen und vor allem rechtsstaatlichen Gesellschaftsordnung!

Wie in Österreich heute schon jedes Wort, das der Linken nicht in ihr einäugiges Bild paßt, verteufelt wird, war in der „Kronenzeitung" in einer vom Publizisten Günther Nenning humorvoll aber treffend geschriebenen Kolumne unter der Überschrift „Wozu die Hysterie?" zu lesen:

„Ich sitze im Kreis meiner Mit-Intellektuellen und sage ganz unschuldig irgendeinen Satz, in dem ‚Volk' vorkommt, oder gar ‚Heimat' oder gar ‚Nation'. Da jaulen die auf, da kriegen sie Schaum vor den Mund."

„Volk", das ist für sie ein Haufen Faschisten. „Heimat", das ist für sie Lederhose und Gamsbart. „Nation", das ist für sie NS-Kriminalität. Ach, wie gebildet sind unsere Gebildeten.[363]

Wie recht hat Nenning, der selbst aus dem linken Lager kommt und dem deshalb kaum jemand unterstellen kann, ein Sympathisant der Rechten zu sein.

Die Masse der Bevölkerung wollte und will sich einem solchen Ruf nicht aussetzen und schweigt deshalb lieber, sehr oft auch wider besseres Wissen. Es ist nur zu verständlich, daß die Menschen nach sechs Kriegsjahren, nach Gefangenschaft und Jahren voller Opfer und Entbehrungen in Frieden leben wollen.

Die Erkenntnis, daß ein in den letzten Kriegsjahren von seinen Gegnern in die Enge getriebener und vom Cäsarenwahn befallener Hitler, auf den einmal Millionen ihre ganze Hoffnung gesetzt haben, Deutschland in das tiefste Unglück seiner Geschichte gestürzt hat, mußte deprimieren und widerspruchslos machen.

Nach mehr als einem halben Jahrhundert aber immer noch in Schuldkomplexen eines verlorenen Krieges oder der Untaten einer kleinen Minderheit zu verharren, dieser Preis ist wahrlich zu hoch.

Ohne die Gesamtschuld Hitlers auch nur im geringsten schmälern oder gar beschönigen zu wollen, sollte man doch endlich erkennen, dass er in den Jahren 1939 bis 1941 zwar alles tat, um die Schmach eines Diktates von Versailles zu tilgen, dass er aber trotzdem immer wieder versucht hat, einen Krieg und in der Folge auch seine Ausweitung zu verhindern. *Er hat also ganz zum Unterschied von Churchill und Roosevelt weder diesen Krieg gewollt, noch hat er mit seinem Ausbruch zu diesem Zeitpunkt gerechnet.* Er konnte ihn damals noch gar nicht wollen, weil Deutschland, wie ich bereits hinlänglich nachgewiesen habe, zu diesem Zeitpunkt militärisch nicht ausreichend gerüstet war. Aber seine Gegner wollten ihn und haben alles getan, um das wiedererstarkte und ihnen wirtschaftlich zu mächtig gewordene Deutschland zu vernichten. Und deshalb haben sie damit zumindest eine ebensolche Schuld auf sich geladen wie Hitler.

Im Zusammenhang mit einer „Historisierung" des Nationalsozialismus wäre gewiß auch eine „Entdämonisierung" dieses Mannes erforderlich. Die Vorstellung von Hitler als „Inkarnation des Bösen", wie sie von der unmittelbaren Nachkriegszeit bis in unsere Gegenwart Verbreitung findet, mag volkspädagogisch vielleicht nützlich erscheinen. Sie ist mit ihrer unhistorischen Tendenz aber eine große Gefahr für eine neue Mythisierung.

Es wäre daher gerade aus diesen Gründen eine nüchterne und quellengestützte Analyse zur Persönlichkeit und Weltanschauung Hitlers angezeigt. Man sollte ihn als eine der revolutionären Gestalten des 20. Jahrhunderts begreifen, der auf unverwechselbare Weise rücksichtslosen Machtwillen mit messianischem Sendungsbewusstsein verband. Und er hat sich dabei, ebenso wie dies übrigens auch andere Staatsmänner taten und auch heute immer noch tun, brutal aller ihm damals zur Verfügung stehenden totalitären Möglichkeiten bedient.

Der deutsche Politiker Walter Rathenau, Außenminister der Weimarer Republik hat 1922 kurz vor seiner Ermordung durch Extremisten gesagt:

„Es sind dreihundert Männer, die die Welt regieren. Diese dreihundert kennen sich untereinander. Sie sind meist alt, reich und verbohrt in ihre Pläne; *ihnen geht es nicht um Völker und Menschen, sondern um Geld und Macht. Wir sind ihnen ausgeliefert...*"[364]

Diese Worte könnten ebenso gut heute gesagt worden sein; sie hatten damals ebensolche Gültigkeit wie gegenwärtig!

Müßte man nicht mehr als ein halbes Jahrhundert nach diesen Ereignissen endlich den Mut haben, nüchtern und sachlich zu bekennen, dass Verbrechen von allen am Krieg Beteiligten begangen wurden? Wäre ein Diktator Stalin, der unter ungezählten Millionen von anderen Bluttaten auch für die Ermordung von 13.000 polnischen Offizieren im Wald von Katyn verantwortlich ist, für seine Grausamkeiten nicht zumindest ebenso ständig und lautstark anzuklagen wie Hitler?

Der sowjetische Historiker Roy Medwedjew weist heute diesem blutrünstigsten Diktator des 20. Jahrhunderts *den Mord an rund 15 Millionen Menschen nach.*"[365]

Und mit ihm haben sich auch seine Verbündeten Churchill und Roosevelt millionenfach schuldig gemacht.

Warum spricht man immer und immer wieder nur von den jüdischen Opfern, so bedauerlich diese auch sind? Gilt nicht für die Russen, Indianer, Neger, Kurden, Tamilen, Kambodschaner, Vietnamesen, Palästinenser, Bosnier, Kosovaren und letztlich auch für Millionen bestialisch ermordeter Deutscher der gleiche Anspruch auf Menschlichkeit?

Damit sollen die Untaten, die aus politischen, rassischen oder religiösen Gründen in Deutschland begangen wurden, nicht verharmlost werden. Sie sind mehr als verwerflich und werden ohnehin fast täglich in unseren Medien lebendig erhalten.

Menschenvernichtung ist und bleibt verbrecherisch. Sie fordert eine gerechte Bestrafung, gleichgültig wo, von wem und auch an wem sie begangen wurde.

Für die Opfer selbst war es gleichermaßen schrecklich, ob sie in Konzentrations- oder Kriegsgefangenenlagern, durch Flächenbombardements, Hungerblockaden oder aus Hass gegen völkische Minderheiten ihr Leben auf meist grausame Weise verloren haben.

Besonders bezeichnend erscheint deshalb in diesem Zusammenhang ein Buch des 1930 als Sohn jüdischer Einwanderer in New York geborenen US-Publizisten und ehemaligen Kriegsberichterstatters John Sack. Dieses Werk, das vom jüdischen New Yorker Verlag „Basic Books" in großer Aufmachung 1993 unter dem Titel „One eye for one eye" herausgebracht wurde, war von einem Rabbiner abgesegnet und fand sowohl in den USA als auch in Polen große Beachtung und Verbreitung. Die unter dem Titel „Auge um Auge" vorgesehene deutsche Ausgabe hat aber bei den deutschen „Umerziehern" solches Entsetzen ausgelöst, daß 1995 die erste "Bücherverbrennung" gegen einen jüdischen Autor in Deutschland nach Hitler stattfand. Sechstausend Exemplare seines bereits gedruckten Buches, das im renommierten Piper Verlag erscheinen hätte sollen, wurden damals vernichtet.

Obwohl Sack in diesem Buch, für das er sieben Jahre intensivst recherchiert hat, auch auf die NS-Verbrechen an Juden eingeht, schildert er darin ebenso die Geschichte von Juden, die Rache für den Holocaust nahmen. Er weist nach, dass „hunderttausende Deutsche, die nach Kriegsende 1945 in polnische KZ's gepfercht wurden, dort massenhaft umkamen." Haupttatort dieser Fortsetzung des Holocaust mit umgekehrten Vorzeichen war das zum Lagerkomplex Auschwitz gehörige polnische KZ Schwientochlowicz unter seinem seit 1992 in Israel lebenden, barbarischen Kommandanten Schlomo Morel.[363]

In ihrem Bestreben, immer nur das eigene Vaterland zu belasten, steigerten sich daraufhin deutsche Vergangenheitsbewältiger bis zur Raserei und der linke Journalist der „Frankfurter Rundschau", Eike Geisel, erhob sogar den Vorwurf, daß es sich bei Sack um einen „Antisemiten mit rechts-extremistischen Anwandlungen" handle. Über seine eigenen ermordeten und vertriebenen Landsleute sagte dieser „Gentleman" aus der deutschen Journalistenclique lapidar:

„Was den Deutschen nach Kriegsende im Osten geschehen ist, habe man so zu sehen, dass dies eben auch Leute fühlen mußten, die zwölf Jahre lang nicht hören wollten!"[367]

Sack äußerte sich über eine solche Rechtfertigung mehr als fassungslos und sagte entsetzt:

„Ich bin schockiert. Aber ich glaube, die Deutschen sind reif genug, sich selbst ein Bild zu machen."

Auch der aus Rußland vor den Bolschewisten geflohene Geschichtsforscher und Publizist Nikolai Tolstoj, ein Neffe des großen russischen Dichters, hat sich in mehreren Werken mit dem Verbrechen der Westmächte an Millionen von Osteuropäern befaßt, die von ihnen 1945 in Stalins Vernichtungslager getrieben wurden. Dabei deckt er auf, dass ein Hauptbeteiligter dieser Deportationen niemand anderer als jener Sir Patrik Dean war, der dann beim Nürnberger Sieger-Tribunal als britischer Ankläger die Deutschen der Verbrechen gegen die Menschlichkeit bezichtigte.

In „Stalins Second War", gelang Tolstoj sogar der Nachweis, dass die Stalin-Propaganda Abermillionen bolschewistischer Morde den Deutschen angelastet hat. Er sagt dazu wörtlich:

„Es ist offenkundig, daß die Todesfälle, die den Deutschen unmittelbar zuzuschreiben sind, nur ein Drittel oder höchstens die Hälfte der sowjetischen Gesamtverluste an Menschenleben ausmachen."[368]

Erst wenn die Zeit kommen wird, in der alle an diesen Geschehen Beteiligten ihre Schuld rigoros offenlegen und einbekennen, wird eine von Emotionen freie, rechtlich und wissenschaftlich geführte Untersuchung möglich; so lange dies aber nicht der Fall ist, kann man auch zu keiner objektiven Wahrheitsfindung kommen.

Alle diese von den Gegnern Deutschlands begangenen Gräueltaten ändern nicht das Geringste daran, dass das nationalsozialistische Regime unter Hitler durch die grausamen Deportationen und die am jüdischen Volk begangenen Massenmorde an einem der schlimmsten Verbrechen dieses Krieges schuldig geworden ist.

Der Auslöser dafür war der *Antisemitismus,* eines der Hauptmotive Hitlers. Auch wenn diese Antipathie gegen das Judentum historisch gesehen schon sehr alt ist, versucht man gerade heute fälschlicherweise sie vielfach als spezifisch „deutsch" hinzustellen.Dabei wächst gerade gegenwärtig ein solcher wieder weltweit an, was nicht zuletzt im brutalen Vorgehen der Israelis in den von ihnen besetzten Palästinensergebieten seine Ursache hat.

Man kann Antisemitismus bis in die Antike zurückverfolgen und seine Wurzeln liegen in der jüdischen Religion begründet, derzufolge sich Juden in der Diaspora, der Vertreibung, verstreut unter anderen Völkern als etwas Besonderes fühlten. In ihrem Festhalten am Glauben der Auserwähltheit ihres Volkes durch alle Zeiten der Geschichte, haben sie einen starken Nonkonformismus entwickelt, der begreiflicherweise nirgendwo zu einer besonderen Sympathie seitens jener Völker geführt hat, mit denen sie zusammenleben mußten. Um sich in der Folge aber vor deren Missgunst, die oft auch in Hass umgeschlagen ist, zu schützen, haben sie sich dann noch oft selbst räumlich ausgegrenzt. So entstanden die Ghettos, in die sie sich zurückzogen, um dort ungestört die Verschiedenartigkeit ihrer religiösen Sitten und Gebräuche ausleben zu können. Dadurch wurden sie, wo immer sie auch lebten, zunehmend zu Fremdkörpern; Verfolgung und Austreibungen begannen schon im ersten nachchristlichen Jahrhundert im alten Rom und sie haben sich bis in unsere Zeit fortgesetzt. Eine endlose Tragödie der Diaspora dieses über die ganze Welt verstreuten Volkes, die in den Judenverfolgungen des Dritten Reiches ihren grausamsten Höhepunkt fand.

Antisemitismus, Judenverfolgungen und Judenprogrome hat es auch in der Geschichte Österreichs schon sehr früh gegeben. So wurden bereits in den Jahren 1420/21 unter Albrecht V. Juden massenweise in den Selbstmord getrieben und der Rest am Wiener Erdberg verbrannt. Insgesamt gab es damals über tausend Tote: In Relation zur damaligen Einwohnerzahl Wiens könnte diese Zahl beinahe mit den Untaten von Hitlers Schergen in Wien verglichen werden.

Auch die große österreichische Kaiserin Maria Theresia war eine glühende Antisemitin; von ihr stammt der Ausspruch: „Ich kenne keine größere Pest als die Juden!“ Am 22. Dezember 1744 hat sie deshalb auch verfügt, daß „künftig kein Jud mehr in dem Erbkönigtum Böhmen geduldet wird“,[369] wovon allein in Prag etwa hunderttausend Juden betroffen waren.

Nicht minder ausgeprägt war der Antisemitismus der Wiener auch unter Kaiser Josef II. Wien nannte man damals wegen seiner vielen jüdischen Bewohner „Klein Jerusalem“.

Unter dem katholischen Wiener Bürgermeister Dr. Lueger und dem deutsch-nationalen Politiker Georg Ritter von Schönerer war der jüdische Einfluß zu Ende des 19.Jahrhunderts in allen politischen, kulturellen und wirtschaftlichen Bereichen so überproportional groß geworden, dass sich alles Jüdische zum Feindbild der übrigen Bevölkerung entwickelte und die beiden Politiker ihr gemeinsames Ziel in der Zurückdrängung dieser jüdischen Vorherrschaft sahen.

Hitler selbst machte seine ersten negativen Erfahrungen mit dem Antisemitismus in diesem Wien Luegers. Dennoch schloß er im Wiener Männerheim, in dem er wohnte, bevor er nach München ging, Freundschaft mit Juden. Dies weist auch Brigitte Hamann in ihrem Werk “Hitlers Wien“ an Hand neuester Quellen nach. Er verdiente sich dort als Maler einen recht kärglichen Lohn und verkaufte seine Bilder fast ausschließlich an jüdische Kunsthändler. Aus dieser Wiener Zeit ist keine einzige antisemitische Äusserung Hitlers bekannt.[370]

Die Erfahrungen und Einflüsse, die zu seinem radikal sich entwickelnden Judenhass geführt haben, sind auf seine Erlebnisse und Begegnungen in der Zeit nach dem Ersten Weltkrieg zurückzuführen, als er mit den deutsch-jüdischen Kommunisten und den vorwiegend *jüdischen Wegbereitern des russischen Bolschwismus* konfrontiert wurde.

Antikommunismus und Antisemitismus verschmolzen bei ihm zu einem Begriff. Im jüdisch dominierten Bolschewismus sah er den Versuch einer jüdischen Verschwörung, auf diesem Wege die Welt zu beherrschen.

Zum besseren Verständnis der historischen Entwicklung sei an dieser Stelle darauf hinzuweisen, dass es von Anbeginn an fast ausschließlich Juden waren, die in Rußland und Deutschland das Ziel der Bolschewisierung verfolgten.

Belegt ist dies nicht nur vielfach in jüdischen Dokumentationen, sondern auch Denis Fahr, der Kirchenrechtler und Philosoph, stellt in einer seiner Publikation fest:

„Von den zehn Männern, die unter Vorsitz Lenins im Oktober 1917 den Beschluß fassten, die Revolution auszulösen, waren sechs Juden. 1918 bis 1919 befanden sich unter 556 führenden Funktionären des bolschewistischen Staates 457 Juden. Das damalige Zentralkommitee der kommunistischen Partei bestand aus zwölf Mitgliedern, darunter neun Juden. Im Rat der Volkskommissare gab es 5 Nichtjuden, aber 17 Juden."[371]

Auch der Historiker Ernst Nolte meint dazu:

„Es ist in der Tat zweifelhaft, ob das bolschewistische Regime ohne die Trotzki und Sinowjew, Swerdlow und Kamenew, Sokolnikow und Uritzki, den Bürgerkrieg überstanden hätten. Alle waren Juden und hießen in Wirklichkeit ganz anders. So etwa Trotzki – Bronstein, Sinowjew – Apfelbaum, Kamenew – Rosenfeld und Swerdlow, das erste Staatsoberhaupt der Sowjetunion – Auerbach."[372]

Eine Gruppe jüdischer Emigranten verfaßte 1924 eine Schrift, in der ein Josef Bikermann festhält:

„Der russische Mensch hat jetzt einen Juden sowohl als Richter als auch als Henker vor sich, er trifft auf jedem Schritt auf Juden ... Es ist nicht verwunderlich, dass der Russe, wenn er die Vergangenheit mit heute vergleicht, zu dem Schluss kommt, dass die gegenwärtige Macht jüdisch und gerade deshalb so grausam ist."[373]

Aufgrund aller diesen Tatsachen steht also fest, dass die russische Revolution letztlich eine jüdische Revolution war und sogar Winston Churchill, der diese Bolschewisten später zu seinen Verbündeten machte, sagt dazu schon 1920 – also längst vor Hitler – in einem seiner Aufsätze:

„...Diese Bewegung unter den Juden ist nicht neu. Seit den Tagen von Spartakus Weishaupt bis zu jenen von Karl Marx und bis hinunter zu Trotzki (Rußland), Bela Kun (Ungarn), Rosa Luxemburg (Deutschland) und Emma Goldmann (Vereinigte Staaten) ist diese weltweite Verschwörung zum Sturz der Zivilisation und zur Neugestaltung der Gesellschaft aufgrund aufgehaltener Entwicklung, neidischer Mißgunst und möglicher Gleichheit im Wachsen begriffen... Diese Bewegung war die Triebfeder hinter jeder subversiven Bewegung des 19. Jahrhunderts und jetzt hat diese Bande von außerordentlichen Persönlichkeiten aus der Unterwelt der großen Städte Europas und Amerikas das russische Volk am Kragen gepackt und ist praktisch der unangefochtene Herr eines gewaltigen Reiches geworden."[374]

Wie grausam dieser jüdische Bolschewismus dann in Rußland selbst gewütet hat, bestätigt nicht nur Solschenizyn sondern auch die jüdische Publizistin Jewgenija Albaz, wenn sie in ihrem Buch feststellt: „...dass es zu der aus einer Symbiose von Judentum und Bolschewismus hervorgegangenen Strafjustiz wie Tscheka, NKWD, KGB und GPU, mit seinen fast 66 Millionen Menschenleben, die sie auf dem Gewissen hat, *keinen Vergleich in diesem Jahrhundert gibt.*"[375]

Die international anerkannte und vielfach ausgezeichnete jüdische Autorin Sonja Margolina sagt zur Geschichte ihres Volkes:

„Die jüdische Geschichte wurde nicht vor zweitausend Jahren unterbrochen, sie ging weiter. Und natürlich war die Geschichte, wie bei allen anderen Völkern auch, nicht nur eine der Frommen, sondern auch eine der Schamlosen, nicht nur eine der Schutzlosen und in den Mord Getriebenen, sondern auch eine von Bewaffneten und den Tod Bringenden, nicht nur eine der Verfolgten, sondern auch eine der Verfolgenden. Es gibt darin Seiten, die man besser nicht aufschlägt, ohne zu erbeben. Und es sind diese Seiten, die systematisch und gezielt aus dem Bewußtsein der Juden verdrängt worden sind."[376]

Welch eine unerschrockene Wahrheit aus der Feder dieser jüdischen Autorin, die damit eine weitere Wurzel des Antisemitismus aufzeigt, der leider auch bei uns gerade in jüngster Zeit durch ununterbrochene neuerliche und vor allem maßlos überzogene Wiedergutmachungsforderungen seitens des Jüdischen Weltkongresses und geldgieriger jüdischer Anwälte neue Nahrung erhält.

Es gilt als erwiesen, daß Hitler die später vollzogene Massentötung von Juden nicht von Anfang an geplant hatte: Bis Ende 1941 konnte rund eine halbe Million Juden Deutschland verlassen; das war etwa die Hälfte der damals im Machtbereich Hitlers lebenden jüdischen Bevölkerung.

Zu einer ganzen Reihe weiterer Bemühungen, den verbliebenen Rest zu deportieren, zählen der Plan Eichmanns, einen Judenstaat im deutsch besetzten Polen zu gründen, der "Madagaskar-Plan", der auf dieser Insel die Gründung eines jüdischen Staates vorsah und die Bestrebungen Deutschlands, eine Erhöhung der jüdischen Einwanderungsquote für Palästina zu erreichen.

Die beiden letzteren Pläne einer territorialen Endlösung scheiterten an den Engländern ebenso wie an den jüdischen Weltbanken, welche es beide abgelehnt haben, die Überführungskosten in einen solchen jüdischen Freistaat zu übernehmen.

Deshalb fragt auch der jüdische Autor J.C. Burg in seinem Buch über Schuld und Schicksal: „Wer ist schuld daran?" Und er gibt selbst die Anwort, wenn er feststellt: „Natürlich in erster Linie die Hitler-Regierung, die die antijüdischen Gesetze erließ. Dann aber jene, die nichts taten, um die Juden zu retten."[377]

Erst als alle Versuche, das Judenproblem durch Auswanderung zu lösen, gescheitert waren, ordnete Hitler an, die Gesamtlösung der Judenfrage Heydrich zu übertragen, der am 20. Jänner 1942 die „Wannsee-Konferenz" einberief. Dort wurde der Plan gefaßt, dass die verbliebenen Juden nach Geschlechtern getrennt im Osten zum Arbeitseinsatz kommen sollten. Bezüglich der Echtheit der von dieser Konferenz vorhandenen „Dokumente" – an der aber nur mittlere Ministerialbeamte teilgenommen hatten – bestehen aber Zweifel, die bis heute nicht ausgeräumt werden konnten. Deshalb sagt dazu auch der international anerkannte, jüdische Holocaustforscher Professor Jehude Bauer:

„Die Öffentlichkeit wiederholt immer noch von Zeit zu Zeit die törichte Geschichte, dass am Wannsee die Vernichtung der Juden beschlossen wurde."[378]

Der zur Hitlerzeit als Jude aus Luxemburg emigrierte Ordinarius für europäische Geschichte an der amerikanischen Universität von Princeton, Professor Dr. Arno G. Mayer, der seit langem als führende Autorität auf dem Gebiet der Erforschung der Judenverfolgung durch die Nationalsozialisten gilt, hat in seinem Werk mit dem Titel „Der Krieg als Kreuzzug – Das Deutsche Reich, Hitlers Wehrmacht und die Endlösung", dazu ebenfalls gesagt dass

„...die deutsche Judenvernichtung, selbst nach der 1942 stattgefundenen „Wannseekonferenz", noch keineswegs deutsche Politik gewesen sei. Im Vordergrund habe auch damals immer noch die Umsiedlung der Juden nach dem Osten gestanden, aber durch das Zurückweichen der Ostfront seien diese Umsiedlungspläne gegenstandslos geworden."

Als „Ersatzlösung" sei dann erst die Massenvernichtung „improvisiert" worden, wobei für den Großteil der jüdischen Opfer trotzdem gelte: „Von 1942 bis 1945, erlagen – jedenfalls in Auschwitz, wahrscheinlich jedoch überall – mehr Juden sogenannten natürlichen Todesursachen als unnatürlichen"[379]

Aus diesen präzisen Feststellungen eines anerkannten und alles eher als deutschfreundlichen Wissenschaftlers geht klar hervor, dass die überwiegende Mehrheit unseres Volkes von dieser Massenvernichtung der Juden und anderer Opfer, die erst 1943 begonnen hatte und die nachgewiesenermaßen strengstens geheim gehalten wurde, ganz einfach *nichts gewußt haben konnte!*

Umso wahrheitswidriger erscheint es deshalb, wenn ein bis vor kurzem noch unbekannter junger amerikanischer Soziologe jüdischer Abstammung, namens Daniel Jonah Goldhagen, in seinem angeblichen Enthüllungs-Bestseller „Hitlers willige Vollstrecker" die Behauptung aufstellt, dass die Vernichtung der Juden ein „nationales Projekt der Deutschen"[380] gewesen sei. Es ist mehr als eine groteske Verzerrung, wenn er alle Deutschen als Schuldige am Holocaust hinstellt und auch beschuldigt, von vornherein Mörder und Antisemiten gewesen zu sein, indem er wörtlich sagt :

„Deutsche konnten nein sagen zum Massenmord. Sie entschieden sich für das JA. Sie waren Hitlers willige Vollstrecker!"[381]

Die Behauptung Goldhagens entbehrt jeder Grundlage und trifft nicht einmal auf Hitler selbst zu, dessen Antisemitismus, der später zum Wahn ausartete, keineswegs in seine Wiege gelegt wurde. Es ist daher auch mehr als eine haßerfüllte Verzerrung, wenn dieser junge jüdische Autor alle Deutschen als Schuldige am Holocaust hinstellt und sie auch beschuldigt, von vornherein generell Antisemiten und Mörder gewesen zu sein.

Sein jüdischer Kollege Prof. Michael Wolffsohn meint dagegen:

„Schuld ist nicht erblich! Deshalb ist der nachgeborene Deutsche nicht schuldig, der nachgeborene Jude kein Märtyrer."[382]

Dies bestätigt auch der US-Historiker Norman Finkelstein, der die Thesen Goldhagens in der linken Illustrierten „News" als glatten Betrug bezeichnet und dies wörtlich wie folgt begründet:

„...weil Goldhagen die Quellen und Dokumente, auf denen er seine Theorie aufbaut, unvollständig oder falsch darstellt, weil er Halbsätze zur Untermauerung seiner Thesen hochstilisiert. Hätte er nicht Sätze aus dem Zusammenhang gerissen, wäre seine gesamte Theorie zusammengestürzt wie ein Kartenhaus."[383]

Wie wünschenswert wäre auch bei uns eine solche Demokratie, in der jeder sagen oder schreiben kann, was er für gut und richtig hält und nicht nur das unwidersprochen hinnehmen muss, was von oben als richtig „verordnet" wurde.

Natürlich soll und darf die Vergangenheit bei allen Zweifeln und Revisionen nicht begraben oder vergessen werden. Sie ist Teil der Geschichte aller am Geschehen beteiligten Völker dieser Zeit. Was aber not täte, wäre endlich ihre ehrliche und nüchterne Aufarbeitung, wenn wir wirklich an einen Fortschritt der Menschheit glauben wollen.

Aber auch bezüglich dieser später folgenden „Endlösung" gibt es immer noch Fragen über Fragen, die bis heute schon deshalb unbeantwortet geblieben sind, weil es sich beim Holocaust um ein tabuisiertes Thema handelt, an dem nicht gerüttelt werden darf.

Laut Nürnberger Militärtribunal handelt es sich bei den dort festgestellten Angaben von sechs Millionen ermordeter Juden um „offenkundige Tatsachen, die keines weiteren Beweises bedürfen". So einfach ist dies nach der „Rechtsprechung der Sieger" und jedwede Überprüfung der behaupteten Fakten – von welcher Seite auch immer – die zu einem anderen Ergebnis kommen könnte, wird unterdrückt und in manchen unserer „Demokratien" sogar strafrechtlich verfolgt.

Dabei kann kein vernünftig denkender Mensch an diesem unleugbaren Geschehen zweifeln: Mord bleibt Mord, unabhängig von der Zahl der Opfer. Aber diese Zahl spielte natürlich eine ganz entscheidende Rolle bei der Gründung des Staates Israel und im besonderem Maße auch bei der „Wiedergutmachung", die ausschliesslich darauf basiert.

Trotzdem konnten alle Unterdrückungsmaßnahmen nicht verhindern, dass die Richtigkeit dieser Ziffer inzwischen von den verschiedensten Forschern und den damit befaßten Wissenschaftlern als unrichtig widerlegt wurde. Trotzdem wird in unseren Medien und Geschichtsbüchern immer noch an dieser imaginären Zahl von sechs Millionen festgehalten.

Der aus Böhmen stammende französische Historiker Otto Miksche, einstmals Offizier im Stabe General de Gaulles, stellt dazu in seinem fast in alle Weltsprachen übersetzten Werk „Das Ende der Gegenwart" fest:

„Angesichts der gewaltigen Bedeutung, die gerade die Ausrottung der europäischen Juden in der Weltmeinung erhalten hat, ist es von zwingender Notwendigkeit festzustellen, wie hoch die Zahl der Todesopfer des jüdischen Volkes wirklich gewesen ist. Die Behauptung, daß diese Zahl 5,7 Millionen beträgt ist *unwahr*. Die Zahl der jüdischen Opfer kann sich zwischen einer und 1,5 Millionen bewegen, weil gar nicht mehr für Hitler und Himmler „greifbar" waren. Es wird daher höchste Zeit, die für die Gegenwart und Zukunft so wichtige Wahrheit zu klären."[384]

Den Inbegriff der Massenvernichtung bildet auch heute noch der Begriff „Auschwitz“ mit den dazugehörigen Nebenlagern, weil dort die meisten Opfer zu beklagen waren. Ursprünglich wurde am Eingang der dort errichteten Gedenkstätte die Zahl der in diesen Lagern ermordeten Insassen mit vier Millionen angegeben, die lange Zeit ebenso wie die Gesamtzahl von sechs Millionen tabuisiert war.

Zu dieser Ziffer berichtet aber ausgerechnet die „Jerusalem Post“ vom 30. September 1989:

„In Auschwitz hat es nie vier Millionen Opfer gegeben. Laut einer Abhandlung des Nestors der französischen Holocaustforschung, des Juden Georg Wellers, lag die Gesamtzahl der im Konzentrationslager und dessen Außenlagern Verstorbenen (durch Vergasung, Hunger, Folter, Hinrichtung oder Krankheit) bei etwa 1,6 Millionen“.[385]

Auch diese Zahl wurde dann 1990 durch Frantisek Piper, dem politischen Leiter des Holocaustmuseums in Auschwitz korrigiert und auf 1,1 Millionen – von denen 900.000 jüdische Opfer waren – herabgesetzt. Dies scheint auch der Grund zu sein, warum die bisherige Gedenktafel mehrmals ausgewechselt und aus dem Verkehr gezogen wurde.

Der bereits zitierte Historiker Miksche äußert sich auch dazu wie folgt:

„Die Quellen, die für die Erforschung der Gaskammern zur Verfügung stehen, sind rar und unzuverlässig.“[386]

Dr. Joachim Hoffmann, schreibt dazu ebenfalls in seinem neuem Buch: „Stalins Vernichtungskrieg 1941 bis 1945“:

„Unerfindlich blieb, wie sich diese Viermillionenzahl eigentlich berechnete und aus welchem Grunde sie in westlichen Ländern – von der Justiz in Westdeutschland sogar noch bis 1990 – als zutreffend hingestellt werden konnte. Im April 1990 hatte nämlich der Direktor des staatlichen Museums in Auschwitz, Dr. Franciszek Piper, der sicher mehr zu wissen scheint, als er zu erkennen gibt, die auf neunzehn Gedenksteinen in 19 Sprachen angebrachten Inschriften zur Erinnerung an die ermordeten vier Millionen Juden heimlich entfernen lassen. Doch auch die von ihm nunmehr genannte Zahl von ein- bis eineinhalb Millionen sollte nur kurzen Bestand haben und wurde bald auf 800.000 revidiert.

In den Archiven der „Sterbebücher“ (Totenbücher), die aus den sowjetischen Registern freigegeben wurden, scheinen unter arbeitsfähigen Deportierten 74.000 Todesopfer auf. Die Differenz nach der angenommenen Zahl von 726.000 Toten wurde jüngsten Meldungen zufolge nach Auswertung der „verfügbaren technischen Daten", entsprechend der angenommenen Kapazität der Krematorien in Auschwitz summarisch hinzugerechnet. Daher können auch diese Zahlen letztlich nicht als erwiesen gelten und deshalb wird auch die tatsächliche Gesamtopferzahl in Auschwitz immer im Dunkel bleiben."[387]

Der französische Wissenschaftler Jean-Claude Pressac schätzt in seinem fundierten und anerkannten Werk der Holocaustforschung „Die Krematorien von Auschwitz" die Gesamtzahl der Toten des Lagers Auschwitz – Birkenau auf rund 700.000, wobei der jüdische Anteil etwa 500.000 beträgt."[388]

Grausam und tragisch auch diese Zahl und eine Schuld, die schwer auf dem deutschen Volk lastet. Wenn man aber bedenkt, daß von den ursprünglich behaupteten vier Millionen Opfern nur ein Achtel übrig geblieben ist, dann kann man ermessen, wie leichtfertig man damals mit vorwiegend aus unüberprüften Zeugenaussagen resultierenden Behauptungen umgegangen ist.

Den Holocaust selbst kann und wird kein normaler Mensch leugnen; er ist und bleibt eine leider gegebene erschütternde Tatsache. Aber derart gravierend unrichtige Zahlen in den Raum zu stellen, die man dann auch noch tabuisiert, um durch ihre unrichtige Höhe eine höhere Wiedergutmachung herauszupressen, kann und darf auf die Dauer nicht haltbar sein und muß eines Tages auch in unseren Geschichtsbüchern einer längst fälligen Korrektur unterzogen werden.

Solange dies nicht geschieht, werden immer mehr Zweifler auf den Plan treten. Zu ihnen gehört auch aus den Reihen unserer ehemaligen Gegner der Franzose Paul Rassinier, ein sozialistischer Abgeordneter der französischen Nationalversammlung, der selbst als Angehöriger der Resistance in den Konzentrationslagern Buchenwald und Dachau inhaftiert war. Er bestreitet in seinen in viele Sprachen übersetzten Büchern: „Die Jahrhundertprovokation", „Die Lüge des Odysseus", Was ist die Wahrheit" und „Das Drama der europäischen Juden" sogar die meisten der unzähligen, der SS angelasteten Gräueltaten. Er behauptet vielmehr selbst erlebt zu haben, dass die ärgsten Sadisten die sogenannten „Kapos" aus den Reihen der Häftlinge selbst waren, während die SS-Wachen, die am Eingang und auf den Türmen standen, über die Menschenschinder aus den eigenen Reihen der Häftlinge wenig wußten.[389]

Während Rassinier die Gaskammern nicht bestritt, sondern nur nach unwiderlegbaren Beweisen für deren Vorhandensein verlangt hat, bestreitet nach seinem Tode sein Nachfolger Robert Faurisson,

Literaturprofessor und ein Spezialist für Dokumentenforschung an der Universität Lyon, in einem in der angesehenen französischen Zeitung „Le Monde" erschienenen Aufsatz die Existenz von Gaskammern zum Zwecke der Tötung von Menschen.[390] Für diese totale Leugnung wurde er dann in einem Prozess zu einer Geldstrafe verurteilt.

Aber es gibt auch in den USA zunehmend Zweifler und Revisionisten, die dort sogar ein eigenes Institut gegründet haben, „The Institute for Historical Review". Zu diesem Kreis gehört auch Professor R. Butz von der Universität Chicago, der sich in seinem Buch: „Der Jahrhundertbetrug" hauptsächlich auf die technische Unzulänglichkeit und die zu geringe Größe der Kammern für Massentötungen beruft.[391]

Daß „die Quellen für das Studium von Gaskammern „rare and unreliable" (selten und unzuverlässig, Anm. d. Verf.) sind und daher „in the meantime, there is no denying the many contradictions, amibiguities, and errors in the existing sources" (in der Hauptsache die vielen Widersprüche, Mehrdeutigkeiten und Fehler in den vorhandenen Quellen nicht zu leugnen sind, Anm. d. Verf.), bestätigt, ohne die Existenz der Gaskammern zu bestreiten, sogar der jüdische Holocaustforscher Prof. Arno J. Mayer in einem seiner Bücher."[392]

So lange sich also die Wissenschaft – bei allem Respekt vor den bedauenswerten Opfern – nicht frei, offen und unbehindert mit diesem traurigen Kapitel deutscher Geschichte befassen kann, so lange können die Zweifler nicht mundtot gemacht und die Zweifel selbst nicht ausgeräumt werden.

Schon deshalb wäre es zum Zwecke echter Wahrheitsfindung dem Rat des jüdischen Holocaustforschers Jehuda Bauer zu folgen, der sagt:

„Wir sollten nicht fortfahren, unwahre Geschichten zu glauben. Diese müssen vielmehr rasch aufgedeckt werden, weil sonst eines Tages in den Augen vieler auch das tatsächliche Unrecht und die tatsächlichen Verbrechen zweifelhaft werden."[393]

Zu diesen unwahren Geschichten gehören sowohl erpresste Geständnisse Schuldiger, bewusst oder infolge von zu langem Abstand sehr oft auch unbewusst falsche Zeugenaussagen Beteiligter oder die bekannten Gräuelmärchen wie die Erzeugung von „Einheits-Seife" aus Judenknochen oder von Lampenschirmen aus Menschenhaut.

Mit tatsächlich erwiesenen Fakten und Zahlen könnte man aber auch verhindern, dass der Holocaust des jüdischen Volkes da oder dort bereits überhaupt in Frage gestellt wird. So hat beispielsweise eine im Auftrag des „American Jewish Committee“ anläßlich der Eröffnung des Holocaust Museums in Washington kürzlich durchgeführte aktuelle Erhebung ergeben, dass 22 Prozent der männlichen Bevölkerung der USA (also jeder fünfte jugendliche und erwachsene Amerikaner) bereits daran zweifeln, dass der Holocaust, also die Ermordung von angeblich 6 Millionen Juden überhaupt stattgefunden hat.[390]

Wer aber wie Goldhagen so tut, als ob es den Antisemitismus nur in deutschsprachigen Ländern gegeben hätte oder geben konnte, der sagt bewußt die Unwahrheit oder er hat sich nicht ausreichend mit der Geschichte befasst. Es wäre ihm sonst bekannt, dass das erste in Europa „judenfrei“ gemachte Land schon das England des dreizehnten Jahrhunderts war oder, dass der als David Grün in Rußland geborene spätere Staatsgründer Israels, Ben Gurion, zu Konrad Adenauer folgendes sagte:

„Als wir in Rußland die Pogrome gegen unser Volk erlebten, setzten wir auf Deutschland unsere grössten Hoffnungen.“[394]

Je mehr man den Nationalsozialismus zum geschichtlich nie wieder erreichbaren Gipfel an Bösartigkeit deklariert, desto mehr gibt man jenen Menschenrechtsverbrechen, die zunehmend geschehen, eine billige Ausrede in die Hand und bagatellisiert sie. Je lautstärker man ablenkend mit dem Finger auf die bösen Deutschen zeigt, wobei natürlich damit auch die Österreicher gemeint sind, desto mehr verdeckt man die Gräueltaten, die sich niemals mehr wiederholen sollten, die aber unverändert weiter geschehen, während dabei heute die Welt sehr oft schweigend zusieht.

Antisemitismus hat es in der Geschichte immer und immer wieder gegeben und man begegnet ihm heute wieder ganz besonders in den Vereinigten Staaten, weil dort eine zahlenmäßige Minderheit von etwa fünf Prozent jüdischer Bevölkerung mit ihrer Dominanz in intellektuellen Berufen, in der Presse, Kunst, Wissenschaft und Wirtschaft so übermächtig geworden ist, dass man das eigene Land bereits zynisch und abwertend als „US-rael“ oder New York als „Jew York“ bezeichnet.

Zu leugnen, dass unsere Generation von der Verfolgung und den Demütigungen der Juden gewusst hat, wäre ebenso unrichtig wie daraus das Wissen um eine planmäßige Vernichtung abzuleiten oder gar eine Zustimmung oder Mittäterschaft zu konstruieren. So sicher, wie heute jeder von uns vom Holocaust weiß, so wenig hatte die überwiegende Mehrheit des deutschen Volkes während des Krieges ohne die späteren Erkenntnisse der Monstrosität von dieser Vernichtungspolititk gewußt. Der Holocaust war ein wohlgehütetes Staatsgeheimnis damit befasster Nazi-Schergen und schon die Dokumente des Nürnberger Tribunals beweisen, dass es sogar die damaligen Ankläger für glaubhaft hielten, dass die Masse des deutschen Volkes nichts über die Gräuel dieser Todeslager gewusst hat.

Eine bislang ungelöste Frage ist und wird auch für die nächste Zeit bleiben, inwieweit Hitler eine direkte und unmittelbare Verantwortung am grausamen Geschehen des jüdischen Massenmordes zu tragen hat. Fest steht nur, dass bis heute ein schriftlicher oder mündlich durch Zeugen belegter Nachweis dafür fehlt, auch wenn natürlich seine indirekte Verantwortung für diesen Massenmord niemand leugnen kann und darf.

Diese Tatsache bestätigt auch der Leiter der jüdischen Dokumentationszentrale in Tel Aviv, Dr. Kubovy, in einem seiner Aufsätze in der jüdischen Zeitung „Das wiedergefundene Land" wo er feststellt dass: „...es nicht ein einziges Schriftstück mit der Unterschrift Hitlers, Himmlers oder Heydrichs gibt, in dem davon die Rede ist, die Juden zu vernichten."[395]

Die trotz dieser Tatsachen aber immer und immer wieder auftauchende Kollektivschuldtheorie stellt deshalb nichts anderes dar als die historisch und moralisch verabscheuungswürdige Abklassifizierung einer ganzen Generation Deutscher und Österreicher.

Otto Miksche, der bereits zitierte französische Historiker und Militärschriftsteller stellt in seinem erst 1990 erschienenen, in vielerlei Hinsicht sensationellen Werk: „Das Ende der Gegenwart. Europa ohne Blöcke", ebenfalls die deutsche Alleinschuld in Frage und sagt dort wörtlich:

„Selbst an manchen Universitäten scheint die Grundlage der Lehre weitgehend die Kriegspropaganda beider Weltkriege geblieben zu sein, nach der nur die Deutschen schuld waren. Infolge all dieser Umstände ist die Geschichtswissenschaft in einem vorher nie gekannten Maße gehemmt. Das betrifft in erster Linie die Besiegten, die ihre eigene Geschichte nicht mehr kennen und sie überhaupt kaum noch verstehen. Das deutsche Volk sei in eine „geistesgestörte Geschichtslosigkeit" gestoßen worden. Es glaubt aufrichtig, auch dort schuldig zu sein, wo dies gar nicht der Fall ist."

Die Schuldfrage scheint aber letzten Endes auch nur für die „finanzielle Wiedergutmachung" entscheidend zu sein, weil moralisch gesehen schon ein einziger bestialisch ermordeter Häftling ein Verbrechen ist.

Was die alliierten *„Befreier"* angeht, sagt der Militärhistoriker weiter: „...sie hätten weniger Politik, als reine Rache" betrieben. Dazu erwähnt er unter anderem auch ausdrücklich die Vertreibung und den Mord an den Hunderttausenden von Deutschen, und nennt diese „eine der größten Tragödien des Zweiten Weltkrieges und die Fortsetzung der KZ-Barbarei nach Kriegsende. In den berüchtigten Konzentrationslagern der Hitlerzeit wechselten die Insassen und Wächter. Die auf allen Instrumenten der Massenmedien spielende Geschichtsfälschung und Desinformation" habe die „Begleitmusik der alliierten Nachkriegszeit gebildet."[396]

Was aber weit bedauerlicher erscheint, ist die Tatsache, dass auf denselben Instrumenten von Hass und Lüge mehr als fünf Jahrzehnte später Politiker, Geschichtsfälscher und in ihrem Gefolge leider die Medien immer noch unverändert musizieren!

Der türkische Journalist Nerin E. Gun, der in die Fänge der Gestapo geriet und im Konzentrationslager Dachau die Befreiung durch US-Truppen erlebte, brachte in New York seine Erinnerungen unter dem Titel „The day of the Americans" heraus. Strickt antinazistisch verschweigt er keineswegs, welche Schandtaten auch von den Befreiern selbst begangen wurden. Als Beispiele führt er dazu an, dass man die gesamte Dachauer Wachmannschaft, die sich bereits ergeben hatte, ohne Untersuchung individueller Schuld und ohne Gerichtsurteil liquidierte und dass sogar die Hunde der Deutschen im Lager auf bestialische Weise getötet wurden. Gun meldet, ohne zu den Leugnern zu zählen, an einigen gängigen Darstellungen zum Holocaust Zweifel an und erwähnt auch das schreckliche Schicksal der Osteuropäer, die aus dem Nachkriegslager Dachau von den Westmächten an die Russen ausgeliefert wurden. Ihren Widerstand gegen die Deportation haben die US-Amerikaner mit mehr als unmenschlichen Methoden unter Einsatz von Gas gebrochen.[397]

Der Unterschied zu unseren Ländern und Rußland ist sehr einfach: Wenn Alexander Solschenizyn dem roten Diktator Stalin mehr als sechzig Millionen Morde ankreidet, so folgt für ihn daraus auf keinen Fall eine Kollektivhaftung des russischen Volkes und er bekennt sich ungebrochen und mit Stolz zum Russentum.

Auch wenn der jüdische Publizist Stuart Kahan dem obersten „Parteisäuberer" Stalins, Kaganowitsch, in seinem in den USA erschienenem Buch: „The wolf of the Kremlin" vorwirft, zwanzig Millionen Menschenleben auf dem Gewissen zu haben, kommt es ihm niemals in den Sinn, aus dem Wüten dieses Massenmörders jüdischer Herkunft eine Kollektivverantwortung des gesamten jüdischen Volkes abzuleiten.[398]

Aber es gibt genügend deutsche und österreichische Autoren, die aus der behaupteten Zahl von sechs Millionen ermordeter Juden eine Generalanklage gegen das gesamte eigene Volk konstruieren und dies dann noch mit der Forderung nach einer nationalen Selbstaufgabe verbinden.

Sogar die weltberühmte jüdische Wissenschaftlerin und Publizistin Dr. Salcia Landmann mahnt die Deutschen, nicht alles, was geschah, in Hitlers Schatten zu stellen; sie fährt weiter wörtlich fort:

„...dass die kollektive Bußbereitschaft der Deutschen wegen Auschwitz schon lange massenpsychotische Elemente in sich berge."[399]

Der so oft aufgestellten These, dass die Verbrechen der Hitlerzeit „typisch deutsch" seien, widerspricht sogar der jüdische Philosoph Jeshajuha Leibowitz in seinen „Gesprächen über Gott und die Welt." Dort sagt er wörtlich:

„Vom geschichtsphilosophischen Aspekt sind alle Theorien einfach falsch, die behaupten, der Nazismus sei eine konsequente Fortentwicklung der deutschen Geschichte. Man möge sich in Israel an die eigene Nase fassen."[400]

Wie anständig ehrlich klingt eine solche Feststellung aus dem Munde eines jüdischen Philosophen, wenngleich man natürlich bei uns solches nicht publizieren könnte.

Solche Zweifel können nur dann entstehen, wenn man eine korrekte Wahrheitsfindung bewußt verhindert. Leider fehlt diese Einsicht immer noch, weil man scheinbar eventuell gemachte Fehler nicht zu korrigieren bereit ist oder niemand es wagt, dies zu tun. Man lebt also besser weiter mit wissenschaftlich nicht fundierten Behauptungen, wahrscheinlich auch deshalb, weil sich damit auch nach einem halben Jahrhundert immer wieder Kapital herausschlagen läßt. Bester Beweis sind die gewaltigen Forderungen jüdischer Organsationen und ihrer Anwälte an österreichische Unternehmen, Banken und Versicherungen in jüngerer Zeit. Selbst wenn sie teilweise zu Recht bestehen, werden sie aber die geschädigten Opfer nur noch in den seltensten Fällen tatsächlich erreichen.

Deutschland ist dank seiner Leistungen und seines Fleißes wieder reich geworden. Warum sollte man da nicht die Schuld, die es vor vielen Jahrzehnten auf sich geladen hat, solange dies funktioniert, immer wieder in klingende Münze umsetzen? Nahum Goldmann, eine der bedeutendsten jüdischen Führerpersönlichkeiten des zwanzigsten Jahrhunderts schreibt dazu:

„Mehrere jüdische Führer haben nach Beendigung des Nürnberger Prozesses das Problem der Entschädigung ins Auge gefaßt und deshalb mit Adenauer Verbindung aufgenommen. Eine Organisation schlug ihm damals vor, zwanzig Millionen Deutsche Mark zu bezahlen; inzwischen mußten die Deutschen entsprechend den mit mir ausgehandelten Vereinbarungen insgesamt achtzig Milliarden Deutsche Mark bezahlen."[401]

Eine inzwischen auch längst überholte Ziffer, denn die jüdischen Forderungen fanden und finden bis heute kein Ende. Am 7. Januar 1993 meldete die Agentur Reuter, daß der Jüdische Weltkongreß (JWC) von der BRD weitere Milliarden für die „jüdischen Opfer des Nationalsozialismus" fordert. Einem Dokument zufolge habe die BRD 1952 erklärt, viereinhalb Milliarden zu schulden, drei zu Lasten der BRD und eineinhalb zu Lasten der DDR. Richtig ist, daß Adenauer Herrn Goldmann dreieinhalb Milliarden zugesprochen hat, ein mehr als großzügiges Geschenk zu Lasten des gesamten deutschen Volkes, das niemals dazu befragt wurde. Heute fordert der raffgierige JWC nochmals eineinhalb Milliarden aus der „Verpflichtung der ehemaligen DDR" zuzüglich Zinsen und entsprechender Erhöhung infolge Inflation; und dies alles, obwohl nur noch wenige Opfer von damals am Leben sind. Die Forderungen richten sich also endlos je nach Finanzbedarf und entsprechend dem Grad der zu diesem Zweck mit Hilfe der Medien immer wieder angeheizten Emotionen.

So forderte im Jahre 1993 die jüdische Vertretung in Österreich für den Staat Israel anläßlich des Besuches eines ehemaligen österreichischen Bundeskanzlers eine generelle „Wiedergutmachung". Der ermordete israelische Ministerpräsident Rabin scheute dabei nicht davor zurück, einmal mehr wissen zu lassen, dass nach jüdischer Ansicht „Österreich auch als Staat" die Verantwortung für den Nazi-Holocaust mitzutragen und daher Entschädigung zu leisten habe. Im Klartext heißt dies, dass neben Schulen und Altersheimen, die Österreich dort bereits erbauen ließ, immer weitere Millionen aus unserem Staatssäckel in dieses Land zu fließen haben. Nicht sehr verwunderlich, wenn man weiß, daß derselbe seinerzeitige Repräsentant unseres Staates anlässlich seines Besuches in Israel von einer „Kollektiven Verantwortung Österreichs" sprach, ein unnotwendiges und falsches Unterwerfungsritual. Bekanntlich hat es in der Zeit vom 13. März 1938 bis zum 27. April 1945, also in der Zeit, in der die behaupteten Verbrechen geschahen, einen „Österreichischen Staat" nicht gegeben. Eine nicht existierende juridische Person kann nicht zur Verantwortung gezogen werden. Und jene Österreicher, damals deutsche Staatsbürger und keine Österreicher, die im Dritten Reich während des Naziregimes Verbrechen begingen oder daran beteiligt waren, wurden zu Recht für diese Verbrechen hingerichtet oder entsprechend bestraft. Dem österreichischen Rechtsstaat aber erwies dieser ehemalige Bundeskanzler einen schlechten Dienst, wenn er die Verbrechen einzelner Individuen auf das österreichische Volk im gesamten übertrug. Für Einzeltäter kann es keine kollektive Verantwortung geben, sonst müßten wir ja alle auch für Morde und Verbrechen, die auch heute pausenlos begangen werden, eine kollektive Verantwortung tragen.

Es wäre aber, um wenigstens in Gegenwart und Zukunft Verbrechen gegen die Menschlichkeit zu verhindern, sehr sinnvoll gewesen, hätte derselbe Vertreter Österreichs bei seinem Besuch auch darauf hingewiesen, dass es für die – was die Vergangenheit betrifft – so sensiblen Juden ebensowenig ein Ruhmesblatt darstellt, wenn sie in Israel mit Maschinengewehren auf jugendliche Araber schießen, die mit bloßen Steinen die ihnen verwehrte Heimat verteidigen oder Frauen und Kinder mit Panzern überrollen. Zu einem solch offenen Wort fehlt bei der österreichischen Mentalität des Buckelns aber allemal der Mut, und mit einem solchen Appell wäre gewiss kein Doktorhut „honoris causa" als Judaslohn zu ergattern gewesen.

Dies alles beweist nur einmal mehr, dass wir durch solche politischen „Repräsentanten" unseren nationalen Stolz und unsere Würde längst verloren haben, und deshalb können auch unsere mit einem systematisch anerzogenen Schuldkomplex behafteten Urenkel noch zur Kasse gebeten werden. So etwas nannte man einmal „alttestamentarische Generationenhaft", während des Dritten Reiches verächtlich „Sippenhaftung", und man nennt es heute schlicht und einfach „Wiedergutmachung". Aber kann man denn mit Geld begangene Verbrechen überhaupt gutmachen? Welches Volk der Welt hat jemals in seiner Geschichte begangenes Unrecht – wenn überhaupt – mehr als ein halbes Jahrhundert später in irgendeiner Form gutgemacht?

Und es stellt sich ferner die Frage nach der Sinnhaftigkeit solchen Tuns, wenn trotz Wiedergutmachungsleistungen in Milliardenhöhe, die das schuldbewusste Deutschland leistete, der israelische Staatspräsident Chaim Herzog bei seinem Besuch in der Bundesrepublik Deutschland im April 1987 wörtlich sagte: „Es gibt kein Verzeihen und kein Vergessen!“[402]

Die Richter oder all jene, die sich als solche aufspielen, sollten bei ihrer Beurteilung nicht außer Acht lassen, dass die Welt seit dem Mai 1945 um nichts, aber auch um gar nichts besser geworden ist! Gerade aus diesem Grunde wäre es wesentlich sinnvoller, sich darauf zu konzentrieren, dass sich Gräueltaten wenigstens in Zukunft nicht wiederholen, als pausenlos in der Vergangenheit zu wühlen.

Nach Untersuchungen des amerikanischen Professors Kende *haben Kriege und militärische Operationen seit 1945 weit mehr als dreissig Millionen Menschenleben gefordert,* ohne dass die kriegslüsternen und bösen Deutschen seit der Kapitulation in Kriege oder kriegerische Auseinandersetzungen verstrickt waren.

In weit über 150 Fällen hatten die Amerikaner, an die 30 mal die Engländer, 15 mal die Franzosen, die Griechen und Belgier je 4 mal, die Sowjets und die Israelis 3 mal und die Holländer 2 mal Ursachen für solche Kämpfe herbeigeführt.

Dazu kommt, dass die zivilisierte Welt in Bosnien und eine viel zu lange Zeit auch im Kosovo dem Schlachten durch die Serben feig und tatenlos zugesehen hat und dass tausendfache Vergewaltigungen, Massenmorde und Vertreibungen stillschweigend einfach als gegeben zur Kenntnis genommen wurden. Alle haben vor den brutalen „Säuberungen“ die Augen verschlossen, weil die von dort gelieferten Bilder kaum noch zu ertragen waren. Alles schien zu zerbrechen, selbst die Mindeststandards an Humanität und Zivilisation. Und wir Menschen haben uns an die Bilder des Grauens ebenso gewöhnen müssen, wie wir uns vor mehr als fünfzig Jahren daran zu gewöhnen hatten, dass damals riesige Gebiete im Süden und Osten Europas von der deutschen Bevölkerung „gesäubert“ wurden. Der Balkan blutet auch heute noch aus diesen Wunden. Dazu kommen die rasante Ausbreitung der Mafia nicht nur in der ehemaligen Sowjetunion sondern auch zunehmend bei uns, die Brutalitäten Israels in den von ihm annektierten Gebieten, der Bombenterror in verschiedensten Staaten, der seinen Höhepunkt mit dem 11. September 2001 in New York fand, und unzählige andere Menschenrechtsverletzungen und Verbrechen, die täglich die Seiten unserer Medien füllen. Für sie gibt es meist nur partielle Konsequenzen aber natürlich keine kollektive Verantwortung, vor allem deshalb, weil man seine Verursacher als

Handelspartner auch in Zukunft nicht verlieren möchte. Eine doppelbödige Moral und alles andere eher als eine friedliche Welt. Das Wort „Frieden“ klingt hohler denn je zuvor und ich frage deshalb wann, wo und von wem einmal all die ungezählten Verbrechen abgeurteilt werden, *die nach dem Zweiten Weltkrieg begangen wurden* und wer für diese sühnen wird?

Das Wort „abgeurteilt“ klingt viel eher wie Hohn, wenn man beispielsweise daran erinnert, dass der EU-Staat Griechenland ebenso wie die Vereinigten Staaten von Amerika Karadcic, einen der größten und brutalsten Kriegsverbrecher unserer Tage, seinerzeit wie einen Staatsmann empfangen haben und mit ihm auch noch Verträge abschlossen, die das Papier nicht wert waren, auf dem sie geschrieben wurden. Dafür mußten sich die klugen Politiker hinterher auch noch von ihm verhöhnen lassen und man wagte es heute nicht ernstlich, ihn zu verhaften. Erdrückender kann die Doppelmoral des Weltgewissens wohl kaum zu Tage treten.

Sollte man angesichts solcher Tatsachen nicht doch versuchen, in einem nach Einheit strebenden Europa, ganz besonders aber bei uns, den blinden Haß auf die Vergangenheit endlich zu begraben und zu einer objektiven Geschichtsschreibung zurückzufinden? Sind die zwölf Jahre Nationalsozialismus tatsächlich so bedeutend, dass sie Jahrhunderte deutscher Geschichte in den Schatten stellen? Das neue Deutschland hat doch ebenso wie Österreich hinlänglich bewiesen, dass es die Fehler der Vergangenheit bereut und seinen berechtigten und notwendigen Platz in der europäischen Völkerfamilie wieder eingenommen hat.

Deutschland braucht sich trotz der Zeit des Nazionalsozialismus’ seiner Geschichte nicht zu schämen, solange dies nicht auch Engländer, Franzosen, Russen, Spanier, Portugiesen, Holländer, Italiener und Amerikaner ebenso tun. Sie alle haben dunkle Punkte in ihrer Geschichte! Eine tiefgreifende Revision unseres Geschichtsbildes scheint deshalb mehr als notwendig.

Aber leider sind zu viele Mächtige unserer Welt heute nur deshalb so hoch oben, weil das deutsche Nationalbewusstsein – das österreichische miteingeschlossen – so tief am Boden liegt wie nie zuvor in seiner Geschichte.

Unzählige Nationalmasochisten von Politikern wie Weizsäcker, Herzog, Kohl und viele andere bis hin zu Politologen oder sogar Historikern, setzen sich – selbst unter Geschichtslügen aufgewachsen – mit der Arroganz ihrer späten Geburt und einer beschämenden Geisteshaltung folgend, aus Desinformation oder vielfach sogar wissentlich über alle historischen Tatsachen hinweg.

Wie sonst wäre es zu erklären, daß der so lange regierende ehemalige deutsche Kanzler Kohl, dem solche Geschichtslügen in seinem Europawahn nur allzuleicht über die Lippen kamen, am 1.September 1989 wörtlich erklärte:

„Hitler hat den Krieg gewollt, geplant und entfesselt. Daran gibt es nichts zu deuteln."[403]

Weiß dieser sein Volk damit bewußt diskriminierende Politiker nicht oder will er nicht wissen, daß der polnische Staatspräsident Pilsudski schon 1930, also drei Jahre bevor Hitler an die Macht kam und fast ein Jahrzehnt bevor dieser Hitler seiner Meinung nach den Krieg „gewollt" hat, sich zu einem Krieg mit Deutschland wie folgt äußerte:

„Wir sind uns bewußt, dass Krieg zwischen Deutschland und Polen nicht vermieden werden kann. Wir müssen uns systematisch und energisch für diesen Krieg vorbereiten... Unser Ideal ist Polen mit Grenzen an der Oder im Westen und der Neiße in der Lausitz abzurunden und Preußen vom Pregel bis zur Spree einzuverleiben. In diesem Krieg werden keine Gefangenen genommen, es wird kein Platz für humanitäre Gefühle sein. Wir werden die ganze Welt mit unserem Krieg überraschen."[404]

Will derselbe Kohl auch nicht wissen, dass seine Landsleute, nur weil sie Deutsche waren, dauernd verfolgt und in Kerkern gequält wurden? Scheinbar hat er auch vom Bromberger Blutsonntag noch nichts gehört oder er wollte es nicht hören, wie man seine Landsleute dort grundlos ermordete?

Er kann auch beim amerikanischen Historiker Professor Hoggan nachlesen, daß „Illustrowany Kurier", die verbreitetste polnische Zeitung, am 7. August 1939 sicher nicht grundlos feststellte, „daß polnische Einheiten fortgesetzt die deutsche Grenze überschritten, um militärische Anlagen zu zerstören, deutsches Wehrmachtsmaterial zu beschlagnahmen und es nach Polen zu schaffen."[405]

Obwohl es längst gerechtfertigt gewesen wäre, diesen Untaten gegen die deutsche Bevölkerung und den ständigen provokanten Übergriffen Polens Einhalt zu gebieten, hat Hitler diesem Land am 30. August 1939 nochmals ein Angebot für eine friedliche Lösung unterbreitet, auf welche dieses mit der Generalmobilmachung geantwortet hat. Tut dies ein Staatsmann, der kriegslüstern ist oder gar einen Krieg entfesseln will?

Und wen darf es daher verwundern, dass Hitler dann am 1. September 1939 im deutschen Reichstag erklärte, nun endlich mit Polen in der Sprache zu reden, die dieses Land ständig Deutschland gegenüber anwendet. Die Deutsche Wehrmacht marschierte also in Polen ein, um ständiges Unrecht zu unterbinden und dem provokanten Treiben der Polen Einhalt zu gebieten und *nicht um einen Weltkrieg zu entfesseln.* Etwas Nachhilfeunterricht in Geschichte dürfte Kohl als angeblichen Historiker wahrlich nicht schaden.

Warum beschmutzt man so das eigene Nest, warum wird das deutsche Volk seit mehr als fünf Jahrzehnten mit Geschichtslügen von seinen eigenen Politikern vor der Welt beschuldigt, beschämt und irregeführt?

Auch die deutschen Bundespräsidenten waren und sind Meister darin, ihr eigenes Volk aus Liebedienerei zu demütigen und in den Schmutz zu zerren. So sagte beispielsweise auch der ehemalige deutsche Bundespräsident Herzog am 1. August 1994 in Warschau:

„Es erfüllt uns Deutsche mit Scham, dass der Name unseres Landes und Volkes auf ewig mit dem Leid und dem Schmerz verknüpft sein wird, das Polen millionenfach zugefügt wurde“.[406]

Müßte es Herrn Herzog nicht zumindest ebenso mit Schmerz erfüllen, welch unvorstellbares Leid das polnische Volk den dort seit Jahrhunderten lebenden Deutschen vor Ausbruch dieses Krieges aber auch danach wieder zugefügt hat? Warum verschweigt er, dass die Unterdrückung und Knechtung des Volkes, dem auch er angehört, letztlich eine der Ursachen dieses Krieges war? Und warum erwähnt dieser Repräsentant des heutigen Deutschland nicht ebenso den Raub deutschen Eigentums und das tausendfache Leiden und Sterben seiner unschuldigen Landsleute anlässlich der brutalen Vertreibung, deren sich Polen wie Tschechen millionenfach schuldig gemacht haben?

Dieser ehemalige deutsche Bundespräsident hätte sich weniger schämen müssen, hätte er vor seinem Besuch das Buch des bereits zitierten amerikanischen Wissenschaftlers David Hoggan gelesen, in dem dieser feststellt, dass: „die Tschechen tausendmal und die Polen hundertmal weniger im Vergleich zu dem erlitten haben, was sie in den letzten beiden Generationen den Deutschen zugefügt haben.“[407]

Wen kann es verwundern, dass bei einer solchen Geisteshaltung der Politiker die einseitig orientierte und bewußt fehlgesteuerte Geschichtsschreibung einen Zustand erreicht hat, *in welchem Propaganda als Wahrheit verkauft und Wahrheit als Propaganda abgewertet wird.*

Hinter dieser ununterbrochenen Hetze gegen alles Deutsche steckt auch heute immer noch zum überwiegenden Teil das vorwiegend amerikanische Judentum, das am liebsten den Abschied der Deutschen von der eigenen Nation sehen würde. Die in den Medien tagtäglich wiederholten Schlagworte einer Kollektivschuld des deutschen Volkes, die nie und nimmer vergessen werden darf, dienen gezielt dem einzigen Zweck, den sie damit verbinden: Mit dem ständigen Wachhalten von Schuldgefühlen kann man mehr als ein halbes Jahrhundert nach dem Ende des NS-Regimes immer noch gewaltige Summen herausholen; und dies für Generationen, die nicht mehr am Leben sind und von Generationen, die mit den damals begangenen Verbrechen nichts zu tun haben.

All dies ist aber nur möglich, weil es beim deutschen Volk – von uns Österreichern ganz zu schweigen – weder ein Ehrgefühl noch eine bei allen anderen Völkern vorhandene nationale Geisteshaltung gibt.

Jeder vernünftig denkende Mensch hat längst die Gewaltherrschaft Hitlers und das durch seine Schergen begangene Unrecht verurteilt, sich dessen zutiefst geschämt und es ebenso bedauert.

Aber bei aller Schuld, die unseren Völkern durch dieses Regime aufgebürdet wurde, lag letztlich die Verantwortung für die Pervertierung der Kriegsführung nicht nur bei Deutschland sondern im großen Maße auch bei den späteren Siegern. Das haben korrekte Historiker längst unbeschönigt festgestellt, nur wagt dies aus Angst vor einer Verfolgung kaum jemand laut zu sagen.

Was auf alliierter Seite an Kriegsverbrechen begangen wurde, kann und soll das, was den Deutschen und auch uns Österreichern angelastet werden muß, weder rechtfertigen, noch entschuldigen. Aber es ist eine ebensolche Realität, über die man um der historischen Wahrheit willen nicht mehr den Mantel des Schweigens hüllen dürfte.

Ein Geschichtsbild, welches die Wahrheit unterdrückt, verdrängt und relativiert, kann niemals Grundlage für das Selbstverständnis einer Nation in der europäischen Völkerfamilie sein, um vergleichbare Katastrophen für immer auszuschließen.

Wahrheit ist und bleibt unteilbar; deshalb finden sich bei uns und auf Seiten der ehemaligen Kriegsgegner immer mehr Menschen, die jene Wahrheit aufzuzeigen versuchen, die bisher von beiden Seiten verschwiegen oder geleugnet wurde.

Leider sind die Politiker von einem solchen Bemühen um eine

Wahrheitsfindung immer noch weit entfernt. Nur so ist es erklärbar, daß Kohl als damals amtierender deutscher Kanzler bei einem Besuch in den Niederlanden behauptet hat, die Bombardierung Rotterdams durch deutsche Stukas sei *„ein Verbrechen"* gewesen, für welches er sich im Namen seines Volkes entschuldigt. Eine bewußte Lüge, denn so tragisch die Bombardierung dieser Stadt im Zuge normaler Kriegshandlungen auch gewesen sein mag, ein Verbrechen war sie nie und nimmer, das ist klar erwiesen!

Entgegen der unrichtigen Ansicht eines Herrn Kohl, ist deshalb auch von keinem alliierten oder internationalen Gerichtshof jemals ein Vorwurf wegen dieser Bombardierung erhoben worden. Diese Stadt wurde, wie ich schon im Kapitel 9 ausführlich dargestellt habe, im Zuge des Vorrückens deutscher Truppen verteidigt und zur Festung erklärt.

Artikel 25 der Haager Landkriegsordnung schreibt aber nur vor, daß es untersagt ist, unverteidigte Städte anzugreifen oder zu beschießen. Rotterdam hingegen wurde mit allen Mitteln verteidigt! Selbst der Artikel 26, wonach Verteidiger vor Beginn der Beschießung benachrichtigt werden sollten, wurde eingehalten. Deshalb kann „Rotterdam" auch niemals als *Verbrechen* bezeichnet werden: und wenn Herr Kohl dies trotzdem tut, dann lügt er bewusst einmal mehr und schadet damit jenem deutschen Volk, das er eigentlich repräsentieren müsste und daher zu verteidigen hätte.

Dass er es aus derselben Liebedienerei mit der Wahrheit nicht genau nimmt, hat er bald nach dieser ersten Entgleisung auch wieder an der Universität Leuven bewiesen, wo er in seiner bekannt glühenden Leidenschaft des Nationalmasochismus erklärte, dass das Unrecht des deutschen Angriffes, die Besetzung Belgiens, die dadurch verursachten Leiden der Menschen und die Zerstörungen, nichts entschuldigen kann.

Auch wenn er für diese Worte die zwanzigste Ehrendoktorwürde verliehen erhielt, dürfte ein Mann wie er dafür nicht die Geschichte fälschen und nur von einer Schuld Deutschlands sprechen, denn es ist eine längst erwiesene Tatsache, dass die Deutsche Wehrmacht nur um wenige Tage einer französisch-englischen Invasion in Belgien zuvorgekommen ist (siehe Kapitel 6). Die Pläne dazu fielen den Deutschen beim Einmarsch in die Hände und sind daher historisch einwandfreie Beweise. Kohl setzt sich aber darüber hinweg und verschweigt ebenso bewusst, dass die brutale Zerstörung der belgischen Stadt Antwerpen im Jahre 1944 nicht durch deutsche Soldaten, sondern durch ein Bombardement der allierten Luftwaffe herbeigeführt wurde.

Solche Entstellungen verzerren das Geschichtsbild ständig aufs Neue und bewußte Demütigungen des eigenen Volkes sind für solche Politiker auch die Basis, jeden Widerspruch gegen eine Alleinschuld unserer Völker strafrechtlich verfolgen zu können. Praktiken wie diese sind deshalb für jedes demokratische Verständnis ein Schlag ins Gesicht und arten zu einem Gesinnungsterror aus, der dem vergangener Diktaturen ähnlich ist.

Wie wohltuend hören sich da die Worte eines ehemaligen Feindes in der Person des verstorbenen französischen Präsidenten Mitterand an, der im Rahmen seiner Rede am 8. Mai 1995 in Berlin wörtlich sagte:

„Die deutschen Soldaten waren mutig. Sie nahmen den Verlust ihres Lebens hin. Für eine schlechte Sache, aber ihre Taten hatten damit nichts zu tun. Es waren Millionen tapferer und zuverlässiger Soldaten. Verneigen wir uns vor den Deutschen, die in diesem Kampf gefallen sind. Ihre Söhne bezeugen wie die unseren, dass eine neue Zeit beginnt.“[408]

Während bei uns die Ehre unserer Soldaten mit Füßen getreten wird, müßten solche Worte unserer ehemaligen Gegner unserem Volk helfen, sich endlich von jenem dummen Minderwertigkeitsgefühl zu lösen, das uns nach Kriegsende durch die Siegerbajonette und später mittels einer katastrophalen „politischen Umerziehung“ aufoktroyiert wurde. Aber Worte, wie die Mitterands, werden in diesem Land bewußt verschwiegen, weil sie nicht in das bei uns gültige *Zerrbild der Geschichte* passen.

Obwohl mehr als fünf Jahrzehnte seit dem Ende des Zweiten Weltkrieges vergangen sind, hört man immer wieder die Klage, dass die Vergangenheit noch immer nicht bewältigt erscheint.

Gemeint wird hier natürlich nicht das objektive Durchleuchten einer bestimmten Epoche, sondern man erwartet Schuldzuweisungen für alle, die im deutschen Sprachraum zwischen 1933 und 1945 gelebt haben. Darüberhinaus wünscht man anzuerkennen, dass die aufgedeckten Verbrechen dieser Ära die größten waren, die jemals von Menschen begangen wurden.

So schrecklich sie ohne jeden Zweifel gewesen sind, zu den größten werden sie nur, wenn man Ereignisse verschweigt, deren Dimensionen ähnlich ungeheuerlich gewesen sind oder sie noch übertreffen.

Man denke dabei an die grausame Ausrottung der Indianer in

Nordamerika, die bis zum Ende des 19. Jahrhunderts mindestens *20 Millionen Tote* gefordert hat, an die Geschichte des Sklavenhandels, jener Tragödie von der rund *120 Millionen Schwarzer* betroffen waren und mit der ein Grundstein für den britischen und amerikanischen Reichtum gelegt wurde, an die Indianerausrottungen in Mittel- und Südamerika mit ca. *80 Millionen Toten* im Namen der christlichen Religion, an die grausame Ideologie des Kommunismus, die in nur sieben Jahrzehnten ebenfalls rund *80 Millionen Tote* forderte, an Hiroshima und Nagasaki, an die amerikanischen Kriegsgräuel in Vietnam, oder die Blutbäder im Nahostkonflikt.

Ungezügelte Gewalt, Massenvertreibungen, grausamere Kriege als je zuvor, Terrorismus, politisch motivierter Mord und eine ständig zunehmende Kriminalität charakterisieren unser derzeitiges Weltbild.

Ständig tauchen neue Krisenherde auf, neue Kriege werden vom Zaun gebrochen; aber kaum ein anderer wird mit solcher Grausamkeit geführt, wie der Konflikt zwischen Isreal und dem palästinensischen Volk. Nackte Gewalt regiert auf beiden Seiten, eine Gewalt, die längst kein Sicherheitsbedürfnis mehr, sondern nur abgrundtiefer, blinder Haß diktiert. Beschuldigungen wechseln ständig die Fronten und ein Blutbad folgt dem anderen. Selbst Bethlehems Geburtskirche wurde zum Kriegsschauplatz und beide Seiten schrecken vor keiner noch so grausamen Gewalttat zurück, auch wenn die Mittel dafür sehr unterschiedlich sind.

Ratlos, ja hilflos steht die Weltorganisation dem allen gegenüber und und kaum jemand wagt es wirklich Kritik zu üben, weil er sofort Gefahr läuft, des Antisemitismus bezichtigt zu werden. Fanatisierte Jugendliche auf der einen und brutalste staatliche Gewalt auf der anderen Seite werden rücksichtslos eingesetzt. Dass dabei das Recht mit Füßen getreten und das Land sinnlos zerstört wird, spielt – wohl wissend, dass die „Schutzmacht" Amerika alles toleriert und deckt – dabei nicht die geringste Rolle.

Und die Welt hat zur Kenntnis zu nehmen, dass sich dieselben Vereinigten Staaten zunehmend als Verteidiger der freien Welt aufspielen, obwohl sie in Wahrheit nur ihre eigenen Interessen vertreten. Sie sind dafür bereit, ihre gewaltige militärische Überlegenheit hemmungslos einzusetzen und sie agieren im Wissen um diese Stärke zunehmend selbstherrlicher und hemmungsloser.

Sie haben als heute einzige Weltmacht nach dem Zusammenbruch des Kommunismus und dem damit verbundenen Zerfall der Sowjetunion ihren Vorsprung in technischer, wirtschaftlicher aber vor allem militärischer Stärke gegenüber dem Rest der Welt so vergrößert, dass sie nun meinen, ohne jede Rücksicht auf völkerrechtliche Normen, zur Durchsetzung ihrer machtpolitischen Interessen schrankenlos agieren zu können. Dadurch sind die meisten europäischen Völker bereits zu Handlangern dieser US-Politik herabgesunken und die NATO wurde zu einer US-doktrinierten Eingreiftruppe degradiert. Was für die Welt zu gelten hat, gilt nicht für Amerika – so einfach ist das!

Was an jenem 11. September 2001 in New York und Washington geschah war ein brutales, auf das Schärfste zu verurteilendes Verbrechen, das nicht nur das amerikanische Volk zutiefst schockiert hat. Aber wer stand wirklich hinter diesen Anschlägen? Es gibt unzählige bis heute nicht aufgeklärte Zusammenhänge und Fakten; und trotzdem haben sich die USA bis heute nicht um deren Aufklärung gekümmert. Viele Amerikaner, aber auch die übrige Welt fragen sich daher nicht zu unrecht, warum?

Diese Frage stellen sich sogar amerikanische Wissenschaftler und so führt beispielweise der bekannte amerikanische jüdische politische Aktivist und Autor vieler Bücher, Universitätsprofessor Noam Chomsky in seinem neuesten Buch „The Attack" dazu wie folgt aus:

„Die schrecklichen Ereignisse vom 11. September besitzen zweifellos eine neue Qualität, die nicht in ihrem Umfang oder ihrem Charakter besteht, sondern im Ziel der Angriffe. Seit 1812 haben die Vereinigten Staaten keinen Angriff auf ihr Territorium mehr erlebt; es wurde noch nicht einmal bedroht.

Viele Kommentatoren fühlen sich an Pearl Harbor erinnert, aber diese Analogie ist irreführend, denn am 7. September 1941 wurden Militärstützpunkte in zwei US-Kolonien angegriffen, nicht jedoch das Heimatland selbst. Den USA galt Hawaii als heimatliches Territorium, tatsächlich aber war es eine Kolonie.

Während der letzten zweihundert Jahre haben die USA die eingeborene Bevölkerung Nordamerikas (Millionen von Menschen) vernichtet, halb Mexico erobert (de facto das Territorium der dort lebenden Völker, aber das ist eine andere Sache), Hawaii und die Pilippinen besetzt, dabei Hunderttausende von Filipinos getötet und nach dem Zweiten Weltkrieg ihre Form der Gewaltanwendung auf fast alle Regionen der Erde ausgedehnt. Das hat enorme Opfer gekostet, aber nun sind die Kanonen zum ersten Mal herumgedreht worden. Das ist eine dramatische Veränderung…

Welche Gruppe hinter dem Anschlag steckt und was sie dadurch erreichen will, ist umstritten, aber unzweifelhaft liegt ihr Nährboden in der Verbitterung und dem Zorn, den viele Menschen angesichts der US-amerikanischen Politik empfinden, wobei auch die ehemalige Kolonialherrschaft der Europäer davon nicht ausgenommen wird.

Nach dem 11. September beschäftigte sich das „Wall Street Journal“ mit den Ansichten muslimischer Bankiers, Freiberufler und Geschäftsleute, die im Nahen Osten arbeiten und Verbindungen zu den Vereinigten Staaten unterhalten. Sie beklagen, daß die USA autoritäre Staaten unterstütze und fördere und damit die unabhängige Entwicklung und Demokratisierung der Region verhindere. Vor allem aber kritisieren sie Washingtons Haltung gegenüber dem Irak und der israelischen Besatzungspolitik. Die notleidende Bevölkerung muß erleben, daß der Reichtum der Region in den Westen und in den eigenen Ländern zu den westlich orientierten Eliten fließt, die, mögen sie auch noch so brutal und korrupt sein, doch vom Westen unterstützt werden. Mit den jetzigen Aktionen werden die Vereinigten Staaten diese Probleme nur verschärfen...

Der Anschlag vom 11. September war angemessenerweise als „Verbrechen“ zu bezeichnen, vielleicht, wie Robert Fink hervorgehoben hat als „Verbrechen gegen die Menschlichkeit“. Aber für die Bestrafung von Verbrechen gibt es Gesetze: Man muß die Schuldigen ausfindig machen und vor Gericht stellen...

Aber dazu bedarf es solider Beweise, und überdies könnten gefährliche Fragen gestellt werden, wie etwa: Wer waren die Verbrecher, die sich vor 15 Jahren in Nicaragua des vom Weltgerichtshof verurteilten internationalen Terrorismus schuldig gemacht haben?

Insofern ist es besser einen unscharfen Begriff wie „Krieg“ zu verwenden. Aber von einem „Krieg gegen den Terrorismus“ zu sprechen ist einfach Propaganda, solange der Krieg nicht wirklich auf das Territorium zielt...

Auf jeden Fall ist der 11. September ein Rückschlag für die Sache der Palästinenser. Die Israelis nützten die Gelegenheit, um ihren Druck auf die palästinensische Bevölkerung weiter zu verstärken. In den ersten Tagen nach dem Angriff rückten israelische Panzer in Jenin, Ramallah und (zum ersten Mal) Jericho ein, wobei einige Dutzend Palästinenser ums Leben kamen. Das ist die übliche Spirale der Gewaltaktion, die wir auch aus anderen Gebieten kennen.

Und der amerikanische Gelehrte führt zur Frage, ob sich der Krieg gegen den Terrorismus gewinnen läßt, weiter aus:

„Zunächst ist anzumerken, dass die USA in vielen Teilen der Welt aus guten Gründen für einen der führenden terroristischen Staaten gehalten werden.

Den gegen uns gerichteten Terrorismus können wir bekämpfen, indem wir die Situation entschärfen oder die Bedrohung eskalieren. Eskalation ist keine zwingende Notwendigkeit: Als in London IRA-Bomben explodierten, forderte niemand, West-Belfast oder Boston zu bombardieren, zwei Hauptstädte für die Gelder der IRA. Vielmehr bemühte man sich die Schuldigen zu fassen und die Hintergründe des Terrors aufzudecken. Als in Oklahoma auf das Gebäude der Bundesbehörde ein Sprengstoffattentat verübt wurde, forderten viele einen Vergeltungsschlag gegen den Mittleren Osten, der auch gekommen wäre, wenn es sich um arabische Attentäter gehandelt hätte. Als man herausfand, daß die einheimische ultrarechte Szene dahintersteckte, ertönte nicht der Ruf, Montana und Idaho mit Bomben zu belegen. Vielmehr suchte und fand man den Täter, stellte ihn vor Gericht und verurteilte ihn. Auch hier war man bemüht die Hintergründe des Anschlages aufzuhellen. Jedes Verbrechen, der Straßenüberfall ebenso wie ein Massaker, hat Ursachen, und zumeist sind einige von ihnen sehr ernst zu nehmen und müssen behoben werden.

Auch gegen schwere, lang andauernde Verbrechen läßt sich mit Mitteln des Gesetzes vorgehen. Dafür gibt es Beispiele. Eines davon ist Nicaragua, in den achtziger Jahren Ziel terroristischer Angriffe seitens der USA, bei denen Zehntausende starben und das Land verwüstet wurde. Es hat sich bis heute nicht davon erholt. Hinzu kam ein Wirtschaftskrieg, den das kleine Land kaum überstehen konnte. Aber Nicaragua warf keine Bomben auf Washington. Es rief den Weltgerichtshof an, der zu seinen Gunsten entschied, die USA zur Beendigung des Terrorkrieges und zur Zahlung von Reparationsleistungen aufforderte. Die Vereinigten Staaten erkannten das Urteil nicht an und eskalierten den Krieg. Daraufhin appellierte Nicaragua an den UN-Sicherheitsrat. Der wollte eine Resolution verabschieden, in der alle Staaten aufgefordert wurden, das geltende internationale Recht zu beachten. Die USA legten ihr Veto ein. In der Vollversammlung erhielten sie eine ähnliche Resolution, die mit den Gegenstimmen der ewigen Neinsager – USA und Israel – verabschiedet wurde. Das ist der Rechtsweg, den auch die Vereinigten Staaten beschreiten können und daran würde sie niemand hindern. Genau das erwartet man von ihnen in der arabischen Region.

Die Regierungen im Mittleren Osten und Nordafrika würden sich nur allzu gerne dem Kampf gegen die Terrorgruppen anschließen. Denn sie stehen (wie das seinerzeit terroristische Regime in Algerien) im Fadenkreuz der islamischen Fundamentalisten. Aber sie wollen Beweise und eine, sei's auch nur minimale Berücksichtigung des internationalen Rechts.

Die ägyptische Position ist noch schwieriger. Ägypten ist Teil des Systems, das die radikalen islamischen Kampfgruppen ausgebildet hat, zu denen auch die Organisation von Bin Laden gehörte, und Ägypten war eines der ersten Opfer, als Anwar el Sadat ermordet wurde. Man wäre die Radikalislamisten gerne los, wünscht aber Beweise dafür, wer in diese Terrornetze verstrickt ist. Außerdem sollten Gegenaktionen im Rahmen der UN-Charta und unter Schirmherrschaft des Sicherheitsrates stattfinden.

Wenn man diesen Kurs einschlägt, wird man die Eskalation von Gewalt vermeiden. Wenn man mit Gewalt zurückschlägt, wird man weitere Gewalt heraufbeschwören.[409]

Aber wer im Weißen Haus wäre willens, auf diese Ratschläge eines klugen Landsmannes zu hören? Die derzeit verantwortliche Politikerclique sicher nicht. Sie verfolgt vielmehr, getrieben von Lobbyisten ausschließlich eigenützige Ziele während gleichzeitig Israel unter ihrer Duldung seine Siedlungen auf palästinensischen Territorien ausweitet und damit jene brutale Siedlungspolitik uneingeschränt fortsetzt, welche die Hauptursache der blutigen Auseinandersetzungen ist.

Gewalt und Gegengewalt werden immer schrecklicher und enden meist mit der blinden Zerstörung von palästinensischen Flüchtlingslagern oder Wohngebieten, wie beispielsweise der Dschenins. Schuldbeladen hat Israel nach diesem Massaker durch die Ablehnung eines Untersuchungsausschusses damit auch noch die UNO mit Duldung Amerikas rücksichtslos brüskiert.

Einen weiteren Affront der Sonderklasse stellt auch die erst vor einiger Zeit erfolgte Ablehnung eines Beschlusses des Weltgerichtshofes der UNO gegen Kriegsverbrechen und Völkermord durch die Regierung Bush dar.

Damit hat diese einmal mehr ihr wahres Gesicht gezeigt und der übrigen Welt zu verstehen gegeben, daß US-Kriegsverbrechen ungestraft hinzunehmen sind, weil sie nicht von diesem internationalen Gericht verfolgt werden dürfen. Jenes Land also, das in dem von ihm dominierten Nürnberger Kriegsverbrecherprozess deutsche Generale wegen der Führung von Angriffskriegen und später sogar widerlegter Kriegsverbrechen hängen ließ, nimmt nun für sich in Anspruch, solche oder ähnliche Verbrechen ungestraft verüben zu dürfen.

So also ist es um die *„Ordnungsmacht Amerika"* in der freien Welt des dritten Jahrtausends bestellt und diese „neue Gerechtigkeit" zeigt klar und deutlich, daß der Geld- und Machtbesitzende ungestraft tun und lassen kann, was ihm beliebt, auch wenn diese Macht hemmungslos korrumpiert. Und Amerikas neuer Slogan: „Wer nicht für uns ist, ist gegen uns" zeugt nicht nur von Anmaßung sondern auch von einer grenzenlosen Überheblichkeit. Das Ergebnis davon ist, daß die USA nahezu jeden Verstoß gegen internationales Recht und völkerrechtliche Normen – für die zu stehen und zu kämpfen sie vorgeben – entweder selbst begehen können oder zumindest tolerieren, soferne sie durch Staaten begangen werden, die sich als Verbündete Washingtons bekennen.

Dafür gibt es hinreichend Beispiele wie etwa den brutalen Terror der türkischen Staatsmacht gegen die dort lebende kurdische Minderheit mit tausenden Toten und Vertriebenen, der den Amerikanern nicht einmal eine Rüge wert war.

Oder das Taliban-Regime: Es genoss die Förderung Washingtons so lange es den US-Bestrebungen nicht in die Quere kam, ebenso wie verschiedene Diktatoren Südamerikas, wenn sie bereit sind, widerspruchslos nach der Pfeife Amerikas zu tanzen.

So unterstützten die USA auch volle acht Jahre lang den vorher und nachher als „Schurkenstaat" abgestempelten Irak und lieferten seinem Diktator Saddam Hussein für den Krieg gegen den Iran jene Waffen, deretwegen man nun einen Angriffskrieg führte.

Im folgenden Kampf gegen diesen ehemaligen Verbündeten gelang es zwar, Saddam zu entmachten, aber dafür wurden die irakische Bevölkerung durch verhängte Sanktionen geschwächt, dezimiert und Kinder rücksichtslos dem Hunger preisgegeben. Als die damalige tschechisch-jüdische US-Außenministerin Madeleine Albright dazu im öffentlichen Fernsehen gefragt wurde, was sie von Schätzungen halte, denen zufolge auf Grund dieser amerikanischen Sanktionspolitik eine halbe Million Kinder im Irak sterben müßten, antwortete diese eiskalt: „Das ist zwar hart, aber wir glauben, es ist den Preis wert!"[410]

Dafür genießen Saudi-Arabien und Pakistan, zwei moslemische Diktaturen, in denen wie im Mittelalter nach der Sharia Recht gesprochen wird, indem man Gliedmaßen verstümmelt oder Ehebrecherinnen zu Tode steinigt, immer noch die uneingeschränkte und kritiklose Förderung Amerikas.

Gestützt durch die extrem mächtige Israel-Lobby in Washington ist auch der jüdische Staat der besondere Günstling der USA. Diesem Israel, das den Amerikanern Milliarden und Abermilliarden Dollar kostet, wird jede Verletzung internationaler Rechtsnormen, jeder Übergriff auf palästinensische Zivilisten, Frauen und Kinder und jedes noch so grausame Verbrechen nachgesehen. Bush und seine Administration nehmen darüberhinaus auch ohne nennenswerten Widerspruch zur Kenntnis, daß der Likudblock als regierende Partei den aus ihrer Heimat vertriebenen Palästinensern nicht nur keinen eigenen Staat zuzuerkennen bereit ist, sondern darüber hinaus auch noch ihren verbliebenen Lebensraum durch neue Siedlungen weiter einengt und die Rolle des brutalen Besetzers so auf Dauer aufrecht erhält.

Dafür betont Washington immer wieder, daß Israel das Recht habe, sich zu *„verteidigen"* und verurteilt die Palästinenser, die mangels eigener militärischer Stärke der Kriegsmaschinerie Israels nur Steine werfende Jugendliche oder fanatisierte Selbstmordattentäter entgegen stellen können, um so wenigstens den letzten Rest ihrer angestammten Heimat zu verteidigen.

Zum Staatsterror Israels unter Sharon, den auch Europa wegen der ständigen Antisemitismuskeule kaum jemand wirklich zu verurteilen, ja nicht einmal zu kritisieren wagt, stellt der orthodoxe Oberrabbiner von Wien, Moyshe Arye Friedman, in der Wochenzeitung „Zur Zeit" erst kürzlich mutig und ehrlich fest:

„Seit ca. 58 Jahren muß die Welt beobachten, wie die arabische Bevölkerung Palästinas ihrer Siedlungsgebiete beraubt, größtenteils vertrieben und vom Apartheidstaat Israel blutig verfolgt, eliminiert wird. Die Palästinenser haben dabei nicht die geringste Chance, sich zu wehren, da die Holocaust-Keule stets gleich genutzt wird, jeden Kritiker an diesen ethnischen Säuberungen mundtot zu machen. Dabei führt Israel einen eigenen Holocaust gegen die Palästinenser durch, der, im Unterschied zu den Barbaren der Vergangenheit, vor den Augen der ganzen Welt in aller Öffentlichkeit exekutiert wird, was kein Beispiel in der Weltgeschichte hat. Gleichzeitig wird der Eindruck erweckt, daß der Staat Israel und die sogenannten Israelitischen Kultusgemeinden die legitimen Vertreter des Judentums bzw. der jüdischen Religion seien, woran auch die Katholische Kirche und der Vatikan nicht unschuldig sind...

Es ist rätselhaft, daß die Liquidierung palästinensischer Religionsführer von der internationalen Gemeinschaft zugelassen wird, während sogenannte Oberrabbiner des Staates Israel, die hinter allen blutigen und terroristischen Militäraktionen dieses Lande stehen, von allen Regierungen der Welt und auch im Vatikan mit großem Triumph feierlich empfangen werden. Doch sie sind keinesfalls die Vertreter des jüdischen Glaubens! Nur das Toratreue, antizionistische Judentum repräsentiert den wahren jüdischen Glauben. Es ist an der Zeit, daß die Weltöffentlichkeit und auch die Katholische Kirche und der Vatikan dies erkennen und sich nicht weiter von den gottlosen Zionisten erpressen lassen."

Die Fortdauer dieses blutigen Kampfes, besonders aber die einseitige Parteinahme für Israel bringt die USA in immer größere Gegnerschaft zur islamischen Welt, mehrt deren Fundamentalisten und fördert damit zunehmend deren Terror.

Dazu kommt, dass sich Amerika verstärkt und ohne jede Rücksichtnahme auf eine Zerstörung der Umwelt die Verfügungsgewalt über die vorhandenen Ressourcen, deren größter Verbraucher es ist, weltweit zu sichern versucht. So steht dieses Land heute als Synonym für einen schrankenlosen Kapitalismus, für die fortschreitende Globalisierung unter dem Schlagwort *„One World"*, aber selbstverständlich *nur unter der Führung Washingtons!*

So wurden auch alle nach dem Zweiten Weltkrieg von den USA geführten oder von ihnen zu veranwortenden Kriege, stets unter dem scheinheiligen Deckmantel einer notwendigen Verteidigung von „Freiheit", „Frieden", „Demokratisierung" oder der „Erhaltung der Menschenwürde" geführt. Diese Kriege mit den durch sie ausgelösten „Neben-Kriegsschauplätzen" haben *weltweit bereits mehr Todesopfer gefordert als die beiden Weltkriege* zusammen! Dabei dienten sie in Wahrheit alle einem einzigen Ziel: Der Ausbreitung des von den Multikonzernen ausgehenden internationalen Raubtier-Kapitalismus. Sie stellen so gesehen deshalb nichts anderes dar als eine von der Wall Street ausgehende „Dollar-Missionierung" der Welt. Die dabei verwendeten Schlagworte wie Globalisierung, Informationszeitalter, multikulturelle Gesellschaft, Wirtschaftswachstum, Wohlstand, Liberalisierung, Menschenrechte und Demokratie sind in Wahrheit nichts anderes als metamoralische Werte, die nur diesem Ziel dienen.

Ist da der Aufschrei der Menschen gegen diese Globalisierung, die zwangsläufig zu ihrer Entwurzelung und zur Zerstörung gewachsener Strukturen führt, verwunderlich und ist es nicht logisch, dass dieses Amerika zunehmend zum Feindbild wird und dass auch das Bild des hässlichen Amerikaners weltweit wieder auflebt?

Ist doch auch das Selbstbestimmungsrecht der Völker für das heutige Amerika längst kein Thema mehr. Ganz im Gegenteil: Gewünscht werden multinationale, multireligiöse, multirassische und multikulturelle Staatsgebilde. Selbständigkeitsbestrebungen werden als Separatismus oder Nationalismus diffamiert, mit der Macht des Dollars unterbunden oder mit Kriegen bekämpft. Und niemand ist derzeit in der Lage, dem Einhalt zu gebieten. Ebenso wenig werden aber weder Amerika noch sein Vasall Israel oder England als willfähriger Verbündeter jemals für all die Opfer und Zerstörungen zur Verantwortung gezogen werden oder gar Wiedergutmachungen leisten wie Deutschland und Österreich noch sechs Jahrzehnte nach Kriegsende. Wird es diesen beiden Ländern jemals gelingen, diesen schrecklichen Teil ihrer Vergangenheit zu bewältigen? Kaum, denn schon Thomas Mann sagt dazu gegen Ende seines Lebens:

„Die Tatsache besteht, dass die deutsche Selbstkritik bösartiger, radikaler, gehässiger ist als die jedes anderen Volkes,... eine zügellose Herabsetzung des eigenen Landes nebst inbrünstiger, kritikloser Verehrung anderer.“[410]

Bleibt also nur zu hoffen, daß alle metaphysischen, imperialen, natur- und menschenfeindlichen Gelüste einmal an die natürlichen Grenzen der physischen Belastbarkeit stoßen.

Auch dann, wenn die Vereinigten Staaten gerade jetzt wieder einen durch die gesamte Weltmeinung zu verhindernd gewesenen Angriffskrieg auf den Irak führten, weil sie darin das einzige Mittel sahen, sich politische und wirtschaftliche Interessen im Nahen Osten zu sichern. Die dabei von seinem Präsidenten vorgeschobene „Gefahr“, die angeblich Amerika seitens des Irak drohte, scheint geradezu lächerlich und man fragt sich zurecht, wie denn ein Staat, der gerade einmal 4 % der USA ausmacht, aus 15.000 Kilometern Entfernung für diese Supermacht jemals zu einer Gefahr werden kann? Und die ebenfalls ins Treffen geführte Behauptung von Bush, dass auch der Irak hinter dem Attentat vom 11. September stehe und damit in den Terrorismus involviert sei, stellt eine durch nichts zu beweisende Unwahrheit dar, die nur dem einen Zweck diente, das eigene Volk zu täuschen und es so mehrheitlich für diesen Krieg zu gewinnen. Die Wahrheit ist vielmehr, dass Amerika auf seinem Weg zur Weltherrschaft sich auch die Erdölreserven dieses Landes sichern, sein vorhandenes Waffenpotential verbrauchen und sich durch eine neue Aufrüstung aus jenem wirtschaftlichen Tief retten will, in dem es sich derzeit befindet. Der Irak ist deshalb nichts anderes als ein weiterer Meilenstein auf diesem Weg. Dabei haben auch die Geschehnisse des 11. September, welche die Welt erschütterten, deren wahre Hintergründe aber bis heute ungeklärt blieben oder bewusst verschwiegen werden, dem schwachen, ohne Mehrheit gewählten Präsidenten unerwartet die Gelegenheit geboten, sich in Cowboy-Manier als Retter der Nation aufzuspielen. Wut und Entsetzen der Bevölkerung waren so groß, dass er sich getrieben von einer kriegslüsternen Öl- und Waffenlobby nun in einer Art religiösem Sendungsbewußtsein nicht nur einbildet, die Welt in Gut und Böse aufteilen zu können, sondern sich auch anmaßt, gegen diese von ihm bestimmten „Schurkenstaaten“ – *entgegen jedem herrschenden Völkerrecht* – Angriffskriege führen zu können.

Dabei ist Bush nur das derzeitige Ende solchen amerikanischen Tuns, denn schon Roosevelt hat mit der selben Propaganda vom Kampf des Guten gegen das Böse begonnen und wer die Bösen waren, bestimmte damals wie heute Amerika. Waren es einmal die Indianer, die deshalb ausgerottet wurden oder später die bösen Deutschen, gegen die zwei Weltkriege geführt wurden, die Koreaner, Vietnamesen, Afghanen, so ist es heute der Irak: es läuft immer nach denselben Regeln ab. *„We are the world“* und wer soll oder besser gesagt kann sich heute wirksam dagegen stellen?

Niemand, und gerade darum kann auch jetzt wieder die Führungsclique dieser Weltmacht uneingeschränkt ihre unilaterale und antizipatorische Rolle unter dem Vorwand der Bekämpfung terroristischer Bedrohungen ausspielen, um gegen solche selbst ernannten Schurkenstaaten, von denen man glaubt, dass sie im Besitz jener Massenvernichtungswaffen sind, die man selbst oder das verbündete Israel längst ausreichend besitzt und auch einzusetzen bereit ist, Kriege beginnen zu können. Sie führt der Welt auch unmissverständlich vor Augen, dass sie ihre derzeit unerreichbare militärische Macht überall auf der Welt einzusetzen bereit ist, um die nach ihrer eigenen Doktrin *„Neue globale Weltordnung“* herbeizuführen.

Dass mit dieser neuen Bush-Doktrin die bisher bekannte und gültige Rechtsauffassung, wonach Staaten kein Recht haben, Gewalt zur Selbstverteidigung anzuwenden, bevor ein bewaffneter Angriff auf sie selbst stattgefunden hat, in Frage gestellt wird, spielt keine Rolle. Auch die gezielte Tötung „mutmaßlicher“ Terroristen, wie sie Israel in Palästina praktiziert, wurde von der CIA erlaubt und deshalb haben auch Mitglieder des amerikanischen Geheimdienstes, ein mutmaßlich hohes Mitglied der Organisation Al Qaida im November im Jemen, also auf fremden Hoheitsgebiet kaltblütig ermordet. Dieses gezielte Töten von verdächtigen Individuen erinnert allzu deutlich an das Wirken von Auftraggebern der Mafia und ist ein Beispiel für andere Staaten, sich diese „Lizenz zum Töten" ebenfalls zu Eigen zu machen.

Aber auch mit der Folter, wie sie durch die Amerikaner oder in durch die USA beauftragten anderen Ländern vollzogen wird, erleben wir heute eine Veränderung internationaler Rechtsnormen hin zum Stil finsterster mittelalterlicher Zeiten.

Amerika hat die Grenzen eines Verteidigungskrieges überschritten und führt der nicht zu Unrecht empörten Welt derzeit präventive Kriegsführung ohne jede Rücksichtnahme auf internationale Rechtskriterien vor. Die Sicherheitsdoktrin der Bush-Administration führt dieses Land, das bisher gerne als Hort der Freiheit galt, auf einen mehr als rutschigen Abstieg, weil es – ohne jede direkte Bedrohung – für sich das Recht auf präventive militärische, politische oder wirtschaftliche Gewaltanwendung in Anspruch nimmt.

Natürlich bestanden niemals Zweifel, dass es den USA gelingen wird, Saddam Hussein zu beseitigen und das durch Sanktionen ausgehungerte und geschwächte Land zu besiegen. Die offene Frage bleibt nur, wer kann und wird es danach wieder zu einem ordentlich funktionierenden Staatswesen machen? Amerikanische Besatzungstruppen oder von deren Gnaden ernannte Potentaten, die die Bevölkerung begreiflicherweise ablehnt, ganz sicher nicht!

Auch das Motto der amerikanischen Regierung *„we bomb and you clean up",* das wir schon vom Balkan und von Afghanistan kennen, ist keine Lösung. Und wieder das große Geschäft mit dem Wiederaufbau der eigenen Zerstörungen zu machen, aber andere dafür bezahlen zu lassen, auch diesen Deal kennt die Welt bereits hinlänglich.

Peacekeeping and State Building, also Frieden und eine neue Staatsform schaffen, werden ohne Mitwirkung der UNO und des arabischen Raumes auch im Irak leere Worthülsen der Sieger bleiben.

Darüberhinaus fragt sich die Welt heute schon zu Recht, wo sie geblieben sind, jene schrecklichen Massenvernichtungswaffen, deretwegen man Krieg führen musste, weil sie die UN-Inspektoren nicht rasch genug finden konnten?

Aber die lassen sich ja auch notfalls „unterjubeln", nur leider nicht mit Hilfe der UN-Inspektoren. Deshalb lehnt man diese strikte ab und entsendet besser eigene Inspektoren, die dann etwas finden müssen.

Dabei gibt es diese Massenvernichtungswaffen ohnehin, aber sie befinden sich ausreichend und in allen Spielarten pervertierter Hirne in den Händen Amerikas, das sie bis heute auch als einziges Land der Welt eingesetzt hat. Sie sind also im Besitz jenes Landes, das auch das Giftgas seinerzeit einem Saddam Hussein geliefert hat, das man heute dort sucht und dessentwegen dieses unschuldige und ausgeblutete Volk die Segnungen amerikanischer Raketen oder Bombengeschwader zu spüren bekam. Das Bagdad von heute ist das Dresden von gestern!

Aber Kriege sind immer ein gutes Geschäft, das dazu beiträgt, ein zu schwaches Wirtschaftswachstum zu steigern. Nicht nur der Wiederaufbau der vernichteten Städte und ihrer Infrastrukturen bringt beachtliche Einnahmen. Es werden dabei auch Unmengen von Kriegsmaterial vernichtet, dessen Ersatz den USA als größten Waffenproduzenten der Welt hilft, Arbeitsplätze zu sichern und die am Boden liegende Wirtschaft anzukurbeln. Aber Wiederaufbau kostet auch Geld, und wenn dieses nicht vorhanden ist, werden Kredite bei Weltbank und Weltwährungsfonds aufgenommen, denen – beide von den USA kontrolliert – lukrative Schuldzinsen zufließen. Hier sind die wahren Kriegsgründe Amerikas zu suchen, auch wenn natürlich die irakischen Ölreserven eine wichtige Rolle spielten, deretwegen man ja auch als Besatzungsmacht möglichst lange im Lande bleiben will. Sie sind ja auch weit schützenswerter als irgendwelche Kunstschätze, die sich ohnehin nicht in Dollar rechnen.

Und alle diese Vorhaben lassen sich natürlich nur dann ohne Rücksicht auf die übrige Welt bewerkstelligen, wenn zunehmend internationale Übereinkünfte, die diesen immer stärkeren neoimperialistischen und nationalen Bestrebungen im Wege stehen, rücksichtslos zur Seite geschoben werden. Beispiele dafür sind die Nichtunterfertigung des Kyoto-Protokolls, die Nichtakzeptanz des Internationalen Gerichtshofes, die Ablehnung biologischer Waffenkonventionen und als letztes eklatantes Beispiel nun auch noch die Führung eines Angriffskrieges ohne Zustimmung der UNO!

Amerika oder besser gesagt jene Clique, die dieses Land derzeit regiert, fühlt sich stark genug, ohne jede Rücksichtnahme auf die übrige Welt, seinen Willen – wenn nötig auch mit Waffengewalt – jedem anderen Land aufzuzwingen. Die Gefahr eines amerikanischen Neoimperialismus wächst durch diese Politik der Umstrukturierung der heutigen unipolaren Welt ständig. Sie schreit förmlich nach einem einseitigen prophylaktischen, ja sogar präventiven Gebrauch von Gewalt, um mit ihr jene neo-imperiale Konzeption durchführen, aber auch allein entscheiden zu können, was Recht ist! Diese erschreckenden Vorstellungen entspringen der beispielslosen globalen Dominanz Amerikas und sind mit ihrem apokalyptischen Charakter geeignet, die Weltordnung in einem Maße zu verändern, wie dies selbst der Kalte Krieg nicht zuwege brachte.

Niemand hat deshalb ernstliche Zweifel gehegt, dass es den amerikanischen Kriegstreibern um Bush und ihrem Satrapen England mit Blair nicht gelingen wird, den ausgebluteten Irak militärisch zu besiegen. Aber genau so steht auch fest, dass dieser „Sieg" zu einer Befriedung dieses Gebietes kaum Entscheidendes beitragen wird. Dafür klagen die unschuldigen Toten und die grausamen Bilder verstümmelter Kinder dieser mit infernalischen Waffen geführten Orgie der Gewalt an, mit der unsagbares zusätzliches Leid über dieses Land gebracht wurde. Haß und Verzweiflung sind schon jetzt größer als unter der vorangegangenen Diktatur und die Mehrheit der Bevölkerung sieht daher die Verbündeten nicht als Befreier sondern als Besetzer.

Darüberhinaus kann dieser Krieg auch nicht zu einer Eindämmung des islamischen Fundamentalismus' beitragen, denn die arabische Welt empfindet die Eroberung Bagdads als Kreuzzug und damit als eine grenzenlose Demütigung. Die Zerstörung und Besetzung dieser Stadt, die in ihren glorreichen Tagen die Metropole der islamischen Zivilisation war, wird nur Gewalt schüren und den Hass weiter steigern. Dabei wird es keine Rolle spielen, dass Saddam ein blutbefleckter Diktator war; entscheidend wird nur sein, dass er ein Muslim war, der als Herrscher Bagdads durch Christen gestürzt wurde.

Der Antiamerikanismus wird aber nicht nur in diesem Gebiet neue Nahrung finden, er nimmt vielmehr ganz allgemein zu, weil sich auch die übrige Welt dagegen zu wehren beginnt, vom „American way of life" und seinen „Segnungen" beglückt zu werden.

Würden die Leader dieser Supermacht aus der Geschichte lernen, müssten sie spätestens nach diesem unsinnigen Krieg erkennen, dass durch ihn Antagonismus und Widerstand weiter wachsen und dass Amerika letzten Endes in einer feindlichen und gespaltenen Welt allein zurückbleiben wird. Die Geschichte hat mehr als einmal gezeigt, dass mächtige Staaten dazu neigen, durch die Überschätzung ihrer Macht den eigenen Untergang einzuleiten.

Hat England seine Weltgeltung schon mit dem Ende des Zweiten

Weltkrieges an Amerika verloren, so ist auch das übrige Europa, soweit es nicht zur sowjetischen Einflusszone gehörte, längst nach und nach zu einer Art Kolonie Amerikas herabgesunken. Durch diese Dominanz wurde dort das Gewaltmonopol zunehmend zum Denkmonopol und heute beflügelt ein Größenwahn unvorstellbaren Ausmaßes diese rücksichtslose Wirtschafts- und Waffenclique, alle Schranken von Recht und Moral niederzureißen, um ihre Ziele mit brachialer Gewalt durchzusetzen.

Dies nicht nur, um sich den Zugriff auf eine der größten Erdölreserven der Welt zu sichern, sondern auch aus der dringenden Notwendigkeit heraus, durch diesen Krieg und seine Folgen die am Boden liegende Wirtschaft vor dem völligen Niedergang zu bewahren.

Darüber hinaus gibt sich Amerika noch der trügerischen Hoffnung hin, mit Hilfe Israels die zerstrittenen und durch einen zunehmenden Fundamentalismus gefährdeten arabischen Nachbarn weiter zu schwächen und so den Nahen Osten zu einer Art Kolonie dieses gewaltbereiten Staates degradieren zu können.

Jenes Staates Irael also, der bislang mit Unterstützung oder Duldung Amerikas nicht weniger als 69 UNO-Resolutionen ignorierte, der bis heute keinen Atomwaffensperrvertrag unterzeichnete, aber sicher A-, B- und C-Waffen besitzt, seine „Smart bomb" auch schon rücksichtlos gegen die palästinensische Zivilbevölkerung eingesetzt und sich auch anderer schwerster Kriegsverbrechen schuldig gemacht hat. Dieses waffenstarrende Land ist als eine Art „Ordnungsmacht" vorgesehen und soll nach den naiven Vorstellungen amerikanischer Politiker helfen, den Frieden im Nahen Osten zu sichern.

Nach dem Niedergang der Sowjetunion wurde Amerika sehr rasch zur derzeit alleinigen Militärmacht, und die machtpolitischen Verhältnisse sind heute so einseitig verteilt, dass zu einem ernsten Widerstand Europas so gut wie alle Mittel fehlen. Längst verkehren deshalb auch Europäer und Amerikaner nicht mehr als ebenbürtige Partner und die Überheblichkeit Uncle Sams ist unerträglich. Sie zeigt uns Europäern aber auch allzu deutlich, wohin ein halbes Jahrhundert Helotendasein geführt hat.

Dieses wird nun auch noch zusätzlich durch jene in die Nato und EU strebenden Staaten Osteuropas verstärkt, die dadurch, dass sie erst vor kurzer Zeit vom sowjetischen Joch befreit wurden, Washington noch nicht als Hegemoniemacht erkennen können.

Gerade deshalb aber war es als erster mutiger Schritt der Kernländer des „alten Europa", Frankreich und Deutschland, unter Mithilfe des auch unverzichtbar zu Europa gehörenden Rußland wichtig, sich unnachgiebig gegen diesen Krieg auszusprechen. Sind es doch gerade diese Staaten, die mehr als zweitausend Jahre geistiger und kultureller Tradition in die Waagschale werfen können, von denen Bush, Rumsfield, Cheney oder Wolfowitz nur träumen können. Die Kernländer Europas haben diese Jahrtausende genützt, um Willkür, Gewalt oder das Recht des Stärkeren durch eine Rechtsordnung und die Einhaltung von Konventionen weitestgehend einzudämmen, während sich das derzeitige Amerka rücksichtslos über alles hinweg setzt.

Vergessen wir aber auch nicht, dass es dasselbe Amerika war, das Grausamkeit und Barbarei in zwei schrecklichen Weltkriegen nach Europa und Japan und danach nach Vietnam und in andere Teile der Welt gebracht hat.

Wen wundert es daher, dass es auch jetzt seine Maske wieder fallen lässt, dass es dabei ist, Gewalt zum alleinigen Recht zu erheben und sich damit zum Wegbereiter einer neuerlichen Apokalypse entwickelt?

Widerstand und weltweite Proteste der Menschen, an denen auch die erkaufte Kurzsichtigkeit einiger Politiker nichts ändern kann, zeigen mehr als deutlich, dass man nicht nur begonnen hat, diese Gefahr zu erkennen, sondern auch bereit ist, sich dagegen aufzulehnen. Dieses Umdenken von Millionen von Demonstranten wiegt – auch wenn diese Drohgebärden der entfesselten Supermacht nicht Einhalt gebieten können – schwer, weil es zeigt, wie rasch sich Macht ohne Moral demaskiert. Viele Menschen, die bislang Amerika als Hort demokratischer Werte und uneingeschränkter Freiheit gesehen haben, beginnen zu begreifen, dass dieser Staat nicht den erhofften Schutz bietet, sondern dass er in seiner uneingeschränkten Macht- und Gewaltbereitschaft eher zu einer Bedrohung geworden ist.

Der 11. September hat bewiesen, dass auch eine Weltmacht verwundbar ist, dass auch Amerikas Bäume nicht in den Himmel wachsen und dass selbst einer ungetrübt scheinenden Vormachtstellung Grenzen gesetzt sind.

Vielleicht werden wir noch Zeugen eines epochalen Wechsels, denn die Welt ist vielgestaltig und sie hat viele große Mächte im Laufe ihrer langen Geschichte kommen und gehen gesehen.

Europa ist zwar seit 1945 zwangsläufig an allen Fronten durch Amerika ins Abseits gedrängt worden und dieser alte Kern der Welt, von dem Jahrhunderte lang alle Impulse der geistigen, kulturellen und politischen Entwicklung ausgingen, wurde zu einem willenlosen Protektorat der USA. Aber nun müsste auch bei uns ein Umdenkprozess um sich greifen, denn je rascher sich dieser Kontinent aus dem derzeitigen Unterwerfungszustand befreien kann, je eher wird er sich auch wieder jener Kraft besinnen, die er so dringend nötig hätte.

Nötig besonders deshalb, weil man auch innerhalb der derzeitigen Europäischen Union von einer echten Völkerverständigung noch meilenweit entfernt ist. Ein bedauernswerter Zustand, der sich durch die Osterweiterung noch weiter verstärken wird.

Aber was soll oder kann sich ändern, wenn man nicht bereit ist, begangenes Unrecht einzugestehen, die Vergangenheit aufzuarbeiten und das seinerzeit durch die Sieger diktierte Geschichtsbild zu korrigieren.

Unter diesem Aspekt gewinnen auch die Worte, die der bedeutende amerikanische Historiker George F. Kennan in seinen Memoiren gesagt hat, besondere Gültigkeit und Bedeutung:

„Wenn die Geschichte über die Grausamkeiten dieses Krieges ihr Urteil fällt, wird es zwischen Siegern und Besiegten nicht unterscheiden.“[411]

Im ehemaligen feindlichen Ausland werden zunehmend solche Stimmen laut und so sagte beispielsweise schon 1963 der einstige Resistance-Kämpfer und spätere französische Ministerpräsident Jacques Chaban-Delmas an die Adresse des deutschen Volkes gerichtet:

„Es ist genug gesühnt. Schluss damit! Lassen Sie sich durch das ewige Gesühne nicht die Zukunft ihrer Nation vergiften. Haben sie keine Komplexe! Die Geschichte wird über jene, die Deutschland zu ewiger Sühne verdammen wollen, hinweggehen.“[412]

Wie schön wäre es, fände dieser Rat eines ehemaligen Kriegsgegners und Staatsmannes auch bei uns Gehör.

Der irische Militärhistoriker Dr. Dermot Bradley warnt das deutsche Volk in ähnlicher Form, wenn er sagt:

„Vielen Menschen erscheint die deutsche Geschichte als eine einzige Folge von Schuld und Aggressivität, denn die Geschichte Deutschlands wird zunehmend moralisch disqualifiziert. Wo fundierte Kenntnisse fehlen, pflegen Mythen und Fälschungen, Fehlinterpretationen und Halbwahrheiten einzuströmen. Diese Lage wird in Deutschland durch das Desinteresse an der eigenen Geschichte noch ständig verschlimmert.“[413]

Und sogar der Leiter des American Jewish Commitees, Theodor Ellendorff, sagte im Herbst 1993 anlässlich eines Besuches in Deutschland die folgenden warnenden Worte:

„Wenn eine ganze Nation positive Grundempfindungen gegenüber dem eigenen Land verdrängt, kann dies abträgliche Folgen haben wie bei einem Individuum. Eine solche Nation wird sich selbst und für die internationale Gesellschaft zum Problem. Die jungen Deutschen tragen Verantwortung angesichts ihrer Geschichte, aber sie sind zugleich verpflichtet, dieser Geschichte jene Traditionen zu entnehmen, die es ihnen erlauben, unbefangen und mit Stolz zu sagen: Ich bin Deutscher."[414]

Dies umsomehr, als die Deutschen ebenso wie wir Österreicher längst hinlänglich bewiesen haben, daß sie die Fehler der Vergangenheit bereuen und beide Länder nicht nur im Stande, sondern auch dazu bereit sind, ihren notwendigen und berechtigten Platz in der europäischen Völkerfamilie wieder einzunehmen.

Eine tiefgreifende Revision des Geschichtsbildes ist daher nicht nur notwendig sondern auf Dauer auch unumgänglich. Solange man aber der Jugend weiter ein falsches Geschichtsbild aufzwingt und darüber hinaus auch noch fördert, dass die Generation ihrer an dieser Geschichte beteiligten Väter und Großväter entehrt wird, solange können unsere beiden Völker nicht zu selbstbewußten und gleichwertigen Partnern in einem Vereinten Europa werden.

Ein dauerhafter Friede wird aber für Europa nur dann möglich, *wenn alle Beteiligten, die durch begangene Verbrechen Schuld auf sich geladen haben,* nach entsprechender Wiedergutmachung vorbehaltlos bereit sind, sich zu versöhnen. Davon sind wir aber noch Lichtjahre entfernt.

Dies beweisen besonders deutlich zwei Staaten, die im Zuge einer Osterweiterung in die Europäische Union drängen, die aber selbst während, vor allem aber *nach* dem Ende des Zweiten Weltkrieges, durch Vertreibung und Völkermord schwere Schuld auf sich geladen haben: die Tschechische Republik und Slowenien. Beide Staaten sind aber – im Unterschied zu Deutschland und Österreich – bis heute weder bereit, begangenes Unrecht anzuerkennen noch es zu tilgen oder gar Entschädigungen dafür zu leisten. Tschechien besteht vielmehr sogar heute noch auf der Rechtmäßigkeit der berüchtigten Benesch-Dekrete, welche die Basis für die an Leib, Leben und Eigentum begangenen Verbrechen waren und es besitzt sogar die Unverschämtheit, diese kommunistischen Dekrete immer noch als konstitutiven Bestandteil der tschechischen Rechtsordnung zu bezeichnen.

Diese Dekrete sind die Grundlage für menschenverachtende Gesetze, die jedem Völkerrecht widersprechen und von vielen Wissenschaftlern daher als „Völkermord" eingestuft werden. Völkermord ist aber bekanntlich nicht verjährbar und muss durch Restitution oder Entschädigung gutgemacht werden.

Sie als *„totes Unrecht"* zu bezeichnen, ist eine glatte Lüge, weil es sich bei diesen rechtswidrigen Bestimmungen um noch heute geltendes Recht, ja sogar um einen *wesentlichen Bestandteil der Rechtsordnung des tschechischen Staates* handelt, der von der tschechischen Judikatur auch bei jüngsten Urteilen im Zusammenhang mit Vermögensansprüchen als Rechtsgrundlage herangezogen wurde.

Aber wegen ihres Unrechtcharakters und der damit verbundenen Präzedenzwirkung könnten und dürften solche Gesetze in der Europäischen Union nicht geduldet werden und die ersatzlose Beseitigung dieses sehr lebendigen tschechischen Rechtes hätte deshalb auch vor Abschluß der Aufnahmeverhandlungen in die EU erfolgen sollen.

Dies gilt für das Straffreiheitsgesetz vom 8. Mai 1946 ebenso wie für die kollektiven Enteignungs- und Zwangsarbeiterdekrete, durch die schon 10- bis 14jährige zur unentgeltlichen Sklavenarbeit gezwungen wurden.

Gesetze, die Völkermord und Vertreibungsterror legalisieren, haben in der Europäischen Union nichts verloren, sonst führt sie sich selbst ad absurdum.

Dies gilt auch gleichermaßen für die sogenannten AVNOJ-Dekrete der Tito-Kommunisten von 1944/45, die in unserem südlichen Nachbarland Slowenien ebenfalls immer noch Rechtsgültigkeit besitzen. Was in Böhmen an Sudetendeutschen, Friedländern und Altösterreichern verbrochen wurde, haben unsere südlichen Nachbarn an den Untersteirern, den Unterkärntnern in Krain, den Gotscheern und Donauschwaben auf kaum weniger grausame Weise vollzogen.

Slowenien hat sich zwar als erster Staat des ehemaligen Jugoslawien vom Tito-Erbe befreit, aber es ist bislang nicht bereit, diese aus jener kommunistischen Aera stammenden Morddekrete zu annullieren, sich für die Verbrechen zu entschuldigen und die Opfer zu entschädigen, wie dies Deutschland und Österreich längst getan haben.

Geradezu paradox scheint es aber, daß bei uns in einer völlig entstellten Dokumentation des ORF die Untaten der Tito-Partisanen legitimiert und durchwegs positiv dargestellt wurden. Und dies alles zur selben Zeit, in der auf den Spuren von Massenmorden eben dieser Partisanen in unserem Nachbarland Gedenkfeiern für deren Opfer abgehalten werden.

Deshalb sagt dazu auch der Vorsitzende der „Neuen Slovenischen Union“ Dr. Tine Velikonja, ein Arzt aus Laibach, im Gespräch mit dem Verfasser dieses ORF Filmes, daß er überhaupt nicht verstehen kann, daß die Österreicher in ihrem Fernsehen neuerdings die Partisanen verherrlichen, weil gerade diese Partisanen auch dem slowenischen Volk nicht wieder gutzumachenden Schaden zugefügt haben. An den Folgen ihrer terroristischen Aktionen hätte das Land auch heute noch zu tragen, weil die slowenischen Partisanen nicht nur gegen die deutschen und italienischen Besatzer, sondern auch gegen die eigenen slowenischen nationalen Kräfte gekämpft haben. Dr. Velikonja weiß, wovon er spricht, denn seine Organisation beschäftigt sich mit der Aufarbeitung der kommunistischen Vergangenheit Sloweniens und besonders mit den schrecklichen Ereignissen des Jahres 1945, als gerade Slowenien kurz vor und nach der Kapitulation am 8. Mai 1945 zu einer der größten Hinrichtungs- und Tötungsstätten Europas wurde. Slowenien quillt geradezu über von „verschwiegenen“ und totgeschwiegenen Gräbern. Der kommunistische Kain erhob damals die bewaffnete Hand auch gegen seinen unbewaffneten Bruder Abel in Gestalt zehntausender slowenischer Heimwehrmänner, die von den Engländern ausgeliefert, dann von den Partisanen ermordet und unweit von Laibach wie Hunde verscharrt wurden.

Der grauhaarige slowenische Arzt, dessen Vater ebenfalls ermordet wurde, stellt deshalb in seiner Laibacher Wohnung die Frage: „Haben die Österreicher es vielleicht nötig, derart vor den Partisanen in die Knie zu gehen und sich liebedienerisch zu verhalten? Jeder weiß doch, daß diese in Kärnten auch nichts anderes gemacht haben als hier in Slowenien. Sie haben die Bevölkerung terrorisiert![415]

Solche Einsichten einzelner Slowenen sind erfreulich und für die weitere Entwicklung gutnachbarlicher Beziehungen auch wertvoll. So lange aber weder die Slowenen noch die Tschechen bereit sind, diese Unrechtsgesetze aufzuheben, so lange haben sie jedes Recht verwirkt, gleichberechtigte Partner in einem Vereinten Europa zu sein. Dies zu verhindern, sollte im Interesse ihrer dort ermordeten, vertriebenen und enteigneten Bevölkerung eine verpflichtende Aufgabe der österreichischen Bundesregierung sein. Sie hätte ihre Wächterfunktion vor Abschluß der Beitrittsverhandlungen wahrnehmen müssen und dürfte ihre Augen nicht feige vor der Realität verschließen.

Bezeichnend für diese krankhafte Geisteshaltung der schuldbeladenen Tschechei war auch ein erst kürzlich in der „Kronenzeitung“

unter dem Titel „Hysterie um Germanisierung in der Tschechei" erschienener Artikel.[416]

Dort hat in Grenznähe ein österreichischer Unternehmer im Zuge eines Joint-Ventures moderne Wohnungen erbaut. Um ihn zu diskriminieren, behaupteten tschechische Zeitungen fälschlicherweise, sein Vater sei ein Nazi-Kollaborateur gewesen und man befürchte daher, daß womöglich ehemalige Sudetendeutsche diese Wohnungen erwerben könnten.

Solche Dinge beweisen nur die grenzenlose Angst dieses schuldbeladenen Volkes, dem daraus resultierend kein Mittel zu schlecht ist, seine Unrechtsdokumente einzuzementieren, denn durch ihre Aufhebung würde nicht nur „die gesamte Nachkriegsordnung, sondern auch die Grundlage der Union und der Gedanke der europäischen Integration selbst in Frage gestellt". So steht es wörtlich in einer offiziellen tschechischen Denkschrift, die erst kürzlich an alle EU-Mitglieder verteilt wurde.

Daß die Sudetendeutschen jemals wieder in ihre alte Heimat zurückkehren und ihren Besitz wiederbekommen würden, daran wagt kaum jemand ernstlich zu glauben. Aber diese Massenvertreibung mit ihrem Kollektivschulddenken als Basis der europäischen Einigung zu zitieren, kehrt alles um, was als Recht der Völker und Menschen gilt. Mit soviel Unverfrorenheit ließe sich sogar die deutsche Wiedervereinigung als „Bruch der Nachkriegsordnung" denunzieren! Bedauernswertes Europa, wenn mit so schwerer Schuld beladene Mitglieder eine so hasserfüllte und krankhafte Geisteshaltung einbringen! Anscheinend genügt es nicht, daß die Gesinnung selbst seiner bisherigen Mitglieder von einer wahrhaft europäischen Geisteshaltung noch weit entfernt ist. Eine Tatsache die sich erst vor kurzem an der völlig divergierenden Beurteilung der Schuldfrage Serbiens und Kroatiens am Balkankrieg deutlich gezeigt hat. Hier haben immer noch unverändert bestehende Ressentiments aus beiden Weltkriegen zu einer total unterschiedlichen Beurteilung und auch zu ebenso anderen Hilfestellungen der ehemals verbündeten Staaten geführt.

Ebenso bezeichnend und beschämend war auch der Kampf um die Besetzung des Postens eines obersten Währungshüters in der EU. Hat doch auch er unmißverständlich gezeigt, wie es um die angebliche Freundschaft zwischen Deutschland und Frankreich in Wahrheit bestellt und wie sehr chauvinistisches Machtdenken immer noch vorherrschend ist. Wirtschaftlich war es sicher sinnvoll und notwendig, daß die europäischen Staaten in einer Vereinigung zusammenrücken, um einer zunehmenden amerikanischen und asiatischen Konkurrenz die Stirn zu bieten; politisch, besonders aber in ihrer Geisteshaltung trennen die 15 Mitglieder von einem Verständnis füreinander und dem Geist echter Freundschaft aber immer noch Welten. Chauvinismus, Neid, Mißgunst, politische Kurzsichtigkeit und die Angst der Franzosen, trotz des von ihnen erzwungenen Euros eine mühsam errungene Dominanz womöglich wieder an ein neuerlich erstarktes Deutschland zu verlieren, sind leider immer noch vorherrschende Denkmaßstäbe. Die viel zu frühe Erweiterung der EU wird diesen Ungeist nur verstärken und sich zusätzlich negativ auswirken. Deshalb kann und wird es nicht nur ein politisch sondern auch geistig vereintes Europa in absehbarer Zukunft bestenfalls auf dem Papier geben.

An dieser bedauerlichen aber realen Tatsache wird leider auch heute das mahnende Wort des deutschen Staatsmannes Walter Rathenau genau so wenig ändern, wie es dies vor über siebzig Jahren getan hat, wo dieser kurz vor seiner Ermordung durch Extremisten sagte:

„Am Haß wird Europa sterben,
wenn es sich nicht besinnt.“

Nachwort

Den lebenden Zeugen dieser Epoche unserer Geschichte, die wie keine andere verdammt und verleumdet wurde, bleibt nur noch wenig Zeit sich zu artikulieren und damit auch ein zeitgeschichtliches Dokument zu hinterlassen, das später einmal dazu dienen könnte, einen Teil der Lügen, mit denen die nachkommenden Generationen aufgewachsen sind, zu widerlegen und richtigzustellen.

Wir werden zahlenmäßig von Tag zu Tag weniger, wir, die Generation der Väter, Groß- und Urgroßväter. Wir Kriegsveteranen, von denen Lügner und Heuchler in meinungsbildenden Massenmedien, gefälschten Ausstellungen oder demagogischen Hass-Attacken suggestiv behaupten, wir seien Wahnsinnige oder sogar Verbrecher gewesen, weil wir Hitler aktiv oder zumindest in „feiger Passivität" gefolgt sind und Kriegsdienst geleistet haben.

Je schweigsamer wir einem solchen Verdammungsurteil gegenüber bleiben und uns – vielleicht aus einer nicht ganz unberechtigten Angst – einer Auseinandersetzung entziehen, umso mehr werden Tatsachen verzerrt und umso länger werden auch kommende Generationen auf einer Suche nach der Wahrheit irregeführt .

So gesehen ist es nicht verwunderlich, dass ein nicht unbeachtlicher Teil unserer Jugend heute entweder überhaupt kein Vaterbild mehr oder wenn, dann ein falsches hat. Diese Tatsache erklärt sich aber keinesfalls nur aus einem Generationenproblem oder einem Generationenkonflikt heraus, sondern beruht größtenteils auf den vorerwähnten Fakten.

Die Interesselosigkeit für die Vergangenheit einerseits und die Ruhelosigkeit andererseits, die unsere heutige mehr und mehr zu Gewalt neigende Jugend weitgehend ergriffen hat und sie zu gefährlichen, vaterlandslosen, anarchistischen Aktionen – sei es von rechts oder von links – verleitet, resultiert sicher zu einem nicht unwesentlichen Teil aus diesem Prozess einer ständigen Verzerrung des eigenen Geschichtsbildes.

Die damit verbundene Fehlerziehung, die jedes Festhalten an Begriffen wie nationale Identität, Ethik, Treue, Ehre und Verantwortungsbewußtsein als faschistoide Relikte verdammt, trägt ihre

Früchte. Die beschämenden Ergebnisse sind überall sichtbar: Neurosen, Lebenssinnlosigkeit bis hin zum Selbstmord, fehlender Leistungswille, die Neigung zu Gewalt und Zerstörung, die damit einhergehende Zunahme der Jugendkriminalität und nicht zuletzt die ständig zunehmende Flucht in Alkohol und Drogen.

Es ist eine historische Erkenntnis, dass alles Gewesene nur aus seiner Zeit heraus verstanden und gewertet werden kann, jede Verherrlichung, aber auch jede Verteufelung unrealistischen Emotionen entspringt und deshalb nur in einem totalen Für oder Wider mündet.

In Wahrheit sind auch wir damals in unseren jungen Jahren weder Heilige noch satanische Dämonen gewesen, sondern Menschen, die am Rande ihres menschlichen Vermögens, sowohl im Tun als auch im Handeln ihre Begrenzung erfuhren. Wir handelten damals aus der tiefen inneren Überzeugung, unserem Vaterland und nur diesem mit unserer ganzen Kraft und unter dem Einsatz unseres Lebens zu dienen, um es so vor einer bolschewistischen Gewaltherrschaft und damit auch vor seinem Untergang zu bewahren.

Die Hitlerzeit kann daher nicht als isoliertes Intermezzo eines Machtbesessenen in der deutschen Geschichte und in der Geschichte unserer Welt gesehen werden. Sie ist vielmehr ein organischer, epochaler Teil weltpolitischer Entwicklung.

Hitler wird vor allem von der jüdischen und linksorientierten Publizistik der Gegenwart und Nachwelt nur als Verbrecher oder Wahnsinniger hingestellt und das Deutschland seiner Zeit als ein Volk von Idioten und Kriminellen. Eine solche unrealistische und zweckpropagandistische Manipulation kann allerdings niemals eine Antwort auf die Frage sein, die sich in diesem Zusammenhang immer wieder stellt: Wie hätte ein solcher Mensch auf demokratischem Wege überhaupt jemals an die Macht kommen und wie hätte damals die ganze Welt seine gewaltigen Leistungen anerkennen können, wenn es keine solchen gegeben hätte? Der Hitlerstaat war von allen Staaten der Welt – den heiligen Stuhl eingeschlossen – anerkannt worden und die olympischen Spiele 1936 in Berlin gingen als ausländisches Echo einer Huldigung dieses damaligen Deutschland um die ganze Welt!

Vor allem aber, wie wäre es sonst möglich gewesen, daß Millionen Deutscher und Österreicher über viele Jahre hinweg seine begeisterten Anhänger wurden und mehrheitlich bis zum bitteren Ende blieben?

Ebensowenig vermag gerade deshalb auch keine Simplifizierung die Tatsache zu erklären, warum eine ganze Welt fast sechs Jahre lang ihr gesamtes militärisches Potential aufwenden mußte, um einen ausschließlich „wahnsinnigen Amokläufer" oder „kriminellen Verbrecher„ niederzuringen.

Das Thema beider Weltkriege – subsummiert als Zweiter dreißigjähriger Krieg – wird also die Historiker noch durch Jahrhunderte beschäftigen. Ihr Urteil wird aber gewiß ein anderes sein als jenes, das vom Blutrausch erfasste Sieger in der Wahrnehmung ihrer Kriegsbeute oder vor Fanatismus geblendete Politiker aus zweckpropagandistischen Gründen glaubten vorwegnehmen zu können.

Stalin zu bagatellisieren und nur Hitler den apolitischen Massen als einzig Schuldigen darzustellen, werden einmal objektive Historiker als plumpen Fälschertrick entlarven und dem durch Hitler und nach ihm sich gigantisch aufdrängenden Phänomen einer explosiven Weltveränderung wieder größeres Interesse entgegenbringen.

Einstmalige Politik steht heute als Geschichte zur Wertung an. Geschichte dämpft Emotionen, die elementaren ebenso wie die spekulativ durch Propaganda geschaffenen. Daher stehen heute mehr denn je nicht nur die historischen Tatsachen zur Diskussion sondern deren Ursachen und besonders ihre Folgen.

Leider hat kaum ein Volk aus seiner Geschichte gelernt. Aber Geschichte ist und bleibt trotzdem eine höchstaktuelle Angelegenheit. Ihr Bewusstsein bestimmt den Habitus der nachfolgenden Generationen, das kulturelle und gesellschaftliche Selbstverständnis. Mangelndes Geschichtsbewußtsein berührt ganze Generationen eines Volkes nachhaltig. Es bricht ihm das nationale Rückgrat. Und genau das ist die Nachkriegstragödie des deutschen Volkes.

Ich habe deshalb in meinem Buch versucht, die Fehler und *Verbrechen aller an beiden Weltkriegen beteiligten Völker* aufzuzeigen; mit dem so gerne gebrauchten lächerlichen Schlagwort einer „Aufrechnung" hat dies überhaupt nichts zu tun. Mord kann nicht gegen Mord aufgerechnet werden! Diese ganz bewusst behaupteten Vorwürfe einer Aufrechnung dienen in Wahrheit nur einem Zweck: Sie sollen verhindern, daß die am Deutschen Volk begangenen Kriegs- und Nachkriegsverbrechen erwähnt werden. Diese sollen für immer tabuisiert sein! Wer sich nicht an dieses Tabu hält, soll sich sogar unter Anklage wissen, denn er will ja angeblich nichts anderes als im Wege der Aufrechnung die von den Deutschen verübten Verbrechen schmälern. Sie sind wahrlich groß genug und nichts und niemand kann oder darf sie ungeschehen machen. Aber für die Beurteilung geschichtlicher Zusammenhänge kann man den Blick nicht nur in einzelne Nischen werfen oder nach Belieben Zeitabschnitte und Gegebenheiten aus dem geschichtlichen Zusammenhang reißen.

Das heißt aber auch, daß man Hitler und das Dritte Reich nicht von der innerdeutschen Vorgeschichte trennen darf. Hitler ist 1933 nicht mit einem Urknall vom Himmel gefallen, 1933 steht vielmehr in einem historischen Wirkungszusammenhang. Wäre das deutsche ebenso wie das österreichische Volk nicht durch die Schandverträge von Versailles und St. Germain so sehr gedemütigt worden, hätte man Europa nicht zerstückelt und ohne jede Rücksicht auf ethnische Gegebenheiten willkürlich aufgeteilt, hätte nicht damals eine unsagbare Not geherrscht und hätte es vor allem die bolschewistische Bedrohung aus dem Osten nicht gegeben, Hitler wäre wahrscheinlich nie an die Macht gekommen. Versailles und Moskau waren die Ursachen, die seinen Aufstieg erst möglich machten und beide liegen nicht in Deutschland.

Deshalb ist es an der Zeit, dass endlich ausnahmslos alle diese Vergangenheit annehmen und sich der Geschichte stellen. Sie gehört ebenso zu den Wurzeln unseres Lebens wie unser geistig kulturelles Erbe. Und es gehört auch zu unserer Menschenwürde, dass wir zu unserer Geschichte stehen und uns an sie erinnern.

Dies gilt aber gleichermaßen für alle Völker, denn nur so ist eine Versöhnung möglich. *Das Geheimnis der Versöhnung heißt Erinnerung ohne qualitative Bewertung des Geschehenen.*

Zu dieser Geschichte gehören die von maßlosen, hasserfüllten und kriegslüsternen Staatsmännern entfesselten beiden Weltbrände, dazu gehören der Germanisierungswahn Hitlers und die grauenhaften Verbrechen von Auschwitz ebenso wie der millionenfache Völkermord am deutschen Volk. Dazu gehören aber auch Versailles, die Vertreibung und das millionenfache Sterben der Deutschen im Osten, genau so wie Hiroshima und Nagasaki oder Hundertausende unschuldiger Frauen und Kinder, die einem brutalen Bombenterror zum Opfer gefallen sind.

Alle, aber auch alle, die beide Kriege gewollt und entfesselt, die getötet, gemordet, vertrieben, geplündert oder geschändet haben, müssen dieser Wahrheit ins Auge sehen, der ganzen Wahrheit und nicht nur einer selektiven. Das ist ein Gebot der Gerechtigkeit. Die Gleichheit vor dem Recht ist der Grundsatz jeder Rechtskultur. Nur auf der Grundlage der ganzen Wahrheit und einer tatsächlichen Gerechtigkeit kann auf Dauer Friede und Versöhnung herrschen.

Deshalb abschließend meine Bitte an die Jugend, die nicht ungehört bleiben sollte:

Glaubt nicht, was man euch ständig an Fehlinformationen, Lügen und Gemeinheiten einzuhämmern versucht. Begreift, dass auch wir, die so geschmähte und verleumdete Kriegsgeneration, in der politischen Arena nur Übergang vom Gestern zum Heute waren, im Erbe der Vergangenheit und in den Träumen um eine bessere Zukunft.

Daraus zu lernen und die politische Gestaltung des Morgen zu fundamentieren, ist nicht mehr die Sache meiner Generation. Das hat die Geschichte Euch aufgetragen.

Literaturnachweis

Buch, Titelseite

1 Der Untertitel für das vorliegende Buch stammt von Sir Winston Churchill, der als Mitschuldiger am Geschehen, gegen Ende seines Lebens einsichtig geworden, diese treffende Bezeichnung für die beiden schrecklichen Kriege unseres Jahrhundert gewählt hat.
Churchill, Winston, Sir: Der Zweite Weltkrieg, Scherz & Goverts, Stuttgart 1948, Band I, Vorwort

Geleit zur 1. Auflage

2 Aus: „Kronenzeitung" vom 12. April 1998
3 Schustereit, Hartmut, Dr.: Wissenschaftliches Gutachten zur Ausstellung „Verbrechen der Deutschen Wehrmacht von 1941–1944"
4 Aus: „Kronenzeitung", Ausgabe vom 12. April 1989
5 Veale, Frederik, John, Partington: Schuld und Sühne, Tübingen 1964
6 Taylor, Alan, John, Percevale, Dr. The Origins of the Second World War, London 1961

Kapitel 1

7 Stark, Harold, R.: Thompson/Strutz, Doenitz at Nuremberg – War Crimes and the Military Professional, New York 1976
8 Hankey, Maurice, Alers, Lord,: Trials and Errors, Oxfort und Chicago 1950
9 Mitchel, Peter, Chalmers,Prof. Dr. Sir: „A Biological View of our foreign policy" in: „Saturday Review" vom 1. Februar 1896 und vom 11. September 1897
10 Maier-Dorn: Alleinkriegsschuld – Unkenntnis oder Feigheit, Großaitingen 1984
11 Hoggan, David, L. Prof., Dr.: Der erzwungene Krieg, Göttingen 1977
12 Czernin, Ottokar, Graf: Im Weltkriege, Berlin 1919
13 Kohler, Josef: Archiv für Strafecht und Strafprozess, Berlin 1918
14 Taube, Michael. Freiherr von: Der großen Katastrophe entgegen, Leipzig 1937
15 Stratz, Rudolf: Der Weltkrieg, Berlin 1933
16 Wellems, Hugo: Von Versailles bis Potsdam, Mainz 1983
17 Maier-Dorn: a.a.O
18 Bernhardt, Hans: Deutschland im Kreuzfeuer großer Mächte, Pr.Oldendorf 1988
19 Awaloff-Bermont, Fürst: Erinnerungen, Hamburg 1925
20 Tansill, Charles, Prof. Dr.: Die Hintertür zum Kriege, Düsseldorf 1956
21 Aus: „Wer ist wer im Judentum", FZ-Verlag, München 1997, Bd. II
22 Bernhardt: a.a.O., Anm.18
23 Bernhardt: ebd.
24 Bernhardt: ebd.
25 Nitti, Francesco: Die Tragödie Europas oder Amerikas? Frankfurt/Main 1924

26 Jaksch, Wenzel: Europas Weg nach Potsdam, Stuttgart 1958
27 Lebre/Coston: Das Geheimnis um die Ursachen des Zweiten Weltkrieges, Wiesbaden 1958
28 Bernhardt: a. a. O., Anm.18
Walendy, Udo: Wahrheit für Deutschland – Die Schuldfrage des Zweiten Weltkrieges, Verlag f. Volkstum u. Zeitgeschichtsforschung, Vlotho/Weser 1964 u. 1970
30 Casement, Roger, Sir: Gesammelte Schriften, Dublin 1930
30a Churchill, Winston,Sir: Memoiren, Bd 1, Scherz u. Goverts Verlag Stuttgart-Hamburg 1949
31 Fuller, J. F. C.: Der Zweite Weltkrieg 1939–1945, Wien–Stuttgart 1950

Kapitel 2

32 Zischka, Anton: War es ein Wunder? Gütersloh 1966
33 Hitler, Adolf: Mein Kampf, München 1939
34 Maser, Werner: Adolf Hitler, München 1971
35 Maser: ebd.
36 Woche, K. R.: Deutschland und die Kriegsursachen, Türmer-Verlag, Leoni 1990
37 Bernhardt: a. a. O., Anm. 18
38 Woche: a. a. O., Anm. 36
39 Lloyd George, Earl David: in: „Daily Express" vom 17. September 1936, erschienen In: Deutsche Monatshefte, April 1989, Türmer-Verlag, Berg
40 Haffner, Sebastian: Anmerkungen zu Hitler, Frankfurt a. Main 1980
41 Barnes, Harry, Elmer, Prof. Dr.: Nation Europa, 1962
42 Woche: a. a. O., Anm. 36
43 Forrestal, James: The Forrestal Diaries, USA 1951

Kapitel 3

44 Diwald, Hellmut: Geschichte der Deutschen, Propyläen-Verlag, Berlin 1979
45 Wellems: a. a. O., Anm.16
46 Mann, Thomas: Deutsche Hörer, Stockholm 1945
47 Sündermann, Helmut: Hier stehe ich, Leoni 1975
48 Sündermann: ebd.
49 Zentner, Kurt: Das Dritte Reich, München 1965
50 Zentner, ebd.
51 Woche: a. a. O., Anm. 36
52 Heuss, Theodor: Hitlers Weg, Stuttgart 1932
53 Sündermann, Helmut: Alter Feind – was nun? Leoni 1955
54 Bernhardt: a. a. O., Anm.36
55 Maier-Dorn, E.: Anmerkungen zu Sebastian Haffner, Großaitingen 1981
56 Bernhardt: a. a. O., Anm.18

Kapitel 4

57 Rothermere, V.: Europas Pulverfaß, „Daily Mail", London v. 30. August 1927
58 Rothermere, V.: „Daily Mail", London v. 24. September 1930

59 Oswald, W.: Kraftfahrzeuge und Panzer der Reichswehr, Wehrmacht und Bundeswehr, Stuttgart 1970
60 Churchill, Winston, Sir: Der Zweite Weltkrieg, Bd. II–III, Hamburg/Stuttgart 1950/1954
61 Pozorny, R.: Wir suchten die Freiheit, München 1959
62 Rothermere, V.: Warnungen und Prophezeiungen, Zürich 1939
63 Bernhardt: a. a. O., Anm.18
64 Seraphim/Maurach/Wolfrum: Ostwärts Oder und Neiße, Hannover 1949
65 Hillgruber/Hümmelchen: Chronik des Zweiten Weltkrieges, Frankfurt/Main 1966
66 Bernhardt: a. a. O., Anm.18
67 Bernhardt: a. a. O., Anm.18
68 Pust, Ingomar: Schreie aus der Hölle ungehört, Hartmann Verlag, Sersheim
69 Chamberlain, Richard: in Rede v. Engl. Unterhaus vom 3. Oktober 1939
70 Irving, David: Hitlers Weg zum Krieg, Hersching 1978
71 Irving: ebd.
72 Diwald: a. a. O., Anm. 44
73 Wellems: a. a. O., Anm.16
74 Sündermann: a. a. O. Anm. 38
75 Sündermann: ebd.
76 Zentner: a. a. O., Anm .49
77 Zentner: ebd.
78 Woche: a. a. O., Anm. 36
79 Heuss: a. a. O., Anm. 52
80 Sündermann: a. a. O., Anm. 44
81 Bernhardt: a. a. O., Anm. 18
82 Maier-Doorn: a. a. O., Anm. 10
83 Bernhardt: a. a. O., Anm. 18
84 Rothermere: a. a. O., Anm. 57
85 Rothermere: ebd.
86 Oswald: a.a. O., Anm. 59
87 Woche a. a. O., Anm. 36
88 Woche: ebd.
89 Taylor, A. J. P.: a. a. O., Anm. 6
90 Polnisches Weißbuch, Basel 1940
91 Polnisches Weißbuch: ebd.
92 Freund, Michael: Weltgeschichte der Gegenwart in Dokumenten, Bd.: I–II, Freiburg i.B. 1954–1956
93 Bernhardt: a. a. O., Anm. 18
94 Fish, Hamilton: Der zerbrochene Mythos. F.D.Roosevelts Kriegspolitik 1933–1945, Grabert Verlag 1982
95 Freund: a. a. O., Anm. 92
96 Hoggan: a. a. O. Anm. 6
97 Hoggan: ebd.
98 Valmigere, Pierre: Und morgen...? Frankreich, Deutschland und Polen, Berlin 1939
99 Rozek J.: Allied Wartime Diplomacy – A Pattern In Poland, New York 1958
100 Bernhardt: a. a. O., Anm. 18
101 Maier-Doorn: a. a. O., Anm. 10
102 Charmley, John/Clark, Alan: Churchill: The End of Glory, Hodder & Stoughton, u. Churchill: Das Ende einer Legende, Propyläen-Biographie, Ullstein Verlag 1995
103 In: „Times", London vom 27. Juni 1995

104 TuckerJames B.: Eine Biographie erschüttert das Weltreich, London 1993
105 Maier-Doorn: a. a. O., Anm. 6
106 Fuller, J. F. C.: a. a. O., Anm. 31
107 Nicoll, P. H.: Englands Krieg gegen Deutschland, Tübingen 1963
108 In: „Polsky Kurjer“ v. 10. August 1938
109 Bernhardt: a. a. O., Anm. 18
110 Bernhardt: ebd., Anm. 18
111 Churchill, Winston, Sir: Der Zweite Weltkrieg, Verlag Scherz & Goverts, Stuttgart 1948, Bd. I
112 Taylor, A. J. P., Dr.: a. a. O., Anm. 6
113 Kubizek, August: Adolf Hitler – mein Jugendfreund, Leopold Stocker Verlag Graz , 4. Aufllage 1975
114 Hedin, Sven: Amerika im Kampf der Kontinente, Leipzig 1942
115 Hart, Lidell: Geschichte des Zweiten Weltkrieges, Düsseldorf 1972
116 Barnes, Harry E., Prof., Dr.: a. a. O., Anm.41
117 Hart, Lidell: a. a. O., Anm.115
118 Lindbergh, Charles, jr.: „New York Times“, 1941
119 Lindbergh, Charles, jr.: Kriegstagebuch, 1970
120 Lindbergh, Charles, jr.: Of flight and life, 1948
121 Glaser, Kurt, Prof. Dr.: War cause, Chicago 1965
122 Veale: a.a.O., Anm. 5
123 Goldstein, Isaak: in: „Die Welt“, Hamburg, Februar 1960
124 Taylor, Alan, John, Percevale, Dr.: The Origins of the Second War, London 1961
125 Taylor, A.J.P.: English History 1914–1945, London 1965
126 Greenfell, Russel: Unconditional Hatred“, New York 1954
127 In: „Die Tat“, Zürich, Ausg. Mai 1954

Kapitel 5

128 Hart, Lidell: in: „Picture Post“, London vom 3. September 1949
129 Nicoll, Peter: Englands Krieg gegen Deutschland
130 Rassinier, Paul, Prof.: Operation Stellvertreter, München 1964
131 Walendy: a. a. O., Anm. 29
132 Walendy: ebd.
133 Bernhardt: a. a. O., Anm. 18
134 Bernhardt: ebd.
135 Freund: a. a. O., Anm. 92
136 Walendy: a. a. O., Anm. 29
137 Müller-Hillebrandt: Das Heer 1939–1945, Bd.1–3, Darmstadt 1954
138 Tessin G.: Formationsgeschichte der Wehrmacht, Boppard 1959
139 Bernhardt: a. a. O., Anm. 18
140 Bernhardt: ebd.
141 Bernhardt: ebd.
142 IMT (Internationales Militär Tribunal), Bd.XV, Nürnberg 1947/48
143 Woche: a. a. O., Anm. 36
144 Hart, Lidell: a. a. O., Anm. 115
145 Churchill: a. a. O., Anm. 60
146 Hughes, Emery: Churchill, Tübingen 1959
147 Grimm Hans: in: „Nation Europa“, Heft 2/1958, Coburg
148 Sherwood R.: Roosevelt und Hopkins, Hamburg 1948

149 Vansittard, Robert, G. Albert, Lord: Black Record, London 1941
150 Kaufmann, Theodor, N.: Germany must perish, Newark, N.J. 1941
151 Lehrer L.: England als Weltbeglücker, München 1965
152 Bernhardt: a. a. O., Anm. 18
153 Rooster, C.: Der Lügenkreis, Witten 1976
154 Ploetz, R.: Geschichte des Zweiten Weltkrieges, München 1954 u. Passow Kurt: Taschenbuch der Heere, August 1939

Kapitel 6

155 Zierer, Otto: Neue Weltgeschichte, Stuttgart-Salzburg 1967, Bd. III
156 Brennecke, G.: Die Nürnberger Geschichtsentstellung, Tübingen 1970
157 Lochner R.K.: Als das Eis brach, München 1983
158 Lochner : ebd.
159 Lochner : ebd.
160 Bernhardt: a. a. O., Anm. 18
161 Lochner: a. a. O., Anm. 157
162 Woche: a. a. O., Anm. 36
163 Hewins, Ralph: Quisling, Prophet without Honour, London 1988
164 Hart, Lidell: a. a. O., Anm. 115
165 Tansill, Charles: a. a. O., Anm. 20
166 Hillgruber/Hümmelchen: a. a. O., Anm. 65
167 Woche: a. a. O., Anm. 36
168 Potocki, Jerzy, Graf: Außendienst-Berichte d. poln. Botschafters, Washington 1938/39
169 Bullitt, William C.: Diplomtic Notes, Paris 1939
170 Bernhardt: a. a. O., Anm. 36
171 Cartier, Raymond: Der Zweite Weltkrieg, Bd. I, Piper Verlag, München 1967
172 Woche: a. a. O., Anm. 36
173 Woche: ebd.
174 Bernhardt: a. a. O., Anm. 18
175 Woche: a. a. O., Anm. 36
176 Walendy: a. a. O., Anm. 29
177 Wellems: a. a. O, Anm. 16
178 Tansill: a. a. O., Anm. 20
179 Tansill: ebd.
180 Bernhardt: a. a. O., Anm. 18
181 Bernhardt: ebd.
182 Bernhardt: ebd.
183 Churchill: a. a. O., Band II, Anm. 60
184 Tansill: a. a. O., Anm. 20
185 Werner, H.A.: Die eisernen Särge, München 1975
186 Dönitz, Karl: Zehn Jahre und zwanzig Tage, München 1977
187 Tansill: a. a. O., Anm. 20
188 Tansill: ebd.
189 Bernhardt: a. a. O., Anm. 18
190 Hedin: a. a. O., Anm. 114

Kapitel 7

191 Tucker, James B.: Eine Biographie erschüttert das Empire, in: CODE Nr. 493
192 Hart: a. a. O., Anm. 115
193 Müller-Hillebrandt: a. a. O., Bd. II, Anm.137
194 Brennecke: a. a. O., Anm. 156
195 Brennecke: ebd.
196 Brennecke: ebd.
197 Woche: a. a. O., Anm. 36

Kapitel 8

198 Braunstätter Anton: Das Pokerspiel-Rund um den 2. Weltkrieg, Verlag Lagerkreis „Rewda“, Wien 1997
199 Braunstätter: ebd.
200 Lenin, Wladimir, Iljitsch: Gesammelte Werke, Moskau 1941–1957
201 Schmidt, O.: Umdenken oder Anarchie, Göttingen 1959
202 Hitler: a. a. O., Anm. 33
203 Vansittart, Robert,G.,Lord: Even now London, London 1933
204 Hitler: a. a. O., Anm. 33
205 Freund: a. a. O., Anm. 92
206 Woche: a. a. O., Anm. 36
207 Brennecke: a. a. O., Anm. 156
208 Maier-Doorn: a. a. O., Anm. 10
209 Helmdach: Überfall?, Neckargemünd 1976
210 Höhne, Heinz: Krieg im Dunkeln, Berlin 1988
211 Schomar, Ludwig: 1941 Hitlers oder Stalins Krieg? in: „Der Freiwillige“, Heft 1988, Munin-Verlag, Osnabrück
212 In: TASS, Moskau, v. 13. Juni 1941
213 Suwarow, Viktor: Der Eisbrecher-Hitler in Stalins Kalkül, Stuttgart 1889
214 Woche: a. a. O., Anm. 36
215 Suwarow: a. a. O., Anm. 213
216 Schomar: in: „Der Freiwillige“, Heft 6/87
217 Grigorenko, P.: Erinnerungen, München 1981
218 Kuznezow, N. G., Flottenadmiral: Am Vorabend
219 Suwarow: a. a. O., Anm. 213
220 Halder, F.: Hitler als Feldherr, München 1949
221 Halder: ebd.
222 Irving, David: Göring, München 1987
223 Bekker, Cajus: Angriffshöhe 4000, Oldenburg 1964
224 Schomar: in: „Der Freiwillige“, Heft 3, 1988
225 Braunstätter: a. a. O., Anm.198
226 Höhne: a. a. O., Anm. 210
227 Topitsch, Ernst, Univ.-Prof., Dr.: Stalins Krieg, (Moskaus Griff nach der Weltherrschaft) Busse Seewald, Herford 1990 u. 1993 u. 1998
227a Topitsch. ebd. (in Ergänzungsheft zur 3. Auflage 2000
228 Hoffmann, Joachim, Dr.: Stalins Vernichtungskrieg, Verl. f. Wehrwissenschaft, München

Kapitel 9

229 Woche: a. a. O. Anm. 36
230 Czesany, Maximilian, Dr.: Europa im Bombenkrieg 1939- 1945, Leopold Stocker Verlag, Graz–Stuttgart 1998
231 Woche: a. a. O., Anm. 36
232 Csenany: a. a. O., Anm. 230
233 Woche: a. a. O., Anm. 36
234 Woche: ebd.
235 Götzel, H.: Generaloberst Student und seine Fallschirmjäger, Friedberg 1980
236 Taylor A. J. P.: a. a. O., Anm. 124
237 Snow, Charles, Percy, Sir: Science and Goverment, Oxford 1961
238 Snow: ebd.
239 Diakow, J.: Generaloberst Alexander Löhr – Ein Lebensbild, Verlag Herder KG., Freiburg i. B. 1964,
240 Diakow: ebd.
241 Woche: a. a. O., Anm. 36
242 Czesany: a. a. O., Anm. 230
243 Bertelsmann Lexikon: Der Zweite Weltkrieg
244 Fuller: a. a. O., Anm. 31
245 Zischka: a. a. O., Anm. 32
246 Feuchter, Georg, W.: Die Geschichte des Luftkrieges, Athenäum-Verlag, Bonn–Frankfurt/M., 1954
247 Bernhardt: a. a. O., Anm. 18
248 Hillgruber-Hümmelchen: a. a. O., Anm. 60
249 Woche K. R.: Bilanz des Todes, in: „Deutsche Monatshefte", Heft 11/87,Türmer-Verlag, Berg am See
250 Zischka: a. a. O., Anm. 32
251 Fuller, J.F.C.: Die entartete Kunst Krieg zu führen, 1789–1961, Verlag Wissenschaft und Politik, Köln 1964
252 Dahl, Jürgen: Über Schaulust und Dabeisein – Die Grausamkeiten des Hinsehens in: „Die Scheidewege" Nr. 6
253 Taylor A. J. P.: a. a. O., Anm. 6
254 Woche: a. a. O., Anm. 36
255 Klöss, Erhard: Der Luftkrieg über Deutschland, Deutscher Taschenbuchverlag München, November 1963
256 Price, Alfred: Handbuch Deutsche Luftwaffe, Motorbuch-Verlag Stuttgart 1979
257 Frankland, Noble: Die Bombenoffensive, Moewig Verlag Taschenbuch Nr. 4345, Rastatt 1984
258 Girbig, Werner: Im Anflug auf die Reichshauptstadt, Motorbuch-Verlag Stuttgart 1977
259 Zischka: a. a. O., Anm. 32
260 McKee, Alexander: Dresden 1945, Paul Szolnay-Verlag, Wien-Hamburg 1983
261 Steinmayr,Joachim: Totenschiff wird gehoben – Die „Thielbeck" mit ihren 2700 toten Opfern in der Lübecker Bucht. In: „Münchner Illustrierte" Nr.: 2/1950
262 Schwarberg, Günther: Angriffsziel Cap Arcona, Stern-Buch im Verlag Gruner+Jahr, Hamburg 1983
263 Schwarberg: ebd.
264 Schwarberg: ebd.
265 Schwarberg: ebd.
266 Czesany: a. a. O., Anm. 230

267 Woche: a. a. O., Anm. 36

Kapitel 10

268 Jäckel, Eberhard: Hitlerbiographie, Stuttgart 1951
269 Hamann, Brigitte: Hitlers Wien, Lehrjahre eines Diktators, Piper Verlag, München, Zürich, 2.Auflage 1996
270 Stern, Peter: Hitler, der Führer und das Volk, 1981
271 Haffner Sebastian: Nachwort zu W. Kempowskis Buch: Haben sie Hitler gesehen?
272 Kehrl, Hans: Bilanz des Zweiten Weltkrieges
273 Haffner: a. a. O., Anm. 40
274 Hughes: a. a. O., Anm. 146
275 Kern, Erich: Verheimlichte Dokumente, München 1988
276 Jordan, Rudolf: Erlebt und erlitten, Leoni 1971
277 Roper, Hugh, R. Trevor: Herausgeber von Le Testament politique de Hitler
278 Jäckh, Ernst: E. Jäkhs Note v. 30. Juni 1939 an Sir Ome C. Sargent (ForeignOffice) in: D. B. F. P-PRO, 5. Juli 1939.
279 In: „World Jewish Economic" vom 6. August 1933
280 In: „Daily Express" vom 24. März 1933
281 Baker, James: in: „Der Spiegel", Ausgabe v. 13. Mai 1992
282 In: „Daily Mail", Bericht über Besuch L.Halifax b. Hitler v. 19. November 1937
283 Fish: a. a. O., Anm. 94
284 Braunstätter: a. a. O., Anm. 198
285 Schostakowitsch, Dimitrij: Rückblicke u. Erinnerungen
286 Fest, Joachim, C.:Hitler. Eine Biographie, Propyläen, Verlag Ullstein 1973
287 Churchill: a. a. O., Band I, Anm. 60
288 Moran, Dr., Lord: Erinnerungen eines Leibarztes, London , 7. Februar 1945
289 Crossman, Richard: in: „New Statesman" unter War Crime v. 3. Mai 1963
290 Roseman, Samuel, I.: The Public Papers and Adress of Franklin D. Roosevelt , New York. Band I, 1939
291 Churchill: a. a. O.,Band III, Anm. 60
292 Powell, Henry, Sir: Tagebuch-Notitz v. 20.August 1941
293 Wehrmachts-Archiv (1939)
294 Fish: a. a. O., Anm. 94
295 Bavendamm, Dirk: Roosevelts Weg zum Krieg, München 1983 und Kunert Dirk: Ein Weltkrieg wird programmiert, Kiel 1984
296 Boothe, Luce, Clare : Präsident Roosevelt, N. Y. 1950
297 Fish: a. a. O., Anm. 94
298 Moran: a. a. O., Anm. 288
299 Fish: a. a. O., Anm. 94
300 Fish: ebd.
301 Fish: ebd.
302 Courtois, Stephane: Schwarzbuch des Kommunismus, Paris 1997
303 Fish: a. a. O.. Anm. 94.

Kapitel 11

304 In: „New York Times" v. 28.September 1945
305 Moss, V. Stanley: Die besten Soldaten der Welt – Die Deutsche Wehrmacht aus der Sicht berühmter Ausländer, Helwig Adolph Auffenberg-Komarow, München1995

306 In: „Die Welt“: Hamburg v. 20.März 1995
307 In: „Focus“: Ausgabe Nr. 19/1996
308 De Zayas, Alfred, M., Prof., Dr.: Die Wehrmachtsuntersuchungsstelle, München 1994
309 De Zayas: ebd. in: „Criticon“ Nr. 154, April-Juni 1997
310 In: „Nationalpolitische Studien“: Nr. 4/1972
311 Szabo, Zoltan: in: „Neue Zeitung“ Nr. 27 aus 1989
312 Kehring, Manfred: Gutachten d.Direktors des deutschen Bundeswehr-Militärarchives
313 Ehrenburg Ilja: Wiederholter Tagesbefehl an die Sowjetarmee 1944/45
314 Hoffmann, Joachim, Dr.: Der Vernichtungskrieg Stalins 1941 bis 1945
315 Cartier, Raymond: a. a. O., Anm. 171
316 Brandshaw, S.A.: in: „Welt am Sonntag“ v. 14. April 1996
317 Clostermann, Pierre: in: Rudolf Nowotny's : Berichte aus dem Leben meines Bruders Braunstätter: a. a. O., Anm. 198
318 In: „The Central European Observer“, Ausg. v. November 1943
319 Russel, Bertrand: in: „The Times“, London v. 19. Oktober 1945
320 Langer, William, US-Senator: in: Rede vor US-Senat v. 7. April 1950
321 Golliancz, Victor: Our threatened values, London 1947
322 Baque, James: Der geplante Tod, Deutsche Kriegsgefangene in amerikanischen und französischen Lagern 1945–1946, Ullstein-Verlag, Frankfurt/M, 1993
323 Baque: eda.
324 Baque: ebd.
325 Jones, Edgar, L.: in: „Atlantis“, unter: „One war is enaugh“, Ausg. Februar 1946
327 Carver, Michael: Tobruk, London 1972
328 Creveld, Martin van: Fighting Power German and US-Performance 1939–1945, Westport 1982
329 Walters, Vernon, A.: In vertraulicher Mission, München 1990
330 Thompson/Strutz: Doenitz at Nuremberg – War Crimes and the Military Professional, New York 1976
331 Hart: a. a. O., Anm. 115
332 Colville, John, Sir: Die Downing Street-Tagebücher, München 1988
333 Hastings, Max, Prof.: Overlord, Oxfort 1983
334 Middleton, Drew: in: „Herald Tribune“ v. 6. Jänner 1984
335 Waters, John M.: Bloody Winter, München 1967
336 Saint-Loup: Betrachtungen aus der Sicht eines Bera ters, Paris 1965
337 Mannerheim, Carl, Gustav, Freiherr von: Erinnerungen, Helsinki 1952
338 Adolph Auffenberg-Kommarow, Hg.: Die besten Soldaten der Welt, München 1995
339 Merry, Felix: Die gestohlene Jugend, Hamburg 1995
340 Stern, Ulrich: Die wahren Schuldigen am Zweiten Weltkrieg, München 1990
341 Grenfell, Russel: in „Bonner Generalanzeiger“ v. 6. November 1995
342 Lanham, C.T.: in: „Der Frontsoldat“ Nr. 6 /1954
343 Middleton, Drew: in: „International Herald Tribune“ v. 6.Juni 1984
344 Crefeld, Martin von, Kampfkraft
345 Masson, Philippe, Prof., Dr: Die Deutsche Armee-Geschichte der Wehrmacht 1939–1945, München 1966
346 Tugwell, Maurice: Airborne to Battle, London 1971 in: Erlaß des Biundesministeriums f. Justiz in Bonn, Zahl: 9250/1 II-25244/6 v. 2. Jänner 1961
347 In: Erlaß des Österr. Innenministers in Wien, Zl. 95827-2/46 v. 1946
348 Student, Gen.Oberst: Erinnerungen eines Fallschirmjägers

349 Simons, Guy u. G.K.: The Forth Queens Own Husars, London 1992
350 Churchill: a. a. O., Bd. III, Anm. 60
351 Mitchell, Joseph B.: Zwanzig entscheidende Schlachten der Weltgeschichte, Gütersloh 1968,
352 Schewe, Heinz: Bittere Gedanken einer Nation, in: „Israelische Nachrichten", Tel Aviv v. 13. Mai 1996
353 Bogdan Musial in „Frankfurter Allgemeine Zeitung" v. 1. Dezember 2001
354 Dallin, Alexander, Deutsche Herrschaft in Rußland, eine Studie der Besatzungspolitik, Düsseldorf 1958
355 Zayas, Alfred, M. in „Deutschland-Journal" 2001, S. 49

Kapitel 12

356 Barnes, Harry, Elmer, Prof.,Dr.: in: „Deutsch-Amerikaner", Washington, Nr.: 5/1972
357 Barnes, Harry: Die deutsche Schuldfrage, München
358 Rooster, C.: Der Lügenkreis, Witten 1976
359 In: „Frankfurter Allgemeine Zeitung" v. 26.April 1992
360 In: „AULA", Das Freiheitliche Magazin, Graz, 9/89
361 In: „Profil", Wien, unter: Die Nazijäger v. 3. August 1959
362 In: „AULA", a. a. O., Anm. 357
363 Nenning, Günther, Dr.: Wozu die Hysterie? In: „Kronenzeitung" v. 17. Februar 1993
364 Zierer: a. a. O.,. Band III, Anm. 155
365 Medwedjew Roy: Joseph Stalin., Moskau 1987
366 Sack, John: An Eye for an Eye – The untold Story of Jewish Revenge against Germans in 1945, Basic Books, New York 1993
367 Geisel, Eike: in: „Frankfurter Rundschau" XI/1995
368 Tolstoj Nikolai: Stalins Second War, London 1981
369 Lohmann, Klaus, Zwischen Finanz und Toleranz, Wien
370 Hamann: a. a. O., Anm. 269
371 Fahr, Denis: Die Beherrschung Rußlands
372 Nolte, Ernst: Der Europäische Bürgerkrieg 1919–1945
373 Bikermann, Josef: in: Rußland und die Juden (Sammeband) 1924
374 Churchill,Winston, Sir: Intervention und Konterrevolution, in „Illustrated Sunday Herald" v 8. Februar 1920
375 Albaz, Jewgenija: Geheimimperium KGB, 1992
376 Margolina, Sonja: Das Ende der Lügen, 1991
377 Burg, (richtig: Ginsburg) J. C.: Schuld und Schicksal – Europas Juden zwischen Henkern u. Heuchlern
378 Bauer, Jehuda, Prof.: Freikauf von Juden, 1996
379 Mayer, Arno, G., Dr.: Der Krieg als Kreuzzug – Das Deutsche Reich, Hitlers Wehrmacht und die Endlösung, Princeton 1989
380 Goldhagen, Daniel, Jonah: Hitlers willige Vollstrecker, New York 1996381
381 Goldhagen: ebd.
382 Wolfsohn, Michael,: in: „Züricher Tagblatt" vom 1. Februar 1997
383 Finkelstein, Norman: in: „News", Folge 34/97
384 Miksche, Otto: Das Ende der Gegenwart. Europa ohne Blöcke, Paris 1990
385 In: „Jerusalem Post" v. 30. September 1989
386 Piper, Franticzek: in: „Aufbau", New York v. 30. September 1989

387 Hoffmann: a. a. O., Anm. 314
388 Pressac, Jean-Clude: Die Krematorien von Auschwitz, Paris 1993
389 Rassinier, Paul, Prof.: Was ist die Wahrheit, Paris 1950 u. München 1963
390 Faurisson, Robert: Probleme der Gaskammern in: „Le Monde" 1978
391 Butz, Arthur, R., Prof.:Der Jahrhundert – Betrug, Chicago 1974
392 Mayer. Arno, G. Prof.: Why did the heavens no darken final solution in history, Chicago 1988
393 Bauer Jehuda: a. a. O., Anm. 374
394 In: "Frankfurter Allgemeine Zeitung" v. 21. April 1993 unter: „Jeder fünfte Amerikaner zweifelt am Holocaust", Washington 20. April 1993
395 Kubovy, N., Dr.: in: „Das wiedergefundene Land", Tel Aviv, 15. Dezember 1960
396 Miksche: a. a. O., s. Anm. 380
397 Gun, Nerin E.:The day of the Americans, New York 1966
398 Kahan Stuart: The Wolf of the Kremlin, Tel Aviv 1987
399 Landmann Salcia, Dr.:Daten und Fakten, München 1975
400 Leibowitz, Jeshajuha: Gespräche über Gott und die Welt, Tel Aviv, 1982
401 Goldman, Nahum: Mein Leben, München 1981
402 Herzog, Chaim: in: Rede vom April 1987 in Bonn
403 Kohl, Helmut, Dr.: Rede vom 1. September 1989, zitiert in: „Die Welt", Hamburg, Ausgabe vom 2.September 1989
404 Pilsudski, Jozef: in: „Mocarstwowiec" v. 17. März 1930
405 Hoggan: a.a.0., Anm. 11
406 Herzog, Roman, Dr.: Rede vom 1.August 1994, zitiert in: „Augsburger Allgemeine Zeitung", Ausgabe vom 2. 8. 1994
407 Hoggan: a.a.O., Anm. 11
408 Mitterand, Francois: in Rede v. 8. Mai 1955 in Berlin
409 Chomsky, Noam, Prof.: The Attak, by Seven Storyes Press, New York 2001
410 Chomsky, Noam, Prof.: a. a. O., Anm. 409
411 Mann, Thomas: a. a. O., Anm. 46
412 Kennan, George, F.: Memoiren, New York 1979
413 Chaban-Delmas, Francois: in Rede v. 27. November 1963
414 Bradley, Dermot, Dr.: in Vortrag in Deutschland 1986
415 Ellenoff, Theodor: in Rede in Deutschland v. September 1963
416 Velikonja, Tine, Dr. in ORF-Interview vom Mai 2002
417 In: Wochenzeitung „Zur Zeit" Nr. 20–21 v. 17. Mai 2002 418 in: „Neue Kronenzeitung", Wien, v. 6. April 1998

PERSONENREGISTER

A

Adenauer, Konrad, Dr., dt. Staatsmann u. Bundeskanzler, (CDU), (1876–1967)
Albright, Medelaine, ehem. US-Außenministerin unter Präsident Clinton
Alexander III., (Alexandrowitsch), russ. Zar (1845–1894)
Armengaud, Jean, Gabr., franz. General u. Luftwaffen-Attache in Warschau, (geb. 1898)
August III., Poln. König und Kurfürst von Sachsen (1696–1763)
Awaloff-Bermont, Fürst, ruß. General

B

Badoglio, Pietro, ital. Marschall und Ministerpräsident, Vicekönig v. Äthiopien, schwenkte von Bündnis Italiens mit Deutschland zu den Alliierten (1871–1956)
Baginski, Joseph, poln. Generalbstabsoffizier (geb. 1889)
Bagramyan, Iwan, sowj. Marschall (1897–1956)
Baldwin, Sir Stanley, Earl, brit. Politiker (Konserv.)Ministerpräsident (1867–1947)
Bauer, Gustav, dt. Reichskanzler, SPD (1870–1944)
Beck, Josef, polnischer Außenminister von 1932–1937 (1894–1944)
Bell, Dr., Johannes, dt. Zentrumspolitiker und Minister (1868–1944)
Ben Gurion, David, alias Grün, Staatsgründer Israels (1886–1973)
Benesch, Eduard, tschech. Staats- u. Ministerpräsident (1884–1948)
Berija, L., Volkskommissar für innere Angelegenheiten der UdSSR, Schlächter von Katyn
Beseler, Hans-Hartwig von, preuß. Generaloberst u. Politiker, Zentrum, Generalgovernor in Warschau (1850–1921)
Bevin, Ernest, engl. Außenminister, Labour, (1881–1951)
Bismarck, Otto, Fürst, Gründer d.dt. Reiches von 1871, Preuß. Ministerpräsident u. Reichskanzler (1815–1898)

Blomberg, Werner von, dt. Generalfeldmarschall u. Reichskriegsminister (1878–1946)
Blum Leon, franz. Ministerpräsident, Linkssozialist (1872–1950)
Bohlen, Charles, US-Botschafter in Moskau, Berater von Roosevelt, Truman u. Kennedy, geb. 1904
Botha Louis, südafr. General u. erster Ministerpräsident der Republ. Südafrika (1862–1919)
Brüning, Heinrich, dt. Reichskanzler u. Reichspräsident, Zentrum (1885–1943)
Bullit, William Christian, amerik. Politiker unter Wilson, US-Botsch. in Moskau und Paris, Schriftsteller (1891–1967)
Bush, George, W., seit 20. Jänner 2000 43. Präsident der USA

C

Canaris, Wilhelm, Admiral und dt. Abwehrchef, anl. d. Attentates auf Hitler als Mitglied der Widerstandsbewegung 1944 hingerichtet (1887–1944)
Carol II., König von Rumänien, abgedankt, lebte im Exil in Portugal (1893–1953)
Cartier, Raymond, franz. Historiker, Journalist u. Schriftsteller (1904–1975)
Carver, Michael, brit. Feldmarschall
Chaban-Delmas, Jaques, franz. Prem. Minister u. Präsident d. Nationalvers. (geb. 1915)
Chamberlain, Houston, Stewart, brit. Kulturphilosoph u. Schriftsteller (1855–1927)
Chamberlain, Arthur, Neville, Sire, brit. Prem.Minister v. 1937–1940, schloß das Münchner Abkommen mit Hitler (1869–1940)
Cherwell, Frederich, Alexander, Lord (ursprüngl. Lindemann), Physiker, entwickelte als Berater Churchills die Konzeption f. d. Flächenbombardierung dt. Städte (1886–1956)
Churchill, Winston, Erster Lord d. brit. Admiralität und Premierminister, Nobelpreisträger (1874–1965)
Clark, Alan, 1928, ehem. engl. Verteidigungsminister 1989–1992 u. Historiker
Clemenceau, Georges B., Arzt, Führer d. Radikalen, franz. Staatsmann, als Gewaltpolitiker genannt „Der Tiger", war einer der Väter d.Versailler Vertrages (1841–1929)
Closterman, Pierre, franz. Jagdflieger

Colville, Sir, John, Privatsekretär Churchills und Chamberlains
Crossmann, Richard, engl. Politiker u. Publizist, linksradikal, geb. 1907
Czernin, Ottokar,Graf, österr./ung. Staatsmann, Außenminister (1872–1932)

D

Darlan Francois, kommandierender Admiral d. französischen Flotte vor Oran
Dönitz Karl, dt. Großadmiral und Befehlshaber der Unterseeboote im Zweiten Weltkrieg, ab 1. Mai 1945 Staatsoberhaupt als Nachfolger Hitlers, nach Urteil d. internat. Militär Tribunals in Nürnberg 10 Jahre Haft in Spandau bis 1956 (1891–1980)
Dollfuß, Dr., Engelbert, österr. Bundeskanzler, anl. d. Putsches erschossen (1892–1934)
Donovan, William,J., US-Oberst (1883–1953)
Doumenc, Joseph, franz. Armeegeneral (1880–1948)

E

Ebert, Friedrich, dt. Reichskanzler (überparteiisch) (1871–1925)
Ehrenburg, Ilja, jüd.-ruß. Schriftsteller, kommun. Revolutionär u. Deutschenhasser
Eisner, Kurt, bayr. Ministerpräsident d. Räterepublik (Marxist). Schriftsteller, ermordet (1867–1919)
Elibank, Viscount Athur Muray, Lord, brit.Politiker
Ellendorf, Theodor, Leiter des amerk. Jewish Commitees

F

Farley, James, F., Kardinal, kath. Erzbischof von New York
Franz Ferdinand, österr. Erzherzog u. Thronfolger, ermordet in Sarajewo (1863–1914)
Foch, Ferdinand, Marschall u. franz. Oberbefehlshaber, erzwang den bedingungslosen Waffenstillstand mit Deutschland (1851–1929)
Forrestal, James, amerk. Verteidigungsminister (gest. 1949)
Fuller, J. F. C., brit. Armeegeneral u. Militärhistoriker d. Zweiten Weltkrieges (1878–1966)

G

Gaulle, Charles de, franz. General u. Staatspräsident, Begründer d. Gaullismus (1890–1970)

Geist, US-Geschäftsträger in Berlin 1939

Gföllner, J.M., kath. Bischof in Österreich

Gibbs, Sir Philipp, Hamilton, engl. Schriftsteller (1877–1962)

Giraud, Henry, Honore, franz.General, Präs. d. franz. Befreiungskommites (1879–1949)

Goebbels, Joseph Paul, dt. Reichspropagandaminister, von Hitler als sein Erbe auserkoren, hat 1945 mit seiner Familie Selbstmord begangen (1897–1945)

Goerdeler, Carl, ehem. Oberbürgerm. von Leipzig, Mitglied d.Widerst. Bew. gg. Hitler, hingerichtet am 2. Februar 1945 in Plötzensee (1884–1945)

Goldmann, Nahum, zion.-jüd. Politiker u. Schriftsteller, Präs. d. Jüdischen Weltkongresses (1894–1982)

Goldstein, Isaak, jüdischer Geistlicher in Paris

Gorbatschow, Michail, sowjet. Politiker, Vorsitzender des Obersten Sowjets, (Staatsoberhaupt) Reformer (Glasnost), Friedens- Nobelpreis 1990, geb. 1931

Göring Hermann, Jagdflieger, preuß. Ministerpräsident, dt. Reichsmarschall u. Reichstagspräsident, beging in Nürnberg 1946 Selbstmord (1985–1946)

Grigorenko, Pjotr, sowj. General d. Zweiten Weltkrieges (geb. 1907)

Grünwald, Mitgl d. Spartakusgruppe

Gustav, Adolf V., König von Schweden, Förderer d. Neutralität Schwedens in beiden Weltkriegen (1867–1950)

H

Habicht, Theo, NS-Landesleiter in Österreich bis zum Anschluß 1938 (geb. 1898)

Hacha, Dr., Emil, tschechoslowakischer. Staatspräsident, 1872–1945 (ermordet)

Hahn, Hans von, Hauptmann d. dt. Luftwaffe, Geschwaderkommandant (geb. 1918)

Halifax,Edward, Wood, Lord, brit. Außenminister u. Botsch. in Washington (1881–1951)

Hart, Amerk. Admiral im Zweiten Weltkrieg

Harris, Sir Arthur, brit. Luftmarschall, bekannt als „Bomber-Harris“ wegen der rücksichtslosen Bombardierung von Wohngebieten in Deutschland (1892–1984)

Hebbel, Christian, Friedrich, dt.Dichter (1813–1863)

Hedin, Sven, schwed. Asien-Forscher und Publizist (1865–1952)

Heer, Hannes, dt. Kommunist, mehrmals vorbestraft und trotz Berufsverbotes als selbsternannter Historiker der Schöpfer der bei Reemtsma erwähnten Wanderausstellung

Hefter, Adam, kath. Bischof in Österreich wärend d. Anschlusses

Henderson, Sire, Neville,Meyrick, brit.Diplomat und Botschafter in Berlin (1882–1942)

Henlein, Konrad, Sudetendt. Politiker, Reichsstatthalter des Protektorates Böhmen und Mähren, Führer der Sudetendeutschen, beging 1945 Selbstmord (1898–1945)

Herriot, Edouard M., franz.Politiker, Radikalsozialist, 1932 Ministerpräsident (1872–1957)

Herzog, Chaim, Politiker u. Militärfachmann, seit 1983 israel. Staatpräsident (geb. 1918)

Heß, Rudolf, dt. Politiker (NSDAP), Stellvertr. Hitlers, flog m. dessen Wissen 1943 nach England, lebensl. Haft in Berlin/Spandau, dort vor seiner Entl. ermordet

Heuss, Prof.Dr., Theodor, dt. Staatsmann u. erster dt.Bundespräsident, Schriftsteller (1884–1963)

Hindenburg, Paul von Benneckendorff und, dt. General u. Reichspräsident (1847–1934)

Hitler, Adolf, „Führer“ u. dt. Reichskanzler, beging 1945 Selbstmord in Berlin (1889–1945)

Hoffmann, Joachim, Dr., Direktor des dt. militärgeschichtlichen Forschungsamtes

Hoover, Herbert, Lloyd, Clark, US-Präsident, Republikaner (1874–1964)

Hopkins, Harry, US-Handelminister, intimer Berater u. Vertrauter Roosevelts (1885–1946)

I

Innitzer, Theodor, Kardinal von Österreich, befürwortete den Anschluß Österreichs an das Deutsche Reich 1938 (1875–1955)

J

Jäckh, Ernst, Diplomat, Mitrarbeiter im brit. Foreign Office

Jodl, Alfred, dt. Generaloberst, Chef d. dt. Wehrmacht-Führungsstabes im OKW, 1946 vom IMT Nürnberg zum Tode verurteilt und hingerichtet (1890–1946)

Jogiches, Leo, Revolutionär russ.ischer Herkunft, Mitglied der Spartakusgruppe um Rosa Luxenburg, Gründer d. KPD, ermordet in Berlin (1867–1919)

K

Kaganowitsch, Lasar, Moisewitsch, als stellvertr. sowj. Ministerpräsident u. Wirtsch.Politiker, enger Vertrauter Stalins (1893–1991)

Kahr, Gustav, Ritter von, bayr. Generalstaatskommissar u. Ministerpräs., als Gegner Hitlers anl. d. Röhmputsches ermordet(1862–1934)

Kaprzycki, General, poln. Kriegsminister

Kauffmann, Hendrik, dän. Gesandter in den USA während d. Zweiten Weltkrieges

Kaufmann, Theodore, Nathan, Präsident der amerik. Friedensliga, US-jüdischer Autor, verfaßte einen perfekten Ausrottungsplan der Deutschen mit dem sich auch Roosevelt befaßte

Kehring, Manfred, Direktor des dt. Bundeswehr-Militärarchives

Keitl, Wilhelm, dt. General-Feldmarschall, in Nürnberg z. Tode verurteilt u. hingerichtet (1892–1946)

Kennard, Sir Howard, Diplomat, brit. Botschafter in Warschau (geb. 1896)

King, Mark J., US-Admiral d. Zweiten Weltkrieges, Befehlsh. d. Atlantikflotte der USA

Klaus, Vaclav, Dr., tschechischer Ministerpräsident 1978–1998

Kneeshaw, J. W., Politiker, Diplomat, u. brit. Abgeordneter z. Unterhaus

Knox, Frank, US-Marineminister, baute nach Pearl Habour die amerik. Flotte zur stärksten der Welt aus (1874–1944)

Kohl, Dr. Helmut, (CDU), ehem. dt. Bundeskanzler, geb. 1930 in Ludwigshafen

Kohn S., Mitglied der Spartakusgruppe

L

Lalicki, poln. Generalkommissar für Danzig (geb. 1888)

Lamsdorff Graf Wladimir, russ. Aussen-Minister unter Zar Alexander III. (1845–1907)

Landauer, Gustav, dt. Sozialist u. Anarchist, als Mitgl.d.Münchner Rätereg. erschossen (1870–1919)

Lanham, C. T., Generalmajor d. Vereinigten Staaten v. Amerika

Lansing, Robert, US-Außenminister unter Wilson (1864–1928)

Leibowitz, Jeshajuha, jüd. Philisoph

Lenin, Wladimir, Iljitsch, (richtig Uljanow) revol. russ. Staatsmann, Regierungschef u. Gründer der Sowjetunion (1870–1924)

Leopold III., König von Belgien (1901–1972)

Levinsohn, Mitglied der Spartakusgruppe

Levy, S., jüd. Revolutionär (Spartakusgruppe)

Liebknecht Karl, Kommunist u.Spartakusführer, während d. November-Revolution ermordet (1871–1919)

Lidell-Hart, Sir, Basil, Henry, bedeut. eng. Historiker und Militär-Schriftsteller, Urheber der konventionellen Verteidigung , Korresp. von „Times“ u. „Daily Telegraf“ (1895–1970)

Lilienthal, Spartakuskämpfer

Lindbergh, Charles, jun., US-Fliegergeneral und Publizist

Lindemann, Frederik, Alexander, (später Lord Cherwell, s. d.) (1886–1957)

Lipski, Josef, poln. Botschafter in Berlin von 1933–1939, Herausg. d. poln. Inst. in NY

Lloyd-George, Earl, David, brit. Staatsmann u. Premierminister, Nonkonformist, war gegen d. Schandvertrag von Versailles (1863–1945)

Löhr, Alexander, Schöpfer der österr. Luftstreitkräfte, später Generaloberst der Luftwaffe, ging 1945 freiw. in jugosl. Gefangenschaft und wurde am 16. Februar 1947 in Belgrad hingerichtet (1885–1947)

Ludwig XIII., König von Frankreich (1610–1643)

Luxemburg, Rosa, poln.Jüdin, sozialistische Politikerin u. Spartakusführerin, während des Jahrhundert-Aufstandes 1919 in Berlin erschossen (1870–1919)

Lynd, Robert, Staughton, amerik. Soziologe, Begründer der Gemeindesoziologie (1892–1970)

M

Maladin, sowj. General d. Zweiten Weltkrieges, Armeeführer (geb. 1894)

Mann, Thomas, dt.Schriftsteller, US-Staatsbürger (1875–1955)

Mannerheim, Gustav, Freiherr von, Feldmarschall, ehem. finnischer Staatspräsident (1867–1951)

Marks, dt. General im Rußlandfeldzug w.d. Zweiten Weltkrieges

Marx, Karl, Heinrich, als Revolutionär Begründer d. Marxismus, Philosoph und Kritiker d. Nationalökonomie (1818–1883)

Masaryk,T.G., ehem.Abgeordneter d. Wiener Reichsrates und späterer Staats-Präsident der Tschechoslowakei, betrieb gemeinsam m.Benesch d. Errichtung eines tschech. Nationalstaates (1850–1937)

Max, Prinz von Baden, dt. Reichskanzler (1867–1929)

Medwedjew, Roy, sow. Historikerund Pädagoge, unterst. d. Reformbestrebungen Gorbatschowas (geb. 1925)

Memlauer, Michael, kath.Bischof in Österreich

Mihajlovic, Draza, richtig Dragolijub, serb. Tschednikführer, Jugosl. General, Kriegsminister d. Exilregierung, in Belgrad hingerichtet (1893–1946)

Miklas, Wilhelm, österr. Bundespräsident, christlichsozial, ernannte Seyss-Inquart z. Bundeskanzler (1872–1956)

Miksche, Otto, Generalstabsoffizier d. franz. Armee

Miranda, Umberto, Bendetti, Generalstabschef der peruanischen Armee

Mitchel, Sir Peter Chalmers, brit. Zoologe

Mitchel, Joseph P., US-Generalstabsoffizier

Mitterand, Francois, franz. soz. Politiker und Staatspräsident (1916–1985)

Moran, Lord, Dr., Leibarzt Churchills

Morgenthau, Henry, jr., US-amerik. Politiker, Finanzminister und Freund Roosevelts, Erfinder d. Morgenthau-Plans (Zerstückelung Deutschlands), (1891–1967)

Mosciki, Ignaz, poln. Staatspräsident, Sozialist (1867–1946)

Müller, Hermann, dt. Außenminster u. Reichskanzler, SPD (1876–1931)

Mussolini, Benito, „Duce“, ital. Staats- u. Regierungschef, Begr. d. Faschismus, wurde 1945 von Partisanen am Comosee erschossen (1883–1945)

N

Napoleon I. Bonaparte, Kaiser der Franzosen (1769–1821)

Nikolaus II., Kaiser von Rußland, Sohn Alexanders III., von Bolschew. mit ges. Familie erschossen (1868–1918)

Nitti, Francesco, ital. Ministerpräsident, Nationalökonom, Antifaschist (1868–1953)

Novotny, Walter, Major d.dt. Luftwaffe, erfolgreichster Jagdflieger d. Zweiten Weltkrieges

P

Painleve, Paul, franz. Ministerpräsident, Mathematiker (1863–1933)

Paul, Karadjodjevic, Prinzregent für Peter II. von Jugoslawien (geb. 1893)

Paul-Boncour, Joseph, franz.Politiker u. Ministerpräsident (geb. 1873)

Paulus, Friedrich, dt. General-Feldmarschall (Stalingrad), später Mitglied des komm. National-Kommites für Deutschland (1890–1967)

Pawlikowski, Ferdinand, österr.Fürstbischof d. Steiermark

Petain, Philippe, franz.Marschall u. Staatschef, arbeitete teilw. m. Hitler zusammen, zum Tode verurteilt, aber später begnadigt (1856–1951)

Pieck, Wilhelm, dt. kommun. Politiker, emigr. nach Rußland, nach Rückkehr 1949 erster Präsident der DDR (1876–1960)

Pilsudski, Jozef, pol. Marschall u. Politiker (Sozialist),späterer Ministerpräsident, „Staatschef“ und „oberster Führer“ (1867–1935)

Poincaré, Raymond, franz. Staatsmann u. Min.Präsident, deutschfeindlich, veranlaßte d. Besetzung des Ruhrgebietes (1860–1934)

Potocki, Graf, poln. Botschafter in Washington

Powell, Henry, Colin, amerik. General geb. 1907, Berater versch. amerik. Präsidenten

Q

Quisling, Vidkun, norw. Politiker, Ministerpräsident, Gründer der fasch. Partei Norwegens, 1945 wegen Hochverrates erschossen (1887–1945)

R

Rathenau, Walter, dt. Außenminister, Politiker u. Industrieller, reiche schriftst. Tätigkeit, von antisem. Gruppen 1922 erschossen (1867–1922)

Reemtsma, Jan, Philipp, Fabrikantenerbe, Millionär, Kommunist, bekanntgeworden als Symphatisant der Hamburger Hafenstraßenbesetzer, Finanzier der Wanderaustellung „Verbrechen der deutschen Wehrmacht 1941–1945"

Renner, Dr., Karl, österr. Staatskanzler, Bundespräsident, Sozialdemokrat (1870–1950)

Richelieu, Armand, Emanuel, Herzog, franz. Marschall u. Minister (1766–1822)

Ribbentrop, Joachim von, dt. Reichsaußenminster, nat. soz. Politier, 1946 vom IMT in Nürnberg hingerichtet (1893–1945)

Röhm, Ernst, nationalsozialistischer dt. Politiker, SA-Führer, putschte angebl. gegen Hitler und wurde erschossen (1887–1934)

Roosevelt, Franklin D., US-Präsident von 1938/45, Demokrat, hat ab 1944 die Weltmacht-Ziele der Sowjetunion stark unterstützt, Deutschenhasser (1882–1945)

Rothermere, Viscount, Harold, Harmsworth, brit. Zeitungsverleger, bek. als brit. „Presselord", Besitzer der „Daily Mail" (1868–1940)

Rudenko, russischer General, Ankläger der UdSSR beim IMT in Nürnberg 1946

S

Saint-Loup, franz. Schriftsteller

Scheidemann, Philipp, dt. Ministerpräsident, sozialdemokr. Politiker (1865–1939)

Schleicher, Kurt von, General, Reichskanzler 1932/33, bei Röhmputsch von der SS ermordet (1892–1934)

Schlieffen, Alfred, Graf von, preuß. Generalfeldmarschall (1833–1913)

Schmidt, Helmut, ehem.dt. Bundeskanzler (SPD) geb. 1918

Schostakowitsch, Dimitrij, ruß. Komponist (1906–1975)

Schuschnigg, Dr., Kurt, Edler von, österr. Bundeskanzler von 1934/38, christlichsozial, (1897–1977)

Schustereit, Dr., Hartmut, Leiter d. Militärgeschichtl. Forschungsamtes d. dt. Bundeswehr

Seyß-Inquart, Arthur, österr. nationalsoz. Politker und Bundeskanzler 1938, wurde 1946 vom IMT in Nürnberg hingerichtet (1892–1946)

Simons, Guy, Offizier d. brit. Invasions-Armee

Simovic, Dusan, jugosl. General, Chef d. Generalstabes u. 1941 und Regierungschef

Snow, Charles, Percy, Sire, Baron of Leicester, brit. Schriftsteller (1905–1980)

Solschenizyn, Alexander, ruß. Autor, Nobelpreisträger, geb. 1918

Spaight, J. M., Principal Assistant Secretary u. brit. Unterstaatssekretär im Air Ministery

Stalin, Jossif (Josef), Wissarionowitsch, (eigentlich Dschugaschwili), sowjetischer Revolutionär u. Politiker, Regierungschef und Diktator (1879–1953)

Stark, Harold, R.J., US-Admiral d. Zweiten Weltkrieges

Stimson, Henry, Levy, S., Republ., ehem. US-Kriegs-Sekretary unter Roosevelt (1867–1950)

Streicher, Julius, Obergruppenführer der SA, Herausgeber d. militanten antisem. Zeitschrift „Der Stürmer", 1946 vom IMT hingerichtet (1885–1946)

Student, dt. Generaloberst, Kommandant der Fallschirmjäger im Zweiten Weltkrieg

Szabo, Zoltan, ung. Zentrums-Politiker u. Schriftsteller (1893–1970)

T

Tankosic, Serb. Freimaurer, Initiator u. Anstifter d. Thronfolger-Mordes von Sarajewo 1914

Taylor, Alan, John, Percivale, brit. Historiker, Professor f. Geschichte in Oxford, als Publizist bekannt deutschfeindlich (1906–1990)

Thälmann, Ernst, Sozialist, dt. KP-Führer, erschossen in Buchenwald (1886–1944)

Tiso, Dr., Josef, Staatspräsident der Slowakai, hingerichtet (1887–1947)

Tito, Josip (Broz), Parisanen-Führer, jugosl. Marschall u. Politiker, Staatspräsident, National-Kommunist, Begründer des „Titoismus" (1892–1980)

Tolstoj, Nikolai, Amerik. Wissenschaftler u. Publizist, Enkel d. ruß. Schriftstellers gl. Namens

Trauttenberg, Hubertus, Brigardier d. österr. Bundesheeres, Adjudant des österr. Bundespräsitenten Klestil

V

Vansittart, Lord, Robert, Gilbert, engl. Diplomat, Unterstaatssekretär im Außenminist., Verkörperung des Deutschenhasses im britischen Foreign Office (1881–1957)
Verheugen, Günther, EU-Kommissar f.d. Osterweiterung

W

Waitz, Fürstbischof in Österreich,
Walters, Vernon, A., US-Geheimdienstler u. späterer amerk. Gesandter in Deutschland
Wasilewskij, Alexander, Mih., sowj. Marschall u. Kriegsminister (1895–1977)
Waters, John, M., Captain d. brit. Armee
Watutin, Nikolai, sowj. Marschall, Generalstabschef, Kriegsminister, enger Vertrauter Stalins, (1895–1977)
Wilhelm II., dt. Kaiser u. König von Preußen (1888–1918)
Wilhelmine, Königin der Niederlande, während d. Krieges nach England geflohen (1880–1962)
Willkie, Wendel, Lewis, amerik. Politiker (1892–1924)
Wilson, Thomas, Woodrow, Demokrat, 28. Präs. d. Vereingiten Staaten v. Amerika, erhielt für Wilson-Doktrin den Nobepreis (1856-1924)
Wilson, Sir, Henry, brit. Feldmarschall, Chef d. Generalstabes, von irischen Nationalisten erschossen (1864–1922)
Winkelmann, niederl. General u. Oberbefehlshaber z. Beginn d. Zweiten Weltkrieges
Wood, Robert, C., amerik. General (geb. 1887)
Woroschilow, Kliment, I., Sowjet-Marschall u. Politiker (1881–1961)
Wyschinski, Andrej, Januarjewitsch, sowj. Aussenminister u. als Generalstaatsanwalt Hauptankläger bei sowj. Schauprozessen (1883–1954)